DIREITOS HUMANOS
E JUSTIÇA INTERNACIONAL

Flávia Piovesan é Professora Doutora da Faculdade de Direito da PUC-SP nas disciplinas de Direito Constitucional e de Direitos Humanos. É professora de Direitos Humanos da Pós-Graduação da PUC-SP e da PUCPR. Foi Professora do Programa de Doutorado em Direitos Humanos e Desenvolvimento da Universidade Pablo de Olavide (Sevilha, Espanha) e é Professora do Programa de Doutorado (modalidade intensiva) da Universidade de Buenos Aires. Professora da Academy on Human Rights na American University Washington College of Law (Washington, DC). Mestre e Doutora em Direito Constitucional pela PUC-SP. Desenvolveu seu doutoramento na Harvard Law School, na qualidade de *visiting fellow* do Human Rights Program, em 1995, tendo a este programa retornado em 2000 e 2002. Foi *visiting fellow* do Centre for Brazilian Studies, na University of Oxford, em 2005. Foi *visiting fellow* do Max-Planck-Institute for Comparative Public Law and International Law, em Heidelberg, em 2007, 2008, 2015, 2016, 2017, 2018, 2019, 2021, 2022 e 2023, e da Humboldt Foundation Georg Forster Research Fellow no Max-Planck-Institute for Comparative Public Law and International Law de 2009 a 2014. Em 2018 foi Lemann Visiting Scholar no David Rockefeller Center for Latin American Studies da Harvard University. Em 2022 recebeu o Georg Forster Research Award da Humboldt Foundation.

É Procuradora do Estado de São Paulo desde 1991, tendo sido a primeira colocada no concurso de ingresso. Foi coordenadora do Grupo de Trabalho de Direitos Humanos da Procuradoria-Geral do Estado de 1996 a 2001. Foi Secretária Especial de Direitos Humanos na esfera federal de 2016 a 2017. Foi Presidente da Comissão Nacional para a Erradicação do Trabalho Escravo de 2016 a 2017. Membro da Comissão Interamericana de Direitos Humanos, no período de 2018 a 2021, e 2ª Vice-Presidente da Comissão Interamericana de Direitos Humanos (2020-2021). Desde 2021 é Coordenadora Científica da Unidade de Monitoramento e Fiscalização das Decisões da Corte Interamericana no Conselho Nacional de Justiça (UMF/CNJ).

Foi membro do Comitê Latino-Americano e do Caribe para a Defesa dos Direitos da Mulher (CLADEM), do Conselho de Defesa dos Direitos da Pessoa Humana (CDDPH), da Comissão Justiça e Paz, da Associação dos Constitucionalistas Democráticos, da SUR – Human Rights University Network e do *governing board* da International Association of Law Schools (IALS). Foi membro da UN High Level Task Force on the Implementation of the Right to Development e do OAS Working Group para o monitoramento do Protocolo de San Salvador em matéria de direitos econômicos, sociais e culturais.

Foi observadora das Nações Unidas na 42ª sessão da Comissão do *Status* da Mulher. Recebeu menção honrosa do Prêmio Franz de Castro Holzwarth, conferido pela Comissão de Direitos Humanos da OAB/SP em 1997. Foi assessora científica da FAPESP (Fundação de Amparo à Pesquisa do Estado de São Paulo) e consultora *ad hoc* do CNPq. Prestou consultoria em direitos humanos para a Fundação Ford, Fundação Heinrich Boll, European Human Rights Foundation, United Nations High Commissioner for Human Rights e Comissão Interamericana de Direitos Humanos.

É autora dos livros *Direitos humanos e o direito constitucional internacional* (22. ed.); *Temas de direitos humanos* (12. ed.); e *Proteção judicial contra omissões legislativas*: ação direta de inconstitucionalidade por omissão e mandado de injunção (2. ed.). Coautora do livro *Curso de Direitos Humanos – Sistema Interamericano; A figura/personagem mulher em processos de família*. Coorganizadora dos livros: *Transformative constitutionalism in Latin America; International Law and Social Rights; Social Rights Jurisprudence in the Case Law of Regional Human Rights Monitoring Institutions; Constitucionalismo Transformador, Inclusão e Direitos Sociais; Impacto das decisões da Corte Interamericana de Direitos Humanos na jurisprudência do STF; Ius Constitutionale Commune na América Latina* (volume I – *Marco Conceptual*; volume II – *Pluralismo e inclusão*; volume III – *Diálogos jurisdicionais e controle de convencionalidade*); *Direitos humanos atual; Direito, cidadania e justiça; O sistema interamericano de proteção dos direitos humanos*: direito brasileiro; *Nos limites da vida; Mulheres, direito e protagonismo cultural; Ordem jurídica e igualdade étnico-racial; Direito ao desenvolvimento; Direito humano à alimentação adequada; Direitos humanos*: fundamento, proteção e implementação; *Direitos humanos, igualdade e diferença; Direitos humanos*: proteção nacional, regional e global; *Direitos humanos e direito do trabalho; Direitos humanos, democracia e integração jurídica na América do Sul; Direitos humanos, democracia e integração jurídica*: avançando no diálogo constitucional e regional; *Direitos humanos, democracia e integração jurídica*: emergência de um novo direito público. Coordenadora dos livros *Direitos humanos, globalização econômica e integração regional*: desafios do direito constitucional internacional; *Direitos humanos v. 1*; e *Código de Direito Internacional dos Direitos Humanos anotado*. Possui diversos artigos publicados em jornais, revistas e livros jurídicos.

Tem participado de conferências, seminários e cursos sobre temas de direitos humanos no Brasil e no exterior, particularmente na Alemanha, Áustria, Argentina, Barbados, Bolívia, Uruguai, Colômbia, Peru, Venezuela, Costa Rica, República Dominicana, México, Estados Unidos, Canadá, Índia, Turquia, Zimbábue, África do Sul, Portugal, Espanha, França, Itália, Bélgica, Holanda, Suíça e Inglaterra.

FLÁVIA PIOVESAN

DIREITOS HUMANOS
E JUSTIÇA INTERNACIONAL

Um estudo comparativo dos sistemas
regionais europeu, interamericano e africano

Prefácio de Celso Lafer

10ª edição
2024

Av. Paulista, 901, Edifício CYK, 4º andar
Bela Vista – São Paulo – SP – CEP 01310-100

 sac.sets@saraivaeducacao.com.br

DADOS INTERNACIONAIS DE CATALOGAÇÃO NA PUBLICAÇÃO (CIP)
VAGNER RODOLFO DA SILVA – CRB-8/9410

P662d   Piovesan, Flávia

Direitos humanos e justiça internacional / Flávia Piovesan. – 10. ed. – São Paulo: SaraivaJur, 2024.

420 p.

ISBN: 978-85-5362-338-9 (impresso)

1. Direito. 2. Direitos humanos. 3. Justiça internacional. I. Título.

2023-2123   CDD 341.4
     CDU 341.4

Índices para catálogo sistemático:

1. Direitos humanos   341.4
2. Direitos humanos   341.4

Diretoria executiva	Flávia Alves Bravin
Diretoria editorial	Ana Paula Santos Matos
Gerência de produção e projetos	Fernando Penteado
Gerência de conteúdo e aquisições	Thais Cassoli Reato Cézar
Gerência editorial	Livia Céspedes
Novos projetos	Aline Darcy Flôr de Souza
	Dalila Costa de Oliveira
Edição	Samantha Rangel
Design e produção	Jeferson Costa da Silva (coord.)
	Rosana Peroni Fazolari
	Guilherme Salvador
	Lais Soriano
	Tiago Dela Rosa
	Verônica Pivisan Reis
Planejamento e projetos	Cintia Aparecida dos Santos
	Daniela Maria Chaves Carvalho
	Emily Larissa Ferreira da Silva
	Kelli Priscila Pinto
Diagramação	Luciano Assis
Revisão	Viviane Oshima
Capa	Tiago Dela Rosa
Produção gráfica	Marli Rampim
	Sergio Luiz Pereira Lopes
Impressão e acabamento	Edições Loyola

Data de fechamento da edição: 20-09-2023

Dúvidas? Acesse www.saraivaeducacao.com.br

Nenhuma parte desta publicação poderá ser reproduzida por qualquer meio ou forma sem a prévia autorização da Saraiva Educação. A violação dos direitos autorais é crime estabelecido na Lei n. 9.610/98 e punido pelo art. 184 do Código Penal.

CÓD. OBRA   5751   CL   608411   CAE   841370

AGRADECIMENTO

Este livro simboliza ao mesmo tempo o fim e o início de um processo de reflexões inspiradas na justicialização dos direitos humanos, sob a perspectiva comparada.

O território de amadurecimento destas reflexões e inquietudes tem sido, sobretudo, os cursos de Direitos Humanos que tenho ministrado nos últimos anos, nos programas de Pós-Graduação da PUC-SP, da PUCPR e da Universidade Pablo de Olavide (Espanha). Aos meus alunos e alunas, portanto, o meu primeiro agradecimento, pelo estímulo intelectual que permitiu esta obra. À minha equipe de assistentes da PUC-SP, nas disciplinas de Direitos Humanos e de Direito Constitucional, a minha maior gratidão, pela arte do compartilhar e pelo aprendizado contínuo.

Se, de um lado, este livro acena como o fim de um processo, por outro invoca o início, na abertura de um horizonte de reflexões ainda pouco explorado pela literatura jurídica nacional, no marco dos direitos humanos e da justiça internacional. Reflete, assim, este mergulho reflexivo, ao desvendar travessias distintas, com seus acúmulos históricos próprios e singulares, na busca de consagrar a justicialização internacional em direitos humanos, nos âmbitos europeu, interamericano e africano. Aponta para as potencialidades, os avanços, bem como para as debilidades, fragilidades e lacunas do processo de construção da justiça internacional. Objetiva o diálogo de experiências, ao enfrentar os desafios e as perspectivas de justicialização dos direitos humanos na esfera internacional, sob a perspectiva comparada.

Para tanto, no sentido de aprofundar, verticalizar, horizontalizar, organizar e sistematizar estas reflexões, era necessário um ambiente de paz e tranquilidade intelectual. E eis que sou brindada com a *fellowship* Sergio Vieira de Mello em direitos humanos para um sabático em Oxford, no *Centre for Brazilian Studies*, na qualidade de *visiting fellow in human rights*. Por tudo, sou grata à Fundação Ford, ao *Centre for Brazilian Studies — University of Oxford* e ao Núcleo de Direitos Humanos da PUCRJ. Sem essa preciosa iniciativa, estou certa, esta obra não se viabilizaria.

v

À encantadora atmosfera oxfordiana, sob a inspiração dos *colleges* nos quais a cidade habita, somou-se ainda a fascinante experiência do *Centre for Brazilian Studies*. Ao Leslie Bethell, sou grata pelo privilégio de nosso diálogo, por suas inquietudes contagiantes, pela sua inteligência provocadora e por fazer do *Centre* um *locus* intelectual tão estimulante, diverso e plural, permitindo o enriquecedor intercâmbio entre Oxford e o Brasil, sob os mais diversos ângulos e dimensões. À Julie Smith e à Michelli Jacques, meus agradecimentos sinceros, pela especial acolhida e pelo importante apoio, sempre. À Ana Maria Machado, sou grata pelo convívio precioso, por sua sensibilidade única e por todo o encantamento literário. Ao Persio Arida, sou grata pelos tantos diálogos, pelo pulsar de seu espírito inquieto e iluminado. Ao Ronaldo Lemos, agradeço pelo compartilhar de nossos projetos e pela sede da descoberta acadêmica. Ao Andrew Hurrell, agradeço pelas instigantes reflexões sobre direitos humanos sob o prisma das relações internacionais, que tanto contribuíram para este estudo. Ao Par Engstrom, pelo estímulo de nossas conversas no campo dos direitos humanos e da construção democrática. À querida amiga Sylvia Steiner, minha gratidão pela acolhida em Haia e minha maior admiração por desbravar com tanta firmeza e entrega os passos da justicialização internacional, na afirmação histórica do Tribunal Penal Internacional.

Ao Kevin Boyle, Clara Sandoval, Françoise Hampson, Fiona Macaulay, Rachel Murray, Philip Leach, Ibrahima Kane, Timothy Power, Christof Heyns, Monica Serrano, Patricia Jeronimo e Wladimir Brito, agradeço-lhes pela vitalidade de tantos diálogos, pelas tão instigantes reflexões e pelos projetos compartilhados no campo dos direitos humanos, sob o prisma local, inter-regional e global.

Aos estimados amigos do *governing board* da *International Association of Law Schools*, também o meu agradecimento pelas lições de profundo respeito à diversidade cultural e pela incessante busca do diálogo entre culturas no contexto do direito transnacional.

Meus agradecimentos aos queridos amigos Celso Lafer, James Cavallaro, Hélio Bicudo, Silvia Pimentel e Joaquín Herrera Flores, pelos diálogos abertos e construtivos, pelos tantos ensinamentos, pela integridade de vida, pela interlocução constante e privilegiada e especialmente por compartilharmos da mesma busca, por caminhos distintos e sob perspectivas diversas.

vi

À querida Akemi Kamimura, uma vez mais e sempre, minha imensa gratidão pela assistência no relevante trabalho de pesquisa, que tanto colaborou para este livro.

Por fim, ao querido Marcos Fuchs, pela nossa história de cumplicidade, por ressignificar o essencialmente humano em sua complexidade e infinitude e, sobretudo, pela dádiva do sentimento amoroso.

Oxford, novembro 2005.

A autora

ÍNDICE

Agradecimento v

Prefácio xiii

Nota à 10ª edição xxvii

Nota à 9ª edição xxxi

Nota à 8ª edição xxxiii

Nota à 7ª edição xxxvii

Nota à 6ª edição xli

Nota à 5ª edição xlv

Nota à 4ª edição xlvii

Nota à 3ª edição xlix

Nota à 2ª edição li

Parte I

DIREITOS HUMANOS E JUSTIÇA INTERNACIONAL

Capítulo I – Introdução 3

Capítulo II – Internacionalização dos direitos humanos e humanização do direito internacional 7

a) Introdução 7

b) Concepção contemporânea de direitos humanos 7

c) Desafios dos direitos humanos na ordem internacional contemporânea 16

1) Universalismo *vs.* relativismo cultural 16

2) Laicidade estatal *vs.* fundamentalismos religiosos 20

3) Direito ao desenvolvimento *vs.* assimetrias globais no contexto de emergência climática 22

ix

4) Proteção dos direitos econômicos, sociais, culturais e ambientais *vs.* dilemas da globalização econômica com o empoderamento dos atores privados transnacionais...... 27

5) Respeito à diversidade *vs.* intolerância...... 32

6) Preservação dos direitos e liberdades públicas *vs.* combate ao terrorismo e à expansão do autoritarismo na esfera global...... 36

7) Direito da força *vs.* força do Direito: desafios da justiça internacional.... 41

Capítulo III – Direitos humanos e justiça internacional: os sistemas regionais de proteção...... 43

a) Introdução...... 43

b) Precedentes do processo de justicialização dos direitos humanos na ordem internacional...... 43

1) O legado do Tribunal de Nuremberg...... 43

2) As experiências dos Tribunais *ad hoc* para a ex-Iugoslávia e para Ruanda...... 49

3) A criação do Tribunal Penal Internacional...... 56

c) Direitos humanos e justiça internacional: os sistemas regionais de proteção...... 66

Parte II

SISTEMAS REGIONAIS DE PROTEÇÃO DOS DIREITOS HUMANOS

Capítulo IV – Sistema regional europeu de proteção dos direitos humanos...... 79

a) Introdução...... 79

b) A Convenção Europeia de Direitos Humanos...... 81

c) A Corte Europeia de Direitos Humanos...... 88

Capítulo V – Sistema regional interamericano de proteção dos direitos humanos...... 103

a) Introdução...... 103

b) A Convenção Americana de Direitos Humanos...... 105

c) A Comissão Interamericana de Direitos Humanos...... 109

d) A Corte Interamericana de Direitos Humanos...... 117

Capítulo VI – Sistemas regionais europeu e interamericano de proteção dos direitos humanos: estudo de casos 151

a) Proteção do direito à igualdade e do direito à diferença.................. 151

1) Corte Europeia de Direitos Humanos: casos envolvendo o direito à livre orientação sexual 153

2) Corte Interamericana de Direitos Humanos: casos envolvendo direitos dos povos indígenas 159

3) Análise de casos 164

b) Proteção dos direitos sociais... 166

1) Corte Europeia de Direitos Humanos: casos envolvendo proteção indireta de direitos sociais 167

2) Corte Interamericana de Direitos Humanos: casos envolvendo a dimensão positiva do direito à vida, a aplicação progressiva dos direitos sociais, a proteção indireta dos direitos sociais e a proteção direta dos direitos sociais.. 170

3) Análise de casos 175

c) Proteção de direitos e liberdades públicas no combate ao terrorismo... 176

1) Corte Europeia de Direitos Humanos: casos envolvendo proteção de direitos e liberdades públicas no combate ao terrorismo.................. 177

2) Corte Interamericana de Direitos Humanos: casos envolvendo proteção de direitos e liberdades públicas no combate ao "terrorismo de Estado"... 179

3) Análise de casos 181

d) Conclusão 182

Capítulo VII – Diálogo entre cortes: a "interamericanização" do sistema europeu e a "europeicização" do sistema interamericano 185

a) Introdução.. 185

b) Corte Europeia de Direitos Humanos: a "interamericanização" do sistema europeu 185

1) Casos envolvendo o desaparecimento forçado de pessoas.............. 186

2) Casos envolvendo a observância do *due process of law* no julgamento de graves violações de direitos humanos.............................. 189

3) Casos envolvendo o dever do Estado de prevenir e investigar graves violações de direitos, adotando *due diligences* 191

4) Caso envolvendo direitos sociais... 193

5) Análise de casos 193

xi

c) Corte Interamericana de Direitos Humanos: a "europeicização" do sistema interamericano 195

1) Caso envolvendo proibição da discriminação por orientação sexual.... 196

2) Caso envolvendo a proteção de direitos reprodutivos 197

3) Análise de casos 199

d) Conclusão 201

Capítulo VIII – Sistema regional africano de proteção dos direitos humanos 207

a) Introdução.. 207

b) A Carta Africana dos Direitos Humanos e dos Povos........................ 208

c) A Comissão Africana dos Direitos Humanos e dos Povos................. 212

d) A Corte Africana dos Direitos Humanos e dos Povos 216

Capítulo IX – Direitos humanos e justiça internacional: um estudo comparativo dos sistemas regionais europeu, interamericano e africano 223

Bibliografia... 239

APÊNDICE

Declaração Universal dos Direitos Humanos 261

Pacto Internacional dos Direitos Civis e Políticos..................................... 266

Pacto Internacional dos Direitos Econômicos, Sociais e Culturais 283

Convenção Europeia de Direitos Humanos 293

Convenção Americana de Direitos Humanos (Pacto de San José da Costa Rica).. 309

Protocolo Adicional à Convenção Americana de Direitos Humanos em Matéria de Direitos Econômicos, Sociais e Culturais (Protocolo de San Salvador).. 330

Carta Africana dos Direitos Humanos e dos Povos (Carta de Banjul) 340

Protocolo à Carta Africana dos Direitos Humanos e dos Povos sobre o Estabelecimento de uma Corte Africana dos Direitos Humanos e dos Povos 356

Quadro comparativo – Sistemas regionais europeu, interamericano e africano de proteção dos direitos humanos 365

PREFÁCIO

I

Flávia Piovesan vem se notabilizando pela qualidade jurídica de sua docência e reflexão sobre os Direitos Humanos. O merecido sucesso e a recepção, nos meios especializados, do seu *Direitos Humanos e o Direito Constitucional Internacional*, ora na sua 8ª edição, revista, ampliada e atualizada (São Paulo: Saraiva, 2019), é disso uma comprovação. A esta qualidade doutrinária e pedagógica soma-se a militância em prol da promoção, defesa e tutela dos Direitos Humanos. Esta militância está baseada numa concepção sobre o que os direitos humanos representam, a partir do legado da Revolução Francesa, para a qualidade da convivência coletiva. Como explica Norberto Bobbio em *A Era dos Direitos* (nova edição, Rio de Janeiro: Campus, 2004, pp. 99-149), este legado inaugura, politicamente, a legitimidade plena da perspectiva *ex parte populi* e assinala destarte um freio democrático à discricionariedade e ao arbítrio dos governantes e dos poderosos. Os direitos humanos podem ser identificados, assim, na formulação de Luigi Ferrajoli, como *"leggi del più debole"* contra *"la leggi del più forte"* (cf. Luigi Ferrajoli, *Diritti fondamentali — Um dibattito teorico*, a cura di Ermanno Vitale, Roma, Bari, Laterza, 2002, p. 338). É por essa razão que neste novo livro — que tenho a satisfação de prefaciar — Flávia Piovesan parte de um pressuposto: os direitos humanos são "uma plataforma emancipatória voltada para a proteção da dignidade humana".

Os direitos humanos concebidos como uma plataforma emancipatória se traduzem na ideia de que o direito — inclusive o direito internacional — não é a expressão de uma relação de forças congeladas. Em graus variados, o direito é um limite a um recurso para todos, não se constituindo, por isso mesmo, num monopólio dos poderosos, nem no seu conteúdo nem nos seus usos. É, igualmente, como aponta Guillaume Devin (*Sociologie des relations internationales*, Paris: La Découverte, 2002, pp. 102-104), um instrumento de mobilização para a proteção dos mais fracos. Daí o papel não só dos estados mas dos atores não governamentais — como as ONGs

xiii

de direitos humanos — na dinâmica que vem levando à afirmação dos direitos humanos na ordem interna e internacional. É nesta linha que, lastreada na experiência jurídica de sua militância, Flávia Piovesan dá, nas diversas partes deste *Direitos Humanos e Justiça Internacional*, amplo destaque à dimensão e operação do direito como instrumento de mobilização em prol da dignidade humana.

II

A abrangente positivação dos direitos humanos no âmbito internacional é um processo de criação normativa que se inicia no pós-Segunda Guerra Mundial. Tem como fonte material um engajamento moral e político que almejou ser uma resposta jurídica às atrocidades e horrores do totalitarismo no poder. Com efeito, este, ao afirmar a generalizada e despropositada descartabilidade do ser humano, encarnou — como mostra Hannah Arendt em *Origens do Totalitarismo* (São Paulo: Cia. das Letras, 1989, pp. 300-336) — uma inédita ruptura com o legado dos direitos humanos e com a própria tradição do pensamento jurídico. É neste contexto, como aponta Flávia Piovesan, que "o pós-Guerra deveria significar a sua reconstrução", fazendo prevalecer na ordem internacional, com efeito direto no plano interno das sociedades nacionais, o referencial axiológico dos direitos humanos. Daí um direito novo, distinto do direito internacional público tradicional, baseado em normas e obrigações de coexistência e cooperação entre estados soberanos. De fato, o perseguido, com a transformação dos direitos humanos num tema global da vida mundial, foi a ideia-força de que existem obrigações dos estados em relação à comunidade mundial como um todo — para evocar o célebre *obiter dictum* da Corte Internacional de Justiça de 1970 no caso *Barcelona Traction* — que são constitutivas de uma ordem pública internacional voltada para um interesse geral que transcende o interesse particular de estados soberanos (cf. Moncef Kdhir, *Dictionaire Juridique de la Cour Internationale de Justice*, 2ª ed., Bruxelles: Bruylant, 2000, verbete *jus cogens*). Neste sentido é significativa a contribuição da inserção dos direitos humanos como um tema global no plano mundial para a consolidação das noções de *jus cogens,* e de obrigações *erga omnes* no Direito Internacional Contemporâneo, como observa Juan Antonio Carillo Salcedo (*Soberanía de los Estados y Derechos Humanos en Derecho Internacional Contemporáneo*, 2ª ed., Madrid, Tecnos, 2001, pp. 150-158).

Interesse geral, *jus cogens*, obrigações *erga omnes* são conceitos que abrem espaço para falar com Kant — importante antecedente conceitual

xiv

da problemática dos direitos humanos na perspectiva da humanidade, como lembra Flávia Piovesan — para a razão abrangente de um *jus cosmopoliticum* que diz respeito aos seres humanos e aos Estados em suas relações exteriores e sua interdependência como cidadãos de um Estado da humanidade. Para Kant, a conjectura do *jus cosmopoliticum* efetiva-se historicamente quando "a violação dos direitos em um só lugar da Terra é sentida em todos os outros" (Kant, *Para a Paz Perpétua*, terceiro artigo definitivo in *A Paz Perpétua — Um projeto para hoje*, J. Guinsburg, org., São Paulo: Perspectiva, 2004, p. 54).

III

O *jus cosmopoliticum* da afirmação dos direitos humanos no cenário internacional e a sensibilidade às suas violações enfrentaram e enfrentam inúmeros desafios. Flávia Piovesan elenca entre os desafios contemporâneos as contraposições: universalismo/relativismos; laicidade/fundamentalismos religiosos; direito ao desenvolvimento/assimetrias globais; direitos econômicos, sociais, culturais/globalização econômica; respeito à diversidade/intolerância; combate ao terrorismo/preservação de direitos e liberdades; direito de força/força do direito. O que norteia Flávia Piovesan neste livro e nos seus escritos em geral, como os recolhidos em seu *Temas de Direitos Humanos* (11ª ed., revista, ampliada, atualizada, São Paulo: Max Limonad, 2018), é viabilizar a força do direito como *"leggi del più debole"*.

Na análise da tutela dos direitos humanos no âmbito internacional, Norberto Bobbio, em *A Era dos Direitos* (cit., pp. 58-59) — que Flávia Piovesan cita —, diferencia três vertentes voltadas para o problema prático da proteção dos direitos humanos, que permite que a sua violação seja objeto de uma kantiana e generalizada sensibilidade: a *promoção* que busca irradiar, para consolidar, o valor dos direitos humanos; o *controle* que monitora mediante relatórios, comunicações interestatais e petições individuais o cumprimento pelos estados dos compromissos em matéria de direitos humanos por eles assumidos, e a *garantia*, em sentido estrito, que provém de uma autêntica tutela jurisdicional. Na promoção e controle incide a *vis directiva* da influência, cabendo dizer, como faz a A., que os órgãos de monitoramento — os Comitês de peritos — previstos nos grandes tratados de direitos humanos atuam como terceiros independentes em prol dos direitos humanos, com funções quase judiciais, em especial quando têm competência para examinar petições individuais. É por isso que a *vis directiva* da influência no campo do direito internacional da pessoa humana é,

XV

na terminologia de Luigi Ferrajoli, uma garantia primária das lesões às obrigações de direitos humanos internacionalmente positivados. A justicialização dos direitos humanos é um passo adiante na viabilização da força do Direito. Representa, na terminologia de Luigi Ferrajoli, uma garantia secundária, pois enseja a obrigação de reparar ou sancionar judicialmente as lesões de direitos humanos, vale dizer, as violações das suas garantias primárias. A justicialização preenche, deste modo, uma lacuna no ordenamento jurídico internacional (cf. Luigi Ferrajoli, *Diritti fondamentali — Un dibattito teorico*, cit., p. 11) e é, assim, como diz Bobbio, uma garantia em sentido estrito. São precisamente as fontes materiais e as modalidades que vêm configurando o preenchimento desta lacuna no Direito Internacional, no campo dos Direitos Humanos, o que Flávia Piovesan examina de forma superior neste livro, tratando das razões pelas quais, no sistema global, a justicialização foi sendo operada na esfera penal, e na esfera civil nos sistemas regionais da Europa, da América e da África.

IV

O ponto de partida da justicialização dos direitos humanos é — esclarece Flávia Piovesan — o Tribunal de Nuremberg, que inovou ao afirmar a responsabilidade internacional penal do indivíduo como algo distinto da responsabilidade do Estado. O Tribunal de Nuremberg processou e condenou líderes políticos e militares da Alemanha nazista que cometeram individualmente, ou como membros de organizações, novas formas de criminalidade internacional, ou seja, crimes contra a paz, crimes de guerra e crimes contra a humanidade, referidos no Estatuto do Tribunal, que é de 1945. O número dos processados e condenados foi limitado, e a seleção dos indiciados tinha como objetivo, para falar com Bobbio, inserir na esfera penal a conduta daqueles que *ex parte principis* infligiram, numa escala sem precedente, o mal ativo, ou seja, pessoas responsáveis pelo padecimento dos que sofreram *ex parte populi* o mal passivo de uma pena sem culpa (cf. Bobbio, *Elogio da Serenidade e Outros Escritos Morais*, São Paulo, Unesp, 2002, pp. 179-192; sobre como se chegou à representatividade da seleção dos indiciados, cf. Richard Overy, The Nuremberg Trials: international law in the making, in *From Nuremberg to the Hague — The Future of International Criminal Justice*, ed. by Philipp Sands, Cambridge, Cambridge University Press, 2003, pp. 1-29).

O Tribunal de Nuremberg — assim como o de Tóquio — foi um tribunal *ad hoc* do pós-Segunda Guerra Mundial, que teve desdobramentos ao dar início a uma política do direito voltada tanto para a tipificação quanto para a justicialização internacional dos direitos humanos na esfera penal. A Convenção que tipificou o crime de genocídio e contemplou sua prevenção e repressão, assinada em 11/12/1948, um dia após a Declaração Universal dos Direitos Humanos — ambas tendo como fonte material reconstruir os direitos humanos como resposta aos horrores do nazismo —, mencionava, no seu art. VI, a possibilidade de as partes-contratantes criarem uma Corte Internacional com jurisdição sobre o crime de genocídio cometido por governantes, funcionários ou particulares.

No período da vigência da Guerra Fria a justicialização na esfera penal não teve condições políticas de prosperar, mas no mundo pós-Guerra Fria a implosão de sociedades multiétnicas ensejou flagrantes violações do direito humanitário, numa escala que comportava analogia com as cometidas durante a Segunda Guerra Mundial. Esta escala, e a sensibilidade em relação aos direitos humanos, que se generalizou com a política do direito afirmada pela Declaração Universal de 1948, foram, como apontou Antonio Cassese, as fontes materiais de dois Tribunais Internacionais: o da ex-Iugoslávia, que data de 1993, e o de Ruanda, que data de 1994 (cf. Antonio Cassese, International Criminal Law, in *International Law*, ed. by Malcolm D. Evans, Oxford, Oxford University Press, 2003, p. 727).

Estes dois tribunais foram criados com base no capítulo VII da Carta da ONU, pois o Conselho de Segurança entendeu que as violações maciças dos direitos humanos que estavam ocorrendo na ex-Iugoslávia e em Ruanda, pelos seus efeitos mais abrangentes, representavam uma ameaça à paz e à segurança internacional, e a justicialização penal a ser por eles instaurada seria uma contribuição à restauração das condições de paz (cf. Henry J. Steiner, International Protection of Human Rights, in *International Law*, ed. by Malcolm D. Evans, cit., p. 763). Neste sentido reafirmou-se o vínculo entre a paz no mundo e o reconhecimento dos direitos iguais a todos os membros da família humana, asseverado no primeiro considerando do preâmbulo da Declaração Universal de 1948.

Flávia Piovesan trata destes dois tribunais *ad hoc*, que são o antecedente do Tribunal Penal Internacional criado pelo Estatuto de Roma, aprovado em 17 de julho de 1998, que entrou em vigor em 1º de julho de 2002 ao atingir o número de ratificações necessárias.

A criação do Tribunal Penal Internacional superou, como observa Flávia Piovesan, a seletividade política inerente aos tribunais *ad hoc*, e a sua jurisdição "é adicional e complementar à do Estado, ficando pois

xvii

condicionado à incapacidade ou à omissão do sistema judicial interno". *Ex vi* do art. 5 do seu Estatuto, os crimes de competência do Tribunal são: crime de genocídio; crimes contra a humanidade e crimes de guerra — não havendo ainda definição do crime de agressão. Estes crimes individualizam responsabilidades com o rigor de uma tutela penal, quando ocorrem violações em larga escala dos direitos humanos e das obrigações dos estados contemplados no Direito Internacional Público. Crimes de guerra são os que resultam de graves violações do direito humanitário internacional, seja na vertente de Genebra seja na de Haia, perpetradas em conflitos armados internacionais e internos. Crimes contra a humanidade são violações sistemáticas e em larga escala de direitos humanos como extermínio, escravidão, tortura, agressão sexual, desaparecimento forçado de pessoas. Na esteira da Convenção de 1948, crimes de genocídio são os atos praticados com a intenção de destruir, no todo ou em parte, um grupo nacional, étnico, racial ou religioso.

A justicialização dos Direitos Humanos na esfera penal, examinada por Flávia Piovesan, aponta para o processo de afirmação de uma ordem pública internacional com novas características, atenta ao vínculo entre a paz e o respeito aos direitos humanos. Com efeito, o estatuto do Tribunal Penal Internacional consolida juridicamente o inovador entendimento do Tribunal de Nuremberg, que, numa famosa passagem de sua sentença, afirmou que crimes contra o Direito Internacional são cometidos por indivíduos e não por entidades abstratas e que somente submetendo a sanções penais os indivíduos que por eles são responsáveis é que as estipulações do Direito Internacional serão eficazes (cf. Richard Overy, The Nuremberg Trials: international law in the making, in loc. cit., pp. 32-33). O estatuto do Tribunal, ao estabelecer uma responsabilidade criminal individual, busca responder às atrocidades cometidas em tempo de guerra ou de paz, fazendo prevalecer, com efeito direto no plano interno das sociedades nacionais, o referencial axiológico dos direitos humanos. É, portanto, uma expressão de uma mobilização jurídica em prol da dignidade humana e, como tal, um exemplo do significado, na linha da A., de uma plataforma emancipatória.

V

Na sequência de sua linha de reflexão, Flávia Piovesan se dedica a examinar e subsequentemente a comparar os sistemas regionais de proteção dos direitos humanos — o europeu, o interamericano e o africano — que vêm ensejando uma justicialização na esfera civil. Abre a discussão daquilo que é a proposta básica do seu livro, com a análise da dicotomia universalismo/regionalismo. Na esteira da visão do prof. Henry J. Steiner, com quem estudou e de quem muito apreendeu, registra que o próprio sistema da ONU, no correr do tempo, passou a encorajar os sistemas regionais, considerando-os, em matéria de tutela, como complementares do sistema universal (cf. Henry J. Steiner e Philipp Alston, *International Human Rights in Context*, 2ª ed., Oxford, Oxford University Press, 2000, cap. 10). Neste sentido, da mesma maneira como a Carta da ONU, no seu art. 52, reconheceu o papel das organizações regionais no trato dos assuntos relativos à manutenção da paz e da segurança internacional; desde que compatíveis com seus Propósitos e Princípios, os sistemas regionais de proteção dos direitos humanos são hoje vistos como caminhos de aprofundamento de sua plataforma emancipatória. Evidentemente esta plataforma pressupõe o respeito à universalidade, interdependência e indivisibilidade dos direitos humanos, reconhecido e consagrado na grande Conferência da ONU de Viena de 1993, com base no *"corpus"* jurídico das convenções de direito internacional da pessoa humana, fruto da política de direito inaugurada com a Declaração Universal de 1948. São vantagens do regionalismo no campo da justicialização dos direitos humanos a proximidade que deriva da conjugação da geografia com concepções compartilhadas sobre as formas de conceber a vida em sociedade, que dão preeminência hierárquica ao valor da dignidade da pessoa humana.

VI

Esta proximidade é manifesta no sistema europeu, que é o mais consolidado dos sistemas regionais e que é examinado no capítulo IV do livro de Flávia Piovesan. A base jurídica do sistema é a Convenção Europeia de Direitos Humanos, adotada em 4 de novembro de 1950 pelo Conselho da Europa, criado em 1949 por dez estados democráticos da região. Entrou em vigor em 3 de setembro de 1953 e, em 2005, contava com 45 estados-parte.

Como aponta a A., a fonte material da Convenção está ligada aos horrores do totalitarismo, que a Europa viveu em profundidade, cabendo, no entanto, lembrar que a consolidação e o aprofundamento do sistema viram-se impulsionados pelos desdobramentos da construção europeia. Esta teve como horizonte assegurar a paz na região. No início o meio escolhido para alcançar este objetivo foi a integração econômica europeia, mediante a criação de um mercado único, tanto que o Tratado de Roma de 1957 não fazia referência aos direitos humanos. Este objetivo, no entanto, foi se expandindo, num primeiro momento, por meio da jurisprudência do Tribunal de Justiça das Comunidades Europeias, que, depois da década de 60, passou a afirmar que o respeito pelos direitos fundamentais fazia parte dos princípios que orientam a ação da União Europeia. A Corte, nesta construção pretoriana, identificou no respeito aos direitos humanos um fator relevante do processo de integração e um elemento de legitimação das instituições comunitárias. Depois, na sequência do preâmbulo do Ato Único Europeu de 1986, o Tratado de Maastricht de 1992 asseverou que a promoção e a proteção dos direitos humanos são fundamento e objetivo da atuação interna e externa da União Europeia (cf. V. Di Bucci, verbete Droit Fondamentaux, no *Dictionnaire Juridique des Communautés Européennes*, organizado por Ami Barav e Christian Philip, Paris, PUF, 1993; Assunção Esteves, verbete Direitos do Homem, no *Dicionário de Termos Europeus*, organizado por Carlos Coelho, Lisboa, Alêtheia, 2005; Antonio Vitorino, *Carta dos Direitos Fundamentais da União Europeia*, Cascais, Principia, 2002).

A atuação política e jurídica da União Europeia, seja no seu aprofundamento, seja no seu alargamento, teve um papel da maior importância para ir tornando o âmbito espacial do sistema regional europeu de proteção dos direitos humanos crescentemente mais homogêneo no campo da convergência de princípios e valores da organização da vida coletiva. Daí a prevalência, no sistema europeu — que formalmente independe da UE —, tanto da *solidariedade* — o empenho comum em assegurar, na ordem interna dos estados-parte da Convenção Europeia, os direitos nela positivados — quanto da *subsidiariedade* — pois graças a este empenho comum a atuação da Corte Europeia de Direitos Humanos pode ter como função, ao apreciar casos de violação, a de complementar as instituições dos sistemas nacionais, como registra Flávia Piovesan. É neste contexto de convergência axiológica que se foi agregando à Convenção Europeia, pela atuação normativa do Conselho da Europa, um expressivo número de protocolos adicionais, como aponta a A. Foi esta visão comum, aponto eu, que criou um espaço político para a adoção, pela Corte Europeia, dos critérios hermenêuticos analisados no livro, favoráveis à plena afirmação da tutela jurisdicional dos direitos humanos na esfera civil.

Flávia Piovesan relata como o sistema europeu originariamente se baseava em dois órgãos distintos — a Comissão Europeia de Direitos Humanos e a Corte Europeia dos Direitos Humanos —, e qual foi a lógica das suas respectivas competências. Concentra, no entanto, a sua atuação no Protocolo 11, que entrou em vigor em 1º de novembro de 1998, que consagrou uma nova sistemática que reforçou a justicialização do sistema europeu.

XX

A Comissão e a Corte, que atuavam em tempo parcial, foram substituídas por uma nova Corte permanente, que possui competência jurisdicional obrigatória e que pode receber petições de qualquer pessoa singular, organização não governamental ou grupo de particulares que se considere vítima de uma violação, por qualquer Alta-Parte Contratante, dos direitos reconhecidos na Convenção Europeia ou nos seus protocolos.

A Corte de Estrasburgo possui, além da competência contenciosa, a competência consultiva sobre questões jurídicas relativas à interpretação da Convenção e de seus protocolos. Flávia Piovesan discute como se processam estas duas competências; faz referência a importantes casos jurisprudenciais; mostra os desafios que a Corte tem pela frente — um dos quais é o aumento significativo que vem se verificando das demandas a ele submetidas; indica reformas legislativas e de instituições no plano interno dos estados-membros, provocadas pelas decisões da Corte, e trata igualmente de como o sistema europeu tem revelado um elevado grau de cumprimento das decisões proferidas pela Corte. Conclui o capítulo com uma avaliação altamente positiva do sistema europeu e da sua contribuição à plataforma emancipatória dos direitos humanos.

VII

No capítulo V Flávia Piovesan analisa o sistema interamericano, que ela conhece muito bem e ao qual já dedicou estudos anteriores (cf. também Luiz Flávio Gomes e Flávia Piovesan, coord., *O Sistema Interamericano de Proteção aos Direitos Humanos e o Direito Brasileiro*, São Paulo, Editora Revista dos Tribunais, 2000). Observa que o sistema propiciou, em 1948, a *"soft law"* de uma Declaração Americana dos Deveres e Direitos do Homem e que a *"hard law"* da sua base jurídica é o Pacto de San José da Costa Rica, aprovado em 29/11/1969, vigente em nível internacional desde 18/7/1978 e ao qual o Brasil aderiu em 1992. A Convenção Americana, no seu catálogo de direitos, está em sintonia com o Pacto Internacional de Direitos Civis e Políticos, tal como ocorre com a Convenção Europeia. À Convenção agregou-se, em 1988, o Protocolo Adicional de San Salvador, concernente aos direitos econômico-sociais e culturais, que entrou em vigor em 1994 e do qual o Brasil é também parte-contratante.

O contexto político do sistema americano tem uma especificidade própria à qual Flávia Piovesan dá, com toda pertinência, o devido destaque. Este contexto provém do período dos regimes ditatoriais na América Latina e o da subsequente transição política para a democracia que se inicia na década de 1980. Por isso o desafio do sistema americano no âmbito da América Latina tem como nota identificadora o empenho em romper o legado da cultura ditatorial autoritária e consolidar o regime democrático numa região geográfica marcada pelo elevado grau de exclusão e desigualdade social e com precária tradição de generalizado respeito aos direitos humanos. É por esse motivo, observo eu, que, no entendimento da plataforma emancipatória do sistema americano, como, aliás, no europeu e africano, cabe levar em conta, na linha do tridimensionalismo jurídico de Miguel Reale, a interação entre Fato, Valor e Norma, ou seja, não só atentar para as normas e os valores nela positivados como também para as especificidades das realidades sociais (os dados do Fato) que buscam regular e subsumir.

O aparato de monitoramento do sistema americano tem dois órgãos: a Comissão e a Corte. A Comissão é integrada por sete membros, eleitos a título pessoal pela Assembleia Geral da OEA entre os nacionais dos estados-membros, para um mandato de quatro anos, permitida uma reeleição. A função de promover a observância e a proteção dos direitos humanos na região é exercida de diversas maneiras pela Comissão, como explica Flávia Piovesan. Ela dá naturalmente, à luz dos propósitos do seu livro, realce à competência da Comissão para examinar comunicações encaminhadas por indivíduo ou grupo de indivíduos ou ainda de entidade não governamental que contenham denúncia de violação a direito consagrado pelo Pacto de San José, ocorrida no âmbito interno de suas partes-contratantes. Este destaque oferece à A. a oportunidade de discutir a dimensão quase judicial da Comissão que, se não é uma justicialização, tem uma dimensão de garantia jurídica significativa e importante, tendo em vista os desafios próprios da região.

A Corte Interamericana é o órgão jurisdicional do sistema regional. É composta por sete juízes nacionais de estados-membros da OEA, eleitos a título pessoal, para um mandato de seis anos, admitida uma reeleição, entre os Estados-partes do Pacto de San José. O acesso à competência contenciosa da Corte é restrito aos estados-partes da Convenção Americana e à Comissão, não havendo, como no sistema europeu, o acesso direto de indivíduo, grupo de indivíduos ou organizações não governamentais. Realça, no entanto, Flávia Piovesan a inovação trazida pelo art. 44 do novo Regulamento da Comissão, adotado em 1º de maio de 2001. Este dá à Comissão a possibilidade de submeter à apreciação da Corte a conduta de um Estado integrante do sistema, se entender que este não cumpriu as recomendações do informe aprovado nos termos do art. 50 da Convenção. Essa possibilidade só não se materializa mediante decisão fundamentada

xxii

da maioria absoluta dos membros da Comissão. O novo regulamento, como aponta a A., adensa a juridicidade do *locus standi* da Comissão ao reduzir a seletividade política e ampliar o potencial do escopo da judicialização dos direitos humanos.

No seu interesse em documentar, no processo de justicialização dos direitos humanos, o acesso do indivíduo à Corte Americana, Flávia Piovesan chama também a atenção para um aspecto inovador das regras de procedimento tal como revistas em 2001. Observa que o art. 23 do novo regulamento dispõe que, submetido um caso à Corte pela Comissão, as vítimas, seus familiares ou representantes legalmente reconhecidos poderão apresentar suas solicitações, argumentos e provas de forma autônoma no correr do processo.

A Corte de San José, além de sua competência contenciosa, tem ampla competência consultiva em matéria de interpretação da Convenção ou de qualquer tratado relativo à proteção dos direitos humanos nos Estados americanos e pode opinar sobre a compatibilidade de preceitos de legislação doméstica em face dos acima mencionados instrumentos internacionais. Esta competência consultiva pode ser suscitada por qualquer membro da OEA — parte ou não da Convenção — ou pelos órgãos da OEA enumerados no capítulo X da sua Carta.

É muito significativa a jurisprudência da Corte, seja no exercício de sua competência consultiva — até julho de 2005 foram exaradas 18 opiniões consultivas —, seja no exercício de sua competência contenciosa — até julho de 2005 foram proferidas 127 sentenças. Flávia Piovesan, com muito sentido do significado dos direitos humanos como *"leggi del più debole"*, elenca facetas muito interessantes da jurisprudência da Corte, atinentes às realidades sociopolíticas da região. As suas considerações sobre a *"case law"* da Corte de San José dão muita vida e interesse ao capítulo V do seu livro.

Flávia Piovesan também examina a faculdade que a Corte tem de tomar medidas provisórias em casos de extrema gravidade e urgência. Esta competência em matéria de medidas cautelares que a Corte vem exercendo é uma especificidade que só existe no sistema regional americano de proteção dos direitos humanos, recebendo, por isso mesmo, o merecido destaque por parte da A., com o seu foco no tema da justicialização e o seu empenho em viabilizar a força do Direito.

A A. conclui o capítulo V com uma avaliação positiva do sistema regional americano, que, no entanto, entende requerer aprimoramentos. Ela

xxiii

os discute ao tratar, *inter alia*, na perspectiva *"ex parte populi"* dos direitos humanos, da melhoria da exigibilidade do cumprimento das decisões da Comissão e da Corte, da importância de ampliar o acesso direto do indivíduo à Corte e de dar, à Comissão e à Corte, recursos financeiros, técnicos e administrativos — que hoje são insuficientes — para permitir ao sistema cumprir plenamente com as suas funções e objetivos.

VIII

O sistema africano é tratado no capítulo VI do livro. Tem, entre os seus muitos méritos, o de dar a conhecer, no Brasil, um sistema sobre o qual a informação é escassa. Neste sentido o capítulo VI é também um subsídio relevante para a condução da política externa brasileira, pois dá elementos para conjugar a importância política e econômica que vem sendo atribuída ao relacionamento com os países africanos ao princípio da prevalência dos direitos humanos. Este, nos termos do art. 4º, II, da Constituição Federal, é um dos princípios que regem as relações internacionais do nosso país.

Flávia Piovesan chama a atenção, na abertura de sua análise, para a singularidade e complexidade da problemática dos direitos humanos no continente africano. Com efeito, foi em Ruanda que ocorreram as graves violações dos direitos humanos, configuradoras do genocídio de que foram vítimas 800.000 tutsis e hutus, situação que está se repetindo na região de Darfu, no Sudão. No continente africano também são frequentes as perseguições políticas, assassinatos e torturas em conflitos internos — execuções extrajudiciais e desaparecimentos forçados. São estas realidades sociopolíticas que configuram, para voltar ao tridimensionalismo de Miguel Reale, o Fato ao qual os valores positivados nas normas dos principais tratados de Direitos Humanos, que os estados africanos ratificaram, procuram dar resposta e encaminhamento com o lastro adicional da Carta Africana de Direitos Humanos e dos Povos.

A Carta Africana dos Direitos Humanos e dos Povos data de 1981 e foi adotada no âmbito da Organização da Unidade Africana, hoje União Africana. Entrou em vigor em 1986 e conta com ampla adesão dos estados da região. No seu preâmbulo, como aponta Flávia Piovesan, referência é feita tanto às tradições e valores africanos quanto ao processo de independência dos países da região. Daí a conjugação entre os direitos dos povos e os dos indivíduos, que diferencia a Carta Africana das formulações da Convenção Europeia e da Americana. A Carta contempla tanto os direitos civis e políticos (artigos 3 a 14) quanto os econômicos, sociais e culturais

xxiv

(artigos 15 a 26), e estabelece a interação entre direitos e deveres. Ela é de alcance mais limitado no que se refere aos direitos civis e políticos, consagra, como acima mencionado, os econômico-sociais e culturais e contempla direitos de titularidade coletiva como o direito à igualdade dos povos, o direito ao desenvolvimento e o direito à paz. Em síntese, como aponta a A., a Carta busca responder, na sua formulação, à especificidade das aspirações dos países africanos. Para salvaguardar direitos e deveres nela enunciados, a Carta contempla uma Comissão: a Comissão Africana dos Direitos Humanos e dos Povos. Esta tem sede em Gâmbia, vem funcionando desde 1987 e é composta por 11 membros. Tem funções de promoção e controle e a competência de apreciar comunicações interestatais, bem como petições encaminhadas por indivíduos ou organizações intergovernamentais que denunciam violações dos direitos reconhecidos na Carta. No trato destas violações cabe à Comissão buscar uma solução amistosa.

A Comissão tem atuado, representa um esforço na afirmação dos direitos humanos mas até agora não logrou ser uma efetiva plataforma viabilizadora da força do direito. Flávia Piovesan registra que apenas 14% das decisões da Comissão foram totalmente cumpridas, 20% foram parcialmente cumpridas, sendo de 66% a porcentagem do não cumprimento das decisões da Comissão.

Flávia Piovesan também dá precisas informações sobre os trabalhos preparatórios que levaram à proposta da criação de uma Corte Africana dos Direitos Humanos e dos Povos. Discute as características do seu Protocolo, adotado em 1998, e o desafio de uma ampla adesão aos seus termos que permitirá o seu funcionamento como órgão jurisdicional.

A A. conclui o capítulo apontando que há muito caminho para ser percorrido para que haja um efetivo fortalecimento do sistema regional africano, e, com a sensibilidade de sua militância, destaca a responsabilidade que nesta matéria cabe às organizações não governamentais.

IX

A A. conclui com uma síntese dos passos percorridos que estudou no seu livro e que vem levando à justicialização dos direitos humanos na ordem internacional. As comparações e avaliações dos pontos fortes e fracos dos sistemas que analisou dão ao leitor uma excelente medida do estágio em que se encontram as garantias jurídicas da tutela dos direitos humanos no âmbito universal e no âmbito regional da Europa, da América Latina e da África.

Concluo lembrando que Danièle Lochak, em preciosa discussão sobre a temática dos direitos humanos, registra que a história dos direitos humanos não é nem a história de uma marcha triunfal nem a história de uma causa perdida de antemão. É a história de um combate (cf. Danièle Lochak, *Les droits de l'homme*, nouv. edit, Paris, La Découverte, 2005, p. 116). Evoco esta referência para realçar a qualidade intelectual e ética da linguagem dos direitos de que, no combate em prol da dignidade humana, se vale Flávia Piovesan neste livro que tenho a satisfação de prefaciar e assinar com o mais alto apreço pelo seu trabalho e militância.

São Paulo, março de 2006.

Celso Lafer

NOTA À 10ª EDIÇÃO

Foi com imensa honra e profunda emoção que, em 29 de junho de 2023, em Berlim, recebi o *Georg Forster Research Award*, em uma inspiradora cerimônia organizada pela Humboldt Foundation, marcada pela valorização da ciência, pelo potencial inovador das ideias e de seu poder de transformar realidades.

Sob esta perspectiva é desenvolvida a atualização desta obra para a sua 10ª edição, no ritual de meus sabáticos acadêmicos no Max Planck Institute for Comparative Public Law and International Law, na sempre encantadora Heidelberg.

Em um balanço retrospectivo e prospectivo dos Direitos Humanos e da Justiça Internacional, emergem novos desafios na agenda dos direitos humanos, com destaque à emergência climática, ao empoderamento dos atores privados transnacionais e à expansão global do autoritarismo. Nesse sentido, o Capítulo II deste livro foi revisado para contemplar estas pautas emergentes dos direitos humanos na ordem internacional contemporânea. No que se refere à emergência climática, cabe menção à Opinião Consultiva da Corte Interamericana n. 23, de 2017, acerca do alcance das obrigações estatais relativamente ao direito ao meio ambiente, compreendendo a obrigação de prevenção, o princípio da precaução e a obrigação de cooperação, bem como obrigações procedimentais a envolver o acesso à informação, a participação pública e o acesso à justiça. Ressalte-se, ademais, a Resolução n. 3/2021, emitida pela Comissão Interamericana de Direitos Humanos, a respeito da "Emergência Climática", com ênfase no alcance das obrigações interamericanas em matéria de direitos humanos. No que tange ao empoderamento dos atores privados transnacionais, ressalte-se que, das 100 maiores economias mundiais, 69 são empresas multinacionais e 31 são Estados nacionais. Nesse cenário, essencial é a observância dos *UN Guiding Principles on Business and Human Rights*, estruturados em três pilares: proteger (apontando à responsabilidade dos Estados em evitar abusos de atores não estatais); respeitar (apontando à responsabilidade das empresas relativamente à sua cadeia produtiva e entorno, com ênfase na devida

xxvii

diligência para prevenir os riscos e mitigar os impactos negativos da atividade empresarial, demandando o *"human rights impact assessment"*); e remediar (apontando à necessidade de estabelecer mecanismos às vítimas em caso de violação). Quanto à expansão global do autoritarismo, de acordo com o Informe da Freedom House 2022, verificou-se o declínio da democracia em 60 Estados, com o fortalecimento democrático em apenas 25 Estados. Atualmente, 8 em cada 10 habitantes do mundo vivem em Estados parcialmente livres ou não livres.

É nesse contexto desafiador que há de se fortalecer a incidência da Justiça Internacional, para proteger direitos e combater o arbítrio, seja do Estado, seja de atores não estatais. Os sistemas regionais de proteção dos direitos humanos podem servir como salvaguarda do aparato civilizatório de direitos e liberdades, enfrentando regimes autoritários, sendo capazes de fortalecer a ótica multilateralista e o protagonismo da sociedade civil internacional na luta por direitos e por justiça.

Sob essa inspiração, foi atualizado o Capítulo III desta obra, relativamente à jurisprudência do Tribunal Penal Internacional. Até 2023, um total de 17 situações haviam sido submetidas ao Tribunal Penal Internacional (envolvendo 31 casos): a) situação em Uganda (2 casos); b) situação na República Democrática do Congo (6 casos); c) situação na República Centro-Africana (3 casos); d) situação em Darfur, Sudão (6 casos); e) situação na República do Quênia (5 casos); f) situação na Líbia (3 casos); g) situação na Costa do Marfim (2 casos); h) situação em Mali (2 casos); i) situação na República Centro-Africana II (2 casos); j) situação na Geórgia (1 caso); k) situação no Burundi (1 caso); l) situação em Bangladesh-Mianmar; m) situação no Afeganistão; n) situação no Estado da Palestina (incluído Gaza e West Bank); o) situação nas Filipinas; p) situação na Ucrânia; e q) situação na Venezuela.

Também houve a atualização da jurisprudência dos sistemas regionais europeu, interamericano e africano, a partir da análise dos avanços, dilemas e perspectivas do processo de justicialização dos direitos humanos, sob a ótica comparada e dialógica. Quanto ao sistema europeu, destaca-se a denúncia da Convenção Europeia pela Federação Russa em 2022, contando, agora, com 46 Estados-partes. Na atualização da jurisprudência da Corte Europeia, referente ao direito à igualdade e não discriminação, destacam-se decisões emblemáticas no combate ao crime de ódio e a violentos ataques homofóbicos, com a responsabilização de Estados pela omissão em investigar, processar e punir com devida a diligência. Na atualização da jurisprudência da Corte Interamericana, referente aos direitos sociais, destacam-se decisões emblemáticas que fortalecem o horizonte jurisprudencial em prol da justiciabilidade direta dos direitos sociais, a partir de uma leitura axiológica e sistemática da Convenção Americana, ao interpretar o art. 26 a partir dos deveres estatais enunciados nos arts. 1º e 2º da Convenção Americana, considerando, ademais, o art. 29 da Convenção. Por sua vez, na atualização da jurisprudência da Corte Africana de Direitos Humanos e Direitos dos Povos, constatou-se, até 2023, um universo de 332 casos contenciosos, sendo 181 casos concluídos.

Por fim, expresso minha mais profunda gratidão ao Max Planck Institute for Comparative Public Law and International Law pela tão especial acolhida acadêmica, caracterizada pelo vigor intelectual dos instigantes e qualificados debates, pelo elevado rigor metodológico e pelo intenso estímulo de um diálogo jurídico plural, visionário e transnacional, que tem como mantra maior o valor emancipatório da ciência. Ao professor Armin von Bogdandy, receba o meu maior reconhecimento e a minha maior gratidão pelo inestimável apoio, por seu brilhantismo intelectual, por seu pensamento vibrante, pela abertura a fascinantes ideias e pelos tantos projetos compartilhados. À professora Anne Peters, expresso a minha especial gratidão pelo tão estimulante diálogo acadêmico e pelo intercâmbio de ideias, especialmente sobre um *global constitutionalism*". A ambos deixo as palavras de Isaac Newton: *"if a have seen further it is by standing on the shoulders of Giants"*; em tradução livre: "Se vi mais longe foi por estar sobre os ombros de gigantes". Aos tão queridos amigos Mariela Morales (minha "amiga de alma"), Henry Jimenez, Holger Hestermeyer, Matthias Hartwig e Christina Binder, recebam o meu maior carinho por nossa preciosa amizade de décadas e por tanto compartilhar de vida, de projetos acadêmicos e de buscas emancipatórias.

Expresso, ainda, a minha maior gratidão à Humboldt Foundation, pela tão honrosa outorga do *Georg Forster Research Award*, que viabilizou o desenvolvimento de pesquisas e estudos a contribuir extraordinariamente à cuidadosa atualização desta obra para a sua 10ª edição.

Com devoção à ciência e ao potencial inovador das ideias, esta obra ambiciona fortalecer a cultura dos direitos humanos e o seu poder de transformar realidades, ecoando a inspiradora visão de Stephen Hawking: *"remember to look up at the stars and not down to your feet. Try to make sense of what you see and wonder about what makes the universe exist. Be curious. And however difficult life may seem, there is always something you can do and succeed at. It matters that you don't just give up. Unleash your imagination. Shape the future"*; em tradução livre: "Lembre-se de olhar para

xxix

as estrelas e não para os pés. Tente entender o que você vê e se pergunte sobre o que faz o universo existir. Seja curioso. E por mais difícil que a vida possa parecer, sempre há algo que você pode fazer e ser exitoso. Importa que você simplesmente não desista. Solte sua imaginação. Desenhe o futuro".

Heidelberg, julho de 2023.

A autora

NOTA À 9ª EDIÇÃO

Na qualidade de Lemann Visiting Scholar no David Rockefeller Center for Latin American Studies da Harvard University, na inspiradora Cambridge, retomo o ritual analítico de revisar detidamente esta obra — agora para a sua 9ª edição. Passo a examinar os avanços, tensões, dilemas e perspectivas do processo de justicialização dos direitos humanos, sob as perspectivas comparada e dialógica, nas esferas global, regional e local.

Houve a cuidadosa atualização da jurisprudência concernente ao Tribunal Penal Internacional e aos Tribunais *"ad hoc"* para Ruanda e ex-Iugoslávia. Até setembro de 2018, um total de dez situações havia sido submetido ao Tribunal Penal Internacional, envolvendo 25 casos.

Também foi realizada atualização dos capítulos relativos aos sistemas regionais de proteção europeu, interamericano e africano. No que se refere ao sistema interamericano, constata-se a emergência de uma nova tendência jurisprudencial da Corte interamericana voltada à justiciabilidade direta dos direitos sociais. A respeito, destacam-se os casos Lagos del Campo e Trabalhadores Demitidos de Pretroperu, ambos contra o Estado do Peru, decididos em 2017, em que, ineditamente, a Corte considerou restar caracterizada uma violação autônoma do artigo 26 da Convenção Americana. Em sentido similar, merece menção sentença proferida em 08 de março de 2018, no caso Poblete Vilches y Otros contra o Estado do Chile, que consolidou relevantes parâmetros interamericanos a respeito do direito à saúde envolvendo pessoa idosa, com ênfase ao direito ao consentimento informado. Para a Corte, o direito à saúde invoca como dimensões a disponibilidade, a acessibilidade, a aceitabilidade e a qualidade, tendo exigibilidade e justiciabilidade direta, na qualidade de direito autônomo. Adicionou, ainda, a importância de conferir visibilidade às pessoas idosas como sujeitos de direitos a merecer especial proteção. De forma inédita, a Corte se pronunciou sobre a saúde como um direito autônomo, integrante dos direitos econômicos, sociais, culturais e ambientais, com base no artigo 26 e no dever do Estado de conferir observância aos direitos das pessoas idosas. No que

xxxi

tange à competência consultiva da Corte Interamericana, cabe menção à Opinião Consultiva n. 23, a respeito do meio ambiente e direitos humanos (emitida em 15 de novembro de 2017, esclarecendo o alcance das obrigações estatais em relação ao meio ambiente); à Opinião Consultiva n. 24, a respeito do direito à identidade de gênero e ao matrimônio igualitário (emitida em 24 de novembro de 2017, realçando que os direitos à intimidade e à privacidade são insuscetíveis de ingerência estatal, resguardando a vivência interna de cada indivíduo, o que e como cada pessoa sente, como se vê e como se projeta na sociedade); e à Opinião Consultiva n. 25, a respeito do instituto do asilo (emitida em 30 de maio de 2018, enfocando reconhecimento do asilo como direito humano no sistema interamericano de proteção). No que se refere ao sistema europeu, merece destaque relevante jurisprudência da Corte Europeia a respeito da proteção dos direitos e liberdades públicas no combate ao terrorismo. Realce foi ainda dado à jurisprudência da Corte Africana dos Direitos Humanos e dos Povos, que, até setembro de 2018, havia decidido 55 casos e finalizado 12 procedimentos de opiniões consultivas.

Expresso minha mais profunda gratidão ao David Rockefeller Center for Latin American Studies, da Harvard University, por acolher-me em um ambiente acadêmico marcado pela arte de fomentar a capacidade reflexiva crítica, questionadora, consistente e liberta, enriquecida pelo fascinante debate de projetos, pesquisas, análises, estudos e ideias transformadoras.

Por fim, em tempos de acentuada polarização a comprometer conquistas civilizatórias democráticas, renovo a urgência em potencializar e difundir a ideologia emancipatória dos direitos humanos, em uma arena cada vez mais desafiada pela crescente ideologia dos nacionalismos, da xenofobia, do racismo, do sexismo, da homofobia, das intolerâncias e do repúdio ao outro. Há que se reafirmar o "mantra" da Declaração Universal de Direitos Humanos de 1948: *"todos são iguais e livres em dignidade e direitos"*. Com resiliência e esperança, há que se prosseguir na luta obstinada por uma sociedade mais justa e igualitária, com plena integridade, compromisso e firmeza ética. Como afirmava Desmond Tutu, *"I'm not an optimist. I'm a prisoner of hope"*.

Cambridge, outubro de 2018.

A autora

NOTA À 8ª EDIÇÃO

Na encantadora Heidelberg, acolhida no Max-Planck-Institute for Comparative Public Law and International Law, lanço-me ao mergulho de revisar e atualizar cuidadosamente esta obra, agora para a sua 8ª edição. Inspirada por um ambiente acadêmico marcado pelo rigor da investigação científica, pela consistência da arte argumentativa e pela intensidade do debate aberto, diverso e plural, passo a examinar os avanços, dilemas e perspectivas do processo de justicialização dos direitos humanos, sob as perspectivas comparada e dialógica, nas esferas global, regional e local.

Houve a detida atualização da jurisprudência concernente ao Tribunal Penal Internacional e aos Tribunais *"ad hoc"* para Ruanda e ex-Iugoslávia. Até setembro de 2017, um total de dez situações havia sido submetido ao Tribunal Penal Internacional, envolvendo 25 casos. Também cuidadosa atualização foi feita nos capítulos relativos aos sistemas regionais de proteção europeu, interamericano e africano, merecendo destaque a análise da recente jurisprudência desenvolvida sobretudo pelas Cortes Europeia e Interamericana, a respeito do direito à igualdade e do direito à diferença; da proteção aos direitos sociais; e da proteção dos direitos e liberdades públicas no combate ao terrorismo — mediante atualização do capítulo VI. No que se refere à proteção dos direitos sociais, merece menção o caso Lagos del Campo *vs* Peru, decidido em 31 de agosto de 2017, em que a Corte Interamericana declarou a responsabilidade internacional do Estado em face da demissão injustificada da vítima, ineditamente tendo por fundamento o artigo 26 da Convenção Americana, reiterando a interdependência, a indivisibilidade e a integralidade de todos os direitos humanos, frisando inexistir hierarquia entre eles, sendo todos os direitos humanos exigíveis, à luz do *corpus juris* interamericano compreendido em sua integralidade. No que se refere à preservação de direitos e liberdades diante de ameaças do terrorismo, cabe destaque ao caso Beortegui Martinez *vs.* Espanha, decidido em 31 de maio de 2016, acerca de denúncia de ocorrência de falhas no dever do Estado de investigar maus-tratos sofridos por peticionário suspeito de integrar uma organização terrorista. Para a Corte Europeia, restou

xxxiii

configurada a violação ao artigo 3º da Convenção Europeia concernente ao dever do Estado de investigar denúncia de violação ao direito a não ser submetido a tratamentos desumanos ou degradantes. Sustentou a Corte a importância de adotar as medidas recomendadas pelo Comitê Europeu de Prevenção à Tortura, com vistas a aprimorar a qualidade de exames e perícia médica de indivíduos que se encontrem sob a custódia do Estado, demandando, ainda, a edição de um preciso código de conduta para os agentes responsáveis pela custódia estatal, de forma a assegurar às pessoas privadas de liberdade o direito à integridade pessoal. Por sua vez, no caso Szabó and Vissy *vs.* Hungria, em sentença proferida em 12 de janeiro de 2016, a Corte Europeia declarou a responsabilidade internacional do Estado em virtude de denúncia dos peticionários de que poderiam ser potencialmente objeto de medidas invasivas, de forma injustificada e desproporcional, com base na lei antiterrorista introduzida em 2011, no tocante à vigilância secreta para garantia da segurança nacional. A Corte entendeu restar violado o artigo 8º referente ao direito à vida privada e familiar, sob o argumento de que a aludida legislação poderia implicar abusos em detrimento de direitos e liberdades. Realce foi ainda dado à jurisprudência da Corte Africana dos Direitos Humanos e dos Povos, que, até setembro de 2017, havia decidido 41 casos e finalizado 12 procedimentos de opiniões consultivas.

Uma vez mais e sempre, os meus mais sinceros e profundos agradecimentos ao Max-Planck-Institute for Comparative Public Law and International Law (Heidelberg), pela tão especial acolhida acadêmica, pelo vigor intelectual dos instigantes e qualificados debates e pelo intenso estímulo de um diálogo jurídico transnacional. Ao professor Armin von Bogdandy expresso a minha maior gratidão, pelo inestimável apoio, por seu pensamento vibrante, pela abertura a fascinantes ideias e pelos tantos projetos compartilhados. À professora Anne Peters registro a minha especial gratidão pelo tão estimulante diálogo acadêmico e pelo intercâmbio de ideias, especialmente sobre um *"global constitutionalism"*. Aos tão queridos amigos Mariela Morales (minha "amiga de alma"), Henry Jimenez, Holger Hestermeyer, Matthias Hartwig e Christina Binder, recebam o meu maior carinho por nossa preciosa amizade, pela cumplicidade de tantos belos projetos e por tanto compartilhar.

Por fim, renovo a urgência em potencializar e difundir a ideologia emancipatória dos direitos humanos em uma arena global desafiada pela crescente ideologia dos nacionalismos, da xenofobia, do racismo, do sexismo, da homofobia, das intolerâncias e do repúdio ao outro. Avançam doutrinas de superioridade baseadas em diferenças, sejam de origem, nacionalidade,

xxxiv

raça, etnia, gênero, diversidade sexual, idade, dentre outras. A diferença é tomada como fator a aniquilar direitos, em nome da supremacia de uns em detrimento de outros, na perversa ideologia a hierarquizar humanos.

O combate à cultura da intolerância requer o fortalecimento da cultura do respeito às diversidades. O combate à cultura da violência requer o fortalecimento da cultura da paz. O combate à cultura da negação e violação a direitos requer o fortalecimento da cultura da afirmação e promoção de direitos.

A história dos direitos humanos não é linear, mas marcada por luzes e sombras, por avanços e recuos. É fruto de processos que abrem e consolidam espaços de luta pela dignidade humana, como ensina Herrera Flores. Os direitos humanos invocam o idioma da alteridade: ver no outro um ser merecedor de igual consideração e profundo respeito, dotado do direito de desenvolver as potencialidades humanas, de forma livre, autônoma e plena, com seu valor único e infinito.

Na ordem contemporânea caracterizada por crescentes hostilidades, intolerância e pelo fortalecimento do discurso do ódio, hoje, mais do que nunca, há que se expandir, potencializar e difundir a ideologia transformadora dos direitos humanos, como racionalidade de resistência e a única plataforma emancipatória de nosso tempo. No dizer de Hannah Arendt, "fluindo na direção da morte, a vida humana arrastaria consigo, inevitavelmente, todas as coisas para a ruína e a destruição, não fosse a faculdade humana e interrompê-las e iniciar algo novo, faculdade inerente à ação como perene advertência de que os indivíduos, embora devam morrer, não nascem para morrer, mas para começar" — *"if all humans must die, each is born to begin".*

Heidelberg, novembro de 2017.

A autora

NOTA À 7ª EDIÇÃO

Acolhida em um ambiente acadêmico marcado pela vitalidade de ideias, pela pluralidade do debate aberto e destemido, pela consistência da arte argumentativa e pelo elevado rigor metodológico, uma vez mais, no Max--Planck-Institute for Comparative Public Law and International Law, mergulho no desafio de atualizar esta obra para a sua 7ª edição.

A visão retrospectiva soma-se à visão prospectiva, compondo uma narrativa dos direitos humanos em seu processo de justicialização. Neste balanço importa considerar os pontos de partida e o horizonte de expectativas de pontos de chegada, avaliando, sobretudo, a travessia na consolidação da Justiça internacional em matéria de direitos humanos, nas esferas global, regional e local.

No século XXI há a emergência de um novo paradigma jurídico, decorrente da dinâmica dos processos de humanização do Direito Internacional e de internacionalização dos direitos humanos, conjugados com os processos de constitucionalização do Direito Internacional e de internacionalização do Direito Constitucional. A resultante é a crise do paradigma jurídico tradicional.

Com efeito, por mais de um século, a cultura jurídica latino-americana tem adotado um paradigma jurídico fundado em três características essenciais:

a) a pirâmide com a Constituição no ápice da ordem jurídica, tendo como maior referencial teórico Hans Kelsen, na afirmação de um sistema jurídico endógeno e autorreferencial (observa-se que, em geral, Hans Kelsen tem sido equivocadamente interpretado, já que sua doutrina defende o monismo com a primazia do Direito Internacional — o que tem sido tradicionalmente desconsiderado na América Latina);

b) o hermetismo de um Direito purificado, com ênfase no ângulo interno da ordem jurídica e na dimensão estritamente normativa (mediante um dogmatismo jurídico a afastar elementos "impuros" do Direito); e

c) o *State approach* (*State centered perspective*), sob um prisma que abarca como conceitos estruturais e fundantes a soberania do Estado no

xxxvii

âmbito externo e a segurança nacional no âmbito interno, tendo como fonte inspiradora a *"lente ex parte principe"*, radicada no Estado e nos deveres dos súditos, na expressão de Norberto Bobbio*.

Testemunha-se a crise desse paradigma tradicional e a emergência de um novo paradigma a guiar a cultura jurídica latino-americana, que, por sua vez, adota como três características essenciais:

a) o trapézio com a Constituição e os tratados internacionais de direitos humanos no ápice da ordem jurídica (com repúdio a um sistema jurídico endógeno e autorreferencial, destacando-se que as Constituições latino-americanas estabelecem cláusulas constitucionais abertas, a permitir a integração entre a ordem constitucional e a ordem internacional, especialmente no campo dos direitos humanos, ampliando e expandindo o bloco de constitucionalidade);

b) a crescente abertura do Direito — agora "impuro" —, marcada pelo diálogo do ângulo interno com o ângulo externo (há a permeabilidade do Direito mediante o diálogo entre jurisdições, empréstimos constitucionais e a interdisciplinaridade, a fomentar o diálogo do Direito com outros saberes e diversos atores sociais, ressignificando, assim, a experiência jurídica); e

c) o *human rights approach* (*human centered approach*), sob um prisma que abarca como conceitos estruturais e fundantes a soberania popular e a segurança cidadã no âmbito interno, tendo como fonte inspiradora a *"lente ex parte populi"*, radicada na cidadania e nos direitos dos cidadãos, na expressão de Norberto Bobbio**.

Para Luigi Ferrajoli: *"a dignidade humana é referência estrutural para o constitucionalismo mundial, a emprestar-lhe fundamento de validade, seja qual for o ordenamento, não apenas dentro, mas também fora e contra todos os Estados"***.

No plano internacional, vislumbra-se a humanização do Direito Internacional e a internacionalização dos direitos humanos. Para Ruti Teitel:

---

* Norberto Bobbio, *Era dos direitos*, trad. Carlos Nelson Coutinho, Rio de Janeiro, Campus, 1988.

** Norberto Bobbio, *Era dos direitos*.

*** Luigi Ferrajoli, *Diritti fondamentali* — un dibattito teorico, a cura di Ermanno Vitale, Roma, Bari, Laterza, 2002, p. 338. Para Luigi Ferrajoli, os direitos humanos simbolizam a lei do mais fraco contra a lei do mais forte, na expressão de um contrapoder em face dos absolutismos, advenham do Estado, do setor privado ou mesmo da esfera doméstica.

"The law of humanity reshapes the discourse in international relations"*. Deste modo, a interpretação jurídica vê-se pautada pela força expansiva do princípio da dignidade humana e dos direitos humanos, conferindo prevalência ao *human rights approach* (*human centered approach*).

Essa transição paradigmática surge como o contexto a fomentar o diálogo entre a ordem constitucional e a ordem internacional na convergência da proteção aos direitos humanos. Fundamental é avançar na interação entre as esferas global, regional e local, potencializando o impacto entre elas, mediante o fortalecimento do diálogo entre jurisdições, à luz da racionalidade emancipatória dos direitos humanos.

Sob tal perspectiva, esta obra foi cuidadosamente revisada e atualizada para a sua 7ª edição. Houve a detida atualização da jurisprudência concernente ao Tribunal Penal Internacional e aos Tribunais *ad hoc* para Ruanda e ex-Iugoslávia. Até julho de 2016, dez situações haviam sido submetidas à jurisdição do Tribunal Penal Internacional (envolvendo 23 casos): a) situação em Uganda (2 casos); b) situação na República Democrática do Congo (6 casos); c) situação na República Centro-Africana (2 casos); d) situação em Darfur, Sudão (5 casos); e) situação na República do Quênia (3 casos); f) situação na Líbia (1 caso); g) situação na Costa do Marfim (2 casos); h) situação em Mali; i) situação na República Centro-Africana II; j) situação na Geórgia (1 caso).

Também cuidadosa atualização foi feita nos capítulos relativos aos sistemas regionais de proteção europeu, interamericano e africano. No sistema europeu, destaque foi dado ao Protocolo n. 16 à Convenção Europeia de Direitos Humanos, adotado em 2 de outubro de 2013. O Protocolo estimula e propicia maior interação e diálogo entre a Corte e as autoridades nacionais no processo de implementação da Convenção, ao autorizar às Cortes superiores e aos Tribunais dos Estados a solicitação à Corte de Opinião Consultiva sobre o alcance interpretativo de direitos e liberdades enunciados na Convenção. No caso do sistema interamericano, especial ênfase foi conferida à Opinião Consultiva n. 21, a respeito dos direitos e garantias de crianças no contexto da migração e/ou em necessidade de prote-

---

* Ruti Teitel, *Humanity's Law*, Oxford, Oxford University Press, 2011, p. 225. Acrescenta a autora: "We observe greater interdependence and interconnection of diverse actors across state boundaries (...) There is interconnection without integration. (...) What we see is the emergence of transnacional rights, implying the equal recognition of peoples across borders. Such solidarity exists across state lines and in normative terms, constituting an emergent global human society".

ção internacional, proferida pela Corte Interamericana em 19 de agosto de 2014. Por solicitação da Argentina, Brasil, Paraguai e Uruguai, a Corte foi instada a opinar *"com maior precisão acerca das obrigações dos Estados com relação às medidas passíveis de serem adotadas em relação a meninos e meninas em condição migratória"*, à luz de uma interpretação autorizada de dispositivos da Convenção Americana e da Convenção Interamericana para Prevenir e Punir a Tortura. Realce foi ainda dado à incipiente jurisprudência da Corte Africana dos Direitos Humanos e dos Povos.

Uma vez mais e sempre, os meus mais sinceros e profundos agradecimentos ao Max-Planck-Institute for Comparative Public Law and International Law (Heidelberg), pela tão especial acolhida acadêmica, pelo vigor intelectual dos instigantes e qualificados debates e pelo intenso estímulo de um diálogo jurídico transnacional. Professor Armin von Bogdandy, receba a minha maior gratidão, pelo inestimável apoio, por seu pensamento vibrante, pela abertura a fascinantes ideias e pelos tantos projetos compartilhados. À professora Anne Peters, expresso a minha especial gratidão pelo tão estimulante diálogo acadêmico e pelo intercâmbio de ideias, especialmente sobre um *"global constitutionalism"*. Os tão queridos amigos Mariela Morales (minha "amiga de alma"), Henry Jimenez, Holger Hestermeyer, Matthias Hartwig e Christina Binder, recebam o meu maior carinho por nossa preciosa amizade, pela cumplicidade de muitos belos projetos e por tanto compartilhar.

Espera-se que esta obra possa contribuir para o desafio de fomentar uma cultura jurídica inspirada em novos paradigmas e na emergência de um novo Direito Público, pautada na estatalidade aberta, no diálogo jurisdicional e na prevalência da dignidade humana em um sistema multinível.

Por fim, expresso imensa gratidão à vida, por tudo, compartilhando da percepção de Friedrich Nietzsche: *"The essence of all beautiful art, all great art, is gratitude"*.

Heidelberg, julho de 2016.

A autora

NOTA À 6ᵃ EDIÇÃO

A tarefa de revisar esta obra — agora para a 6ᵃ edição — propõe o fascinante desafio de avaliar, de forma serena e detida, os avanços, as fortalezas, as tensões e as fragilidades do processo de justicialização dos direitos humanos na esfera internacional. Ao aliar a experiência do passado ao balanço do presente e às expectativas do futuro, lança luzes e sombras a um mergulho reflexivo na busca do fortalecimento do emergente *international rule of law*.

Como sustenta este estudo, a mais importante ideia do *rule of law* é que *"power is constrained by means of law"* — o que se aplica seja ao âmbito nacional, seja ao âmbito internacional. A existência de Cortes independentes é fundamental ao *rule of law*, que requer o estabelecimento de um complexo de instituições e procedimentos, destacando um poder Judiciário independente e imparcial, nos planos nacional, regional e global. O *rule of law* enfatiza a importância das Cortes não apenas pela sua capacidade decisória (pautada no primado do Direito), mas por *"institucionalizar a cultura do argumento"*, como medida de respeito ao ser humano.

A consolidação do Estado de Direito nos planos internacional, regional e local demanda o fortalecimento da justiça internacional. Isto porque no Estado Democrático de Direito é o poder Judiciário, na qualidade de poder desarmado, que tem a última e decisiva palavra, sendo essa a afirmação do primado do Direito. E, por vezes, por meio de uma atuação contramajoritária, são as Cortes que permitem o triunfo dos direitos humanos, em resposta a conjunturas majoritárias desfavoráveis.

É sob essa inspiração que foi realizada atenta atualização da jurisprudência concernente ao Tribunal Penal Internacional e aos Tribunais *ad hoc* para Ruanda e ex-Iugoslávia. Também cuidadosa atualização foi feita nos capítulos relativos aos sistemas regionais de proteção europeu, interamericano e africano. No caso do sistema interamericano, especial

xli

ênfase foi emprestada aos emblemáticos casos Atala Riffo y niñas *vs.* Chile (sentença de 24 de fevereiro de 2012); Gelman *vs.* Uruguai (sentença de 24 de fevereiro de 2012); Pueblo Indígena Kichwa de Sarayaku *vs.* Equador (sentença de 27 de junho de 2012); e Artavia Murillo e outros (fecundación *in vitro*) *vs.* Costa Rica (sentença de 28 de novembro de 2012). Estas sentenças paradigmáticas pautam-se pela interpretação sistemática, holística e cosmopolita dos direitos humanos, marcada pelo diálogo entre o sistema interamericano e os sistemas global, regionais europeu e africano e nacionais (sobretudo com realce aos marcos jurídicos e jurisprudenciais latino-americanos), sob o primado da dignidade humana (traduzida pelo princípio *pro persona*). Vale dizer, a Corte Interamericana, com base na interpretação sistemática, adota como referência interpretativa o Direito Internacional dos Direitos Humanos (compreendendo o sistema global e os sistemas regionais europeu, interamericano e africano), com forte alusão ao Direito Comparado e especialmente aos sistemas jurídicos latino-americanos. Também realce foi dado à incipiente jurisprudência da Corte Africana dos Direitos Humanos e dos Povos, que, até 2014, já havia decidido 22 casos.

Uma vez mais e sempre, os meus mais sinceros e profundos agradecimentos ao Max-Planck-Institute for Comparative Public Law and International Law (Heidelberg), pela tão especial acolhida acadêmica, pelo vigor intelectual dos instigantes e qualificados debates e pelo intenso estímulo de um diálogo jurídico transnacional. Professor Armin von Bogdandy, receba a minha maior gratidão, pelo inestimável apoio, por seu pensamento vibrante, pela abertura a fascinantes ideias e pelos tantos projetos compartilhados. À professora Anne Peters, expresso a minha especial gratidão pelo tão estimulante diálogo acadêmico e pelo intercâmbio de ideias, especialmente sobre um "*global constitutionalism*". Meus tão queridos amigos Mariela Morales (minha "amiga de alma"), Henry Jimenez, Holger Hestermeyer, Matthias Hartwig e Christina Binder, recebam o meu maior carinho por nossa preciosa amizade, pela cumplicidade de tantos belos projetos e por tanto compartilhar. Ao professor e amigo Friedrich Muller, sou grata pelo encantamento de nosso diálogo e pelas inesquecíveis conversas com a tradição do *kaffee und kuchen* na bela Heidelberg.

Expresso, ainda, a minha maior gratidão à Humboldt Foundation, pela renovação da *Georg Forster Research Fellowship*, que viabilizou o desenvolvimento de pesquisas e estudos a contribuir extraordinariamente à cuidadosa atualização desta obra para a sua 6ª edição.

Por fim, que esta obra possa contribuir para a formação de uma cultura jurídica emancipatória, radicada na "utopia realista" dos direitos humanos e inspirada na luta obstinada e incessante por uma sociedade justa.

Heidelberg, julho de 2014.

A autora

NOTA À 5ª EDIÇÃO

Revisar esta obra — agora para a 5ª edição — lança o desafio de tecer um detido mergulho analítico no crescente processo de justicialização dos direitos humanos, avaliando seu impacto, seus limites e suas potencialidades.

Um novo capítulo foi inserido (capítulo VII), enfocando o diálogo entre as Cortes Europeia e Interamericana de Direitos Humanos, mediante o fenômeno da "interamericanização" do sistema europeu e da "europeicização" do sistema interamericano. É a partir de interlocuções e empréstimos jurisprudenciais que cada um dos sistemas regionais desenvolve o refinamento de argumentos, interpretações e princípios voltados à afirmação da dignidade humana. O resultado é a transformação dos sistemas regionais, por meio da inovação jurisprudencial e do fortalecimento da capacidade de responder a desafios concernentes a violações de direitos, propiciando proteção mais efetiva aos direitos das vítimas.

Foi também realizada atenta atualização da jurisprudência dos sistemas regionais de proteção europeu, interamericano e africano. No caso do sistema interamericano, especial ênfase foi emprestada aos emblemáticos casos Atala Riffo y niñas *vs.* Chile (sentença de 24 de fevereiro de 2012); Gelman *vs.* Uruguai (sentença de 24 de fevereiro de 2012); Pueblo Indígena Kichwa de Sarayaku *vs.* Equador (sentença de 27 de junho de 2012) e Artavia Murillo e outros (*fecundación "in vitro"*) *vs.* Costa Rica (sentença de 28 de novembro de 2012). Essas sentenças paradigmáticas pautam-se pela interpretação sistemática, holística e cosmopolita dos direitos humanos, marcadas pelo diálogo entre o sistema interamericano e os sistemas global, regionais europeu e africano e nacionais (sobretudo com realce aos marcos jurídicos e jurisprudenciais latino-americanos), sob o primado da dignidade humana (traduzida pelo princípio *pro persona*). Isto é, a Corte Interamericana, com base na interpretação sistemática, adota como referência interpretativa o Direito Internacional dos Direitos Humanos (compreendendo o sistema global e os sistemas regionais europeu, interamericano e africano),

xlv

com forte alusão ao Direito Comparado e especialmente aos sistemas jurídicos latino-americanos.

Uma vez mais, expresso os meus mais sinceros agradecimentos ao Max-Planck-Institute for Comparative Public Law and International Law (Heidelberg), pela tão especial acolhida acadêmica, pelo vigor intelectual dos qualificados debates e pelo intenso estímulo de um diálogo jurídico transnacional. Ao professor Armin von Bogdandy, receba a minha maior gratidão pelo inestimável apoio, por seu pensamento vibrante, pela abertura a fascinantes ideias e pelos tantos projetos compartilhados. Ao professor Rudiger Wolfrum, expresso a minha profunda gratidão por sua generosidade, por sua extraordinária qualidade humana e grandeza intelectual. Aos tão queridos amigos Mariela Morales (minha "amiga de alma"), Holger Hestermeyer, Matthias Hartwig e Christina Binder, recebam o meu maior carinho por nossa preciosa amizade, pela cumplicidade de tantos belos projetos e por tanto compartilhar. Ao professor e amigo Friedrich Muller, sou grata pelo encantamento de nosso diálogo e pelos inesquecíveis cafés na bela Heidelberg.

Reitero, ainda, a minha maior gratidão à Humboldt Foundation, pela renovação da Georg Forster Research Fellowship, que viabilizou o desenvolvimento de pesquisas e estudos a contribuir extraordinariamente à cuidadosa atualização desta obra para a sua 5ª edição.

Por fim, inspirada na vocação emancipatória dos direitos humanos e impulsionada por sua capacidade criativa e transformadora de realidades, celebro a magia poética de Manuel de Barros, para quem *"a expressão reta não sonha. Não use o traço acostumado. O olho vê; a lembrança revê; e a imaginação transvê. É preciso transver o mundo"*.

Heidelberg, julho de 2013.

A autora

NOTA À 4ª EDIÇÃO

O convite para revisar e atualizar esta obra — agora em sua 4ª edição — proporciona um exercício de detida reflexão, de balanço crítico e de mergulho analítico à luz dos avanços e desafios do processo de afirmação da justiça internacional em matéria de direitos humanos.

Constata-se um crescente fortalecimento da arquitetura protetiva internacional dos direitos humanos mediante a tendência de ampliação do universo de Estados-partes em tratados de direitos humanos, bem como mediante a adoção de novos instrumentos internacionais de proteção.

Vislumbra-se, ainda, a crescente consolidação da justiça internacional em direitos humanos. Ineditamente, o Tribunal Penal Internacional profere sua primeira sentença condenatória em 14 de março de 2012, em face de Thomas Lubanga Dyilo, pela prática de crime de guerra consistente em alistar, recrutar e utilizar crianças menores de 15 anos em conflitos armados em Ituri, na República Democrática do Congo, de setembro de 2002 a 13 de agosto de 2003.

Por sua vez, no âmbito regional, o repertório jurisprudencial das Cortes Europeia e Interamericana vê-se enriquecido com a adoção de impactantes *leading cases*, que acenam à luta por direitos e por justiça em cada região. Testemunha-se a vitalidade do diálogo jurisdicional em direitos humanos, com empréstimos, intercâmbios e referências recíprocas, que delineiam os fenômenos da *interamericanização do sistema europeu* e *europeicização do sistema interamericano*. Como será enfocado no capítulo VI deste estudo, a inclusão dos países do Leste Europeu no sistema europeu, com sua agenda própria de violações, está a deflagrar a gradativa abertura da Corte Europeia à jurisprudência interamericana relativa a graves violações de direitos perpetradas por regimes autoritários, envolvendo a prática de tortura, execução sumária e desaparecimento forçado de pessoas. Por outro lado, a Corte Interamericana ao enfrentar novos temas de direitos humanos — emergentes na agenda contemporânea — passa a aludir aos precedentes da Corte Europeia, como bem ilustra o *leading case* Karen Atala y hijas *vs*. Chile, decidido em 24 de fevereiro de 2012, concernente

xlvii

à proibição da discriminação por orientação sexual. A Corte Africana de Direitos Humanos e dos Povos passa também a construir o seu legado jurisprudencial, com 13 casos concluídos e outros tantos pendentes de apreciação, como será destacado no capítulo VII desta obra.

O ponto de partida e de chegada da justiça internacional em direitos humanos é um só: proteger a dignidade e aliviar o sofrimento de vítimas reais ou potenciais de violações de direitos. À luz de um sistema multinível marcado pela abertura e permeabilidade de ordens jurídicas nas esferas global, regional e local verifica-se a força transformadora de impactos mútuos e incidências recíprocas a convergir na melhor e mais eficaz proteção à pessoa humana. Daí o impacto da jurisprudência regional nas esferas locais, no sentido de fomentar avanços e deter retrocessos na proteção de direitos, impulsionando reformas legislativas e em políticas públicas, sob a inspiração do *victim centric approach*. Como lembra Habermas, "the origin of human rights has always been resistance to despotism, oppression and humiliation (...)"[*]. Daí a racionalidade emancipatória dos direitos humanos.

Renovo o meu gesto de profunda gratidão à Humboldt Foundation pelo inestimável apoio às investigações aqui desenvolvidas, mediante a concessão da *Georg Forster Research Fellow*. Ao Max-Planck-Institute for Comparative Public Law and International Law (Heidelberg), em nome de seus diretores Armin von Bogdandy e Rudiger Wolfrum, expresso a minha mais sincera e infinita gratidão pela especial acolhida acadêmica, que, ao mesmo tempo, permite a quietude da paz intelectual e a efervescência de novas ideias e fascinantes projetos dos quais tenho tido o privilégio de ativamente participar. Aos tão queridos amigos Mariela Morales Antoniazzi (minha "amiga de alma"), Holger Hestermeyer, Matthias Hartwig e Christina Binder, por nossa preciosa amizade e pela arte de compartilhar a vida em suas múltiplas dimensões.

O meu sentimento de gratidão à vida invoca a sensibilidade visionária de Albert Einstein, para quem "só há duas maneiras de viver a vida: a primeira é vivê-la como se os milagres não existissem; e a segunda é vivê-la como se tudo fosse um milagre...".

Heidelberg, dezembro de 2012.

A autora

---

[*] Adiciona Habermas: "The appeal to human rights feeds off the outrage of the humiliated at the violation of their human dignity" (*The Crisis of the European Union: A Response*, Cambridge, Polity Press, 2012, p. 75). Para o autor, o princípio da dignidade humana é a fonte moral da qual os direitos fundamentais extraem seu conteúdo.

NOTA À 3ª EDIÇÃO

O convite para revisar, atualizar e ampliar esta obra permite, ao final, tecer um detido balanço a respeito do processo de justicialização dos direitos humanos, compreendendo seu alcance, sua natureza, suas limitações, suas potencialidades e seu impacto. Permite, ainda, identificar os avanços da justicialização nas esferas regionais, avaliando suas distintas trajetórias, dinâmicas e acúmulos.

Nesta 3ª edição foi realizada a atualização dos casos submetidos aos Tribunais Internacionais *ad hoc* para a ex-Iugoslávia e para Ruanda, bem como dos casos submetidos ao Tribunal Penal Internacional (incluindo os recentes casos relativos à Líbia* e à Costa do Marfim**). Também procedeu-se a atualização da jurisprudência dos sistemas regionais europeu, interamericano e africano.

A maior inovação, contudo, foi a inserção do Capítulo VI, que tem por objetivo desenvolver uma análise comparativa da jurisprudência da Corte Europeia e da Corte Interamericana em temas centrais da agenda contemporânea de direitos humanos, com destaque à proteção: a) do direito à igualdade e do direito à diferença; b) dos direitos sociais; e c) das liberdades públicas no combate ao terrorismo. Foram, assim, selecionados casos emblemáticos de cada sistema, propiciando o exame comparativo das argumentações e interpretações de cada Corte ao assegurar a prevalência dos direitos humanos.

Proteger a dignidade e prevenir o sofrimento humano — a fim de que toda e qualquer pessoa seja tratada com igual consideração e profundo

---

* Em 26 de fevereiro de 2011, o Conselho de Segurança, por unanimidade, nos termos da Resolução n. 1970, decidiu submeter a situação da Líbia à Promotoria do Tribunal Penal Internacional. Em 3 de março de 2011, a Promotoria anunciou sua decisão de instaurar uma investigação com relação à situação da Líbia.

** Em 20 de maio de 2011, a Promotoria do Tribunal Penal Internacional concluiu que há uma base sólida para a abertura de processo de investigação relativamente à ocorrência de graves crimes internacionais na Costa do Marfim desde 28 de novembro de 2010.

xlix

respeito, tendo o direito de desenvolver suas potencialidades de forma livre, autônoma e plena — traduz a essência da luta por direitos humanos. Neste processo de afirmação de direitos, constatou-se que extraordinária tem sido a contribuição dos sistemas regionais europeu e interamericano no aprimoramento do regime de direitos humanos, na proteção de grupos vulneráveis, na realização de justiça e na salvaguarda de direitos e liberdades diante do arbítrio estatal.

Humboldt Foundation, uma vez mais, receba a minha mais profunda gratidão pela concessão da *Georg Forster Research Fellowship*, que possibilitou a realização de estudos de pós-doutoramento — sendo a 3ª edição ampliada desta obra um dos seus frutos.

Ao Max-Planck-Institute for Comparative Public Law and International Law, agradeço pela constante acolhida acadêmica, que, ao mesmo tempo, assegura a necessária proteção para o solitário mergulho da criação intelectual e o necessário estímulo coletivo para o fomento de novas ideias, projetos e perspectivas. Ao Professor Rüdiger Wolfrum, expresso minha sincera gratidão, por sua generosidade, por seu rigor intelectual e por seu extremo profissionalismo acadêmico, que tanto contribuem para a excelência do Instituto. Ao Professor Armin von Bogdandy, receba a minha maior gratidão, pelo inestimável apoio, por seu pensamento vibrante, pela abertura a fascinantes ideias e pelos belos projetos compartilhados.

Aos meus queridos colegas e grandes amigos do Instituto, Mariela Morales Antoniazzi, Holger Hestermeyer, Matthias Hartwig e Christina Binder, externo a alegria por nossa preciosa amizade, pelo intercâmbio acadêmico, pelo encontro de vidas e por tanto compartilhar, o que doa um encantamento especial a esta experiência.

Por fim, à minha mais fiel companheira, minha filha Sophia, pelas infinitas descobertas, pelos horizontes desbravados, pela magia do cotidiano e, sobretudo, pela dádiva do imenso sentimento amoroso, que tudo ilumina, dignifica e transforma.

Heidelberg, junho de 2011.

A autora

NOTA À 2ª EDIÇÃO

Dupla é a vocação inspiradora desta obra: de um lado, compreender o crescente processo de justicialização dos direitos humanos, sob as perspectivas global e regional; e do outro, propiciar o diálogo entre os sistemas regionais de proteção, identificando suas singularidades, fortalezas e debilidades. A crença no potencial emancipatório e transformador do diálogo permite apostar em uma arena não mais marcada pela ideia do *"clash of civilizations"*, mas pela ideia do *"dialogue among civilizations"**.

A 2ª edição deste livro, ampliada, atualizada e revisada, por si só, é capaz de sinalizar aos avanços no processo de justicialização dos direitos humanos. A título ilustrativo, destacam-se três fatores: a) a atualização dos casos submetidos aos Tribunais Internacionais *"ad hoc"* para a ex-Iugoslávia e para Ruanda, bem como dos casos submetidos ao Tribunal Penal Internacional; b) a atualização da jurisprudência dos sistemas regionais europeu e interamericano, contemplando decisões paradigmáticas à luz de uma interpretação dinâmica e evolutiva das respectivas Convenções (concebidas por ambas as Cortes como um *"living instrument"*, a ser interpretado considerando novos fatos, valores e transformações sociais); e c) a primeira decisão proferida pela Corte Africana dos Direitos Humanos e dos Povos em 2009.

A 2ª edição desta obra contou com o relevante apoio da Humboldt Foundation, por meio da concessão da *Georg Forster Research Fellowship*, que tornou possível o mergulho acadêmico em pesquisas e estudos a contribuir à atualização desta obra.

Uma vez mais, expresso a minha maior gratidão ao Max-Planck-Institute for Comparative Public Law and International Law (Heidelberg) pela

---

* Amartya Sen, *Identity and violence: the illusion of destiny,* New York/London, W. W. Norton & Company, 2006, p.12. Sobre a ideia do "clash of civilization", ver Samuel Hungtington, *The clash of civilizations and the remaking of the world order*, New York, Simon & Schuster, 1996.

especial acolhida, em um espaço privilegiado de elevado rigor acadêmico, consistente investigação jurídica e fascinantes projetos de pesquisa. Ao professor Wolfrum, renovo meu reconhecimento por sua generosidade, por seu rigor intelectual e por seu profissionalismo acadêmico. Ao professor Bogdandy, reafirmo o meu imenso respeito, profunda admiração intelectual e a satisfação por projetos acadêmicos compartilhados. À Mariela Morales, minha "amiga de alma", a minha alegria por nossa preciosa amizade e pelas tantas parcerias acadêmicas. Ao Holger Hestermeyer e ao Matthias Hartwig, minha gratidão por nossa amizade, pelas experiências intercambiadas e por tanta cumplicidade. Ao professor e amigo Friedrich Müller, sou grata pela abertura de nosso estimulante diálogo, por tantas ideias e buscas compartilhadas nas nossas longas tardes no Frisch Cafe na bela Heidelberg.

Por fim, à pequena e tão amada Sophia, fiel companheira de tantas travessias, sou grata ao milagre da vida, à inteira pulsão de luz e à dádiva da descoberta do amor incondicional.

Heidelberg, maio de 2010.

A autora

Parte I

DIREITOS HUMANOS E JUSTIÇA INTERNACIONAL

CAPÍTULO I

INTRODUÇÃO

O objetivo maior desta obra é analisar os direitos humanos sob a perspectiva da justiça internacional, avaliando o crescente processo de justicialização desses direitos no âmbito internacional, seus precedentes, seus dilemas, seus avanços e seus desafios, com especial ênfase nos sistemas regionais de proteção dos direitos humanos, particularmente nos sistemas regionais europeu, interamericano e africano.

Três são as questões centrais a inspirar este estudo:

1) Como compreender o processo de justicialização dos direitos humanos na ordem internacional? Quais são os seus precedentes históricos? Em que medida, gradativamente, a ordem internacional passou a ter capacidade sancionatória, adquirindo "garras e dentes", em resposta às violações a direitos humanos?

2) Quais têm sido as experiências regionais no que tange à justicialização dos direitos humanos, especialmente nos âmbitos dos sistemas europeu, interamericano e africano? Qual é o balanço dessas experiências? Como apreender suas singularidades e particularidades, em vista de cada contexto regional?

3) À luz de uma análise comparativa, como identificar os principais êxitos e fracassos dos sistemas regionais de proteção? Quais são suas fortalezas e debilidades? Quais são seus limites e potencialidades? Em que medida o diálogo entre os sistemas regionais, permitindo o intercâmbio de seus acúmulos e experiências, é capaz de fortalecer um cosmopolitanismo ético e emancipatório?

Considerando tais inquietudes, o ponto de partida deste estudo é o exame do processo de internacionalização dos direitos humanos, ao qual se conjuga o processo de humanização do Direito Internacional. O capítulo II tem, assim, por finalidade desvendar a concepção contemporânea de direitos humanos, bem como apontar os relevantes desafios e perspectivas dos direitos humanos na ordem internacional. É justamente a partir desse "estado da arte dos direitos humanos" que será contextualizado o tema da sua

3

justicialização no âmbito internacional, a mover-se no marco da tensão entre o direito da força *vs.* a força do direito.

Essas reflexões preliminares permitirão avançar para o capítulo III, concernente aos direitos humanos e à justiça internacional, com destaque à criação dos sistemas regionais de proteção. Serão, pois, estudados os precedentes do processo de justicialização dos direitos humanos na ordem internacional, mediante a análise do legado do Tribunal de Nuremberg, das experiências dos Tribunais *ad hoc* para a Bósnia e para Ruanda e, posteriormente, do Tribunal Penal Internacional. A análise demonstrará que, no sistema global, a justicialização dos direitos humanos operou-se na esfera penal, mediante a criação de Tribunais *ad hoc* e, posteriormente, do Tribunal Penal Internacional. No âmbito penal, a responsabilização internacional alcança indivíduos, perpetradores dos crimes internacionais.

Já nos sistemas regionais, a justicialização operou-se na esfera civil, mediante a atuação das Cortes Europeia, Interamericana e Africana. No âmbito civil, a responsabilização internacional alcança Estados, perpetradores de violações aos direitos humanos internacionalmente enunciados. Desse modo, do sistema global transitar-se-á à introdução dos sistemas regionais de proteção dos direitos humanos, que será a temática final do capítulo III.

Os capítulos subsequentes, IV, V, VI, VII e VIII, tecerão um mergulho nos sistemas regionais de proteção europeu, interamericano e africano com enfoque em sua institucionalidade e jurisprudência.

A estrutura dos capítulos IV, V e VIII compreenderá, inicialmente, uma parte histórica introdutória, a fim de que se identifiquem as origens e a gênese de cada um dos sistemas regionais — cada qual, ao seu modo, nasceu para responder a um padrão específico de violação de direitos humanos.

Em um segundo momento, a análise será concentrada no principal instrumento de proteção regional de cada sistema — no sistema europeu, a Convenção Europeia de Direitos Humanos; no sistema interamericano, a Convenção Americana de Direitos Humanos; e, no sistema africano, a Carta Africana dos Direitos Humanos e dos Povos. Serão apreciados o perfil, o alcance e a principiologia de cada catálogo de direitos consagrado pelos diversos instrumentos regionais. Ênfase especial será conferida aos meios de proteção de direitos humanos previstos pelos distintos sistemas regionais — no sistema europeu, a Corte Europeia de Direitos Humanos; no sistema interamericano, a Comissão e a Corte Interamericana de Direitos Humanos; e, no sistema africano, a Comissão e a Corte Africana dos Direitos Humanos e dos Povos. Serão, assim, estudados a composição desses órgãos, suas atribuições, o acesso à jurisdição internacional, a executoriedade das decisões internacionais, os mecanismos de supervisão internacional e o impacto das decisões internacionais no âmbito interno dos Estados. Especial ênfase será emprestada à análise de casos emblemáticos julgados pelas Cortes Europeia e Interamericana de Direitos Humanos (capítulo VI). Já o capítulo VII tratará do diálogo entre as Cortes regionais sobre temas centrais da agenda de direitos humanos, a fomentar a transformação mútua dos sistemas regionais, mediante a "interamericanização" do sistema europeu e a "europeicização" do sistema interamericano. A partir de empréstimos, influências, interações e impactos recíprocos, o diálogo inter-regional tem fortalecido a jurisprudência protetiva de direitos, a capacidade dos sistemas de enfrentar novas agendas de direitos e a efetiva proteção dos direitos das vítimas.

Por fim, no capítulo conclusivo, será desenvolvida análise comparativa dos sistemas regionais europeu, interamericano e africano, a partir do balanço de cada qual, identificando os seus êxitos e fracassos, suas fortalezas e debilidades, seus limites e potencialidades, no desafio de justicialização dos direitos humanos.

O ponto de partida e de chegada desta obra é um só: o diálogo entre os sistemas regionais como medida imperativa para o fortalecimento de um cosmopolitanismo ético e emancipatório, capaz de celebrar o valor fundante da dignidade humana, em todos os tempos e em todos os lugares.

CAPÍTULO II

INTERNACIONALIZAÇÃO DOS DIREITOS HUMANOS E HUMANIZAÇÃO DO DIREITO INTERNACIONAL

a) Introdução

Compreender o processo de internacionalização dos direitos humanos e seu reflexo imediato, a humanização do Direito Internacional, constitui o propósito central deste primeiro capítulo. É a partir deste contexto que serão, posteriormente, destacados os principais desafios e perspectivas do processo de internacionalização dos direitos humanos na ordem contemporânea.

Para tanto, preliminarmente, será enfocada a concepção contemporânea de direitos humanos, à luz do sistema internacional de proteção, avaliando seu perfil, seus objetivos, sua lógica e sua principiologia. O sistema internacional de proteção dos direitos humanos constitui o legado maior da chamada "Era dos Direitos", que tem permitido a internacionalização dos direitos humanos e a humanização do Direito Internacional contemporâneo[1].

Em um segundo momento, serão examinados os principais desafios para a implementação desses direitos, a fim de que o valor da dignidade humana assuma a centralidade ética a orientar a ordem contemporânea.

b) Concepção contemporânea de direitos humanos

Na condição de reivindicações morais, os direitos humanos nascem quando devem e podem nascer. Como realça Norberto Bobbio, os direitos humanos não nascem todos de uma vez, nem de uma vez por todas[2]. Para

---

1. Thomas Buergenthal, prólogo do livro de Antônio Augusto Cançado Trindade, *A proteção internacional dos direitos humanos: fundamentos jurídicos e instrumentos básicos*, p. XXXI. No mesmo sentido, afirma Louis Henkin: "O Direito Internacional pode ser classificado como o Direito anterior à 2ª Guerra Mundial e o Direito posterior a ela. Em 1945, a vitória dos aliados introduziu uma nova ordem com importantes transformações no Direito Internacional" (Louis Henkin et al., *International law: cases and materials*, p. 3).

2. Norberto Bobbio, *Era dos direitos*, p. 32.

Hannah Arendt, os direitos humanos não são um dado, mas um construído, uma invenção humana, em constante processo de construção e reconstrução[3]. Refletem um construído axiológico, a partir de um espaço simbólico de luta e ação social. No dizer de Joaquín Herrera Flores[4], os direitos humanos compõem uma racionalidade de resistência, na medida em que traduzem processos que abrem e consolidam espaços de luta pela dignidade humana. Invocam, nesse sentido, uma plataforma emancipatória voltada à proteção da dignidade humana. Para Carlos Santiago Nino, os direitos humanos são uma construção consciente vocacionada a assegurar a dignidade humana e a evitar sofrimentos, em face da persistente brutalidade humana[5]. Para Luigi Ferrajoli, os direitos humanos simbolizam a lei do mais fraco contra a lei do mais forte, na expressão de um contrapoder em face dos absolutismos, advindos do Estado, do setor privado ou mesmo da esfera doméstica[6]. O *victim centric approach* é a fonte de inspiração que move a arquitetura protetiva internacional dos direitos humanos, destinada a conferir a melhor e mais eficiente proteção às vítimas reais e potenciais de violação de direitos.

Considerando a historicidade dos direitos, destaca-se a chamada concepção contemporânea de direitos humanos, que veio a ser introduzida pela Declaração Universal de 1948 e reiterada pela Declaração de Direitos Humanos de Viena de 1993.

Essa concepção é fruto da internacionalização dos direitos humanos, que constitui um movimento recente na história, surgindo, a partir do Pós-Guerra,

---

3. Hannah Arendt, *As origens do totalitarismo*. A respeito, ver também Celso Lafer, *A reconstrução dos direitos humanos: um diálogo com o pensamento de Hannah Arendt*, p. 134. No mesmo sentido, afirma Ignacy Sachs: "Não se insistirá nunca o bastante sobre o fato de que a ascensão dos direitos é fruto de lutas, que os direitos são conquistados, às vezes, com barricadas, em um processo histórico cheio de vicissitudes, por meio do qual as necessidades e as aspirações se articulam em reivindicações e em estandartes de luta antes de serem reconhecidos como direitos" (Ignacy Sachs, Desenvolvimento, direitos humanos e cidadania, in *Direitos humanos no século XXI*, p. 156). Para Allan Rosas: "O conceito de direitos humanos é sempre progressivo. (...) O debate a respeito do que são os direitos humanos e como devem ser definidos é parte e parcela de nossa história, de nosso passado e de nosso presente" (Allan Rosas, So-called rights of the third generation, in Asbjorn Eide, Catarina Krause e Allan Rosas, *Economic, social and cultural rights*, p. 243).

4. Joaquín Herrera Flores, *Direitos humanos, interculturalidade e racionalidade de resistência*, p. 7.

5. Carlos Santiago Nino, *The ethics of human rights*.

6. Luigi Ferrajoli, *Diritti fondamentali — Um dibattito teórico*, a cura di Ermanno Vitale, Roma, Bari, Laterza, 2002, p. 338.

como resposta às atrocidades e aos horrores cometidos durante o nazismo. Apresentando o Estado como o grande violador de direitos humanos, a Era Hitler foi marcada pela lógica da destruição e da descartabilidade da pessoa humana, que resultou no envio de 18 milhões de pessoas a campos de concentração, com a morte de 11 milhões, sendo 6 milhões de judeus, além de comunistas, homossexuais e ciganos. O legado do nazismo foi condicionar a titularidade de direitos, ou seja, a condição de sujeito de direito, ao pertencimento à determinada raça — a raça pura ariana. Para Ignacy Sachs, o século XX foi marcado por duas guerras mundiais e pelo horror absoluto do genocídio concebido como projeto político e industrial[7].

É nesse cenário que se vislumbra o esforço de reconstrução dos direitos humanos, como paradigma e referencial ético a orientar a ordem internacional contemporânea. Com efeito, no momento em que os seres humanos se tornam supérfluos e descartáveis, no momento em que vige a lógica da destruição, em que é cruelmente abolido o valor da pessoa humana, torna-se necessária a reconstrução dos direitos humanos, como paradigma ético capaz de restaurar a lógica do razoável. A barbárie do totalitarismo significou a ruptura do paradigma dos direitos humanos, por meio da negação do valor da pessoa humana como valor-fonte do Direito. Se a Segunda Guerra significou a ruptura com os direitos humanos, o Pós-Guerra deveria significar a sua reconstrução. Nas palavras de Thomas Buergenthal: "O moderno Direito Internacional dos Direitos Humanos é um fenômeno do pós-guerra. Seu desenvolvimento pode ser atribuído às monstruosas violações de direitos humanos da era Hitler e à crença de que parte destas violações poderiam ser prevenidas se um efetivo sistema de proteção internacional de direitos humanos existisse"[8].

---

7. Ignacy Sachs, O desenvolvimento enquanto apropriação dos direitos humanos, *Estudos Avançados,* 12 (33), p. 149.

8. Thomas Buergenthal, *International human rights*, p. 17. Para Henkin: "Por mais de meio século, o sistema internacional tem demonstrado comprometimento com valores que transcendem os valores puramente 'estatais', notadamente os direitos humanos, e tem desenvolvido um impressionante sistema normativo de proteção desses direitos" (*International law,* p. 2). Ainda sobre o processo de internacionalização dos direitos humanos, observa Celso Lafer: "Configurou-se como a primeira resposta jurídica da comunidade internacional ao fato de que o direito *ex parte populi* de todo ser humano à hospitalidade universal só começaria a viabilizar-se se o 'direito a ter direitos', para falar com Hannah Arendt, tivesse uma tutela internacional, homologadora do ponto de vista da humanidade. Foi assim que começou efetivamente a ser delimitada a 'razão de estado' e corroída a competência reservada da soberania dos governantes, em matéria de direitos humanos, encetando-se a sua vinculação aos temas da democracia e da paz" (prefácio ao livro *Os direitos humanos como tema global,* p. XXVI).

Sob essa perspectiva se manifesta a aguda crítica e o repúdio à concepção positivista de um ordenamento jurídico indiferente a valores éticos, confinado à ótica meramente formal — tendo em vista que o nazismo e o fascismo ascenderam ao poder dentro do quadro da legalidade e promoveram a barbárie em nome da lei. Há um reencontro com o pensamento kantiano, com as ideias de moralidade, dignidade, Direito cosmopolita e paz perpétua. Para Kant as pessoas, e em geral qualquer espécie racional, devem existir como fim em si mesmo e jamais como meio, a ser arbitrariamente usado para este ou aquele propósito. Os objetos têm, por sua vez, um valor condicional, por serem irracionais, por isso são chamados "coisas", substituíveis que são por outras equivalentes. Os seres racionais, ao revés, são chamados "pessoas", porque constituem um fim em si mesmo, têm um valor intrínseco absoluto, são insubstituíveis e únicos, não devendo ser tomados meramente como meios[9]. As pessoas são dotadas de dignidade, na medida em que possuem um valor intrínseco. Desse modo, ressalta Kant, trate a humanidade, na pessoa de cada ser, sempre como um fim mesmo, nunca como um meio. Adiciona Kant que a autonomia[10] é a base da dignidade humana e de qualquer criatura racional. Lembra que a ideia de liberdade é intimamente conectada com a concepção de autonomia, por meio do princípio universal da moralidade, que, idealmente, é o fundamento de todas as ações de seres racionais[11]. Para Kant, o imperativo categórico universal dispõe: "Aja apenas de forma a que a sua máxima possa converter-se ao mesmo tempo em uma lei universal"[12].

---

9. A teoria moral kantiana exerceu enorme influência nos fundamentos de diversas teorias sobre direitos. A respeito, consultar Jeremy Waldron (ed.), *Theories of rights*.

10. Significativas teorias sobre direitos humanos tendem a enfatizar a importância e o valor da autonomia pessoal. Para J. Raz: "Uma pessoa autônoma é aquela que é autora de sua própria vida. Sua vida é o que que ela faz dela. (...) Uma pessoa é autônoma somente se tem uma variedade de escolhas aceitáveis disponíveis para serem feitas e sua vida se torna o resultado das escolhas derivadas destas opções. Uma pessoa que nunca teve uma escolha efetiva, ou, tampouco, teve consciência dela, ou, ainda, nunca exerceu o direito de escolha de forma verdadeira, mas simplesmente se moveu perante a vida não é uma pessoa autônoma" (J. Raz, Right-based moralities, in Jeremy Waldron (ed.), *Theories of rights*, p. 191). J. Raz, em crítica ao enfoque moral individualista da autonomia pessoal, acentua que: "A existência de diversas escolhas consiste, em parte, na existência de certas condições sociais. (...) O ideal da autonomia pessoal é incompatível com o individualismo moral" (p. 192-193).

11. A respeito, ver Immanuel Kant, Fundamental principles of the metaphysics of morals, in Allen W. Wood (ed.), *Basic writings of Kant*, p. 185-186, 192-193.

12. Ver Immanuel Kant, Fundamental principles of the metaphysics of morals, in *Basic writings of Kant*, p. 178.

No esforço de reconstrução dos direitos humanos do Pós-Guerra, há, de um lado, a emergência do Direito Internacional dos Direitos Humanos, e, de outro, a emergência da nova feição do Direito Constitucional ocidental, aberto a princípios e a valores, com ênfase no valor da dignidade humana. Vale dizer, no âmbito do Direito Internacional, começa a ser delineado o sistema normativo internacional de proteção dos direitos humanos. É como se se projetasse a vertente de um constitucionalismo global, vocacionado a proteger direitos fundamentais e a limitar o poder do Estado, mediante a criação de um aparato internacional de proteção de direitos.

Por sua vez, no âmbito do Direito Constitucional ocidental, testemunha--se a elaboração de textos constitucionais abertos a princípios, dotados de elevada carga axiológica, com destaque ao valor da dignidade humana. A respeito, ressaltam as lições de Canotilho: "Se ontem a conquista territorial, a colonização e o interesse nacional surgiam como categorias referenciais, hoje os fins dos Estados podem e devem ser os da construção de 'Estados de Direito Democráticos, Sociais e Ambientais', no plano interno e Estados abertos e internacionalmente amigos e cooperantes no plano externo. Estes parâmetros fortalecem as imbricações do Direito Constitucional com o Direito Internacional. (...) Os direitos humanos articulados com o relevante papel das organizações internacionais fornecem um enquadramento razoável para o constitucionalismo global. O constitucionalismo global compreende não apenas o clássico paradigma das relações horizontais entre Estados, mas o novo paradigma centrado nas relações Estado/povo, na emergência de um Direito Internacional dos Direitos Humanos e na tendencial elevação da dignidade humana a pressuposto ineliminável de todos os constitucionalismos. Por isso, o Poder Constituinte dos Estados e, consequentemente, das respectivas Constituições nacionais, está hoje cada vez mais vinculado a princípios e regras de direito internacional. É como se o Direito Internacional fosse transformado em parâmetro de validade das próprias Constituições nacionais (cujas normas passam a ser consideradas nulas se violadoras das normas do *jus cogens* internacional). O Poder Constituinte soberano criador de Constituições está hoje longe de ser um sistema autônomo que gravita em torno da soberania do Estado. A abertura ao Direito Internacional exige a observância de princípios materiais de política e direito internacional tendencialmente informador do Direito interno"[13].

---

13. José Joaquim Gomes Canotilho, *Direito constitucional e teoria da Constituição*, p. 1217.

Daí a primazia do valor da dignidade humana, como paradigma e referencial ético, verdadeiro superprincípio a orientar o constitucionalismo contemporâneo, nas esferas local, regional e global, doando-lhe especial racionalidade, unidade e sentido. No dizer de Cançado Trindade: "Não se pode visualizar a humanidade como sujeito de Direito a partir da ótica do Estado; impõe-se reconhecer os limites do Estado a partir da ótica da humanidade"[14].

Fortalece-se a ideia de que a proteção dos direitos humanos não deve reduzir-se ao domínio reservado do Estado, porque revela tema de legítimo interesse internacional. Por sua vez, essa concepção inovadora aponta a duas importantes consequências: 1ª) a revisão da noção tradicional de soberania absoluta do Estado, que passa a sofrer um processo de relativização, na medida em que são admitidas intervenções no plano nacional em prol da proteção dos direitos humanos — isto é, transita-se de uma concepção "hobbesiana" de soberania, centrada no Estado, para uma concepção "kantiana" de soberania, centrada na cidadania universal[15]; e 2ª) a cristalização da ideia de que o indivíduo deve ter direitos protegidos na esfera internacional, na condição de sujeito de direitos.

Prenuncia-se, desse modo, o fim da era em que a forma pela qual o Estado tratava seus nacionais era concebida como um problema de jurisdição doméstica, decorrência de sua soberania. Para Andrew Hurrell: "O aumento significativo das ambições normativas da sociedade internacional é particularmente visível no campo dos direitos humanos e da democracia, com base na ideia de que as relações entre governantes e governados, Estados e cidadãos, passam a ser suscetíveis de legítima preocupação da comunidade internacional; de que os maus-tratos a cidadãos e a inexistência de regimes democráticos devem demandar ação internacional; e que a legitimidade internacional de um Estado passa crescentemente a depender do modo pelo qual as sociedades domésticas são politicamente ordenadas"[16].

---

14. Antônio Augusto Cançado Trindade e Manuel E. Ventura Robles, *El futuro de la Corte Interamericana de Derechos Humanos*, p. 206.

15. Para Celso Lafer, de uma visão *ex parte principe*, fundada nos deveres dos súditos com relação ao Estado, passa-se a uma visão *ex parte populi*, fundada na promoção da noção de direitos do cidadão (*Comércio, desarmamento, direitos humanos: reflexões sobre uma experiência diplomática*, p. 145).

16. Andrew Hurrell, Power, principles and prudence: protecting human rights in a deeply divided world, in Tim Dunne e Nicholas J. Wheeler, *Human rights in global politics*, 1999, p. 277.

Nesse cenário, a Declaração de 1948 vem a inovar ao introduzir a chamada concepção contemporânea de direitos humanos, marcada pela universalidade e indivisibilidade desses direitos. Universalidade porque clama pela extensão universal dos direitos humanos, sob a crença de que a condição de pessoa é o requisito único para a titularidade de direitos, considerando o ser humano um ser essencialmente moral, dotado de unicidade existencial e dignidade, esta como valor intrínseco à condição humana. Indivisibilidade porque a garantia dos direitos civis e políticos é condição para a observância dos direitos sociais, econômicos e culturais e vice-versa. Quando um deles é violado, os demais também o são. Os direitos humanos compõem, assim, uma unidade indivisível, interdependente e inter-relacionada, capaz de conjugar o catálogo de direitos civis e políticos com o catálogo de direitos sociais, econômicos e culturais.

A partir da Declaração de 1948, começa a se desenvolver o Direito Internacional dos Direitos Humanos, mediante a adoção de inúmeros instrumentos internacionais de proteção. A Declaração de 1948 confere lastro axiológico e unidade valorativa a esse campo do Direito, com ênfase na universalidade, indivisibilidade e interdependência dos direitos humanos.

O processo de universalização dos direitos humanos permitiu a formação de um sistema internacional de proteção desses direitos. Tal sistema é integrado por tratados internacionais de proteção que refletem, sobretudo, a consciência ética contemporânea compartilhada pelos Estados, na medida em que invocam o consenso internacional acerca de temas centrais aos direitos humanos, na busca da salvaguarda de parâmetros protetivos mínimos — do "mínimo ético irredutível". Nesse sentido, cabe destacar que, até 2023, o Pacto Internacional dos Direitos Civis e Políticos contava com 173 Estados-partes; o Pacto Internacional dos Direitos Econômicos, Sociais e Culturais contava com 171 Estados-partes; a Convenção contra a Tortura contava com 173 Estados-partes; a Convenção sobre a Eliminação da Discriminação Racial contava com 182 Estados-partes; a Convenção sobre a Eliminação da Discriminação contra a Mulher contava com 189 Estados-partes; e a Convenção sobre os Direitos da Criança apresentava a mais ampla adesão, com 196[17].

Ao lado do sistema normativo global, surgem os sistemas regionais de proteção, que buscam internacionalizar os direitos humanos nos planos

---

17. Alto Comissariado de Direitos Humanos das Nações Unidas, *Status of Ratifications of the Principal International Human Rights Treaties*, www.unhchr.ch/pdf/report.pdf.

regionais, particularmente na Europa, América e África. Consolida-se, assim, a convivência do sistema global da ONU com instrumentos do sistema regional, por sua vez integrado pelos sistemas interamericano, europeu e africano de proteção aos direitos humanos.

Os sistemas global e regional não são dicotômicos, mas complementares. Inspirados pelos valores e princípios da Declaração Universal, compõem o universo instrumental de proteção dos direitos humanos no plano internacional. Nessa ótica, os diversos sistemas de proteção de direitos humanos interagem em benefício dos indivíduos protegidos. Ao adotar o valor da primazia da pessoa humana, tais sistemas se complementam, somando-se ao sistema nacional de proteção, a fim de proporcionar a maior efetividade possível na tutela e promoção de direitos fundamentais. Essa é, aliás, a lógica e a principiologia próprias do Direito dos Direitos Humanos.

Ressalte-se que a Declaração de Direitos Humanos de Viena, de 1993, reitera a concepção da Declaração de 1948 quando, em seu § 5º, afirma: "Todos os direitos humanos são universais, interdependentes e inter-relacionados. A comunidade internacional deve tratar os direitos humanos globalmente de forma justa e equitativa, em pé de igualdade e com a mesma ênfase". A Declaração de Viena afirma ainda a interdependência entre os valores dos direitos humanos, democracia e desenvolvimento.

Não há direitos humanos sem democracia, tampouco democracia sem direitos humanos. Vale dizer, o regime mais compatível com a proteção dos direitos humanos é o democrático. De acordo com Freedom House, há uma expansão global do autoritarismo, com crescentes ameaças à democracia[18]. No informe de 2022, verificou-se o declínio da democracia em 60 Estados, com o fortalecimento democrático em apenas 25 Estados. Atualmente, 8 em cada 10 habitantes do mundo vivem em Estados parcialmente livres ou não livres. Somente 42% dos Estados (o que representa 20% da população mundial) são considerados plenamente democráticos, enquanto 29% dos Estados são considerados parcialmente livres (o que representa 42% da população mundial) e 29% dos Estados são considerados não livres (o que representa 38% da população mundial), tendo liberdades básicas sistematicamente violadas.[19] Considerando o critério

---

18. Freedom House, Freedom in the World 2022, The Global Expansion of Authoritarian Rule.

19. Consultar UNDP, *Human Development Report 2002: Deepening democracy in a*

regional, na Europa 81% dos países são considerados livres (com pluralismo político, respeito às liberdades civis e uma imprensa independente) — o que alcança 82% da população —, enquanto no norte da África e no Oriente Médio apenas 15% o são — o que alcança somente 7% da população. Note-se que o pleno exercício dos direitos políticos é capaz de implicar o "empoderamento" das populações mais vulneráveis, o aumento de sua capacidade de pressão, articulação e mobilização políticas. Para Amartya Sen, os direitos políticos (incluindo a liberdade de expressão e de discussão) são não apenas fundamentais para demandar respostas políticas às necessidades econômicas, mas são centrais para a própria formulação dessas necessidades econômicas[20].

Já o direito ao desenvolvimento demanda uma globalização ética e solidária. No entender de Mohammed Bedjaqui: "Na realidade, a dimensão internacional do direito ao desenvolvimento é nada mais que o direito a uma repartição equitativa concernente ao bem-estar social e econômico mundial. Reflete uma demanda crucial de nosso tempo, na medida em que os quatro quintos da população mundial não mais aceitam o fato de um quinto da população mundial continuar a construir sua riqueza com base em sua pobreza"[21]. As assimetrias globais revelam que a renda dos 1% mais ricos supera a renda dos 57% mais pobres na esfera mundial[22]. Para a Organização Mundial de Saúde: "A pobreza é a maior *causa mortis* do mundo. A pobreza dissemina sua influência destrutiva desde os primeiros estágios da vida humana, do momento da concepção ao momento da morte"[23].

---

fragmented world.

20. Amartya Sen, prefácio ao livro *Pathologies of power*, de Paul Farmer.

21. Mohammed Bedjaqui, The right to development, in M. Bedjaqui (ed.), *International law: achievements and prospects*, p. 1182. Para Joseph E. Stiglitz: "Desenvolvimento significa transformação social, com a melhoria das condições de vida das populações mais pobres, assegurando a todos uma oportunidade de sucesso e acesso à saúde e à educação" (*Globalization and its discontents*, p. 252).

22. A respeito, consultar UNDP, *Human Development Report 2002*, p. 19.

23. Ver Paul Farmer, *Pathologies of power*, p. 50. De acordo com dados do relatório Sinais Vitais, do *Worldwatch Institute* (2003), a desigualdade de renda se reflete nos indicadores de saúde: a mortalidade infantil nos países pobres é 13 vezes maior que nos países ricos; a mortalidade materna é 150 vezes maior nos países de menor desenvolvimento com relação aos países industrializados. A falta de água limpa e saneamento básico mata 1,7 milhão de pessoas por ano (90% crianças), ao passo que 1,6 milhão de pessoas morrem de doenças decorrentes da utilização de combustíveis fósseis para aquecimento e preparo de alimentos. O relatório ainda atenta para o fato de que a quase totalidade dos conflitos armados se concentra no mundo em desenvolvimento, que produziu 86% de refugiados na última década.

O desenvolvimento, por sua vez, há de ser concebido como um processo de expansão das liberdades reais que as pessoas podem usufruir, para adotar a concepção de Amartya Sen[24]. Acrescente-se ainda que a Declaração de Viena de 1993 consagra ser o direito ao desenvolvimento um direito universal e inalienável, parte integral dos direitos humanos fundamentais. Reitere-se que a Declaração de Viena reconhece a relação de interdependência entre a democracia, o desenvolvimento e os direitos humanos.

Feitas essas considerações a respeito da concepção contemporânea de direitos humanos, transita-se à reflexão a respeito dos desafios centrais aos direitos humanos na ordem internacional contemporânea.

c) Desafios dos direitos humanos na ordem internacional contemporânea

À luz do objeto maior desta investigação, que se atém aos direitos humanos e à justiça internacional, considerando as experiências dos sistemas regionais europeu, interamericano e africano, serão destacados sete desafios centrais à implementação dos direitos humanos na ordem contemporânea. Objetiva-se, assim, tecer o "estado da arte" dos direitos humanos na ordem contemporânea, o que permitirá contextualizar o processo de justicialização dos direitos humanos no âmbito internacional.

1) Universalismo *vs.* relativismo cultural

O primeiro desafio refere-se a um dos temas mais complexos e instigantes da teoria geral dos direitos humanos, concernente à própria fundamentação desses direitos.

O debate entre os universalistas e os relativistas culturais retoma o dilema a respeito dos fundamentos dos direitos humanos: por que temos

---

24. Ao conceber o desenvolvimento como liberdade, sustenta Amartya Sen: "Nesse sentido, a expansão das liberdades é vista concomitantemente como: 1) uma finalidade em si mesma; e 2) o principal significado do desenvolvimento. Tais finalidades podem ser chamadas, respectivamente, como a função constitutiva e a função instrumental da liberdade em relação ao desenvolvimento. A função constitutiva da liberdade relaciona-se com a importância da liberdade substantiva para o engrandecimento da vida humana. As liberdades substantivas incluem as capacidades elementares, como a de evitar privações como a fome, a subnutrição, a mortalidade evitável, a mortalidade prematura, bem como as liberdades associadas com a educação, a participação política, a proibição da censura... Nesta perspectiva constitutiva, o desenvolvimento envolve a expansão destas e de outras liberdades fundamentais. Desenvolvimento, nesta visão, é o processo de expansão das liberdades humanas" (Amartya Sen, *Development as freedom,* p. 35-36 e 297). Sobre o direito ao desenvolvimento, ver também Karel Vasak, *For third generation of human rights: the rights to solidarity.*

direitos? As normas de direitos humanos podem ter um sentido universal ou são culturalmente relativas?

Para os universalistas, os direitos humanos decorrem da dignidade humana, na qualidade de valor intrínseco à condição humana. Defende-se, nessa perspectiva, o mínimo ético irredutível — ainda que se possa discutir o alcance desse "mínimo ético" e dos direitos nele compreendidos.

Para os relativistas, a noção de direitos está estritamente relacionada ao sistema político, econômico, cultural, social e moral vigente em determinada sociedade. Cada cultura possui seu próprio discurso acerca dos direitos fundamentais, que está relacionado às específicas circunstâncias culturais e históricas de cada sociedade. Não há moral universal, já que a história do mundo é a história de uma pluralidade de culturas. Há uma pluralidade de culturas no mundo, e essas culturas produzem seus próprios valores[25]. Na crítica dos relativistas, os universalistas invocam a visão hegemônica da cultura eurocêntrica ocidental, na prática de um canibalismo cultural. Já para os universalistas, os relativistas, em nome da cultura, buscam acobertar graves violações a direitos humanos. Ademais, complementam, as culturas não são homogêneas, tampouco compõem uma unidade coerente; mas são complexas, variáveis, múltiplas, fluidas e não estáticas. São criações humanas e não destino[26].

Para Jack Donnelly, há diversas correntes relativistas: "No extremo, há o que nós denominamos de relativismo cultural radical, que concebe a cultura como a única fonte de validade de um direito ou regra moral. (...) Um forte relativismo cultural acredita que a cultura é a principal fonte de validade de um direito ou regra moral. (...) Um relativismo cultural fraco, por sua vez, sustenta que a cultura pode ser uma importante fonte de validade de um direito ou regra moral"[27].

Para dialogar com Jack Donnelly, poder-se-ia sustentar a existência de diversos graus de universalismos, a depender do alcance do "mínimo ético irredutível". No entanto, a defesa, por si só, desse mínimo ético, independentemente de seu alcance, apontará à corrente universalista — seja a um universalismo radical, forte ou fraco.

---

25. A respeito, ver R. J. Vincent, *Human rights and international relations*, p. 37-38.

26. Ver Jack Donnelly, *Universal human rights in theory and practice*, p. 86. Para o autor, "um dos elementos que nos fazem humanos é a capacidade de criar e transformar a cultura" (p. 123).

27. Jack Donnelly, *Universal human rights in theory and practice*, p. 89-90.

Neste debate, destaca-se a visão de Boaventura de Souza Santos, em defesa de uma concepção multicultural de direitos humanos, inspirada no diálogo entre as culturas, a compor um multiculturalismo emancipatório. Para Boaventura, "os direitos humanos têm que ser reconceptualizados como multiculturais. O multiculturalismo, tal como eu o entendo, é precondição de uma relação equilibrada e mutuamente potenciadora entre a competência global e a legitimidade local, que constituem os dois atributos de uma política contra-hegemônica de direitos humanos no nosso tempo"[28]. Prossegue o autor defendendo a necessidade de superar o debate sobre universalismo e relativismo cultural, a partir da transformação cosmopolita dos direitos humanos. Na medida em que todas as culturas possuem concepções distintas de dignidade humana, mas são incompletas, haver-se-ia que aumentar a consciência dessas incompletudes culturais mútuas, como pressuposto para um diálogo intercultural. A construção de uma concepção multicultural dos direitos humanos decorreria desse diálogo intercultural[29].

No mesmo sentido, Joaquín Herrera Flores sustenta um universalismo de confluência, ou seja, um universalismo de ponto de chegada e não de ponto de partida. Em suas palavras: "nossa visão complexa dos direitos baseia-se em uma racionalidade de resistência. Uma racionalidade que não nega que é possível chegar a uma síntese universal das diferentes opções relativas a direitos. (...) O que negamos é considerar o universal como um ponto de partida ou um campo de desencontros. Ao universal há que se chegar — universalismo de chegada ou de confluência — depois (não antes de) um processo conflitivo, discursivo de diálogo (...). Falamos de entrecruzamento e não de uma mera superposição de propostas"[30].

Em direção similar, Bhikhu Parekh defende um universalismo pluralista, não etnocêntrico, baseado no diálogo intercultural. Afirma o autor: "O objetivo de um diálogo intercultural é alcançar um catálogo de valores que tenha a concordância de todos os participantes. A preocupação não deve ser

---

28. A respeito, ver Boaventura de Souza Santos, Uma concepção multicultural de direitos humanos, *Revista Lua Nova*, v. 39, p. 112.

29. Boaventura de Souza Santos, Uma concepção multicultural de direitos humanos, p. 114. Acresce o autor: "Neste contexto é útil distinguir entre globalização de-cima-para-baixo e globalização de-baixo-para-cima, ou entre globalização hegemônica e globalização contra-hegemônica. O que eu denomino de localismo globalizado e globalismo localizado são globalizações de-cima-para-baixo; cosmopolitanismo e patrimônio comum da humanidade são globalizações de-baixo-para cima" (p. 111).

30. Joaquín Herrera Flores, *Direitos humanos, interculturalidade e racionalidade de resistência*, p. 7.

descobrir valores, uma vez que os mesmos não têm fundamento objetivo, mas sim buscar um consenso em torno deles. (...) Valores dependem de decisão coletiva. Como não podem ser racionalmente demonstrados, devem ser objeto de um consenso racionalmente defensável. (...) É possível e necessário desenvolver um catálogo de valores universais não etnocêntricos, por meio de um diálogo intercultural aberto, no qual os participantes decidam quais os valores a serem respeitados. (...) Essa posição poderia ser classificada como um universalismo pluralista"[31].

A respeito do diálogo entre as culturas, merecem menção as reflexões de Amartya Sen sobre direitos humanos e valores asiáticos, particularmente pela crítica feita a interpretações autoritárias desses valores e pela defesa de que as culturas asiáticas (com destaque ao Budismo) enfatizam a importância da liberdade e da tolerância[32]. Menção também há que ser feita às reflexões de Abdullah Ahmed An-na'im, ao tratar dos direitos humanos no mundo islâmico com base em uma nova interpretação do islamismo e da sharia[33].

Acredita-se, de igual modo, que a abertura do diálogo entre as culturas, com respeito à diversidade e com base no reconhecimento do outro, como

---

31. Bhikhu Parekh, Non-ethnocentric universalism, in Tim Dunne e Nicholas J. Wheeler, *Human rights in global politics*, p. 139-140.

32. Amartya Sen, Human rights and Asian values, *The New Republic* 33-40 (July 14, 1997), apud Louis Henkin et al., *Human rights*, p. 113-116. A respeito da perspectiva multicultural dos direitos humanos e das diversas tradições religiosas, ver *Direitos humanos na sociedade cosmopolita*, César Augusto Baldi (org.), em especial os artigos de Chandra Muzaffar, Islã e direitos humanos; Damien Keown, Budismo e direitos humanos; Tu Weiming, Os direitos humanos como um discurso moral confuciano; e Ashis Nandy, A política do secularismo e o resgate da tolerância religiosa. Ver também Joseph Chan, Confucionism and human rights, e Stephen Chan, Buddhism and human rights, in Rhona K. M. Smith e Christien van den Anker (eds.), *The essentials of human rights*, p. 55-57 e 25-27, respectivamente.

33. Abdullah Ahmed An-na'im, Human rights in the Muslim world, 3 *Harvard Human Rights Journal*, 13 (1990), apud Henry J. Steiner e Philip Alston, *International human rights in context*, p. 389-398. Ver também Abdullah Ahmed An-na'im (ed.), *Human rights in cross-cultural perspectives: a quest for consensus*. Como observa Daniela Ikawa: "An-na'im ilustra a possibilidade do diálogo entre culturas a partir de uma das condições colocadas por Boaventura: a adoção da versão cultural que inclua o maior grau de diversidade, no caso, que inclua também as mulheres em relação de igualdade com os homens. An-na'im prevê uma possibilidade de intercâmbio cultural pautado na reinterpretação de certas bases culturais, como ocorre na reinterpretação do Corão. Essa reinterpretação possibilitaria um diálogo entre a cultura islâmica e a cultura dos direitos humanos, ao menos no que toca aos direitos das mulheres" (Daniela Ikawa, Universalismo, relativismo e direitos humanos, in Maria de Fátima Ribeiro e Valério de Oliveira Mazzuoli, *Direito internacional dos direitos humanos: estudos em homenagem à Professora Flávia Piovesan*, p. 124).

ser pleno de dignidade e direitos, é condição para a celebração de uma cultura dos direitos humanos, inspirada pela observância do "mínimo ético irredutível", alcançado por um universalismo de confluência. Para tanto, essencial é o potencial emancipatório e transformador do diálogo, em que o vértice não seja mais marcado pela ideia do choque entre civilizações (*"clash of civilizations"*), mas pela ideia do diálogo entre civilizações (*"dialogue among civilizations"*)[34].

Neste passo, esta obra permitirá invocar as singularidades e as especificidades do processo de construção dos sistemas regionais europeu, interamericano e africano, bem como da dimensão dos direitos humanos neles contemplada. Retomando Boaventura de Souza Santos, é como se o estudo comparativo dessas experiências invocasse a "relação equilibrada e mutuamente potenciadora entre a competência global e a legitimidade local", na celebração de um diálogo intercultural.

2) Laicidade estatal *vs.* fundamentalismos religiosos

Um segundo desafio central à implementação dos direitos humanos é o da laicidade estatal em face dos fundamentalismos religiosos. Adota-se a concepção de Boaventura de Souza Santos para quem os "fundamentalismos" referem-se às teologias cristãs e islâmicas, "de acordo com as quais a revelação é concebida como o princípio estruturante de organização da sociedade em todas as suas dimensões"[35]. Isto é, os fundamentalismos baseiam-se em uma noção de verdade, que se confunde com a posse do "fundamento". Neste contexto, o Estado laico é garantia essencial para o exercício dos direitos humanos, especialmente nos campos da sexualidade e da reprodução[36].

Confundir Estado com religião implica a adoção oficial de dogmas incontestáveis, que, ao impor uma moral única, inviabilizam qualquer projeto de sociedade aberta, pluralista e democrática. A ordem jurídica em um Estado Democrático de Direito não pode se converter na voz exclusiva da

---

34. Amartya Sen, *Identity and violence: the illusion of destiny*, New York/London, W. W. Norton & Company, 2006, p. 12. Sobre a ideia do "clash of civilization", ver Samuel Hungtington, *The clash of civilizations and the remaking of the world order*, New York, Simon & Schuster, 1996.

35. Boaventura de Souza Santos, *Se Deus fosse um ativista de direitos humanos*, 2. ed., São Paulo, Cortez, 2014, p. 42.

36. Ver a respeito Miriam Ventura, Leila Linhares Barsted, Daniela Ikawa e Flávia Piovesan (org.), *Direitos sexuais e direitos reprodutivos na perspectiva dos direitos humanos*.

moral de qualquer religião. Os grupos religiosos têm o direito de constituir suas identidades em torno de seus princípios e valores, pois são parte de uma sociedade democrática. Mas não têm o direito de pretender hegemonizar a cultura de um Estado constitucionalmente laico.

No Estado laico, marcado pela separação entre Estado e religião, todas as religiões merecem igual consideração e profundo respeito. Inexiste, contudo, uma religião oficial, que se transforme na única concepção estatal, abolindo a dinâmica de uma sociedade aberta, livre, diversa e plural. Há o dever do Estado de garantir as condições de igual liberdade religiosa e moral, em um contexto desafiador em que, se de um lado o Estado contemporâneo busca separar-se da religião, esta, por sua vez, busca adentrar nos domínios do Estado, caracterizando o fenômeno do "pós-secularismo", para utilizar a terminologia de Habermas.

Destacam-se, aqui, duas estratégias: a) reforçar o princípio da laicidade estatal, com ênfase na Declaração sobre a Eliminação de todas as formas de Discriminação com base em Intolerância Religiosa; e b) fortalecer leituras e interpretações progressistas no campo religioso, de modo a respeitar os direitos humanos, conferindo especial destaque às teologias feministas e ao seu impacto progressista seja nas versões cristãs, seja nas versões islâmicas[37]. Também fundamental é o diálogo entre as religiões, a partir de uma proposta de teologia intercultural.

À luz dos sistemas regionais de proteção dos direitos humanos, neste debate importa ressaltar a existência de três sistemas — o europeu, o interamericano e o africano — e incipientes iniciativas de criação de sistemas árabe e asiático. É especialmente no contexto do islamismo e dos países árabes que a tensão entre laicidade estatal e fundamentalismos religiosos ganha maior contorno. Ressalte-se que, em 1994, a Liga dos Estados Árabes adotou a Carta Árabe de Direitos Humanos, que reflete a islâmica lei da sharia e outras tradições religiosas[38]. Acrescente-se ainda a adoção, em

---

37. Para Boaventura de Souza Santos, as teologias feministas "criticam a associação da religião e de suas estruturas hierárquicas à ordem patriarcal e à subsequente legitimação do patriarcalismo e da submissão das mulheres no interior das religiões" (Boaventura de Souza Santos, *Se Deus fosse um ativista de direitos humanos*, 2. ed., São Paulo, Cortez, 2014, p. 53). A título exemplificativo, mencione-se também o trabalho de Abdullah Ahmed An-na'im acerca da reinterpretação do islamismo sob a perspectiva dos direitos humanos.

38. Rhona K. M. Smith, *Textbook on international human rights,* p. 87-88. Até 2017, a Carta Árabe de Direitos Humanos contava com 13 Estados-partes.

1990, da Declaração do Cairo sobre Direitos Humanos no Islã, que, de igual modo, incorpora componentes do islamismo, estabelecendo que todos os direitos e liberdades enunciados na Declaração estão sujeitos à islâmica lei da sharia[39]. O islamismo requer a submissão de todos os indivíduos a Allah, e as liberdades humanas só podem ser compreendidas na medida em que atendam à vontade divina. Institui-se um sistema de extrema desigualdade entre mulçumanos e não mulçumanos, bem como entre homens e mulheres[40].

Por sua vez, nos países africanos essa tensão agrega o elemento das tradições culturais, particularmente no que tange aos direitos humanos das mulheres, como será enfocado ao longo deste estudo.

3) Direito ao desenvolvimento *vs.* assimetrias globais no contexto de emergência climática

O terceiro desafio traduz o dilema entre o direito ao desenvolvimento e as assimetrias globais no contexto de emergência climática.

Em 1986 foi adotada pela ONU a Declaração sobre o Direito ao Desenvolvimento por 146 Estados, com um voto contrário (EUA) e 8 abstenções. Para Allan Rosas: "A respeito do conteúdo do direito ao desenvolvimento, três aspectos devem ser mencionados. Em primeiro lugar, a Declaração de 1986 endossa a importância da participação. (...) Em segundo lugar, a Declaração deve ser concebida no contexto das necessidades básicas de justiça social. (...) Em terceiro lugar, a Declaração enfatiza tanto a necessidade de adoção de programas e políticas nacionais, como da cooperação internacional"[41].

Desse modo, o direito ao desenvolvimento compreende três dimensões: a) a importância da participação, com realce ao componente democrático a orientar a formulação de políticas públicas, dotando-lhes de maior transpa-

---

39. A respeito, ver o artigo 24 da referida Declaração. Sobre o tema, consultar Ann Elizabeth Mayer, The Islamic declaration on human rights, in Rhona K. M. Smith e Christien van den Anker (eds.), *The essentials of human rights,* p. 209-210. Ver ainda Ann Elizabeth Mayer, *Islam and human rights: tradition and politics.*

40. Por exemplo, os homens podem exercer a poligamia, negada às mulheres, que sofrem sérias restrições de direitos no campo do divórcio, da herança e da guarda dos filhos. Ver Katerina Dalacoura, Islam and human rights, in Rhona K. M. Smith e Christien van den Anker (eds.), *The essentials of human rights,* p. 207. Consultar também Abdullahi An-na'im, *Towards an Islamic reformation: civil liberties, human rights and international law.*

41. Allan Rosas, The right to development, in Asbjorn Eide, Catarina Krause e Allan Rosas, *Economic, social and cultural rights,* p. 254-255.

rência e *accountability*; b) a proteção às necessidades básicas de justiça social, enunciando a Declaração sobre o Direito ao Desenvolvimento que: "A pessoa humana é o sujeito central do desenvolvimento e deve ser ativa, participante e beneficiária do direito ao desenvolvimento"; e c) a necessidade de adotar programas e políticas nacionais, como de cooperação internacional — já que a efetiva cooperação internacional é essencial para prover aos países mais pobres meios que encorajem o direito ao desenvolvimento. A respeito, adiciona o artigo 4º da Declaração que os Estados têm o dever de adotar medidas, individual ou coletivamente, voltadas a formular políticas de desenvolvimento internacional, com vistas a facilitar a plena realização de direitos.

De acordo com o art. 28 da Declaração de Direitos Humanos: "Toda pessoa tem direito a uma ordem social e internacional em que os direitos e liberdades estabelecidos na Declaração possam ser plenamente realizados". A justiça social é um componente central à concepção do direito ao desenvolvimento. A realização do direito ao desenvolvimento, inspirado no valor da solidariedade, há de prover igual oportunidade a todos no acesso a recursos básicos, como educação, saúde, alimentação, moradia, trabalho e distribuição de renda.

Para a Declaração sobre o Direito ao Desenvolvimento, o desenvolvimento compreende um processo econômico, social, cultural e político, com o objetivo de assegurar a constante melhoria do bem-estar da população e dos indivíduos, com base em sua ativa, livre e significativa participação neste processo, orientada pela justa distribuição dos benefícios dele resultantes.

Na promoção do desenvolvimento, igual consideração deve ser conferida à implementação, promoção e proteção dos direitos civis, políticos, econômicos, sociais e culturais. Medidas efetivas devem ser ainda adotadas a fim de proporcionar às mulheres um papel ativo no processo de desenvolvimento.

Além do componente de justiça social, o componente democrático é essencial ao direito ao desenvolvimento. É dever dos Estados encorajar a participação popular em todas as esferas como um importante fator ao direito ao desenvolvimento e à plena realização dos direitos humanos. Os Estados devem promover e assegurar a livre, significativa e ativa participação de indivíduos e grupos na elaboração, implementação e monitoramento de políticas de desenvolvimento. Neste contexto, os princípios da participação e da *accountability* são centrais ao direito ao desenvolvimento. Como explica Amartya Sen, "as liberdades políticas e os direitos democráticos são componentes estruturais do desenvolvimento. (...) Democracia requer participação política, diálogo e interação pública, conferindo o direito à voz aos grupos mais vulneráveis"[42].

O direito ao desenvolvimento compreende tanto uma dimensão nacional como uma dimensão internacional. Ainda que a Declaração de 1986 reconheça os Estados como os responsáveis primários na realização do direito ao desenvolvimento, enfatiza a importância da cooperação internacional para a realização do direito ao desenvolvimento.

Um dos mais extraordinários avanços da Declaração de 1986 foi lançar o *human rights-based approach* ao direito ao desenvolvimento. O *human rights-based approach* é uma concepção estrutural ao processo de desenvolvimento, amparada normativamente nos parâmetros internacionais de direitos humanos e diretamente voltada à promoção e à proteção dos direitos humanos. O *human rights-based approach* ambiciona integrar normas, *standards* e princípios do sistema internacional de direitos humanos nos planos, políticas e processos relativos ao desenvolvimento. A perspectiva de direitos endossa o componente da justiça social, realçando a proteção dos direitos dos grupos mais vulneráveis e excluídos como um aspecto central do direito ao desenvolvimento[43].

Em uma arena global não mais marcada pela bipolaridade Leste/Oeste, mas sim pela bipolaridade Norte/Sul, abrangendo os países desenvolvidos e em desenvolvimento (sobretudo as regiões da América Latina, Ásia e África), existe a demanda por uma globalização mais ética e solidária[44].

---

42. Amartya Sen, *The Idea of Justice*, Cambridge, Harvard University Press, 2009, p. 347.

43. Sobre o tema, ver Mary Robinson, What Rights can add to good development practice. In: Philip Alston e Mary Robinson (ed.), *Human Rights and Development: towards mutual reinforcement*, Oxford, Oxford University Press, 2005, p. 37.

44. A busca por uma globalização mais ética e solidária e por uma justa cooperação internacional há de considerar a desafiadora questão armamentista. A respeito, observa Thomas Pogge: "Em 2000, os países ricos gastaram em média $ 4,650 milhões em assistência ao desenvolvimento aos países pobres; contudo, venderam aos países em desenvolvimento, em média, $ 25,438 milhões em armamentos — o que representa 69% do total do comércio internacional de armas. Os maiores vendedores de armas são: EUA (com mais de 50% das vendas); Rússia, França, Alemanha e Reino Unido" (Thomas Pogge, *World poverty and human rights*, Cambridge, Polity Press, 2002). No mesmo sentido, alerta Amartya Sen: "Os principais vendedores de armamentos no mercado global são os países do G8, responsáveis por 84% da venda de armas no período de 1998 a 2003. (...) Os EUA sozinhos foram responsáveis pela venda de metade das armas comercializadas no mercado global, sendo que dois terços destas exportações foram direcionadas aos países em desenvolvimento, incluindo a África" (Amartya Sen, *Identity and violence: the illusion of destiny*, p. 97).

Se, tradicionalmente, a agenda de direitos humanos centrou-se na tutela de direitos civis e políticos, sob o forte impacto da "voz do Norte", testemunha-se, atualmente, a ampliação dessa agenda tradicional, que passa a incorporar novos direitos, com ênfase nos direitos econômicos, sociais, culturais e ambientais e no direito ao desenvolvimento. Esse processo permite ecoar a "voz própria do Sul", capaz de revelar as preocupações, demandas e prioridades dessa região, contendo uma crítica à visão de direitos humanos radicada na matriz liberal, que privilegia direitos civis e políticos, por vezes, de forma descontextualizada e abstrata.

Nesse contexto, é fundamental consolidar e fortalecer o processo de afirmação dos direitos humanos sob essa perspectiva integral, indivisível e interdependente.

No que se refere à temática ambiental, a Cruz Vermelha estima que atualmente há no mundo mais pessoas deslocadas por desastres ambientais do que por guerras. Até 2010 a ONU contabilizava 50 milhões de "refugiados ambientais". Qualquer situação de refúgio é por si só reflexo de um grave padrão de violação aos direitos humanos. Os danos ambientais têm gerado um crescente fluxo migratório, devido ao deslocamento forçado de pessoas compelidas a lutar por novas condições de vida em outras regiões e países.

A comunidade científica converge ao concluir que as mudanças climáticas ocorrem e resultam, sobretudo, da ação humana. O Conselho de Direitos Humanos da ONU reconhece que as transformações ambientais têm impacto na efetivação dos direitos humanos, direta e indiretamente, sendo os grupos mais vulneráveis seu alvo preferencial.

Nos países em desenvolvimento, a maioria dos problemas ambientais está relacionada à pobreza e à exclusão social (a falta de acesso a moradia, saúde, educação e higiene adequadas). Já nos países desenvolvidos, os problemas ambientais são consequência, fundamentalmente, da industrialização e do desenvolvimento tecnológico.

Os danos ambientais transcendem os limites de espaço e de tempo. A poluição marítima causada por derramamento de óleo, por exemplo, poderá disseminar-se por águas territoriais de diferentes países, afetando várias comunidades. Os danos ambientais podem gerar efeitos no presente e no futuro, por vezes, não havendo como prever o impacto temporal. Por isso, o direito ao meio ambiente exige um pacto entre as presentes e as futuras gerações, o que fomenta a noção de desenvolvimento sustentável, como o "desenvolvimento que atende às necessidades do presente, sem comprometer a capacidade das futuras gerações atenderem às suas próprias necessidades", na definição da Comissão Mundial sobre Meio Ambiente e Desenvolvimento. Daí o desafio de uma nova ética sustentável, que compatibilize o desenvolvimento econômico, o desenvolvimento social e a preservação ambiental. Nesse sentido, destaca-se a Agenda 2030 da ONU, com 17 metas de desenvolvimento sustentável, com especial ênfase à meta 13, concernente à adoção de medidas urgentes para combater a mudança climática e seus impactos; à meta 16, concernente à promoção de sociedades pacíficas e inclusivas para o desenvolvimento sustentável; e à meta 17, concernente ao fortalecimento de meios de implementação da parceria global para o desenvolvimento sustentável.

Adicione-se, ainda, a Opinião Consultiva da Corte Interamericana n. 23, de 2017[45], acerca do alcance das obrigações estatais relativamente ao direito ao meio ambiente, com destaque à obrigação de prevenção, ao princípio da precaução e à obrigação de cooperação, bem como às obrigações procedimentais a envolver o acesso à informação, a participação pública e o acesso à justiça. Na jurisprudência interamericana também merece menção o caso Lhaka Honhat, que ineditamente trata da violação autônoma do direito ao meio ambiente saudável, conferindo centralidade às vítimas, em sentença paradigmática da Corte Interamericana de 6 de fevereiro de 2020[46] *vs.* Argentina. Sentença de 6 de fevereiro de 2020). Ressalte-se, ademais, a Resolução n. 3/2021 emitida pela Comissão Interamericana de Direitos Humanos a respeito da "Emergência Climática", com ênfase no alcance das obrigações interamericanas em matéria de direitos humanos[47].

Neste tópico, realce deve ser dado ao sistema regional africano, ao estabelecer na Carta Africana a proteção não apenas dos tradicionais direitos civis e políticos, mas também dos direitos econômicos, sociais, culturais e ambientais, do direito ao desenvolvimento e dos direitos dos povos, como será estudado especialmente no Capítulo VIII deste livro.

---

45. Corte IDH. Opinión Consultiva OC-23/17 de 15 de noviembre de 2017, solicitada por lª República de Colombia, Medio Ambiente y Derechos Humanos.

46. Corte IDH. Caso Comunidades Indígenas Miembros de lª Asociación Lhaka Honhat (Nuestra Tierra).

47. Comissão Interamericana de Direitos Humanos, Resolução n. 3/2021, "Emergência Climática: alcance das obrigações interamericanas em matéria de direitos humanos", 31 de dezembro de 2021.

4) Proteção dos direitos econômicos, sociais, culturais e ambientais *vs.* dilemas da globalização econômica com o empoderamento dos atores privados transnacionais

O quarto desafio relaciona-se com o terceiro, na medida em que aponta aos dilemas decorrentes do processo de globalização econômica, com destaque à temerária flexibilização dos direitos sociais. Este desafio assume ainda maior relevância em um cenário marcado pela crise financeira internacional e pela necessidade de reavaliar o alcance do marco regulatório estatal, da atuação do setor privado e das instituições financeiras internacionais, com o crescente empoderamento dos atores privados transnacionais.

Nos anos 90, as políticas neoliberais, fundadas no livre mercado, nos programas de privatização e na austeridade econômica, permitiram que, hoje, sejam antes os Estados que se achem incorporados aos mercados e não a economia política às fronteiras estatais, como salienta Jurgen Habermas[48].

A globalização econômica tem agravado ainda mais as desigualdades sociais, aprofundando as marcas da pobreza absoluta e da exclusão social. Lembre-se que o próprio então diretor-gerente do FMI, Michel Camdessus, em seu último discurso oficial, afirmou que "desmantelar sistematicamente o Estado não é o caminho para responder aos problemas das economias modernas. (...) A pobreza é a ameaça sistêmica fundamental à estabilidade em um mundo que se globaliza"[49].

Considerando os graves riscos do processo de desmantelamento das políticas públicas sociais, há que redefinir o papel do Estado sob o impacto da globalização econômica. É preciso reforçar a responsabilidade do Estado no tocante à implementação dos direitos econômicos, sociais e culturais.

Como adverte Asbjorn Eide: "Caminhos podem e devem ser encontrados para que o Estado assegure o respeito e a proteção dos direitos econômicos, sociais e culturais, de forma a preservar condições para uma economia de mercado relativamente livre. A ação governamental deve promover a igualdade social, enfrentar as desigualdades sociais, compensar os desequilíbrios criados pelos mercados e assegurar um desenvolvimento humano sustentável. A relação entre governos e mercados deve ser complementar"[50].

---

48. Jurgen Habermas, Nos limites do Estado, *Folha de S.Paulo*, Caderno Mais!, p. 5, 18 jul. 1999.

49. Camdessus critica desmonte do Estado, *Folha de S.Paulo*, 14 fev. 2000.

50. Asbjorn Eide, Obstacles and goals to be pursued, in Asbjorn Eide, Catarina Krause e Allan Rosas, *Economic, social and cultural rights*, p. 383. Acrescenta o autor: "Onde a

No mesmo sentido, pontua Jack Donnelly: "Mercados livres são economicamente análogos ao sistema político baseado na regra da maioria, sem contudo a observância aos direitos das minorias. As políticas sociais, sob essa perspectiva, são essenciais para assegurar que as minorias, em desvantagem ou privadas pelo mercado, sejam consideradas com o mínimo respeito na esfera econômica. (...) Os mercados buscam eficiência e não justiça social ou direitos humanos para todos"[51].

No contexto da globalização econômica, faz-se também premente a incorporação da agenda de direitos humanos por atores não estatais. Nesse sentido, surgem dois atores fundamentais: a) as agências financeiras internacionais; e b) o setor privado.

Em relação às agências financeiras internacionais, há o desafio de que os direitos humanos possam permear a política macroeconômica, de forma a envolver a política fiscal, a política monetária e a política cambial. As instituições econômicas internacionais devem levar em grande consideração a dimensão humana de suas atividades e o forte impacto que as políticas econômicas podem ter nas economias locais, especialmente em um mundo cada vez mais globalizado[52].

---

renda é igualmente distribuída e as oportunidades razoavelmente equânimes, os indivíduos estão em melhores condições para tratar de seus interesses e há menor necessidade de despesas públicas por parte do Estado. Quando, por outro lado, a renda é injustamente distribuída, a demanda por iguais oportunidades e igual exercício de direitos econômicos, sociais e culturais requer maior despesa estatal, baseada em uma tributação progressiva e outras medidas. Paradoxalmente, entretanto, a tributação para despesas públicas nas sociedades igualitárias parece mais bem-vinda que nas sociedades em que a renda é injustamente distribuída" (Asbjorn Eide, Economic, social and cultural rights as human rights, in Asbjorn Eide, Catarina Krause e Allan Rosas, *Economic, social and cultural rights*, p. 40).

51. Jack Donnelly, *International human rights*, p. 160. "Aliviar o sofrimento da pobreza e adotar políticas compensatórias são funções do Estado e não do mercado. Estas são demandas relacionadas à justiça, a direitos e a obrigações e não à eficiência. (...) Os mercados simplesmente não podem tratá-las — porque não são vocacionados para isto" (Jack Donnelly, Ethics and international human rights, in *Ethics and international affairs*, p. 153).

52. Cf. Mary Robinson, *Constructing an international financial, trade and development architeture: the human rights dimension*, Zurich, 1 July 1999, www.unhchr.org. Adiciona Mary Robinson: "A título de exemplo, um economista já advertiu que o comércio e a política cambial podem ter maior impacto no desenvolvimento dos direitos das crianças que propriamente o alcance do orçamento dedicado à saúde e educação. Um incompetente diretor do Banco Central pode ser mais prejudicial aos direitos das crianças que um incompetente Ministro da Educação".

Embora as agências financeiras internacionais estejam vinculadas ao sistema das Nações Unidas, na qualidade de agências especializadas, o Banco Mundial e o Fundo Monetário Internacional, por exemplo, carecem da formulação de uma política vocacionada aos direitos humanos. Tal política é medida imperativa para o alcance dos propósitos da ONU e, sobretudo, para a coerência ética e principiológica que há de pautar sua atuação. A agenda de direitos humanos deve ser, assim, incorporada no mandato de atuação dessas agências.

Há que romper com os paradoxos que decorrem das tensões entre a tônica includente voltada para a promoção dos direitos humanos, consagrada nos relevantes tratados de proteção dos direitos humanos da ONU (com destaque ao Pacto Internacional dos Direitos Econômicos, Sociais e Culturais), e, por outro lado, a tônica excludente ditada pela atuação especialmente do Fundo Monetário Internacional, na medida em que a sua política, orientada pela chamada "condicionalidade", submete países em desenvolvimento a modelos de ajuste estrutural incompatíveis com os direitos humanos[53]. Ressalta-se que as políticas adotadas pelas instituições financeiras internacionais são elaboradas pelos mesmos Estados que assumem obrigações jurídicas internacionais, em matéria de direitos sociais, ao ratificarem o Pacto Internacional de Direitos Econômicos, Sociais e Culturais.

---

53. Afirma Jeffrey Sachs: "Aproximadamente 700 milhões de pessoas — as mais empobrecidas — estão em débito perante os países ricos. Os chamados 'Highly Indebted Poor Countries' (países pobres altamente endividados) compõem um grupo de quarenta e duas economias financeiramente falidas e largamente desestruturadas. Eles devem mais de $ 100 milhões em dívida não paga ao Banco Mundial, ao Fundo Monetário Internacional, a demais Bancos de desenvolvimento e governos (...). Muitos destes empréstimos foram feitos em regimes tirânicos para responder aos propósitos da Guerra Fria. Muitos refletem ideias equivocadas do passado. (...) O Jubileu 2000, uma organização que tem o apoio de pessoas tão diversas como o Papa João Paulo II, Jesse Jackson e Bono, o cantor de *rock*, tem defendido a eliminação da dívida externa dos países mais pobres do mundo. A ideia é frequentemente vista como irrealista, mas são os realistas que fracassam ao compreender as oportunidades econômicas da ordem contemporânea. (...) Em 1996 o FMI e o Banco Mundial anunciaram um programa de grande impacto, mas sem prover um diálogo verdadeiro com os países afetados. Três anos depois, estes planos fracassaram. Apenas 2 países, Bolívia e Uganda, receberam $ 200 milhões, enquanto 40 países aguardam na fila. No mesmo período, a bolsa de valores dos países ricos cresceu mais de $ 5 trilhões, mais que 50 vezes que o débito dos quarenta e dois países pobres. Assim, é um jogo cruel dos países mais ricos do mundo protestar que eles não teriam como cancelar as dívidas" (Jeffrey Sachs, Release the poorest countries for debt bondage, *International Herald Tribune*, 12 e 13 jun. 1999, p. 8, apud Henry Steiner e Philip Alston, *International human rights in context: law, politics and morals*, p. 1329-30).

Além disso, há que fortalecer a democratização, a transparência e a *accountability* dessas instituições[54]. Note-se que 48% do poder de voto no FMI concentra-se nas mãos de 7 Estados (EUA, Japão, França, Inglaterra, Arábia Saudita, China e Rússia), enquanto no Banco Mundial 46% do poder de voto pertence aos mesmos Estados[55]. Na percepção crítica de Joseph E. Stiglitz, "temos um sistema que poderia ser chamado de governança global sem, contudo, um governo global; um sistema no qual poucas instituições — o Banco Mundial, o FMI e a OMC — e poucos atores — os Ministros das Finanças e do Comércio, intimamente ligados a certos interesses financeiros e comerciais — dominam o cenário; um sistema em que muitos daqueles afetados por suas decisões são deixados praticamente sem voz. É tempo de transformar algumas das regras que governam a ordem econômica internacional"[56]. Neste contexto, emergencial é um novo multilateralismo por meio de reformas da arquitetura financeira global, a fim de que se alcance um balanço mais adequado de poder, fortalecendo a democratização, a transparência e a *accountability* das instituições financeiras internacionais, de forma a ampliar a participação da sociedade civil internacional e a fortalecer a participação dos países em desenvolvimento[57].

No que se refere ao setor privado, há também a necessidade de acentuar sua responsabilidade social, especialmente a das empresas multinacionais, na medida em que constituem as grandes beneficiárias do processo de globalização, bastando citar que, das 100 maiores economias mundiais, 69 são empresas multinacionais e 31 são Estados nacionais[58]. Por exemplo, importa

---

54. A respeito, consultar Joseph E. Stiglitz, *Globalization and its discontents*. Para o autor: "Quando as crises avançam, o FMI prescreve medidas inapropriadas, soluções padronizadas, sem considerar os efeitos que tais medidas possam ter nas populações dos países que seguem tais políticas. Raramente há previsões acerca do impacto destas políticas na pobreza. Raramente assisti a discussões e análises aprofundadas acerca das consequências de políticas alternativas. Há uma prescrição única. Opiniões alternativas não são buscadas. Uma discussão aberta e franca é desencorajada — não há espaço para isto. Ideologias guiam as prescrições de políticas e há a expectativa de que países sigam as orientações do FMI sem contestação. (...) Estas atitudes não apenas produzem resultados precários; mas são ainda antidemocráticas" (p. XIV).

55. A respeito, consultar *Human development report 2002*, UNDP.

56. Joseph E. Stiglitz, *Globalization and its discontents*, p. 21-22.

57. Sobre a matéria, ver Analytical study of the High Commissioner for Human Rights on the fundamental principle of participation and its application in the context of globalization, E/CN.4/2005/41, 23 December 2004.

58. Dados baseados em comparação direta da receita anual das empresas e da receita anual dos países, disponíveis no *CIA World Factbook* 2015 e *Fortune Global 500*; conforme

encorajar sejam condicionados empréstimos internacionais a compromissos em direitos humanos; sejam adotados por empresas códigos de direitos humanos relativos à atividade de comércio; sejam impostas sanções comerciais a empresas violadoras dos direitos sociais, entre outras medidas[59]. Cabe destaque à adoção pela ONU dos princípios referentes a empresas e direitos humanos em 2011 (*Guiding principles on Business and Human Rights*), estruturados em 3 pilares: proteger (apontando à responsabilidade dos Estados em evitar abusos de atores não estatais); respeitar (apontando à responsabilidade das empresas relativamente à sua cadeia produtiva e

---

Global Justice Now: "*Today, of the 100 wealthiest economic entities in the world, 69 are now corporations and only 31 countries. (…) At this rate, within a generation we will be living in a world entirely dominated by giant corporations*". Disponível em: http://www.globaljustice.org.uk/blog/2016/sep/12/corporations-running-world-used-be-science-fiction--now-its-reality. Acesso em: 9-10-2018.

59. Ver Stephen Livingstone, Economic strategies for the enforcement of human rights, in Angela Hegarty e Siobhan Leonard (org.), *Human rights: an agenda for the 21st century*, p. 187. Afirma o mesmo autor: "Tanto os Estados Unidos, como a União Europeia, os maiores doadores mundiais, têm previsões legais relativas a empréstimos estrangeiros, que levam em consideração questões de direitos humanos" (p. 187). Acrescenta ainda que: "Em média, 10% das empresas norte-americanas adotaram alguma forma de cláusula de responsabilidade social" (p. 194). A respeito, observa Jack Scheinkman: "Quando Portugal e Espanha desejaram integrar a União Europeia, após a queda dos respectivos regimes ditatoriais, a União Europeia impôs determinadas condições. Elas incluíam não apenas direitos como a liberdade de associação, mas a observância de parâmetros trabalhistas. Nos EUA, algo semelhante tem sido feito, em certa medida, por meio da USAID, que não concede empréstimo econômico a nenhum país que não respeitar os direitos trabalhistas" (Human Rights Program/Harvard Law School e Lawyers Committee for Human Rights, *Business and Human Rights — An Interdisciplinary discussion held at Harvard Law School in December 1997*, Harvard Law School Human Rights Program, 1999, p. 87). Adiciona Jack Scheinkman: "As pesquisas demonstram que nos EUA e na Europa Ocidental a maioria dos consumidores não quer comprar produtos fabricados mediante trabalho infantil; por isso, as empresas têm adotado *standards*. (…) Muitas empresas têm adotado *standards* exclusivamente em razão da opinião pública" (p. 20). Para Mary Robinson: "As grandes multinacionais têm o poder de trazer grandes benefícios para as comunidades carentes, mas também têm o poder de causar profundos malefícios, como a degradação ambiental, a exploração das comunidades economicamente fracas e o uso do trabalho infantil. Nos últimos anos tem crescido a consciência do setor privado de que é necessário assumir responsabilidades no campo dos direitos humanos. (…) O setor privado tem incorporado os direitos humanos mediante códigos éticos internos, códigos de conduta, acordos setoriais a respeito do trabalho infantil, ou mesmo códigos mais amplos como o *Social Accountability 8000*, o *International Code of Ethics for Canadian Business* e o *New Sullivan principles*" (Mary Robinson, *Constructing an international financial, trade and development architeture: the human rights dimension*, Zurich, 1 July 1999, www.unhchr.org).

entorno, com ênfase na devida diligência para prevenir os riscos e mitigar os impactos negativos da atividade empresarial, demandando o *"human rights impact assessment"*); e remediar (apontando à necessidade de estabelecer mecanismos às vítimas em caso de violação).

Sob o prisma dos sistemas regionais de proteção dos direitos humanos, este estudo apontará ao desafio da proteção dos direitos econômicos, sociais e culturais, bem como ao seu grau de justiciabilidade. Apontará, ainda, à emergência de atores não estatais e aos limites dos sistemas regionais em enfrentar um padrão de conflituosidade que transcenda a relação entre Estados e indivíduos (vítimas de violação de direitos humanos).

5) Respeito à diversidade *vs.* intolerância

Em razão da indivisibilidade dos direitos humanos, a violação aos direitos econômicos, sociais e culturais propicia a violação aos direitos civis e políticos, uma vez que a vulnerabilidade econômico-social leva à vulnerabilidade dos direitos civis e políticos. No dizer de Amartya Sen: "A negação da liberdade econômica, sob a forma da pobreza extrema, torna a pessoa vulnerável a violações de outras formas de liberdade. (...) A negação da liberdade econômica implica a negação da liberdade social e política"[60].

O processo de violação dos direitos humanos alcança prioritariamente os grupos sociais vulneráveis, como as mulheres, as populações afrodescendentes e os povos indígenas — daí os fenômenos da "feminização" e "etnicização" da pobreza[61]. A efetiva proteção dos direitos humanos demanda não apenas políticas universalistas, mas específicas, endereçadas a grupos socialmente vulneráveis, enquanto vítimas preferenciais da exclusão. Isto é, a implementação dos direitos humanos requer a universalidade e a indivisibilidade desses direitos, acrescidas do valor da diversidade. Sob essa perspectiva, lança-se o quinto desafio, concernente ao respeito à diversidade em face das diversas manifestações de intolerância.

Com efeito, a primeira fase de proteção dos direitos humanos foi marcada pela tônica da proteção geral, que expressava o temor da diferença (que no nazismo havia sido orientada para o extermínio), com base na igualdade formal.

---

60. Amartya Sen, *Development as freedom*, p. 8.

61. Note-se, por exemplo, que, se no mundo hoje há 1 bilhão de analfabetos adultos, 2/3 deles são mulheres. Ver Henry Steiner e Philip Alston, *International human rights in context: law, politics and morals*, 2. ed.

Ao longo da história as mais graves violações aos direitos humanos tiveram como fundamento a dicotomia do "eu *vs.* o outro", em que a diversidade era captada como elemento para aniquilar direitos. Vale dizer, a diferença era visibilizada para conceber o "outro" como um ser menor em dignidade e direitos, ou, em situações limites, um ser esvaziado mesmo de qualquer dignidade, um ser descartável, um ser supérfluo, objeto de compra e venda (como na escravidão) ou de campos de extermínio (como no nazismo). Nesta direção, merecem destaque as violações da escravidão, do nazismo, do sexismo, do racismo, da homofobia, da xenofobia e de outras práticas de intolerância. Como leciona Amartya Sen, "identidade pode ser uma fonte de riqueza e de acolhimento, como também de violência e terror"[62]. O autor ainda tece aguda crítica ao que denomina como séria "miniaturização dos seres humanos" ("miniaturization of human beings"), quando é negado o reconhecimento da pluralidade de identidades humanas, na medida em que as pessoas são "diversamente diferentes"[63].

Torna-se, contudo, insuficiente tratar o indivíduo de forma genérica, geral e abstrata. Faz-se necessária a especificação do sujeito de direito, que passa a ser visto em sua peculiaridade e particularidade. Nessa ótica, determinados sujeitos de direitos, ou determinadas violações de direitos, exigem uma resposta específica e diferenciada. Em tal cenário as mulheres, as crianças, a população afrodescendente, os migrantes, as pessoas com deficiência, entre outras categorias vulneráveis, devem ser vistas nas especificidades e peculiaridades de sua condição social. Ao lado do direito à igualdade, surge, também como direito fundamental, o direito à diferença. Importa o respeito à diferença e à diversidade, o que lhes assegura tratamento especial. O Direito rompe com a indiferença às diferenças.

Destacam-se, assim, três vertentes no que tange à concepção da igualdade: a) a igualdade formal, reduzida à fórmula "todos são iguais perante a lei" (que, ao seu tempo, foi crucial para a abolição de privilégios); b) a igualdade material, correspondente ao ideal de justiça social e distributiva (igualdade orientada pelo critério socioeconômico); e c) a igualdade material, correspondente ao ideal de justiça enquanto reconhecimento de identidades (igualdade orientada por critérios como gênero, orientação sexual, idade, raça e etnia).

Para Nancy Fraser, a justiça exige, simultaneamente, a redistribuição e o reconhecimento de identidades. Como atenta a autora: "O reconhecimento

---

62. Amartya Sen, *Identity and violence: the illusion of destiny*, p. 4.
63. Amartya Sen, *Identity and violence: the illusion of destiny*, p. XIII e XIV.

não pode se reduzir à distribuição, porque o *status* na sociedade não decorre simplesmente em função da classe. (...) Reciprocamente, a distribuição não pode reduzir-se ao reconhecimento, porque o acesso aos recursos não decorre simplesmente em função de *status*"[64]. Há, assim, o caráter bidimensional da justiça: redistribuição somada ao reconhecimento. No mesmo sentido, Boaventura de Souza Santos afirma que apenas a exigência do reconhecimento e da redistribuição permite a realização da igualdade[65]. Atente-se que esta feição bidimensional da justiça mantém uma relação dinâmica e dialética, ou seja, os dois termos relacionam-se e interagem mutuamente, na medida em que a discriminação implica pobreza e a pobreza implica discriminação.

Nesse contexto, o direito à redistribuição requer medidas de enfrentamento da injustiça econômica, da marginalização e da desigualdade econômica, por meio da transformação nas estruturas socioeconômicas e da adoção de uma política de redistribuição. De igual modo, o direito ao reconhecimento requer medidas de enfrentamento da injustiça cultural, dos preconceitos e dos padrões discriminatórios, por meio da transformação cultural e da adoção de uma política de reconhecimento. É à luz desta política de reconhecimento que se pretende avançar na reavaliação positiva de identidades discriminadas, negadas e desrespeitadas; na desconstrução de estereótipos e preconceitos; e na valorização da diversidade cultural[66].

---

64. Afirma Nancy Fraser: "O reconhecimento não pode se reduzir à distribuição, porque o *status* na sociedade não decorre simplesmente em função da classe. Tomemos o exemplo de um banqueiro afro-americano de *Wall Street*, que não consegue tomar um táxi. Neste caso, a injustiça da falta de reconhecimento tem pouco a ver com a má distribuição. (...) Reciprocamente, a distribuição não pode se reduzir ao reconhecimento, porque o acesso aos recursos não decorre simplesmente da função de *status*. Tomemos como exemplo um trabalhador industrial especializado, que fica desempregado em virtude do fechamento da fábrica em que trabalha, em vista de uma fusão corporativa especulativa. Neste caso, a injustiça da má distribuição tem pouco a ver com a falta de reconhecimento. (...) Proponho desenvolver o que chamo concepção bidimensional da justiça. Esta concepção trata da redistribuição e do reconhecimento como perspectivas e dimensões distintas da justiça. Sem reduzir uma à outra, abarca ambas em um marco mais amplo" (Nancy Fraser, Redistribución, reconocimiento y participación: hacia un concepto integrado de la justicia, in Unesco, *Informe Mundial sobre la Cultura*, 2000-2001, p. 55-56).

65. A respeito, ver Boaventura de Souza Santos, Introdução: para ampliar o cânone do reconhecimento, da diferença e da igualdade, in *Reconhecer para libertar: os caminhos do cosmopolitanismo multicultural*, Rio de Janeiro, Civilização Brasileira, p. 56. Ver ainda, do mesmo autor, Por uma concepção multicultural de direitos humanos, p. 429-61.

66. Ver Nancy Fraser, From Redistribution to Recognition? Dilemmas of Justice in a Postsocialist age, em seu livro *Justice interruptus. Critical reflections on the "Postsocialist" condition*, NY/London, Routledge, 1997; Axel Honneth, *The struggle for recognition: the*

O direito à igualdade material, o direito à diferença e o direito ao reconhecimento de identidades integram a essência dos direitos humanos, em sua dupla vocação em prol da afirmação da dignidade humana e da prevenção do sofrimento humano. A garantia da igualdade, da diferença e do reconhecimento de identidades é condição e pressuposto para o direito à autodeterminação, bem como para o direito ao pleno desenvolvimento das potencialidades humanas, transitando-se da igualdade abstrata e geral para um conceito plural de dignidades concretas.

Boaventura acrescenta: "Temos o direito a ser iguais quando a nossa diferença nos inferioriza; e temos o direito a ser diferentes quando a nossa igualdade nos descaracteriza. Daí a necessidade de uma igualdade que reconheça as diferenças e de uma diferença que não produza, alimente ou reproduza as desigualdades"[67].

Se, para a concepção formal de igualdade, esta é tomada como pressuposto, como um dado e um ponto de partida abstrato, para a concepção material de igualdade, esta é tomada como um resultado ao qual se pretende chegar, tendo como ponto de partida a visibilidade às diferenças. Isto é, essencial mostra-se distinguir a diferença e a desigualdade. A ótica material objetiva construir e afirmar a igualdade com respeito à diversidade. O reconhecimento de identidades e o direito à diferença é que conduzirão a uma plataforma emancipatória e igualitária. A emergência conceitual do direito à diferença e do reconhecimento de identidades é capaz de refletir a crescente voz dos movimentos sociais e o surgimento de uma sociedade civil plural e diversa no marco do multiculturalismo.

Considerando os processos de "feminização" e "etnicização" da pobreza, há a necessidade de adotar, ao lado das políticas universalistas, políticas específicas, capazes de dar visibilidade a sujeitos de direito com maior grau de vulnerabilidade, visando ao pleno exercício do direito à inclusão social. Se o padrão de violação de direitos tem efeito desproporcionalmente lesivo às mulheres e às populações afrodescendentes, por exemplo, adotar

---

moral grammar of social conflicts, Cambridge/Massachusets, MIT Press, 1996; Nancy Fraser e Axel Honneth, *Redistribution or recognition? A political-philosophical exchange*, London/NY, verso, 2003; Charles Taylor, The politics of recognition, in: Charles Taylor et al., *Multiculturalism — examining the politics of recognition*, Princeton, Princeton University Press, 1994; Iris Young, *Justice and the politics of difference*, Princeton, Princeton University Press, 1990; e Amy Gutmann, *Multiculturalism: examining the politics of recognition*, Princeton, Princeton University Press, 1994.

67. Ver Boaventura de Souza Santos, Introdução: para ampliar o cânone, cit.

políticas "neutras" no tocante ao gênero, à raça/etnia, significa perpetuar esse padrão de desigualdade e exclusão.

Daí a urgência no combate a toda e qualquer forma de racismo, sexismo, homofobia, xenofobia e outras manifestações de intolerância correlatas, tanto por meio da vertente repressiva (que proíbe e pune a discriminação e a intolerância) como da vertente promocional (que promove a igualdade).

Este estudo permitirá, assim, compreender o modo pelo qual os diversos sistemas regionais de proteção dos direitos humanos incorporam o valor da diversidade, bem como adotam instrumentos específicos voltados à proteção dos grupos socialmente mais vulneráveis.

6) Preservação dos direitos e liberdades públicas *vs.* combate ao terrorismo e à expansão do autoritarismo na esfera global

O desafio de combater todas as formas de intolerância se soma ao sexto desafio, que realça o dilema de preservação dos direitos e das liberdades públicas no enfrentamento ao terror e no combate à expansão do autoritarismo na esfera global.

No cenário do pós-11 de setembro, o risco é que a luta contra o terror comprometa o aparato civilizatório de direitos, liberdades e garantias, sob o clamor de segurança máxima[68].

Basta atentar à doutrina de segurança adotada nos EUA na era Bush, pautada: a) no unilateralismo; b) nos ataques preventivos; e c) na hegemonia do poderio militar norte-americano. Imaginem-se as nefastas consequências para a ordem internacional se cada um dos 200 Estados que a integram invocasse para si o direito de cometer "ataques preventivos", com base no unilateralismo. Seria assinar o próprio atestado de óbito do Direito Internacional, celebrando o mais puro e hobbesiano "estado de natureza", no qual a guerra é o termo forte e a paz se limita a ser a ausência da guerra.

Estudos demonstram o perverso impacto do pós-11 de setembro, na composição de uma agenda global tendencialmente restritiva de direitos e liberdades. A título de exemplo, citem-se pesquisas acerca da legislação aprovada, nos mais diversos países, ampliando a aplicação da pena de morte e demais penas, tecendo discriminações insustentáveis, afrontando o devido

---

68. A respeito, consultar Philip B. Heymann, Civil liberties and human rights in the aftermath of september 11, *Harvard Journal of Law & Public Policy*, Spring 2002, p. 441-56; e Committee of Ministers of the Council of Europe, *Guidelines on Human Rights and the Fight against Terrorism*, Strasbourg, Council of Europe, 2002.

processo legal e o direito a um julgamento público e justo, admitindo a extradição sem a garantia de direitos, restringindo direitos, como a liberdade de reunião e de expressão, entre outras medidas[69].

Após os atentados de 11 de setembro, emerge o desafio de prosseguir no esforço de construção de um Estado de Direito Internacional, em uma arena que privilegia o Estado-Polícia no campo internacional, fundamentalmente guiado pelo lema da força e segurança internacional. Contra o risco do terrorismo de Estado e do enfrentamento do terror, com instrumentos do próprio terror, só resta uma via: a da consolidação dos delineamentos de um Estado de Direito no plano internacional. Só haverá um efetivo Estado de Direito Internacional sob o primado da legalidade, com o império do Direito, com o poder da palavra e a legitimidade do consenso. Como conclui o *UN Working Group on Terrorism*: "A proteção e a promoção dos direitos humanos sob o primado do Estado de Direito são essenciais para a prevenção do terrorismo"[70]. No mesmo sentido, realçou o então Secretário-Geral da ONU: "nós não usufruiremos do desenvolvimento sem segurança; não usufruiremos de segurança sem desenvolvimento; e não usufruiremos desenvolvimento nem segurança sem o respeito aos direitos humanos" (*"we will not enjoy development without security, we will not enjoy security without development and we will not enjoy either without respect for human rights"*)[71]. Reforça-se, assim, a relação de interdependência entre desenvol-

---

69. Ver a pesquisa apontada no artigo For whom the liberty bell tolls, *The Economist*, 31 ago. 2002, p. 18-20. Sobre a matéria ver, dentre outros, relatório da Human Rights Watch, *In the name of counter-terrorism: human rights abuses worldwide*. A respeito, cabe menção à aprovação pelo Congresso norte-americano, em 28 de setembro de 2006, de projeto de lei que estabelece comissões militares para julgar acusados de envolvimento com atos de terrorismo contra os EUA, que observarão legislação própria. De acordo com o referido projeto, caberá ao Presidente da República interpretar o significado e o alcance das Convenções de Genebra, definindo, inclusive, os métodos de interrogatórios aceitáveis em relação aos chamados "combatentes inimigos" (qualquer pessoa física que dê apoio material ou financeiro a terroristas). Ver Lei dos Tribunais militares divide juristas, *O Estado de S. Paulo*, 30 set. 2006, p. A36; Retrocesso nos EUA, *Folha de S. Paulo*, 30 set. 2006, p. A-2; Nova Lei americana recebe críticas da ONU e de ONGs, *Folha de S. Paulo*, 30 set. 2006, p. A-20.

70. Ver United Nations, *Report of the Policy Working Group on the United Nations and Terrorism*, United Nations, A/57/273-S/2002/875. Ver ainda Connor Gearty, Terrorism and human rights, in Rhona K. M. Smith e Christien van den Anker (eds.), *The essentials of human rights,* p. 331.

71. Ver In *larger freedom: towards development, security and human rights for all,* Report do Secretário-Geral da ONU, março de 2005.

vimento, segurança e direitos humanos. É esta tríade a guiar qualquer política e ação vocacionada à prevenção e à repressão ao terrorismo.

Ressalte-se que os tratados de proteção dos direitos humanos estabelecem um núcleo inderrogável de direitos, a serem respeitados seja em tempos de guerra, instabilidade, comoção pública ou calamidade pública, como atestam o artigo 4º do Pacto Internacional de Direitos Civis e Políticos, o artigo 27 da Convenção Americana de Direitos Humanos e o artigo 15 da Convenção Europeia de Direitos Humanos. A Convenção contra a Tortura, de igual modo, no artigo 2º, consagra a cláusula da inderrogabilidade da proibição da tortura, ou seja, nada pode justificar a prática da tortura (seja ameaça ou estado de guerra, instabilidade política interna ou qualquer outra emergência pública)[72].

Neste quadro emerge ainda o fortalecimento da sociedade civil internacional, com seu imenso repertório imaginativo e inventivo, mediante *networks* que fomentam a interlocução entre entidades locais, regionais e globais, a partir de um solidarismo cosmopolita. Se em 1948 apenas 41 ONGs tinham *status* consultivo junto ao Conselho Econômico e Social da ONU, em 2004 este número alcança aproximadamente 2.350 ONGs[73]. Para Mary Kaldor, "As vantagens na atuação da sociedade civil são precisamente seu conteúdo político e suas implicações no campo da participação e da cidadania. A sociedade civil adiciona ao discurso de direitos humanos a

---

72. Ver http://www.ohchr.org/english/issues/terrorism/index.htm. Sobre a matéria, consultar relatório da Human Rights Watch, *In the name of counter-terrorism: human rights abuses worldwide*, New York, 2003. A respeito, cite-se histórica decisão da Suprema Corte Americana proferida em 29 de junho de 2006, ao determinar que o presidente norte-americano não tem competência para instituir os tribunais militares para julgar os presos na base militar de Guantánamo por supostos crimes de guerra. A decisão foi proferida no julgamento do caso Salim Ahmed Hamdan (Hamdan *vs.* Rumsfeld, Secretário de Defesa e outros), nacional do Yemen, ex-motorista e ex-guarda costas de Osama Bin Laden, preso há quatro anos naquela base militar, desde que foi capturado por forças militares no Afeganistão, em 2001. Todos os julgamentos serão cancelados, sob o argumento de que os tribunais de exceção são ilegais, por afronta às Convenções de Genebra e às próprias leis americanas. O impacto da decisão é duplo: de um lado impõe firmes limites ao exercício abusivo de poder Executivo e por outro assegura aos detentos os direitos consagrados nos tratados internacionais de proteção dos direitos humanos. Sobre o tema ver Flávia Piovesan, Triunfo do Estado de Direito ante a barbárie, *O Estado de S. Paulo*, 2 jul. 2006.

73. Consultar Gay J. McDougall, Decade for NGO Struggle, in *Human Rights Brief — 10th Anniversary*, American University Washington College of Law, Center for Human Rights and Humanitarian Law, v. 11, issue 3 (Spring 2004), p. 13.

noção de responsabilidade individual pelo respeito a estes direitos mediante ação pública"[74].

À luz desse cenário, marcado pelo poderio de uma única superpotência mundial, o equilíbrio da ordem internacional exigirá o avivamento do multilateralismo e o fortalecimento da sociedade civil internacional, com base em um solidarismo cosmopolita.

Ao simbolizar a ruptura de paradigmas, a posse do presidente Obama, em 20 de janeiro de 2009, irradiou um impacto transformador na agenda contemporânea, sobretudo no que se refere à erosão da política Bush — no campo da segurança pública, da proteção ambiental, dos direitos das mulheres, dos direitos reprodutivos, da biotecnologia, do comércio armamentista, dentre outros. Se a era Bush adotou como vértice uma política internacional guiada pelo unilateralismo extremo, pautado no direito da força e no *hard power*, a era Obama apontou a uma política internacional guiada pelo *clever power*, a propiciar o multilateralismo e o diálogo intercultural. Joseph Nye já alertava ao "paradox of American power and why the world's only superpower can't go alone". Isto é, a manutenção da hegemonia norte-americana não poderia mais se sustentar apenas no *hard power*, na ótica unilateralista da força, orientada pela visão *West and the rest* (o ocidente e o "resto"), mas teria de cultuar o *soft power*, a lógica multilateralista do diálogo, da persuasão, a legitimidade das negociações e dos consensos internacionais. Adiciona, ainda, Joseph Nye que há duas grandes mudanças no poder do século XXI: a transição de poder *"from West to East"* e a difusão do poder dos governos para atores não estatais, como resultado da revolução na sociedade global da informação[75].

Com a eleição de Donald Trump, em 9 de novembro de 2016, há o fortalecimento do discurso marcado pelo nacionalismo, unilateralismo e ótica soberanista. Ao discursar pela primeira vez na Assembleia Geral da ONU, em 19 de setembro de 2017, realçou o presidente Trump: "Nas relações externas, estamos renovando este princípio fundador da soberania. O primeiro dever de nosso governo é com o seu próprio povo, com nossos cidadãos: atender às suas necessidades, garantir sua segurança, preservar seus direitos e defender seus valores. Como Presidente dos Estados Unidos, sempre colocarei a América em primeiro lugar (...)". A respeito do terrorismo,

---

74. Mary Kaldor, Transnational civil society, in Tim Dunne e Nicholas J. Wheeler, *Human rights in global politics*, p. 211.

75. Joseph S. Nye, *Is the American Century Over?* Cambridge, Polity Press, 2015, p. 94.

adicionou Trump: "Vamos acabar com o terrorismo islâmico porque não podemos permitir que ele dilacere nossa nação ou, na realidade, dilacere o mundo inteiro"[76]. Em discurso na Assembleia Geral da ONU, em 25 de setembro de 2018, o presidente Trump endossou o "America First" como eixo central de sua política externa, rejeitando a "ideologia do globalismo", ao adotar a "doutrina do patriotismo". Afirmou: "Nações soberanas e independentes são o único meio para salvaguardar a liberdade, a democracia e a paz. (...) Temos que proteger a nossa soberania e a nossa independência acima de tudo". Nesta linha, os EUA se retiraram do Conselho de Direitos Humanos da ONU, recusaram-se a endossar o Global Compact e têm desafiado a autoridade do Tribunal Penal Internacional. Transformações na arena política permitiram o retorno dos EUA ao multilateralismo e a mudança da narrativa populista autoritária, com a defesa da democracia e dos direitos humanos.

A narrativa do populismo autoritário compreende o unilateralismo, o nacionalismo extremo, o ataque à institucionalidade democrática, a afronta ao pluralismo, envolvendo a violação sistemática à liberdade de expressão, à liberdade de imprensa, à liberdade acadêmica e à independência judicial, bem como a tendência de criminalização da dissidência, por meio de tipos penais abertos com ofensa ao devido processo legal. Incorpora, ainda, um discurso discriminatório sobretudo em face das perspectivas de gênero, orientação sexual e étnico-racial. Como realça o Informe Freedom House 2022, testemunha-se um declínio das liberdades e a expansão global do autoritarismo.[77]

Neste contexto, faz-se fundamental fortalecer a cultura democrática, o Estado de Direito, a proteção aos direitos humanos e o multilateralismo. Compartilha-se da visão do Informe Freedom House 2022: *"Only global solidarity among democracy´s defenders can successfully counter the combined aggression of its adversaries".*[78]

---

76. Na avaliação da *The Economist*: "Talvez o maior dano que o Senhor Trump tem gerado refere-se ao *soft power* dos EUA. Ele abertamente repudia a noção de que os EUA devem assegurar valores universais, como a democracia e os direitos humanos. (...) Tudo se vê comprometido com um presidente que acredita que nações fortes devem centrar-se somente em si mesmas. Ao enfatizar o 'America first', ela não apenas fragiliza os EUA, mas torna o mundo pior". (Endangered, In: Endangered — America's future as a global power, *The Economist*, november 11-17, 2017). Sobre os riscos da era Trump, consultar ainda o instigante livro *How Democracies Die*, Steven Levitsky e Daniel Ziblatt, New York, Crown, 2018.

77. Freedom House, Freedom in the World 2022, The Global Expansion of Authoritarian Rule.

78. Freedom House, Freedom in the World 2022, The Global Expansion of Authoritarian Rule, p. 37.

O sexto desafio reitera a questão: Como preservar a Era dos Direitos em tempos de terror e de expansão do autoritarismo na esfera global? Em que medida os sistemas regionais de proteção dos direitos humanos podem servir como salvaguarda do aparato civilizatório de direitos e liberdades, enfrentando regimes autoritários, sendo capazes de fortalecer a ótica multilateralista e o protagonismo da sociedade civil internacional?

7) Direito da força *vs.* força do Direito: desafios da justiça internacional

Finalmente, vislumbram-se os desafios da justiça internacional em matéria de direitos humanos, no marco da tensão entre o direito da força *vs.* a força do Direito.

A consolidação do Estado de Direito nos planos internacional, regional e local demanda o fortalecimento da justiça internacional. Isto porque no Estado Democrático de Direito é o Poder Judiciário, na qualidade de poder desarmado, que tem a última e decisiva palavra, sendo essa a afirmação do primado do Direito.

Como observa Norberto Bobbio, a garantia dos direitos humanos no plano internacional só será implementada quando uma "jurisdição internacional se impuser concretamente sobre as jurisdições nacionais, deixando de operar dentro dos Estados, mas contra os Estados e em defesa dos cidadãos"[79].

Esta obra permitirá compreender o crescente processo de justicialização dos direitos humanos na esfera internacional, com especial ênfase nos sistemas regionais europeu, interamericano e africano — tema dos próximos capítulos.

Como ressalta Richard Bilder, "as Cortes simbolizam e fortalecem a ideia de que o sistema internacional de direitos humanos é, de fato, um sistema de direitos legais, que envolve direitos e obrigações juridicamente vinculantes. Associa-se a ideia de Estado de Direito (*rule of law*) com a existência de Cortes independentes, capazes de proferir decisões obrigatórias e vinculantes"[80].

Isto porque a mais importante ideia do *rule of law* é que "*power is constrained by means of law*[81]. A existência de Cortes independentes é

---

79. Norberto Bobbio, *A era dos direitos*, p. 25-47.

80. Richard Bilder, Possibilities for development of new international judicial mechanisms, in Louis Henkin e John Lawrence Hargrove (eds.), *Human rights: an agenda for the next century*, n. 26, p. 326-7.

81. Consultar "*Promotion of truth, justice, reparation and guarantees of non-recurrence*", UN, General Assembly, 13 de setembro de 2012. O *rule of law* é definido como: "A

fundamental ao *rule of law*, que requer o estabelecimento de um complexo de instituições e procedimentos, destacando um poder Judiciário independente e imparcial. O *rule of law* enfatiza a importância das Cortes não apenas pela sua capacidade decisória (pautada no primado do Direito), mas por *"institucionalizar a cultura do argumento"*, como medida de respeito ao ser humano.

As Cortes detêm especial legitimidade e constituem um dos instrumentos mais poderosos no sentido de persuadir os Estados a cumprir obrigações concernentes aos direitos humanos.

É necessário, pois, avançar no processo de justicialização dos direitos humanos internacionalmente enunciados. A justiça internacional em matéria de direitos humanos constitui medida imperativa para o fortalecimento do Estado de Direito e para a construção da paz nas esferas global, regional e local.

---

principle of governance in which all persons, institutions and entities, public and private, including the State itself, are accountable to laws that are publicly promulgated, equally enforced and independently adjudicated, and which are consistent with international human rights norms and standards. It requires, as well, measures to ensure adherence to the principles of supremacy of law, equality before the law, accountability to the law, fairness in the application of the law, separation of powers, participation in decision making, legal certainty, avoidance of arbitrariness and procedural and legal transparency" (*Report of the Secretary-General to the Security Council on the rule of law and transitional justice*, S/2004/616, para. 6).

CAPÍTULO III

DIREITOS HUMANOS E JUSTIÇA INTERNACIONAL: OS SISTEMAS REGIONAIS DE PROTEÇÃO

a) Introdução

Um dos desafios centrais aos direitos humanos na ordem internacional contemporânea atém-se à sua justicialização. Como identificou o capítulo anterior, vislumbram-se os desafios da justiça internacional em matéria de direitos humanos no marco da tensão entre o direito da força *vs.* a força do Direito.

Este capítulo tem o objetivo de enfocar o crescente processo de justicialização dos direitos humanos na esfera internacional, de modo a permitir a devida contextualização dos capítulos subsequentes, dedicados à análise dos sistemas regionais europeu, interamericano e africano.

b) Precedentes do processo de justicialização dos direitos humanos na ordem internacional

No campo dos precedentes do processo de justicialização dos direitos humanos na ordem internacional, merecem destaque as experiências do Tribunal de Nuremberg, bem como dos Tribunais *ad hoc* para a ex-Iugoslávia e para Ruanda e, posteriormente, a criação do Tribunal Penal Internacional.

1) O legado do Tribunal de Nuremberg

O Tribunal de Nuremberg, em 1945-1946, significou um poderoso impulso no processo de justicialização dos direitos humanos. Ao final da Segunda Guerra e após intensos debates sobre as formas de responsabilização dos alemães pela guerra e pelos bárbaros abusos do período, os aliados chegaram a um consenso, com o Acordo de Londres de 1945, pelo qual ficava convocado um Tribunal Militar Internacional para julgar os criminosos de guerra[1].

---

1. Como explica Henkin: "Em 8 de agosto de 1945, os Governos do Reino Unido, dos Estados Unidos, Provisório da República Francesa e da União das Repúblicas Socialistas

Com a competência de julgar os crimes cometidos ao longo do nazismo, seja pelos líderes do partido, seja pelos oficiais militares, o Tribunal de Nuremberg teve sua composição e seus procedimentos básicos fixados pelo Acordo de Londres. Nos termos do artigo 6º do Acordo de Londres, são crimes sob a jurisdição do Tribunal que demandam responsabilidade individual: a) crimes contra a paz (planejar, preparar, incitar ou contribuir para a guerra de agressão ou para a guerra, em violação aos tratados e acordos internacionais, ou participar de um plano comum ou conspiração para a realização das referidas ações); b) crimes de guerra (violações ao Direito Humanitário e ao Direito costumeiro da guerra; tais violações devem incluir — mas não ser limitadas a esses atos — assassinato, tratamento cruel, deportação de populações civis, que estejam ou não em territórios ocupados, para trabalho escravo ou para qualquer outro propósito, assassinato ou tratamento cruel de prisioneiros de guerra ou de pessoas em alto-mar, assassinato de reféns, saques à propriedade pública ou privada, destruição de vilas ou cidades, devastação injustificada por ordem militar); e c) crimes contra a humanidade (assassinato, extermínio, escravidão, deportação ou outro ato desumano cometido contra a população civil antes ou durante a guerra, ou perseguições baseadas em critérios raciais, políticos e religiosos, para a execução de crime ou em conexão com crime de jurisdição do Tribunal, independentemente de serem praticados ou não em violação do Direito doméstico do país)[2].

Soviéticas celebraram um acordo estabelecendo este Tribunal para o julgamento dos crimes de guerra, cujas ofensas não tivessem uma particular localização geográfica. De acordo com o artigo 5º, os seguintes Estados das Nações Unidas expressamente aderiram ao acordo: Grécia, Dinamarca, Iugoslávia, Países Baixos, Checoslováquia, Polônia, Bélgica, Etiópia, Austrália, Honduras, Noruega, Panamá, Luxemburgo, Haiti, Nova Zelândia, Índia, Venezuela, Uruguai e Paraguai. O Tribunal foi investido do poder de processar e punir as pessoas responsáveis pela prática de crime contra a paz, crimes de guerra e crimes contra a humanidade, como definido pela Carta" (*International law*, p. 381). Sobre o Tribunal de Nuremberg, consultar ainda Telford Taylor, *Nuremberg trials: war crimes and international law*; *The Charter and Judgment of the Nuremberg Tribunal;* UNDoc A/ACN 4/5, 1949; Maurice Pascal Hankey, *Politics: trials and errors*; Robert Houghwout Jackson, *The Nuremberg case*.

2. Observam Henry J. Steiner e Philip Alston que, "ao definir os crimes que seriam abarcados pela jurisdição do Tribunal, a Carta [anexada ao Acordo de Londres de 1945] foi além dos tradicionais 'crimes de guerra' (parágrafo (b) do artigo 6) em dois aspectos. Primeiro, a Carta incluiu os 'crimes contra a paz' — os denominados *jus ad bellum*, que contrastavam com a categoria de direitos de guerra ou *jus in bello*. Segundo, a expressão 'crimes contra a humanidade' poderia ter sido lida [não o foi] de modo a incluir a totalidade do programa do governo nazista de exterminação dos judeus e de outros grupos civis, dentro e

O Tribunal de Nuremberg aplicou fundamentalmente o costume internacional para a condenação criminal de indivíduos envolvidos na prática de crime contra a paz, crime de guerra e crime contra a humanidade, previstos pelo Acordo de Londres[3]. Note-se que, nos termos do artigo 38 do Estatuto da Corte Internacional de Justiça, o costume internacional — enquanto evidência de uma prática geral e comum aceita como lei — é fonte do Direito Internacional, ao lado dos tratados internacionais, das decisões judiciais, da doutrina e dos princípios gerais de Direito reconhecidos pelas nações "civilizadas"[4]. Com efeito, estabelece o artigo 38 do Estatuto da Corte Internacional de Justiça, que é o órgão judicial das Nações Unidas: "Esta Corte, cuja função é decidir, de acordo com o Direito Internacional, as disputas que lhe são submetidas, deve aplicar: a) as convenções internacionais,

---

fora da Alemanha, 'antes ou durante a guerra', e a incluir, consequentemente, não apenas o Holocausto, mas também a elaboração dos planos e a perseguição inicial dos judeus e de outros grupos em um momento anterior ao Holocausto" (Henry J. Steiner e Philip Alston, *International human rights in context — law, politics and morals*, p. 114, 115 e 123). A respeito do Tribunal de Nuremberg e das sanções aplicáveis no plano internacional, explica Hans Kelsen: "Se indivíduos são diretamente obrigados pelo Direito Internacional, tais obrigações não invocam sanções específicas do Direito Internacional (represália ou guerra) ao comportamento dos indivíduos. A obrigação diretamente imposta aos indivíduos é constituída por sanções próprias do Direito Interno, nominalmente a punição e a execução civil. O Direito Internacional pode deixar a determinação e a execução dessas sanções a critério da ordem jurídica nacional, como no caso do delito internacional de pirataria. As sanções podem ser determinadas por um tratado internacional e sua aplicação a casos concretos pode ser efetuada por uma Corte Internacional criada pelo tratado internacional; isto ocorreu, por exemplo, no caso do julgamento de crimes de guerra, de acordo com o Acordo de Londres, de 8 de agosto de 1945" (*Pure theory of law*, p. 327).

3. Sobre a matéria, merecem destaque os seguintes dispositivos constantes do Acordo de Londres:

Artigo 7º — "A posição oficial de réu, seja como chefe de Estado ou como oficial responsável pelo aparato governamental, não será considerada como fator a excluir a responsabilidade ou reduzir a punição".

Artigo 8º — "O fato de o réu agir em obediência a ordem de seu Governo ou de seu superior não afasta sua responsabilidade, mas pode ser considerado para atenuar sua punição, se o Tribunal entender que a justiça assim requer".

4. A respeito das fontes do Direito Internacional dos Direitos Humanos, afirmam Bruno Simma e Philip Alston: "A questão das fontes do Direito Internacional dos Direitos Humanos é da maior importância. Na medida em que esse Direito expande seu escopo e seu alcance, e na medida em que suas ramificações potenciais se tornam cada vez maiores, a necessidade de assegurar que as normas relevantes sejam solidamente baseadas no Direito Internacional assume importância crescente" (The sources of human rights law: custom, jus cogens, and general principles, *The Australian Yearbook of International Law*, v. 12, p. 82).

45

gerais ou particulares, que estabeleçam regras expressamente reconhecidas pelos Estados-partes; b) o costume internacional, como evidência de uma prática geral aceita como norma; c) os princípios gerais de direito reconhecidos pelas nações civilizadas; d) em conformidade com o art. 59 (que prevê que as decisões da Corte não apresentam força vinculante, exceto entre as partes do caso), decisões judiciais e a doutrina dos mais qualificados publicistas de diversas nações, como meios subsidiários para a determinação das regras de direito".

Quanto ao costume internacional, sua existência depende: a) da concordância de um número significativo de Estados com relação a determinada prática e do exercício uniforme relativo a ela; b) da continuidade de tal prática por considerável período de tempo — já que o elemento temporal é indicativo da generalidade e consistência de determinada prática; c) da concepção de que tal prática é requerida pela ordem internacional e aceita como lei, ou seja, de que haja o senso de obrigação legal, a *opinio juris*[5]. Nesse sentido, a prática da tortura, das detenções arbitrárias, dos desaparecimentos forçados e das execuções sumárias cometidas ao longo do nazismo constitui violações ao costume internacional. Atente-se ao fato de que o costume internacional tem eficácia *erga omnes*, aplicando-se a todos os Estados, diversamente dos tratados internacionais, que só se aplicam aos Estados que os tenham ratificado.

Ao aplicar o costume internacional, sustentou o Tribunal de Nuremberg: "O Direito da guerra deve ser encontrado não apenas nos tratados, mas nos costumes e nas práticas dos Estados, que gradualmente obtêm reconhecimento universal e ainda nos princípios gerais de justiça aplicados por juristas e pelas Cortes Militares. Este Direito não é estático, mas está em contínua adaptação, respondendo às necessidades de um mundo em mudança. Além disso, em muitos casos os tratados nada mais fazem do que expressar e definir com maior precisão os princípios de direito já existentes. (...) a agressão da guerra é não apenas ilegal, mas criminosa. A proibição da agressividade da guerra é demanda da consciência do mundo e encontra sua expressão em uma série de pactos e tratados a que o Tribunal já fez referência"[6].

---

5. Na visão de Bruno Simma e Philip Alston: "O Direito costumeiro internacional é geralmente concebido como decorrente da existência de uma prática geral (ou extensiva), uniforme e consistente, em maior ou menor grau acompanhada por um senso de obrigação legal, a *opinio juris*" (The sources of human rights law, p. 88).

6. Prossegue o Tribunal a argumentar: "Um dos mais notórios meios de aterrorizar as pessoas em territórios ocupados foi o uso dos campos de concentração, que se transformaram

O julgamento do Tribunal de Nuremberg consolidou o entendimento de que, tal como Estados, indivíduos poderiam ser sujeitos de Direito Internacional. Entendeu-se que, na medida em que os crimes contra a ordem internacional são cometidos por indivíduos e não por entes abstratos, apenas punindo indivíduos perpetradores de tais crimes é que as previsões do Direito Internacional poderiam ser aplicadas. Consagrou-se, pois, o entendimento de que indivíduos eram passíveis de punição por violação ao Direito Internacional[7].

A condenação criminal dos indivíduos que colaboraram para a ocorrência do nazismo fundamentou-se, assim, na violação de costumes internacionais, ainda que muita polêmica tenha surgido em torno da alegação de afronta ao princípio da anterioridade da lei penal, sob o argumento de que os atos punidos pelo Tribunal de Nuremberg não eram considerados crimes no momento em que foram cometidos[8]. A essa crítica outras se acrescentam,

---

em espaços de assassinatos organizados e sistemáticos, em que milhões de pessoas foram destruídas. Na administração dos territórios ocupados, os campos de concentração foram usados para destruir todos os grupos de oposição. Foram planejados para a destruição dos judeus. Estima-se que a perseguição policial resultou no assassinato de 6 milhões de judeus, dos quais 4 milhões foram mortos pelas instituições de extermínio" (Judgment of Nuremberg Tribunal, 1946, *American Journal of International Law*, v. 41, p. 172, 1947). Sobre a aplicação do costume internacional, também ilustrativa é a decisão proferida pela Suprema Corte americana no clássico caso "Paquete Habana": "quando não há qualquer tratado e nem mesmo qualquer ato de controle do executivo ou legislativo ou decisão judicial, deve-se recorrer aos costumes e aos usos das nações civilizadas, como também à doutrina de juristas que, em anos de trabalho, pesquisa e experiência tornaram-se peculiarmente conhecedores das matérias que investigam" (Supreme Court of United States, 1900, 175 U. S. 677, 20 S. Ct 290, 44 L. Ed. 320, apud Louis Henkin, *International law*, p. 60).

7. The Nuremberg Trial 1946, 6 F.R.D.69, 110 (1946), in Mark Janis, Richard Kay e Anthony Bradley, *European human rights law — text and materials*, p. 15. Para Humprey: "A emergência do Direito Internacional dos Direitos Humanos com o julgamento de Nuremberg e a Declaração Universal de 1948 têm sido concebidos como o mais radical desenvolvimento de toda a história do Direito Internacional, tendo em vista tão rapidamente terem estabelecido que os indivíduos, tal como os Estados, são sujeitos de Direito Internacional" (Humprey, The revolution in the international law of human rights, 4 *Human Rights Law Journal* 205, 208-209, 1974-1975).

8. Hans Kelsen, ainda que crítico com relação a vários aspectos do Acordo de Londres e ao próprio julgamento, ao tratar da polêmica acerca da eventual violação pelo Tribunal de Nuremberg do princípio da legalidade no direito penal, escreve: "A objeção mais frequentemente colocada — embora não seja a mais forte — é que as normas aplicadas no julgamento de Nuremberg constituem uma lei *post facto*. Há pouca dúvida de que o Acordo de Londres estabeleceu a punição individual para atos que, ao tempo em que foram praticados, não eram punidos, seja pelo Direito Internacional, seja pelo Direito interno... Contudo, este

como as relativas ao alto grau de politicidade do Tribunal de Nuremberg (em que "vencedores" estariam julgando "vencidos"); ao fato de ser um Tribunal precário e de exceção (criado *post facto* para julgar crimes específicos); e às sanções por ele impostas (como a pena de morte). Como este estudo evidenciará, a criação do Tribunal Penal Internacional vem, posteriormente, a responder a cada uma dessas críticas.

Não obstante essas críticas, o significado do Tribunal de Nuremberg para o processo de justicialização dos direitos humanos é duplo: não apenas consolida a ideia da necessária limitação da soberania nacional, como reconhece que os indivíduos têm personalidade jurídica na esfera internacional, contraindo direitos e obrigações[9]. Testemunha-se, desse modo, uma

---

princípio da irretroatividade da lei não é válido no plano do Direito Internacional, mas é válido apenas no plano do Direito interno, com importantes exceções" (*Will the judgment in the Nuremberg Trial constitute a precedent in international law?*, 1947).

9. Sobre o significado do Tribunal de Nuremberg, leciona Steiner: "Em Nuremberg, o Tribunal considerou que a Alemanha havia violado o direito costumeiro internacional que proíbe 'crimes contra a humanidade' e, pela primeira vez, julgou um Estado responsável no âmbito internacional, legalmente e politicamente, pelo que ocorreu dentro de seu território, com seus próprios nacionais. Nuremberg foi estabelecido no Direito Internacional quando a Assembleia Geral da ONU, unanimemente, aprovou a Carta de Nuremberg (incluindo o princípio de crimes contra a humanidade)" (Henry Steiner, *International law and human rights*, material do Curso ministrado na Harvard Law School, Spring, 1994). Adicionam ainda Steiner e Alston que o Tribunal de Nuremberg abarcou uma responsabilização individual, que significou "uma considerável mudança em relação à lei costumeira então existente e às convenções que se centravam nos deveres dos Estados e, por vezes, nas sanções contra os Estados" (Henry J. Steiner e Philip Alston, *International human rights in context — law, politics and morals*, p. 114). No mesmo sentido, Rebecca M. M. Wallace ressalta que o Tribunal de Nuremberg reforça a concepção de que os indivíduos têm direitos e deveres no plano internacional, podendo ser responsabilizados internacionalmente como, por exemplo, na hipótese de crimes de guerra ou genocídio. No dizer da autora: "Os indivíduos têm uma personalidade internacional limitada, embora o Direito Internacional contemporâneo tenha ampliado o reconhecimento de que o indivíduo pode possuir direitos e obrigações internacionais. A grande tomada de consciência acerca dos direitos humanos, nos últimos cinquenta anos, tem promovido garantias para os direitos humanos dos indivíduos, mediante normas internacionais e regionais. Simultaneamente, cada vez mais se reconhece que os indivíduos podem ser considerados responsáveis por determinadas condutas. Não mais se acredita que os Estados são os exclusivos perpetradores de condutas que violam o direito internacional. A ficção legal de que os indivíduos não participam da arena internacional e, consequentemente, não podem ser considerados responsáveis pelos seus atos, tem sido repensada. (...) Crimes de guerra e genocídio são hoje reconhecidos como atos pelos quais os indivíduos são suscetíveis à responsabilização como indivíduos" (Rebecca M. M. Wallace, *International law*, p. 72).

mudança significativa nas relações interestatais, o que vem a sinalizar transformações na compreensão dos direitos humanos, que, a partir daí, não mais poderiam ficar confinados à exclusiva jurisdição doméstica. Na percepção de Richard Pierre Claude e Burns H. Weston, "foi apenas após a Segunda Guerra Mundial — com a ascensão e a decadência do Nazismo na Alemanha — que a doutrina da soberania estatal foi dramaticamente alterada. A doutrina em defesa de uma soberania ilimitada passou a ser crescentemente contestada, durante o século XX, em especial em face das consequências da revelação dos horrores e das atrocidades cometidas pelos nazistas contra os judeus durante a Segunda Guerra, o que fez com que muitos doutrinadores concluíssem que a soberania estatal não é um princípio absoluto, mas deve estar sujeita a certas limitações em prol dos direitos humanos. Os direitos humanos tornam-se uma legítima preocupação internacional com o fim da Segunda Guerra Mundial, com a criação das Nações Unidas, com a adoção da Declaração Universal dos Direitos Humanos pela Assembleia Geral da ONU, em 1948, e passam a ocupar um espaço central na agenda das instituições internacionais. No período do pós-guerra, os indivíduos tornam-se foco de atenção internacional. A estrutura do contemporâneo Direito Internacional dos Direitos Humanos começa a se consolidar. Não mais se poderia afirmar, no final do século XX, que a forma pela qual o Estado trata seus cidadãos está imune a qualquer responsabilização internacional. Não mais se poderia afirmar no plano internacional que *the king can do no wrong*"[10].

O legado do Tribunal de Nuremberg permite, assim, lançar os mais decisivos passos para a justicialização dos direitos humanos na ordem internacional.

2) As experiências dos Tribunais *ad hoc* para a ex-Iugoslávia e para Ruanda

Além do Tribunal de Nuremberg, merecem destaque, no plano da justicialização dos direitos humanos, as experiências relativas à criação dos Tribunais *ad hoc* para a ex-Iugoslávia e para Ruanda.

---

10. Richard Pierre Claude e Burns H. Weston (eds.), *Human rights in the world community: issues and action*, p. 4-5. Na visão crítica de Henkin: "Os Estados, por vezes, invocam sua 'soberania' para obstar o julgamento internacional, quando são acusados de violar o Direito Internacional e as obrigações dele decorrentes, notadamente com respeito aos direitos humanos" (International law: politics, values and functions, apud *International law: cases and materials*, p. 16).

Em 25 de maio de 1993, o Conselho de Segurança das Nações Unidas, por meio da Resolução n. 827, estabeleceu um Tribunal para Crimes de Guerra, com o objetivo de investigar as sérias violações ao Direito Humanitário Internacional, cometidas no território da antiga Iugoslávia, desde 1991, incluindo assassinato em massa, detenção sistemática e organizada, estupro de mulheres e prática da "limpeza étnica"[11].

Até 2022, o Tribunal Penal Internacional *ad hoc* para a ex-Iugoslávia havia indiciado formalmente 161 pessoas pela prática de graves violações de Direito Internacional Humanitário no território da ex-Iugoslávia. Desse universo, 154 acusados tiveram o procedimento concluído: 19 foram absolvidos; 89 foram condenados (5 aguardam transferência, 17 foram transferidos, 58 cumpriram a sentença e 9 morreram durante o cumprimento da sentença); 13 acusados foram remetidos para julgamento em jurisdição nacional, de acordo com o Regulamento do Tribunal; e 37 denunciados tiveram a acusação retirada ou morreram no curso do processo — dentre eles, Slobodan Milošević, à época dos fatos presidente da Sérvia[12]. Note-se que 11

---

11. Sobre o Tribunal, comenta James O'Brien: "Em 25 de maio de 1993, o Conselho de Segurança das Nações Unidas estabeleceu um Tribunal Internacional para julgar as pessoas responsáveis por violações do Direito Internacional Humanitário na antiga Iugoslávia, após 1º de janeiro de 1991. O estabelecimento do Tribunal ensejou diversas questões, incluindo: a responsabilização dos indivíduos; quem pode ser acusado pela violação das normas de Direito Humanitário; a posição do Conselho de Segurança que entregou ao Tribunal a atribuição decorrente do Capítulo VII da Carta; a posição do Tribunal em si e dos Estados — que são os responsáveis pelos recursos, cooperação e atmosfera política, determinantes do sucesso do Tribunal" (James O'Brien, The International Tribunal for Violations of International Humanitarian Law in the Former Yugoslavia, *American Journal of International Law*, v. 87, p. 639, 1993).

12. Note-se que o Tribunal *ad hoc* para a ex-Iugoslávia ordenou a prisão de Slobodan Milošević, à época Presidente da Sérvia, sob a acusação de genocídio e crimes contra a humanidade. Para maiores informações sobre a atuação do Tribunal, consultar Relatório anual do Tribunal *ad hoc* para ex-Iugoslávia de 2006 — disponível em: http://www.un.org/ icty/rappannu-e/2006/AR06.pdf. Em 21 de julho de 2008 foi preso o ex-líder servo-bósnio, Radovan Karadzic, "o carniceiro de Belgrado", indiciado por crime de genocídio, crimes de guerra e crimes contra a humanidade. É acusado de ter ordenado o extermínio de 8 mil muçulmanos no massacre de Srebrenica em 1995 — considerada a pior atrocidade registrada na Europa desde a Segunda Guerra Mundial. Procurado há mais de 12 anos, Radovan Karadzic vivia sob falsa identidade em Belgrado. Foi determinada sua extradição ao Tribunal Penal Internacional para a ex-Iugoslávia. Com a extradição, o caso Karadzic seguirá o caminho do caso Slobodan Milošević, ex-presidente sérvio, que esteve sob a custódia do mesmo Tribunal desde 2000, vindo a falecer em 2006, antes da conclusão de seu processo.

acusados encontram-se sob custódia da Unidade de Detenção do Tribunal. Em 26 de maio de 2011, foi decretada a prisão de Ratko Mladic, até então foragido[13]. Em 21 de dezembro de 2017, foi realizada a cerimônia oficial de encerramento do Tribunal Penal Internacional *ad hoc* para a ex-Iugoslávia. Os quatro casos em andamento foram transferidos para o Mecanismo para Tribunais Criminais Internacionais criado pela Resolução n. 966, do Conselho de Segurança da ONU.

Adicione-se que, em julho de 1994, o Conselho de Segurança, por meio da Resolução n. 935, nomeou uma comissão para investigar as violações humanitárias ocorridas ao longo da guerra civil em Ruanda. As investigações produziram como resultado dois relatórios que levaram ao estabelecimento de um Tribunal *ad hoc* objetivando o julgamento dos crimes cometidos de janeiro a dezembro de 1994 naquele país. O Estatuto deste Tribunal, adotado pela Resolução n. 955 do Conselho de Segurança, foi inspirado no Estatuto do Tribunal para a ex-Iugoslávia[14].

Até 2022, o Tribunal Penal Internacional *ad hoc* para Ruanda havia proferido sentenças relativas a 93 casos. Desse universo, 14 acusados foram absolvidos; 23 haviam cumprido sentença; 28 foram transferidos para cumprir sentenças em outros Estados; 2 acusados foram liberados (tiveram a acusação retirada); 10 acusados morreram ao longo do processo; e 6 acusados encontram-se foragidos. Quanto às prisões, destaca-se a de 10 líderes políticos; 8 líderes militares; 7 administradores do Governo; 1 líder religioso; entre outros. À luz dos casos concluídos, verifica-se que as penas impostas aos acusados foram, em sua maioria, de caráter perpétuo (em 18 casos a pena imposta foi de prisão perpétua; em 11 condenações a pena atribuída foi igual ou superior a 25 anos; e em 13 casos houve a imposição de pena inferior a 25 anos)[15]. Em 31 de dezembro de 2015, o Tribunal *ad hoc* para Ruanda encerrou suas atividades.

---

13. Sobre o caso Ratko Mladic, consultar: http://www.icty.org/x/cases/mladic/cis/en/cis_mladic_en.pdf (acesso em 30-5-2011); Decision on amendment of indicment (Mladic) de 27-5-2011 — disponível em: http://www.icty.org/x/cases/mladic/tdec/en/110527.pdf (acesso em 30-5-2011).

14. Posteriormente, o Conselho de Segurança determinou que a sede do Tribunal seria em Arusha, na Tanzânia. A respeito, acessar http://www.ictr.org/ENGLISH/Resolutions/955e.htm. Acessar também http://www.ictr.org.

15. Fonte: http://69.94.11.53/ENGLISH/factsheets/detainee.htm. Para maiores informações, ver o Relatório Anual Tribunal *ad hoc* para Ruanda de agosto de 2006 — disponível em: http://69.94.11.53/ENGLISH/annualreports/a61/s-2006-658.pdf.

Reitere-se que ambos os Tribunais *ad hoc* foram criados por resolução do Conselho de Segurança da ONU, em 1993 e 1994, com fundamento no Capítulo VII da Carta da ONU.

Ao tratar dos Tribunais *ad hoc*, ressalta o *Human Rights Watch Report*: "Talvez neste ano (1994) o mais importante e positivo desenvolvimento relativo aos direitos humanos se ateve à criação de um sistema internacional de justiça para terríveis violações de direitos humanos. (...) Durante o ano de 1994, parece cada vez mais possível a instituição de um novo instrumento: um sistema internacional de justiça que assegure aos perpetradores do genocídio, crimes de guerra e crimes contra a humanidade, a devida responsabilização. Pela primeira vez, desde os Tribunais de Nuremberg e Tóquio, um sistema como este está a prometer justiça às vítimas de extremos abusos, bem como está a inibir a tentativa de repetição destes crimes"[16].

A importância de um sistema internacional de justiça para o julgamento de graves violações de direitos humanos foi também enfatizada pelo Programa de Ação de Viena de 1993, ao estabelecer, em seu § 92: "A Conferência Mundial sobre Direitos Humanos recomenda que a Comissão dos Direitos Humanos examine a possibilidade de fortalecer a aplicação dos instrumentos de direitos humanos existentes nos planos internacional e regional e encoraja a Comissão de Direito Internacional a continuar seus trabalhos visando ao estabelecimento de um Tribunal Penal Internacional". Note-se que a importância da criação de uma jurisdição internacional para os graves crimes contra os direitos humanos vem revigorada na década de 90, em face dos genocídios que a marcaram (*vide* os conflitos da Bósnia, Ruanda, Kosovo, Timor Leste, dentre outros), confirmando as previsões de Samuel P. Huntington[17], para quem o fim da Guerra Fria demarcaria a transição do conflito bipolarizado Leste/Oeste para a explosão de conflitos étnicos e culturais.

A respeito da criação de uma jurisdição internacional, leciona Norberto Bobbio que as atividades internacionais na área dos direitos humanos podem ser classificadas em três categorias: promoção, controle e garantia[18]. As atividades de promoção correspondem ao conjunto de ações destinadas ao fomento e ao aperfeiçoamento do regime de direitos humanos pelos Estados. Já as atividades de controle envolvem as que cobram

---

16. Human Rights Watch, *Human Rights Watch World Report 1994: Events of 1993*, p. XX.

17. Samuel P. Huntington, *The clash of civilizations and the remaking of the world order*.

18. Norberto Bobbio, *A era dos direitos*, p. 25-47.

dos Estados a observância das obrigações por eles contraídas internacionalmente. Por fim, a atividade de garantia só será criada quando uma jurisdição internacional[19] se impuser concretamente sobre as jurisdições nacionais, deixando de operar dentro dos Estados, mas contra estes e em defesa dos cidadãos.

Nesse sentido, pode-se concluir que, até a aprovação do Estatuto de Roma, que instituiu o Tribunal Penal Internacional[20], o sistema global de proteção[21] só compreendia as atividades de promoção e controle dos direitos humanos, não dispondo de um aparato de garantia desses direitos.

Isto é, as principais convenções de direitos humanos do sistema global, ao fixarem parâmetros protetivos mínimos, estabelecendo catálogo de deveres aos Estados e de direitos aos indivíduos, no campo do monitoramento internacional, preveem *treaty-bodies* que, na qualidade de órgãos políticos, têm a competência de examinar relatórios[22], comunicações

---

19. Sobre a criação de um Tribunal internacional, comenta Hans Kelsen: "Na medida em que o Direito Internacional penetra em áreas que no passado eram do exclusivo domínio de ordens jurídicas nacionais, sua tendência de impor aos indivíduos obrigações diretamente aumenta. Na mesma proporção, a responsabilidade absoluta da coletividade é substituída pela responsabilidade do indivíduo, e esta responsabilidade é baseada no alcance de sua infração. Esse desenvolvimento é paralelo ao estabelecimento de órgãos centrais para a criação e execução de normas legais — um desenvolvimento que a partir de hoje é observável apenas em comunidades internacionais particulares. Essa centralização se aplica, primeiramente, à jurisdição; seu objetivo se volta à formação de Cortes internacionais. Nesse sentido, a evolução do Direito Internacional é similar à do Direito Interno. Aqui, também, a centralização começa com a criação de Tribunais" (p. 327-328).

20. Como observa Graefrath: "Muitos Estados advogam a criação de um Tribunal Penal Internacional, argumentando que uma Corte Internacional é necessária se o projeto de Código de Crimes contra a Paz e a Segurança da Humanidade pretende ser efetivamente implementado. Estes Estados afirmam que o estabelecimento de uma Corte Internacional é o único meio de garantir uma jurisdição imparcial e objetiva, que é particularmente importante e, ao mesmo tempo, particularmente difícil de se alcançar. Ademais, estes Estados frequentemente observam que a criação de uma Corte internacional criminal é o único meio de evitar punições diferenciadas aos indivíduos pelos Estados (Universal criminal jurisdiction and an international criminal court, *European Journal International Law*, p. 67).

21. Note-se que a ONU possui 193 Estados-membros (http://www.un.org/spanish/aboutun/unmember.htm). Assim, o sistema global de proteção alcança esse amplo universo de Estados que integram a ordem internacional.

22. Os relatórios devem ser elaborados pelos Estados partes dos tratados de proteção de direitos humanos, a fim de esclarecerem, perante os "Comitês", o modo pelo qual estão conferindo cumprimento às obrigações internacionais assumidas. Os relatórios devem conter as medidas legislativas, administrativas e judiciais adotadas pelo Estado para implementar o tratado, bem como os fatores e dificuldades enfrentadas. Essa sistemática é prevista em

interestatais[23] e petições individuais[24], acrescendo-se, por vezes, a competência para realizar investigações *in loco*[25]. Com efeito, no âmbito das Nações

---

todos os tratados de direitos humanos. A respeito do significado da sistemática dos relatórios, comenta Henry Steiner: "Os relatórios elaborados pelos Estados sobre os direitos humanos internacionais tornaram-se hoje um lugar-comum no plano dos tratados internacionais de direitos humanos. Mas considere quão revolucionária uma ideia como essa pode ter parecido, para grande parte dos Estados do mundo, quase que inconcebível, na medida em que deveriam periodicamente submeter um relatório a órgãos internacionais, sobre seus problemas internos de direitos humanos, envolvendo governo e cidadãos, e posteriormente participar de discussões a respeito do relatório com membros daquele órgão, perante o mundo como um todo" (Henry Steiner, Note on periodic reports of States, Cambridge, Harvard Law School, Spring 1994 — material do Curso *International Law and Human Rights*).

23. Por meio das comunicações interestatais um Estado-parte pode alegar haver um outro Estado-parte incorrido em violação aos direitos humanos enunciados no tratado. Esse mecanismo vem previsto sob a forma de cláusula facultativa, exigindo que o Estado-parte faça uma declaração específica admitindo essa sistemática. Vale dizer, em se tratando de cláusula facultativa, as comunicações interestatais só podem ser admitidas se os Estados envolvidos, ambos ("denunciador" e "denunciado"), reconhecerem e aceitarem tal sistemática.

24. Quanto ao direito de petição a organismos internacionais, pode-se afirmar que constitui a via mais eficaz, dentre os mecanismos de monitoramento. Por esse mecanismo, na hipótese de violação de direitos humanos e respeitados determinados requisitos de admissibilidade (como o esgotamento prévio dos recursos internos), é possível recorrer a instâncias internacionais competentes, que poderão adotar medidas que restaurem ou reparem os direitos então violados. Para Antônio Augusto Cançado Trindade, o sistema de petições vem cristalizar a capacidade processual internacional dos indivíduos, constituindo "um mecanismo de proteção de marcante significação, além de conquista de transcendência histórica" (Antônio Augusto Cançado Trindade, *A proteção internacional dos direitos humanos*, p. 8). Na lição de Karel Vasak: "Desde que o indivíduo é concebido, ele tem, em minha opinião, adquirido de uma vez e para sempre o direito de deflagrar o aparato de implementação de direitos humanos internacionais. O direito individual à ação internacional é sempre exercido através do direito de petição, o qual, ainda que não seja um direito humano, é hoje um mecanismo empregado para a implementação internacional dos direitos humanos" (Karel Vasak, Toward a specific international human rights law, in Karel Vasak (ed.), *The international dimensions of human rights*, v.1, p. 676-677). O mecanismo das petições individuais, em geral, também vem sob a forma de cláusula facultativa, ou sob a forma de um protocolo facultativo, exigindo que o Estado expressamente o admita. Observe-se que nem todos os principais tratados de proteção de direitos humanos da ONU contemplam os mecanismos das petições individuais e das comunicações interestatais. Por exemplo, até 1999 (anteriormente à aprovação do Protocolo Facultativo), a Convenção sobre a Eliminação da Discriminação contra a Mulher só contemplava a sistemática dos relatórios; até 2008 (anteriormente à adoção do Protocolo Facultativo) o Pacto Internacional dos Direitos Econômicos, Sociais e Culturais, de igual modo, somente contemplava a sistemática dos relatórios; e até 2011 (anteriormente à adoção do Protocolo Facultativo à Convenção sobre os Direitos da Criança relativo ao procedimento de comunicação), a Convenção sobre os Direitos da Criança também somente apresentava a sistemática dos relatórios.

25. A sistemática das investigações *in loco* é prevista, por exemplo, na Convenção contra a Tortura; no Protocolo Facultativo à Convenção sobre a Eliminação de todas as for-

Unidas, os tratados de proteção de direitos humanos, sejam gerais (por exemplo: o Pacto Internacional dos Direitos Civis e Políticos e o Pacto Internacional dos Direitos Econômicos, Sociais e Culturais), sejam especiais (por exemplo: a Convenção contra a Tortura, a Convenção sobre os Direitos da Criança, a Convenção sobre a Eliminação de todas as formas de Discriminação Racial e a Convenção sobre a Eliminação de todas as formas de Discriminação contra a Mulher), estabelecem órgãos de monitoramento — os "Comitês" —, integrados por *experts*, eleitos pelos Estados-partes. Os *experts* são pessoas de reconhecida competência em matéria de direitos humanos e devem servir ao Comitê de forma independente e autônoma, e não como representantes do Estado. Os Comitês são órgãos políticos ou "quase judiciais" que, todavia, não apresentam caráter jurisdicional, isto é, suas decisões possuem natureza recomendatória e não jurídico-sancionatória, de modo que se aplicam ao Estado violador sanções de caráter moral e político, mas não jurídico, no enfoque estrito.

Desse modo, não há no sistema global, até o momento, um Tribunal Internacional de Direitos Humanos que, na qualidade de órgão jurisdicional, tenha a competência para julgar casos de violações de direitos humanos, enunciados em tratados internacionais de âmbito global, proferindo decisões juridicamente vinculantes.

Todavia, ainda que consideradas as limitações vigentes no sistema global de proteção, a possibilidade de submeter o Estado ao monitoramento e ao controle da comunidade internacional, sob o risco de uma condenação política e moral no fórum da opinião pública internacional, constitui importante estratégia a ser utilizada e potencializada por indivíduos titulares de direitos internacionais. Para Theodor Meron: "As Nações Unidas têm contribuído de forma significativa para a promoção e proteção dos direitos humanos; têm adotado convenções e declarações disciplinando a maior parte dos aspectos da relação entre Governos e governados; têm estabelecido importantes procedimentos para a implementação e supervisão de normas constantes desses instrumentos; e têm ainda encorajado o princípio da *international accountability,* relativamente à forma pela qual os Governos tratam indivíduos e grupos"[26].

---

mas de Discriminação contra a Mulher; e no Protocolo Facultativo ao Pacto Internacional dos Direitos Econômicos, Sociais e Culturais.

26. Cf. Theodor Meron, *Human rights law-making in the United Nations*, p. 5.

Afinal, como pondera Diane F. Orentlicher: "Cada vez mais, o respeito aos direitos humanos tem-se tornado um aspecto crucial de legitimidade governamental, tanto no âmbito doméstico como no internacional"[27].

3) A criação do Tribunal Penal Internacional

Em 17 de julho de 1998, na Conferência de Roma, foi aprovado o Estatuto do Tribunal Penal Internacional[28], por 120 votos favoráveis, 7 contrários (China, Estados Unidos, Filipinas, Índia, Israel, Sri Lanka e Turquia) e 21 abstenções. Em 1º de julho de 2002, o Estatuto de Roma entrou em vigor[29]. Até 2023, 123 Estados o haviam ratificado[30].

Desde 1948, com a adoção da Convenção para a Prevenção e a Repressão do Crime de Genocídio, era prevista a criação de uma Corte Penal Internacional[31]. Passados 50 anos, em 1998, foi aprovado o Estatuto do Tribunal

---

27. Diane F. Orentlicher, Addressing gross human rights abuses: punishment and victim compensation, in Louis Henkin e John Lawrence Hargrove (ed.), *Human rights: an agenda for the next century*, n. 26, p. 435, 1994.

28. Note-se que, em 16 de dezembro de 1996, a Assembleia Geral da ONU, em sua Resolução n. 51/207, decidiu que a conferência diplomática dos plenipotenciários para a criação do Tribunal Penal Internacional deveria ser realizada em 1998, ano em que se completava o cinquentenário da Convenção para a Prevenção e Repressão do Crime de Genocídio e da Declaração Universal dos Direitos Humanos. O Comitê Preparatório reuniu-se 6 vezes, durante os anos de 1996 a 1998, para preparar o anteprojeto de estatuto da Conferência Diplomática das Nações Unidas, visando ao estabelecimento de um Tribunal Penal Internacional. Sobre o Tribunal Penal Internacional, consultar Antonio Cassesse, *International criminal law*, e William A. Schabas, *An introduction to the international criminal court*.

29. Em 11 de abril de 2002, 66 Estados já haviam ratificado o Estatuto, ultrapassando as 60 ratificações necessárias para sua entrada em vigor, nos termos do artigo 126 do Estatuto de Roma.

30. Consultar http://www.icc-cpi.int/asp/statesparties.html. Do universo dos Estados--partes, 33 são Estados da África; 19 da Ásia; 18 do Leste Europeu; 28 da América Latina e Caribe; e 25 da Europa Ocidental e outros países. Note-se que, em 27 de outubro de 2016, Burundi denunciou o Estatuto de Roma. África do Sul e Gâmbia também denunciaram o Estatuto de Roma, em 19 de outubro de 2016 e em 10 de novembro de 2016, respectivamente. Contudo, ambos *a posteriori* notificaram a Secretaria Geral da ONU desistindo da denúncia — em 07 de março de 2017 e 10 de fevereiro de 2017, respectivamente. Adicione-se, ainda, que, em 17 de março de 2018, as Filipinas denunciaram o Estatuto de Roma, sendo que a denúncia operará efeitos a partir de 17 de março de 2019.

31. A Convenção para a Prevenção e Repressão ao Crime de Genocídio foi adotada em 9 de dezembro de 1948. Prescreve ser o genocídio um crime que viola o Direito Internacional, o qual os Estados se comprometem a prevenir e a punir. O artigo 2º da Convenção entende por genocídio "qualquer dos seguintes atos, cometidos com a intenção de destruir,

Penal Internacional, que cria, ineditamente, uma Corte de caráter permanente, independente e com jurisdição complementar às Cortes nacionais[32]. O Tribunal Penal Internacional permite limitar a seletividade política até então existente. Como visto, os Tribunais *ad hoc*, criados na década de 90 para julgar os crimes ocorridos na ex-Iugoslávia e em Ruanda, basearam-se em resoluções do Conselho de Segurança da ONU, para as quais se requer o consenso dos 5 membros permanentes, com poder de veto, nos termos do artigo 27, § 3º, da Carta da ONU[33]. Ao contrário, o Tribunal Penal Internacional assenta-se no primado da legalidade, mediante uma justiça preestabelecida, permanente e independente, aplicável igualmente a todos os Estados que a reconhecem, capaz de assegurar direitos e combater a impunidade, especialmente a dos mais graves crimes internacionais. Consagra-se o princípio da universalidade, na medida em que o Estatuto de Roma se aplica universalmente a todos os Estados-partes, que são iguais perante o Tribunal Penal, afastando a relação entre "vencedores" e "vencidos".

---

no todo ou em parte, um grupo nacional, étnico, racial ou religioso, tal como: a) assassinato de membros do grupo; b) dano grave à integridade física ou mental de membros do grupo; c) submissão intencional do grupo a condições de existência que lhe ocasionem a destruição física total ou parcial; d) medidas destinadas a impedir os nascimentos no seio do grupo; e e) transferência forçada de crianças de um grupo para outro grupo". Quanto ao julgamento do crime de genocídio, o artigo 6º da Convenção estabelece que "as pessoas acusadas de genocídio serão julgadas pelos tribunais competentes do Estado em cujo território foi o ato cometido ou pela corte penal internacional competente com relação às Partes Contratantes que lhe tiverem reconhecido a jurisdição". Constata-se, assim, que desde 1948 era prevista a criação de uma Corte Penal Internacional para o julgamento do crime de genocídio. O raciocínio era simples: considerando que o genocídio era um crime que, por sua gravidade, afrontava a ordem internacional e considerando ainda que, em face de seu alcance, as instâncias nacionais poderiam não ser capazes de processar e julgar seus perpetradores, seria razoável atribuir a uma Corte internacional a competência para fazê-lo.

32. O Tribunal Penal Internacional é integrado por 18 juízes, com mandato de 9 anos. É composto pelos seguintes órgãos, nos termos do artigo 34 do Estatuto: a) Presidência (responsável pela administração do Tribunal); b) Câmaras (divididas em Câmara de Questões Preliminares, Câmara de Primeira Instância e Câmara de Apelações); c) Promotoria (órgão autônomo do Tribunal, competente para receber as denúncias sobre crimes, examiná-las, investigá-las e propor ação penal junto ao Tribunal); e d) Secretaria (encarregada de aspectos não judiciais da administração do Tribunal).

33. De acordo com o artigo 27, § 3º, da Carta da ONU: "As decisões do Conselho de Segurança, em todos os outros assuntos, serão tomadas pelo voto afirmativo de nove Membros, inclusive os votos afirmativos de todos os membros permanentes (...)". Desse modo, para a deliberação de questões materiais faz-se necessário o *quorum* de 9/15, incluindo o consenso dos 5 membros permanentes. Daí nasce o poder de veto.

Surgiu o Tribunal Penal Internacional como aparato complementar às Cortes nacionais, com o objetivo de assegurar o fim da impunidade para os mais graves crimes internacionais, considerando que, por vezes, na ocorrência de tais crimes, as instituições nacionais se mostram falhas ou omissas na realização da justiça. Afirma-se, desse modo, a responsabilidade primária do Estado com relação ao julgamento de violações de direitos humanos, tendo a comunidade internacional a responsabilidade subsidiária. Vale dizer, a jurisdição do Tribunal Internacional é adicional e complementar à do Estado, ficando, pois, condicionada à incapacidade ou à omissão do sistema judicial interno. O Estado tem, assim, o dever de exercer sua jurisdição penal contra os responsáveis por crimes internacionais, tendo a comunidade internacional a responsabilidade subsidiária. Como enuncia o artigo 1º do Estatuto de Roma, a jurisdição do Tribunal é adicional e complementar à do Estado, ficando condicionada à incapacidade ou à omissão do sistema judicial interno. Dessa forma, o Estatuto busca equacionar a garantia do direito à justiça, o fim da impunidade e a soberania do Estado, à luz do princípio da complementaridade e do princípio da cooperação.

De acordo com o artigo 5º do Estatuto de Roma, compete ao Tribunal o julgamento dos seguintes crimes: a) crime de genocídio (tal como definido no artigo 2º da Convenção para a Prevenção e Repressão do Crime de Genocídio de 1948); b) crimes contra a humanidade (incluindo ataques generalizados e sistemáticos contra a população civil, sob a forma de assassinato, extermínio, escravidão, deportação, encarceramento, tortura, violência sexual, estupro, prostituição, gravidez e esterilização forçadas, desaparecimento forçado, *apartheid*, entre outros crimes que atentem gravemente contra a integridade física ou mental); c) crimes de guerra (violações ao Direito Internacional Humanitário, especialmente às Convenções de Genebra de 1949); e d) crimes de agressão (ainda pendentes de definição, nos termos do artigo 5º, 2, do Estatuto).

Em 11 de junho de 2010, o Working Group sobre o crime de agressão adotou a Resolução RC/n. 6, que introduz a definição do crime de agressão, os elementos do crime e o exercício de sua jurisdição, visando à emenda do Estatuto de Roma pelos Estados-partes. Nos termos da proposta, crime de agressão compreende planejar, preparar, iniciar ou executar um ato de agressão, que, por sua natureza, gravidade e impacto, constitua uma manifesta violação à Carta da ONU, por parte de pessoa que esteja efetivamente no exercício do controle do Estado ou que diretamente tenha o controle político ou militar do Estado[34].

---

34. A respeito consultar: http://www.icc.int/iccdocs/asp_docs/Resolutions/RC-Res.6-ENG.pdf.

O exercício da jurisdição internacional pode ser acionado mediante denúncia de um Estado-parte ou do Conselho de Segurança à Promotoria, a fim de que esta investigue o crime, propondo a ação penal cabível, nos termos dos artigos 13 e 14 do Estatuto. Pode ainda a própria Promotoria agir de ofício, nos termos dos artigos 13 e 15.

Considerando que a Corte Internacional é complementar à jurisdição penal nacional, o artigo 17 do Estatuto prevê os requisitos de admissibilidade para o exercício da jurisdição internacional. Dentre tais requisitos se destaca a indisposição do Estado-parte (quando, por exemplo, houver demora injustificada ou faltar independência ou imparcialidade no julgamento) ou sua incapacidade em proceder à investigação e ao julgamento do crime (quando houver o colapso total ou substancial do sistema nacional de justiça).

Quanto às penas, o Estatuto estabelece, como regra, a pena privativa de liberdade até o máximo de 30 anos, admitindo excepcionalmente a prisão perpétua, quando justificada pela extrema gravidade do crime e pelas circunstâncias pessoais do condenado (artigo 77). Não bastando a sanção de natureza penal, o Tribunal poderá também impor sanções de natureza civil, determinando a reparação às vítimas e aos seus familiares (artigo 75). O Estatuto conjuga, desse modo, a justiça retributiva com a reparatória.

Por fim, de acordo com o artigo 27, aplica-se o Estatuto igualmente a todas as pessoas, sem distinções baseadas em cargo oficial. Isto é, o cargo oficial de uma pessoa, seja ela Chefe de Estado ou Chefe de Governo, não eximirá de forma alguma sua responsabilidade penal, tampouco importará em redução da pena. Aos acusados são asseguradas as garantias de um tratamento justo em todas as fases do processo, de acordo com os parâmetros internacionais.

Até 2022, mais de duas mil e setecentas denúncias de indivíduos e de organizações não governamentais de direitos humanos, provenientes de mais de cem países, haviam sido recebidas pela Promotoria do Tribunal Penal Internacional. Preliminarmente, as denúncias são analisadas pela Promotoria, que verifica a existência de uma base mínima para o início de investigações, de acordo com o Estatuto de Roma e com o Regulamento de Procedimento e Prova. Contudo, após uma análise inicial, 80% das denúncias foram consideradas fora da jurisdição do Tribunal Penal Internacional, enquanto as demais foram submetidas a uma análise mais aprofundada, compreendendo, por vezes, investigação.

Em 2004, após rigorosas análises, a Promotoria decidiu pela instauração de duas investigações na África, com base em denúncia oferecida pelos próprios Estados: República da Uganda e República Democrática do Congo.

Em 23 de junho de 2004, foi anunciado o início das investigações sobre cerca de 5.000 a 8.000 assassinatos ocorridos desde julho de 2002, entre outros diversos crimes, na República Democrática do Congo. No caso Promotoria *vs.* Thomas Lubanga Dyilo (ICC-01/04-01/06), Thomas Lubanga Dyilo, nacional da República Democrática do Congo, fundador e presidente da União dos Patriotas Congolanos (UPC) e chefe comandante das Forças Patrióticas pela Libertação do Congo (FPLC), é acusado de crime de guerra, com base na responsabilidade penal individual (artigo 25 (3) (a) do Estatuto de Roma). A acusação centra-se no fato de alistar, recrutar e utilizar crianças menores de 15 anos para participar ativamente nas hostilidades, nos termos do artigo 8 (2) (b) (xxvi) e artigo 8 (2) (e) (vii) do Estatuto[35]. Em agosto de 2006 foi expedido mandado de prisão em face de Bosco Ntanganda, pela prática de crime de guerra, nos termos do art. 25 (3) (a) do Estatuto de Roma, envolvendo alistamento, recrutamento e utilização de crianças menores de 15 anos em conflitos armados[36]. Em 14 de março de 2012, o Trial Chamber I do Tribunal Penal Internacional condenou Thomas Lubanga Dyilo por crimes de guerra[37].

---

35. Em 12 de janeiro de 2006, a Promotoria submeteu uma petição para a Câmara de Questões Preliminares I requerendo a prisão de Thomas Lubanga Dyilo. Em 17 de janeiro de 2006, a Câmara concedeu a seis vítimas o *status* de participante no procedimento em estágio de investigação sobre a situação na República Democrática do Congo. Expedido o mandado de prisão, Lubanga foi detido em Kinshasa e entregue ao Tribunal Penal Internacional em 17 de março de 2006. Iniciou-se um procedimento perante a Câmara de Questões Preliminares I com audiência pública e primeiros depoimentos do réu e lhe foi nomeado um defensor. Seu interrogatório foi realizado e foi designada audiência para oitiva de testemunhas. Em 28 de agosto de 2006, a Câmara recebeu documentos contendo as acusações e o rol de provas e evidências contra o réu. Ao longo da instrução do caso, diversos depoimentos foram colhidos e foram proferidas decisões sobre aspectos procedimentais, inclusive sobre produção de provas, proteção de testemunhas e participação das vítimas (ver as transcrições das audiências realizadas no caso em: http://www.icc-cpi.int/cases — acesso em 15-4-2007). Em 29 de janeiro de 2007, a Câmara de Instrução I confirmou as três acusações encaminhadas pela Promotoria em face de Thomas Lubanga Dyilo e encaminhou o caso para a Câmara de Julgamento em Primeira Instância (ver notícia divulgada em 29 de janeiro de 2007, disponível em: http://www.icc-cpi.int/pressrelease_details&id=220&l=en. html — acesso em 15-4-2007). Para maiores informações, consultar: http://www.icc-cpi.int/cases/RDC.html (acesso em 15-4-2007). Ver também newsletter n.10, de novembro de 2006, disponível em: http://www.icc-cpi.int/library/about/newsletter/files/ICC-NL10-200611_En.pdf (acesso em 15-4-2007).

36. Ver caso Promotoria *vs.* Bosco Ntanganda (ICC 01/04-02/06). Sobre o mandado de prisão, consultar http://www2.icc-cpi.int/iccdocs/doc/doc305330.pdf.

37. Judgment pursuant to Article 74 of the Statute (ICC-01/04-01/06-2842), Trial Chamber I, Judgement: 14-3-2012. Disponível em: <http://www.icc-cpi.int/iccdocs/doc/doc1379838.pdf>. Acesso em: 22 jun. 2012. Annex A (ICC-01/04-01/06-2842-AnxA) —

Em 29 de julho de 2004 começaram as investigações na região norte da República da Uganda, onde ataques sistemáticos e generalizados foram perpetrados contra a população civil desde julho de 2002. Foi, assim, instaurado o caso Promotoria *vs.* Joseph Kony, Vincent Otti, Raska Lukwiya, Okot Odhiambo e Dominic Ongwen (ICC-02/04-01/05), sob a acusação da prática de crimes contra a humanidade e crimes de guerra, incluindo homicídios, sequestros, crimes sexuais, estupros e recrutamento de crianças. Em julho de 2005, o Tribunal Penal Internacional ordenou o seu primeiro mandado de prisão, em face de Joseph Kony, líder da resistência armada (LRA — *Lord's Resistance Army*) em Uganda[38].

Em janeiro de 2005, a Promotoria recebeu denúncia oferecida pela República Centro Africana, a respeito de crimes contra a humanidade cometidos desde 1º de julho de 2002, estando o caso sob investigação e análise. Tal denúncia se somava a outras denúncias encaminhadas à Promotoria por indivíduos e grupos[39]. Com base nesta documentação, a Promotoria reconheceu a existência de fundamentos suficientes para iniciar um inquérito. Em 20 de janeiro de 2005, o Presidente do Tribunal Penal Internacional constituiu uma Câmara de Instrução III para analisar a situação da República Centro Africana[40]. Em maio de 2007, a Promotoria anunciou oficialmente o início das investigações sobre a República Centro Africana, de acordo com o artigo 53 do Estatuto de Roma[41]. Em maio de 2008, foi expedido mandado de prisão em face de Jean-Pierre Bemba Gombo, sob a acusação de crimes de

---

Procedural Background; procedural steps before the Trial; Summary of the "Judgment pursuant to Article 74 of the Statute" (ICC-01/04-01/06-2843), Trial Chamber I, Judgement: 14-3-2012. Disponível em: <http://www.icc-cpi.int/iccdocs/doc/doc1379843.pdf>. Foi a primeira sentença condenatória do Tribunal Penal Internacional.

38. Nos últimos 19 anos, o LRA tem sido acusado de assassinatos, execuções e utilização forçada de mais de 20.000 crianças como crianças-soldados ou escravas sexuais (The International Criminal Court: Catching a Ugandan Monster, *The Economist*, October 22, 2005, p. 66-67). Ver sentença em: http://www.icc-cpi.int/library/cases/ICC-02-04-01-05-53_English.pdf. O caso ainda está em fase de instrução e o mandado de prisão ainda não foi cumprido — o que tem gerado discussões sobre o cumprimento dos mandados de prisão e o princípio da cooperação dos Estados com o Tribunal Penal Internacional. A respeito, ver sentença de 8 de novembro de 2007, disponível em: http://www.icc-cpi.int/library/cases/ICC-02-04-01-05-259_English.pdf.

39. De acordo com http://www.icc-cpi.int/pressrelease_details&id=87&l=en.html.

40. Decisão disponível em: http://www.icc-cpi.int/library/organs/chambers/Decision_Assigning_the_Situation_in_the_Central_African_Republic_to_Pre-Trial_Chamber_III.pdf.

41. De acordo com: http://www.icc-cpi.int/pressrelease_details&id=248&l=en.html.

61

guerra e crimes contra a humanidade[42]. Em 3 de julho de 2008, Gombo foi transferido ao Centro de Detenção do Tribunal Penal Internacional (Haia), tendo iniciado seu julgamento em 22 de novembro de 2010.

Observe-se que nesses três casos — República Democrática do Congo; República da Uganda e República Centro Africana — as denúncias foram oferecidas pelos próprios Estados, que acionaram o Tribunal Penal Internacional para obter uma posição de maior neutralidade política, à luz da gravidade e complexidade dos conflitos. Foram firmados acordos de cooperação, bem como realizadas negociações entre governos e organizações regionais, com vistas a facilitar o trabalho a ser desenvolvido pela Corte[43].

Em 31 de março de 2005, o Conselho de Segurança da ONU aprovou a Resolução n. 1.593, determinando que os suspeitos de crimes de guerra na região de Darfur, no Sudão, serão julgados pelo Tribunal Penal Internacional[44]. Em 6 de junho de 2005, foi instaurada pela Promotoria investigação sobre a situação em Darfur. Segundo Relatório da Promotoria, foram entrevistadas vítimas ao redor do mundo, em 17 países, sendo reunidos cerca de 100 depoimentos. Os depoimentos não foram colhidos em Darfur, por razões de segurança e proteção das testemunhas. Após 20 meses de trabalho, em 27 de fevereiro de 2007, a Promotoria encaminhou à Câmara de Instrução petição instruída com provas e requerendo notificação para comparecimento de Ahmad Muhammad Harun, ex-Ministro de Estado de Interior do Governo do Sudão, e Ali Muhammad Ali Abd-Al-Rahman, suposto líder da milícia conhecida como Ali Kushayb[45]. A Promotoria concluiu que há indícios suficientes de que ambos, Ahmad Muhammad Harun e Ali Muhammad Ali Abd-Al-Rahman, são responsáveis por 51 casos de crimes contra a humanidade e crimes de guerra. Tais crimes foram cometidos durante ataques ao

---

42. Consultar caso Promotoria *vs.* Jean-Pierre Bemba Gombô (ICC 01/05-01/08). Case Information Sheet em: http://www2.icc-cpi.int/NR/rdonlyres/BB799007-74C2-4212-9EA6-OFC9AD178492/279535/BembaCISEn.pdf.

43. Boletim da Corte Penal Internacional, outubro de 2004, p. 5. *Update on Investigations*, Office of the Prosecutor, ICC Newsletter #2, October 2004, p. 5. http://www.icc-cpi.int/library/about/newsletter/2/pdf/ICC_NEWSLETTER2-EN.pdf.

44. A Resolução n. 1.593 (2005), adotada pelo Conselho de Segurança da ONU em 31 de março de 2005, pode ser lida em http://www.icc-cpi.int/library/cases/N0529273.darfureferral.eng.pdf. Note-se que a resolução do Conselho de Segurança contou com 11 votos favoráveis, nenhum contra e 4 abstenções. A respeito, ver Corte Mundial julgará acusados do Sudão, *Folha de S. Paulo*, p. A29, 2 abr. 2005, e ainda Brasil se abstém de resolução antigenocídio, *Folha de S. Paulo*, p. A6, 2 abr. 2005. Sobre a dramática situação de Darfur, ver Darfur's despair, *The Economist*, October 15, 2005, p. 69-71.

45. De acordo com http://www.icc-cpi.int/pressrelease_details&id=233&l=en.html.

vilarejo de Kodoom, e nas cidades de Bindisi, Mukjar e Arawala, a oeste de Darfur, entre agosto de 2003 e março de 2004[46]. Em 2 de maio de 2007, foi expedido mandado de prisão em face dos acusados[47]. Em 15 de julho de 2008, a promotoria do Tribunal Penal Internacional solicitou ordem de prisão contra o presidente do Sudão, Omar Al-Bashir, acusado pela prática de crime de genocídio, crimes contra a humanidade e crimes de guerra cometidos na região de Darfur. Segundo a ONU, o conflito em Darfur já deixou mais de 300 mil mortos e 2,5 milhões de refugiados. Em março de 2009, o Tribunal Penal Internacional expediu mandado de prisão em face de Omar Al--Bashir — o primeiro mandado expedido pelo Tribunal contra um presidente em exercício[48].

Em 26 de novembro de 2009, a Promotoria apresentou requerimento à Câmara de Questões Preliminares II para autorizar a abertura de uma investigação a *"proprio motu"* em relação à violência e suspostos crimes internacionais ocorridos pós-eleição de 2007-2008, no Quênia[49]. Em 31 de março de 2010, a Câmara de Questões Preliminares decidiu autorizar, por maioria de votos, as investigações sobre supostos crimes contra a humanidade ocorridos no período de 1º de junho de 2005 a 26 de novembro de 2009 no Quênia, em conformidade com o artigo 15 do Estatuto de Roma[50].

Em 23 de janeiro de 2012, a Pre-Trial Chamber II confirmou as acusações em face de William Samoei Ruto (ex-Ministro da Educação, Ciência

---

46. Para maiores informações, consultar *Fact Sheet on the OTP's work to investigate and prosecute crimes in Darfur* — divulgado em 27 de fevereiro de 2007, disponível em: http://www.icc-cpi.int/library/organs/otp/ICC-OTP_Fact-Sheet-Darfur-20070227_en.pdf. *Report of the International Commission of Inquiry on Darfur to the United Nations Secretary-General* (25-1-2005) — disponível em: http://www.icc-cpi.int/library/cases/Report_to_UN_on_Darfur.pdf.

47. O mandado está disponível em: http://www.icc-cpi.int/library/press/pressrelease/ ICC-PIDS-PR-20070502-214C_En.pdf.

48. Consultar Case Information Sheet em: http://www.icc-cpi.int/NR/rdonlyres/ 08B26814-F2B1-4195-8076-4D4026099EC/279975/CISAlBashirEn.pdf; ver também Summary of the "Decision on the Prosecution's Application for a Warrant of Arrest — against Omar Hassam Ahmad Al-Bashir" — disponível em: http://www.icc-cpi.int/NR/ rdonlyres/2B760995-E48C-426D-ADOB-4A800179924C/279972/Summary_ENG.pdf.

49. O requerimento para autorização de investigação, de acordo com artigo 15 do Estatuto de Roma, está disponível em http://www.icc-cpi.int/iccdocs/doc/doc785972.pdf (acesso em 3-4-2010). Os anexos estão disponíveis em: http://www.icc-cpi.int/NR/ exeres/90D5DOC1-ODEA-4428-BDB5-9CBCC7C9D590.htm.

50. Destaca-se que a decisão foi por maioria de votos, apresentando o juiz Hans-Peter Kaul voto dissidente. A decisão e o voto dissidente estão disponíveis em: http://www.icc-cpi. int/iccdocs/doc/doc854287.pdf (acesso em 2-4-2010).

e Tecnologia da República do Quênia) e de Henry Kiprono Kosgey (membro do Parlamento no Quênia) concernentes a crimes contra a humanidade envolvendo assassinatos, deportação, transferência forçada da população e perseguição. Em maio de 2012, a Câmara de Apelação confirmou a decisão de levar a julgamento William Samoei Ruto e Henry Kiprono Kosgey perante a Trial Chamber V[51].

Em 23 de janeiro de 2012, a Pre-Trial Chamber II confirmou ainda as acusações em face de Francis Kirimi Muthaura (ex-chefe do Serviço Público da República do Quênia) e Uhuru Muigai Kenyatta (ex-Ministro das Finanças da República do Quênia) concernentes a crimes contra a humanidade, envolvendo assassinatos, deportações, transferência forçada, estupros, perseguições e outros atos desumanos. Em 24 de maio de 2012, a Câmara de Apelações rejeitou a apelação dos acusados e confirmou a sentença proferida em janeiro de 2012, estando o caso pendente de julgamento perante a Trial Chamber V[52].

Em 26 de fevereiro de 2011, o Conselho de Segurança, por unanimidade, decidiu submeter a situação da Líbia à Promotoria do Tribunal Penal Internacional[53]. Em 3 de março de 2011, a Promotoria anunciou sua decisão de instaurar uma investigação com relação à situação da Líbia.

Em 27 de junho de 2011, a Pre-Trial Chamber I expediu mandados de prisão em face de Muammar Mohammed Abu Minyar Gaddafi (então Presidente da Líbia), Saif Al-Islam Gaddafi (atuava como Primeiro Ministro de fato na Líbia) e Abdullah Al-Senussi (coronel nas Forças Armadas da Líbia e Chefe do Serviço Militar de Inteligência na Líbia) por crimes contra

---

51. Consultar Decision on the Confirmation of Charges Pursuant to Article 61(7)(a) and (b) of the Rome Statute (ICC-01/09-01/11-373) Pre-Trial Chamber II, Decision: 23-1-2012 — Case The Prosecutor v. William Samoei Ruto, Henry Kiprono Kosgey and Joshua Arap Sang (ICC-01/09-01/11), Situation in the Republic of Kenya. Disponível em: <http://www.icc-cpi.int/iccdocs/doc/doc1314535.pdf>. Acesso em 22 jun. 2012.

52. Consultar Decision on the Confirmation of Charges Pursuant to Article 61(7)(a) and (b) of the Rome Statute (ICC-01/09-02/11-382-Red), Pre-Trial Chamber II Decision: 23-1-2012 — Case The Prosecutor v. Francis Kirimi Muthaura, Uhuru Muigai Kenyatta and Mohammed Hussein Ali (ICC-01/09-02/11), Situation in the Republic of Kenya. Disponível em: <http://www.icc-cpi.int/iccdocs/doc/doc1314543.pdf>. Acesso em 22 jun. 2012.

53. Ver Resolução n. 1.970 (2011), adotada pelo Conselho de Segurança da ONU, sessão n. 6.491, 26 de fevereiro de 2011. Ver Statement of Luis Moreno-Ocampo, Prosecutor of the International Criminal Court, to the United Nations Security Council on the situation in the Libyan Arab Jamahiriya, pursuant to UNSCR 1970 (2011) — http://www.icc-cpi.int/NR/rdonlyres/0BDF4953-B5AB-42E0-AB21-25238F2C2323/0/OTPStatement04052011.pdf.

a humanidade envolvendo assassinatos e perseguição na Líbia, no período de 15 a 28 de fevereiro de 2011, com a utilização do aparato estatal e forças de segurança. Em 22 de novembro de 2011, a Pre-Trial Chamber I formalmente arquivou o caso contra Muammar Gaddafi devido à sua morte, estando os outros dois casos pendentes de julgamento[54].

Em 20 de maio de 2011, a Promotoria do Tribunal Penal Internacional concluiu que há uma base sólida para a abertura do processo de investigação relativo à ocorrência de graves crimes internacionais na Costa do Marfim desde 28 de novembro de 2010[55]. Em 23 de novembro de 2011, a Pre-Trial Chamber III ordenou a prisão de Laurent Gbagbo (ex-presidente da Costa do Marfim) por crimes contra a humanidade envolvendo assassinatos, estupros e outras violências sexuais, perseguições e outros atos desumanos perpetrados no contexto de violência pós-eleitoral entre 16 de dezembro de 2010 e 12 de abril de 2011. Laurent Gbagbo foi transferido ao Centro de Detenção do Tribunal Penal Internacional em 30 de novembro de 2011[56].

Em 16 de janeiro de 2013, a Promotoria do Tribunal Penal Internacional decidiu pela abertura de investigações a respeito de crimes de guerra em Mali[57], cometidos desde janeiro de 2012. A grave situação de Mali foi submetida pelo Estado de Mali ao Tribunal Penal Internacional em 13 de julho de 2012.

Em 24 de setembro de 2014, a Promotoria anunciou a instauração de uma segunda investigação na República Centro-Africana concernente a crimes praticados desde agosto de 2012.

Em 27 de janeiro de 2016, a Promotoria foi autorizada a iniciar um procedimento de investigação a "*proprio motu*", com foco em supostos crimes contra a humanidade e crimes de guerra cometidos no contexto de conflito armado internacional entre 1º de julho e 10 de outubro de 2008, na região de Ossétia do Sul, na Geórgia[58].

---

54. Consultar: http://www.icc-cpi.int/Menus/ICC/Situations+and+Cases/Situations/ICC0111/Related+Cases/ICC01110111/ICC01110111.htm.

55. Decision Assigning the Situation in the Republic of Côte d'Ivoire to Pre-Trial Chamber II Public Court Records — Presidency — Decision: 20-5-2011 — http://www.icc-cpi.int/iccdocs/doc/doc1073873.pdf.

56. Consultar: http://www.icc-cpi.int/menus/icc/situations%20and%20cases/situations/icc0211/related%20cases/icc02110111.

57. Ver ICC Prosecutor opens investigation into war crimes in Mali, 16/1/2013 — disponível em: http://www.icc-cpi.int/en_menus/icc/press%20and%20media/press%20releases/news%20and 20highlights/Pages/pr869.aspx.

58. Mais informações em: https://www.icc-cpi.int/georgia. Acesso em: 14 jul. 2016.

Note-se que investigações preliminares estão sendo conduzidas pela Promotoria em face de denúncias de crimes perpetrados no Afeganistão, Guiné, Colômbia, Coreia, Nigéria, Burundi, Iraque, Palestina, Ucrânia, Filipinas e Venezuela (neste último caso, referindo-se a fatos ocorridos a partir de abril de 2017).

Desse modo, até 2023, um total de dezessete situações haviam sido submetidas ao Tribunal Penal Internacional (envolvendo 31 casos): a) situação em Uganda (2 casos); b) situação na República Democrática do Congo (6 casos); c) situação na República Centro-Africana (3 casos); d) situação em Darfur, Sudão (6 casos); e) situação na República do Quênia (5 casos); f) situação na Líbia (3 casos); g) situação na Costa do Marfim (2 casos); h) situação em Mali (2 casos); i) situação na República Centro-Africana II (2 casos); j) situação na Geórgia (1 caso); k) situação no Burundi (1 caso); l) situação em Bangladesh-Mianmar; m) situação no Afeganistão; n) situação no Estado da Palestina (incluído Gaza e West Bank); o) situação nas Filipinas; p) situação na Ucrânia; e q) situação na Venezuela.

c) Direitos humanos e justiça internacional: os sistemas regionais de proteção

Ao lado do sistema global, surgem os sistemas regionais de proteção, que buscam internacionalizar os direitos humanos no plano regional, particularmente na Europa, América e África.

A respeito da criação do sistema regional de proteção, explica Henry Steiner: "Embora o Capítulo VIII da Carta da ONU faça expressa menção aos acordos regionais com vistas à paz e segurança internacionais, ele é silente quanto à cooperação no que tange aos direitos humanos. Todavia, o Conselho da Europa, já em 1950, adotava a Convenção Europeia de Direitos Humanos. Em 1969, a Convenção Americana era adotada. (...) Em 1977, as Nações Unidas formalmente endossaram uma nova concepção, encorajando 'os Estados, em áreas em que acordos regionais de direitos humanos ainda não existissem, a considerar a possibilidade de firmar tais acordos, com vista a estabelecer em sua respectiva região um sólido aparato regional para a promoção e proteção dos direitos humanos' (Assembleia Geral, resolução 32/127, 1977)"[59].

---

59. Henry Steiner, *Regional arrangements: general introduction*, material do Curso International Law and Human Rights, Harvard Law School, 1994. Sobre o contexto no qual se delineia o sistema regional, comenta Henry Steiner: "A Carta das Nações Unidas inclui obrigações legais concernentes aos direitos humanos e quase todos os Estados hoje são partes da Carta. A Declaração Universal alcançou reconhecimento universal e seus dois

Ao apontar as vantagens dos sistemas regionais, Rhona K. M. Smith destaca: "Na medida em que um número menor de Estados está envolvido, o consenso político se torna mais facilitado, seja com relação aos textos convencionais, seja quanto aos mecanismos de monitoramento. Muitas regiões são ainda relativamente homogêneas, com respeito à cultura, à língua e às tradições, o que oferece vantagens"[60]. No mesmo sentido, afirmam Christof Heyns e Frans Viljoen: "Enquanto o sistema global de proteção dos direitos humanos geralmente sofre com a ausência de uma capacidade sancionatória que têm os sistemas nacionais, os sistemas regionais de proteção dos direitos humanos apresentam vantagens comparativamente ao sistema da ONU: podem refletir com maior autenticidade as peculiaridades e os valores históricos de povos de uma determinada região, resultando em uma aceitação mais espontânea, e, devido à aproximação geográfica dos Estados envolvidos, os sistemas regionais têm a potencialidade de exercer fortes pressões em face de Estados vizinhos, em casos de violações. (...) Um efetivo sistema regional pode consequentemente complementar o sistema global em diversas formas"[61].

Consolida-se, assim, a convivência do sistema global — integrado pelos instrumentos das Nações Unidas, como a Declaração Universal de Direitos Humanos, o Pacto Internacional dos Direitos Civis e Políticos, o Pacto Internacional dos Direitos Econômicos, Sociais e Culturais e as demais Convenções internacionais — com instrumentos do sistema regional de proteção, integrado, por sua vez, pelos sistemas europeu, interamericano e africano de proteção aos direitos humanos.

Ainda no dizer de Henry Steiner, "há, atualmente, três sistemas regionais principais — o europeu, o interamericano e o africano. Adicionalmente, há um incipiente sistema árabe e a proposta de criação de um sistema regional asiático"[62].

---

principais Pactos Internacionais, um de direitos civis e políticos e outro de direitos sociais, econômicos e culturais, entraram em vigor. Há outras Convenções que consagram direitos particulares, que receberam grande adesão. (...) Iniciativas semelhantes têm internacionalizado os direitos humanos em uma base regional na Europa e na América Latina".

60. Ainda acrescenta a autora que os sistemas regionais são, via de regra, mais acessíveis aos indivíduos, uma vez que os órgãos de proteção situam-se em áreas geográficas mais próximas, enquanto os mecanismos do sistema da ONU são normalmente sediados em Genebra ou Nova York. Ver Rhona K. M. Smith, *Textbook on international human rights*, p. 84.

61. Christof Heyns e Frans Viljoen, An overview of human rights protection in Africa, *South African Journal on Human Rights*, v. 11, part 3, p. 423.

62. Henry Steiner, *Regional arrangements: general introduction*. Acrescenta Steiner: "Tanto o Conselho Europeu como a Organização dos Estados Americanos têm estabelecido

Cada um dos sistemas regionais de proteção apresenta aparato jurídico próprio. O sistema europeu conta com a Convenção Europeia de Direitos Humanos de 1950, que estabeleceu originariamente a Comissão e a Corte Europeia de Direitos Humanos. Com o Protocolo n. 11, em vigor desde novembro de 1998, houve a fusão da Comissão com a Corte, com vistas à maior justicialização do sistema europeu, mediante uma Corte reformada e permanente[63]. Já o sistema interamericano tem como principal instrumento a Convenção Americana de Direitos Humanos de 1969, que prevê a Comissão Interamericana de Direitos Humanos e a Corte Interamericana. Por fim, o sistema africano apresenta como principal instrumento a Carta Africana dos Direitos Humanos e dos Povos de 1981, que, por sua vez, institui a Comissão Africana de Direitos Humanos, tendo sido posteriormente criada a Corte Africana de Direitos Humanos, mediante um Protocolo à Carta, que entrou em vigor em 2004[64]. Os sistemas regionais de proteção dos direitos humanos serão detidamente estudados nos próximos capítulos.

Quanto ao incipiente sistema regional árabe, observe-se que, em 1945, foi criada a Liga dos Estados Árabes. Em 1994, os Estados da Liga adotaram a Carta Árabe de Direitos Humanos, que reflete a islâmica lei da sharia e outras tradições religiosas[65]. A Carta Árabe de Direitos Humanos entrou em

---

programas de direitos humanos para as respectivas regiões que, em importantes aspectos, são mais efetivos que os adotados pelas Nações Unidas. Em 1981, os Estados africanos introduziram um sistema regional de direitos humanos quando a Organização da Unidade Africana adotou a Carta Africana de Direitos Humanos e dos Povos".

63. O Protocolo n. 11 objetivou simplificar e diminuir a duração dos processos, reforçando o caráter judicial do sistema e tornando-o obrigatório. A Corte Europeia é composta por tantos juízes quantos forem os Estados-partes, os quais exercerão o mandato a título pessoal, e não como representantes do Estado. Sobre as atividades da Corte Europeia, ver *European Court of Human Rights, Survey of activities* (disponível em http://www.echr.coe.int/Eng/EDocs/ pdf). Este tema será aprofundado no Capítulo IV, dedicado ao sistema regional europeu.

64. De acordo com artigo 34 (3), o Protocolo entrará em vigor no 30º dia após o depósito do 15º instrumento de ratificação por Estado membro da Organização da Unidade Africana. Em 25 de janeiro de 2004, o Protocolo entrou em vigor. O sistema africano será estudado no Capítulo VIII desta obra.

65. Note-se que a Carta Árabe estabelece como mecanismo de monitoramento relatórios periódicos a serem submetidos por Estados ao Comitê Árabe de Direitos Humanos, que tem a competência de supervisionar a implementação da Carta. Não é prevista uma Corte Árabe de Direitos Humanos e tampouco é instituído o direito de petição. Ver Rhona K. M. Smith, *Textbook on International Human Rights*, p. 87-88. Acessar www.arableagueonline. org — League of Arab States. Observe-se que a Liga dos Estados Árabes conta com 22 Estados-membros — disponível em: http://www.diplomacy.edu/arabcharter/league_memb.

68

vigor em 15 de março de 2008, apresentando incompatibilidades com os parâmetros protetivos do sistema global, especialmente no que se refere à discriminação contra as mulheres e os não nacionais, à possibilidade de aplicação da pena de morte a crianças e à equiparação do sionismo ao racismo[66]. No que se refere à proposta de criação de um sistema regional asiático, destaca-se a adoção da Carta Asiática de Direitos Humanos, em 1997, sob a forma de uma declaração feita por expressivas ONGs[67]. A Carta endossa

---

asp (acesso em 15-4-2007). Para um histórico da Liga dos Estados Árabes, ver http://www. diplomacy.edu/arabcharter/league_hist.asp (acesso em 15-4-2007). Para informações sobre direitos humanos nos Estados árabes, acessar a Rede Árabe de Informações sobre Direitos Humanos — site: http://www.hrinfo.net/en/ — com informações sobre a situação de direitos humanos em diversos países árabes, com base em relatórios da sociedade civil organizada (ONGs locais, associações, Anistia Internacional, *Human Rights Watch* etc.).

66. Com relação às mulheres, o artigo 3º da Carta Árabe consagra a igualdade de homens e mulheres relativamente à dignidade humana, direitos e obrigações, observada a islâmica lei da sharia, outras leis divinas e instrumentos legais. Sobre a discriminação em face de não nacionais, os direitos à reunião pacífica e à educação primária gratuita, por exemplo, lhe são negados. No que tange à possibilidade de aplicação da pena de morte, o artigo 7º da Carta permite a aplicação desta pena a menores de 18 anos e a mulheres grávidas. Por sua vez, a Carta combate todas as formas de racismo e de sionismo, vistos como obstáculos à dignidade humana. Outros direitos enunciados na Carta Árabe — como o direito à liberdade de movimento previsto no artigo 26 e a proibição de tortura e penas cruéis, desumanas e degradantes prevista nos artigos 7º e 8º — ficam condicionados à legislação doméstica vigente.

67. A Carta Asiática de Direitos Humanos encontra-se disponível em: http://www. tahr.org.tw/index.php/article/1998/05/24/103/ (acesso em 15-4-2007). O processo de elaboração da Carta teve a liderança da *Asian Human Rights Commission*, sediada em Hong Kong. A situação dos direitos humanos na Ásia está se transformando devido, em grande parte, à relevante atuação das ONGs. Cite-se, por exemplo, a *Law Asia*, a *Asian Human Rights Commission*, a *Asia-Pacific Human Rights NGOs Facilitating Team*, a *Asia-Pacific Human Rights Information Center* e o *Working Group for Asian Human Rights Mechanisms*. Todavia, muitas lideranças asiáticas têm expressado ceticismo quanto aos direitos humanos, vistos como uma agenda neocolonizadora do mundo ocidental. Em 1993, nos trabalhos preparatórios para a Conferência de Viena de Direitos Humanos, os governos da região asiática do Pacífico adotaram a Declaração de Bangkok, na qual firmemente endossaram os princípios do respeito à soberania nacional e integridade territorial, bem como o princípio da não intervenção e a proibição da utilização dos direitos humanos como instrumento de pressão política. Note-se, contudo, que a maioria dos governos da Ásia, gradativamente, está ratificando os tratados internacionais de proteção dos direitos humanos. Ver Joshua Castellino, The Asian Regional Human Rights System, In Rhona K. M. Smith e Christien van den Anker (eds.), *The essentials of human rights*, p. 16. Consultar também Tae-Ung Baik, Asia: the reality of human rights, in Rhona K. M. Smith e Christien van den Anker (eds.), *The essentials of human rights*, p. 13. Sobre o tema, ver ainda Joanne R. Bauer e Daniel A. Bell (eds.), *The East Asian challenge for human rights*; William Theodore De Bary, *Asian values*

os princípios da universalidade e da indivisibilidade dos direitos humanos, bem como o direito ao desenvolvimento sustentável, à democracia e à paz, com a crítica à visão autoritária dos *Asian values*[68]. A Carta ainda apresenta medidas concretas para a proteção dos direitos humanos na região[69], ressaltando a importância de os Estados asiáticos adotarem instituições regionais para a proteção e promoção dos direitos humanos, bem como elaborarem uma Convenção, que reflita as peculiaridades regionais e que seja compatível com os parâmetros protetivos internacionais, contemplando órgãos de monitoramento, como uma Comissão e uma Corte independentes, aos quais as ONGs tenham acesso direto. Ainda que a Ásia seja muito extensa e heterogênea, fundamental seria a criação de um sistema regional de proteção dos direitos humanos, considerando sobretudo que 60% da população mundial se concentra naquela região, geralmente em situação de pobreza extrema e desigualdade. Importa adicionar que, em 15 de dezembro de 2008, entrou em vigor a Charter of the Association of Southeast Asean Nations (ASEAN), consagrando como objetivos a paz, a segurança, a estabilidade, a cooperação regional, a criação de um mercado único, o combate à pobreza, a promoção do Estado de Direito, da democracia, da *good governance*, dos direitos humanos e da justiça social. Foi instituído um grupo de trabalho que tem por mandato elaborar uma ASEAN Human Rights

---

and human rights: a confucian communitarian perspective; Claude E. Welch Jr. e Virginia Leary (eds.), *Asian perspectives on human rights*.

68. Os valores asiáticos concernentes aos direitos humanos compreendem uma concepção diversa da relação entre indivíduos e Estados; o respeito pela comunidade; a importância central dos deveres dos indivíduos perante a comunidade; e consequentemente o distinto impacto que tais deveres têm no tocante às liberdades de expressão e de associação. A respeito, ver Andrew Hurrell, Power, principles and prudence: protecting human rights in a deeply divided world, in Tim Dunne e Nicholas J. Wheeler, *Human rights in global politics*, p. 295. Ver também Jack Donnelly, *Universal human rights in theory and practice*, p. 105-23.

69. Dentre as medidas concretas, cabe menção às seguintes: a) o fortalecimento da proteção dos direitos humanos nas Constituições nacionais; b) a ratificação dos tratados internacionais de direitos humanos; c) a revisão da legislação doméstica e das práticas administrativas à luz dos *standards* protetivos internacionais; d) a maximização do papel do Poder Judiciário na implementação dos direitos humanos; e) o fortalecimento de organizações sociais que litiguem a favor das vítimas de violação de direitos humanos; e f) o estabelecimento de Comissões Nacionais de Direitos Humanos e outras agências especializadas na proteção dos direitos humanos. Sobre a *Asian Human Rights Charter*, acessar http://tahr. yam.org.tw/ahrdc/index.html e www.forum-asia.org — Asia Forum for Human Rights and Development. Adicione-se que, em 2009, foi criada a ASEAN (Association of Southeast Asian Nations) Intergovernmental Commission on Human Rights (AICHR).

Declaration, bem como instituir um *asean human rights body*[70]. Em 2009 foi criada a ASEAN Commission on Human Rights e em 2010 foi estabelecida a ASEAN Commission on the Promotion and Protection of the Rights of Women and Children. A ASEAN Human Rights Declaration foi adotada em 18 de novembro de 2012[71], prevendo direitos civis e políticos, direitos econômicos, sociais e culturais, bem como o direito ao desenvolvimento e o direito à paz.

Quanto à convivência dos sistemas global e regional, relatório produzido pela *Commission to Study the Organization of Peace* acentua: "Pode ser afirmado que o sistema global e o sistema regional para a promoção e proteção dos direitos humanos não são necessariamente incompatíveis; pelo contrário, são ambos úteis e complementares. As duas sistemáticas podem ser conciliadas em uma base funcional: o conteúdo normativo de ambos os instrumentos internacionais, tanto global como regional, deve ser similar em princípios e valores, refletindo a Declaração Universal dos Direitos Humanos, que é proclamada como um código comum a ser alcançado por todos os povos e todas as Nações. O instrumento global deve conter um parâmetro normativo mínimo, enquanto o instrumento regional deve ir além, adicionando novos direitos, aperfeiçoando outros, levando em consideração as diferenças peculiares em uma mesma região ou entre uma região e outra. O que inicialmente parecia ser uma séria dicotomia — o sistema global e o sistema regional de direitos humanos — tem sido solucionado satisfatoriamente em uma base funcional"[72].

Logo, os sistemas global e regional não são dicotômicos; ao revés, são complementares. Inspirados pelos valores e princípios da Declaração Universal, compõem o universo instrumental de proteção dos direitos humanos no plano internacional. Vale dizer, os diversos sistemas de proteção de direitos humanos interagem em benefício dos indivíduos protegidos[73].

---

70. Ratificaram a Charter of the Association of Southeast Asean Nations (ASEAN) os seguintes Estados: Brunei, Camboja, Myamar, Indonésia, Lao, Malasia, Singapura, Tailândia, Filipinas e Vietnã.

71. Disponível em: < http://aichr.org/?dl_name=ASEAN-Human-Rights-Declaration.pdf>.

72. *Regional promotion and protection of human rights: twenty-eighth report of the Commission to Study the Organization of Peace*, 1980, in Henry Steiner, material do Curso International Law and Human Rights, Harvard Law School, 1994.

73. Na explicação de Henry Steiner: "Hoje não tem havido grandes conflitos de interpretação entre os regimes regionais e o regime das Nações Unidas. Teoricamente, os conflitos devem ser evitados mediante a aplicação das seguintes regras: 1) os parâmetros da Declaração Universal e de qualquer outro tratado das Nações Unidas acolhido por um país devem

O propósito da coexistência de distintos instrumentos jurídicos — garantindo os mesmos direitos — é, pois, ampliar e fortalecer a proteção dos direitos humanos. O que importa é o grau de eficácia da proteção, e, por isso, deve ser aplicada a norma que no caso concreto melhor proteja a vítima. Nesse sentido, leciona Antônio Augusto Cançado Trindade: "O critério da primazia da norma mais favorável às pessoas protegidas, consagrado expressamente em tantos tratados de direitos humanos, contribui em primeiro lugar para reduzir ou minimizar consideravelmente as pretensas possibilidades de 'conflitos' entre instrumentos legais em seus aspectos normativos. Contribui, em segundo lugar, para obter maior coordenação entre tais instrumentos em dimensão tanto vertical (tratados e instrumentos de direito interno) quanto horizontal (dois ou mais tratados). (...) Contribui, em terceiro lugar, para demonstrar que a tendência e o propósito da coexistência de distintos instrumentos jurídicos — garantindo os mesmos direitos — são no sentido de ampliar e fortalecer a proteção"[74].

Para enfocar o processo de justicialização dos direitos humanos nos sistemas regionais, importa enfatizar que os tratados internacionais de proteção dos direitos humanos envolvem quatro dimensões:

1) fixam um consenso internacional sobre a necessidade de adotar parâmetros mínimos de proteção dos direitos humanos (os tratados não são o "teto máximo" de proteção, mas o "piso mínimo" para garantir a dignidade humana, constituindo o "mínimo ético irredutível");

2) celebram a relação entre a gramática de direitos e a gramática de deveres; ou seja, os direitos internacionais impõem deveres jurídicos aos Estados (prestações positivas e/ou negativas), no sentido de respeitar, proteger e implementar os direitos humanos[75];

3) instituem órgãos de proteção, como meios de proteção dos direitos assegurados (por exemplo: os Comitês, as Comissões e as Cortes); e

---

ser respeitados; 2) os parâmetros de direitos humanos que integram os princípios gerais de Direito Internacional devem ser também observados; e 3) quando os parâmetros conflitam, o que for mais favorável ao indivíduo deve prevalecer" (Steiner, *Regional Promotion*, p. 401).

74. Antônio Augusto Cançado Trindade, A interação entre o direito internacional e o direito interno na proteção dos direitos humanos, p. 52-53.

75. A obrigação de respeitar os direitos humanos demanda dos Estados que se abstenham de violar direitos; a obrigação de proteger demanda dos Estados que evitem que terceiros (atores não estatais) afrontem direitos; por fim, a obrigação de implementar demanda dos Estados que adotem todas as medidas necessárias para a realização dos direitos humanos.

4) estabelecem mecanismos de monitoramento voltados à implementação dos direitos internacionalmente assegurados (por exemplo: os relatórios, as comunicações interestatais e as petições individuais).

É a partir da feição estrutural dos tratados internacionais de proteção dos direitos humanos que se faz possível compreender a chamada justicialização dos direitos humanos no plano internacional.

O grande desafio do Direito Internacional sempre foi adquirir "garras e dentes", ou seja, poder e capacidade sancionatórios. Retomem-se aqui as lições de Ihering, para quem "a espada sem a balança é a força bruta; a balança sem a espada é a impotência do direito. Uma não pode avançar sem a outra, nem haverá ordem jurídica perfeita sem que a energia com que a justiça aplica a espada seja igual à habilidade com que maneja a balança".

Vale dizer, como já aludido, no âmbito internacional o foco se concentra no binômio direito da força *vs.* força do Direito. O processo de justicialização do Direito Internacional, em especial dos direitos humanos, celebra, por assim dizer, a passagem do reino do "direito da força" para a "força do Direito".

Testemunha-se o crescente processo de justicialização dos direitos humanos na ordem internacional contemporânea, como já abordado no tópico antecedente.

Reitere-se, contudo, que, no sistema global, não há ainda um Tribunal Internacional de Direitos Humanos. Há a Corte Internacional de Justiça (principal órgão jurisdicional da ONU, cuja jurisdição só pode ser acionada por Estados), os Tribunais *ad hoc* para a ex-Iugoslávia e Ruanda (criados por resolução do Conselho de Segurança da ONU) e o Tribunal Penal Internacional (para o julgamento dos mais graves crimes contra a ordem internacional). A criação de um Tribunal Internacional de Direitos Humanos no âmbito da ONU constitui medida imperativa para o fortalecimento dos direitos humanos na ordem contemporânea.

Diversamente, nos sistemas regionais, seja o europeu, seja o interamericano ou, mais recentemente, o africano, as Cortes de Direitos Humanos (sobretudo a Europeia e a Interamericana) têm assumido extraordinária relevância, como especial *locus* para a proteção de direitos humanos[76]. A jurisprudência internacional tem consolidado uma importante arena para a

---

76. No sistema regional africano, nos termos do Protocolo de 1997 à Carta Africana dos Direitos Humanos e dos Povos de 1986, é previsto o estabelecimento de uma Corte Africana dos Direitos Humanos e dos Povos, a fim de complementar e fortalecer a atuação da Comissão Africana de Direitos Humanos e dos Povos. O Protocolo entrou em vigor em 2004.

proteção de direitos, quando as instituições nacionais se mostram falhas e omissas em fazê-lo, como demonstrarão os próximos capítulos.

Notem-se, inclusive, os avanços nos sistemas regionais europeu e interamericano no sentido do fortalecimento de sua justicialização. No sistema regional europeu, com o Protocolo n. 11, que entrou em vigor em 1º de novembro de 1998, qualquer pessoa física, organização não governamental ou grupo de indivíduos pode submeter diretamente à Corte Europeia demanda veiculando denúncia de violação por Estado-parte de direitos reconhecidos na Convenção (conforme o artigo 34 do Protocolo). Houve, assim, a democratização do sistema europeu, com a previsão de acesso direto de indivíduos e organizações à Corte Europeia de Direitos Humanos, como será enfocado no próximo capítulo.

Já no sistema interamericano, desde 2001 — de acordo com o artigo 44 do então Regulamento da Comissão Interamericana, de maio de 2001 —, se a Comissão considerar que o Estado não cumpriu as recomendações de seu informe, aprovado nos termos do artigo 50 da Convenção Americana, submeterá o caso à Corte Interamericana, salvo decisão fundamentada da maioria absoluta dos membros da Comissão. Esta regra veio endossada pelo artigo 45 do novo Regulamento da Comissão Interamericana, que entrou em vigor em 1º de agosto de 2013. Cabe observar, contudo, que o caso só poderá ser submetido à Corte se o Estado-parte reconhecer, mediante declaração expressa e específica, a competência da Corte no tocante à interpretação e aplicação da Convenção — embora qualquer Estado-parte possa aceitar a jurisdição da Corte para determinado caso, nos termos do artigo 62 da Convenção Americana.

O Regulamento adotado em 2001 introduziu, assim, a justicialização do sistema interamericano. Se, anteriormente, cabia à Comissão Interamericana, a partir de uma avaliação discricionária, sem parâmetros objetivos, submeter à apreciação da Corte Interamericana caso em que não se obteve solução amistosa, com o Regulamento de 2001, o encaminhamento à Corte se faz de forma direta e automática. O sistema ganha maior tônica de "juridicidade", reduzindo a seletividade política, que, até então, era realizada pela Comissão Interamericana.

Isto é, a regra passa a ser o envio do caso à jurisdição da Corte, salvo se houver decisão fundada da maioria absoluta dos membros da Comissão. Com isso, estima-se que, via de regra, todo caso não solucionado pela Comissão Interamericana, ou melhor, todo caso em que o Estado não tenha cumprido as recomendações por ela feitas, será apreciado pela Corte Interamericana, como será examinado no Capítulo V deste livro.

Em face da sistemática atual, constata-se que no sistema global a justicialização operou-se na esfera penal, mediante a criação de Tribunais *ad hoc* e, posteriormente, do Tribunal Penal Internacional. No âmbito penal, a responsabilização internacional alcança indivíduos, perpetradores dos crimes internacionais.

Já nos sistemas regionais, a justicialização operou-se na esfera civil, mediante a atuação das Cortes Europeia, Interamericana e Africana. No âmbito civil, a responsabilização internacional alcança Estados perpetradores de violação aos direitos humanos internacionalmente enunciados. Uma vez mais, insiste-se na relevância de instituir um Tribunal Internacional de Direitos Humanos no âmbito da ONU, que permitiria a responsabilização civil de Estados violadores dos direitos humanos, uma vez que o sistema global se vê limitado à atuação dos Comitês, que têm capacidade de impor sanções morais e políticas aos Estados faltores, mas não sanções jurídicas.

Se, de um lado, faz-se necessária a justicialização dos direitos humanos, por outro, é emergencial ampliar a capacidade processual do indivíduo no sistema internacional, mediante sua democratização. Isto é, a afirmação de instâncias jurisdicionais de proteção internacional dos direitos humanos deve ser conjugada com a consolidação do indivíduo como verdadeiro sujeito de direito no campo internacional. Há que fortalecer o acesso à justiça internacional.

Se os Estados foram ao longo de muito tempo os únicos protagonistas da ordem internacional, verifica-se hoje a emergência de novos atores internacionais, como as organizações não governamentais, os indivíduos e a sociedade civil internacional. O surgimento de novos atores demanda a democratização do sistema internacional de proteção dos direitos humanos.

Todavia, vale frisar a resistência de muitos Estados em admitir a democratização do sistema internacional de proteção dos direitos humanos, especialmente no que tange à aceitação da sistemática de petição individual, que cristaliza a capacidade processual do indivíduo no plano internacional, como leciona Antônio Augusto Cançado Trindade[77].

---

77. Antônio Augusto Cançado Trindade, *A proteção internacional dos direitos humanos: fundamentos jurídicos e instrumentos básicos*, p. 8. Com efeito, ainda é grande a resistência de muitos Estados em aceitar, por exemplo, as cláusulas facultativas referentes às petições individuais e comunicações interestatais constantes dos tratados de direitos humanos da ONU. Basta destacar que em 2023: a) dos 173 Estados partes do Pacto Internacional dos Direitos Civis e Políticos, 117 Estados aceitavam o mecanismo das petições individuais (tendo ratificado o Protocolo Facultativo para esse fim); b) dos 173 Estados partes na Convenção contra a Tortura, apenas 67 Estados aceitavam o mecanismo das comunicações

Por fim, é necessário realçar que o aprimoramento do sistema internacional de proteção dos direitos humanos, mediante sua justicialização, requer dos Estados a criação de mecanismos internos capazes de implementar as decisões internacionais no âmbito interno. De nada adiantará a justicialização do Direito Internacional sem que o Estado implemente as decisões internacionais em seu âmbito interno. Os Estados devem garantir o cumprimento das decisões internacionais, sendo inadmissível sua indiferença e silêncio, sob pena, inclusive, de afronta ao princípio da boa-fé, que orienta a ordem internacional.

Uma vez mais, no dizer de Cançado Trindade: "O futuro da proteção internacional dos direitos humanos depende em grande parte da adoção e do aperfeiçoamento das medidas nacionais de implementação"[78]. Insiste-se, pois, na necessidade de adotar medidas nacionais para a implementação dos tratados internacionais de proteção dos direitos humanos, bem como das decisões proferidas pelos organismos internacionais de proteção, de modo a conferir-lhes aplicabilidade imediata e direta no âmbito interno dos Estados.

A partir dessas reflexões, transita-se aos próximos capítulos, que têm por finalidade examinar os sistemas regionais europeu, interamericano e africano de proteção dos direitos humanos, apontando seus avanços, dilemas e perspectivas no desafio de justicialização dos direitos humanos.

---

interestatais e das petições individuais (nos termos dos artigos 21 e 22 da Convenção); c) dos 182 Estados partes na Convenção sobre a Eliminação de todas as formas de Discriminação Racial, apenas 55 Estados aceitavam o mecanismo das petições individuais (nos termos do artigo 14 da Convenção); e, finalmente, d) dos 189 Estados partes na Convenção sobre a Eliminação de todas as formas de Discriminação contra a Mulher, apenas 115 Estados aceitavam o mecanismo das petições individuais, tendo ratificado o Protocolo Facultativo à Convenção sobre a Eliminação da Discriminação contra a Mulher. Faz-se ainda fundamental que todos os tratados possam contar com uma eficaz sistemática de monitoramento, prevendo os relatórios, as petições individuais e as comunicações interestatais. Insiste-se na adoção do mecanismo de petição individual por todos os tratados internacionais de proteção de direitos humanos, já que esse mecanismo permite o acesso direto de indivíduos aos órgãos internacionais de monitoramento. Seria importante acrescentar ainda a sistemática das investigações *in loco*, apenas prevista na Convenção contra a Tortura, no Protocolo Facultativo à Convenção sobre a Eliminação de todas as formas de Discriminação contra a Mulher e no Protocolo Facultativo ao Pacto Internacional dos Direitos Econômicos, Sociais e Culturais. Além disso, o desejável seria que tais mecanismos fossem veiculados sob a forma de cláusulas obrigatórias e não facultativas — ainda que isso pudesse oferecer como risco a redução do número de Estados-partes.

78. Antônio Augusto Cançado Trindade e Manuel E. Ventura Robles, *El futuro de la Corte Interamericana de Derechos Humanos*, p. 27.

Parte II

SISTEMAS REGIONAIS DE
PROTEÇÃO DOS DIREITOS HUMANOS

CAPÍTULO IV

SISTEMA REGIONAL EUROPEU DE PROTEÇÃO DOS DIREITOS HUMANOS

a) Introdução

O objetivo deste capítulo é enfocar o sistema europeu de proteção dos direitos humanos, destacando suas origens, a Convenção Europeia de Direitos Humanos, como seu instrumento protetivo maior, mecanismos de proteção (considerando as inovações do Protocolo n. 11), a atuação da Corte Europeia e o sistema de fiscalização e de cumprimento das decisões por ela proferidas.

Dos sistemas regionais existentes, o europeu é o mais consolidado e amadurecido, exercendo forte influência sobre os demais — os sistemas interamericano e africano.

Nasce como resposta aos horrores perpetrados ao longo da Segunda Guerra Mundial, com a perspectiva de estabelecer parâmetros protetivos mínimos atinentes à dignidade humana. Tem ainda por vocação evitar e prevenir a ocorrência de violações a direitos humanos, significando a ruptura com a barbárie totalitária, sob o marco do processo de integração europeia e da afirmação dos valores da democracia, do Estado de Direito e dos direitos humanos.

A compreensão do sistema europeu demanda que se enfatize o contexto no qual ele emerge: um contexto de ruptura e de reconstrução dos direitos humanos, caracterizado pela busca de integração e cooperação dos países da Europa ocidental, bem como de consolidação, fortalecimento e expansão de seus valores, dentre eles a proteção dos direitos humanos[1]. A

---

1. Para Clare Ovey e Robin White, a Convenção Europeia reflete três propósitos: "O primeiro deles é o da integração europeia no sentido não apenas de necessidades técnicas e de interesses econômicos, mas no sentido de estabelecer um sistema de valores capazes de cristalizar séculos de desenvolvimento político. O segundo é a preocupação no tocante às relações entre Estados e para além da Europa com a proteção dos direitos humanos. (...) A integração europeia tem ainda outras tantas facetas. Contudo, a consolidação da União

Convenção é fruto do processo de integração europeia, e tem servido como relevante instrumento para seu fortalecimento. Como será apontado por este capítulo, um dos maiores desafios do sistema europeu na atualidade é a efetiva incorporação de seus *standards* pelos países da Europa central e do leste[2]. Observe-se que, diversamente dos sistemas regionais interamericano e africano, o europeu alcança uma região relativamente homogênea, com a sólida instituição do regime democrático e do Estado de Direito. Com a inclusão dos países do Leste Europeu, todavia, maior diversidade e heterogeneidade têm sido agregadas, o que passa a abarcar o desafio do sistema em enfrentar situações de graves e sistemáticas violações aos direitos humanos, somadas a incipientes regimes democráticos e a Estados de Direito ainda em construção.

Ressalte-se que, dos sistemas regionais, é o europeu o que traduz a mais extraordinária experiência de justicialização de direitos humanos, por meio da atuação da Corte Europeia. Isto é, o sistema europeu não apenas elenca um catálogo de direitos, mas institui um sistema inédito que permite a proteção judicial dos direitos e liberdades nele previstos. Por isso, como pontuam David Harris, Michael O'Boyle e Chris Warbrick: "No campo do Direito Internacional, a Convenção constitui um importante marco para o desenvolvimento do Direito Internacional dos Direitos Humanos. Pela primeira vez, Estados soberanos aceitam obrigações juridicamente vinculantes no sentido de assegurar direitos humanos clássicos a todas as pessoas em sua jurisdição e assegurar a todos os indivíduos, incluindo seus nacionais, o direito de submeter casos contra os próprios Estados, que poderão ensejar decisões vinculantes proferidas por uma Corte internacional, na hipótese de violação de direitos"[3]. Tal sistema de justicialização dos direitos humanos veio a ser

---

Europeia e o estabelecimento de formas de cooperação em diversos campos entre os Estados da Europa ocidental têm sido progressivamente inspirados em valores e ideias dos quais o sistema europeu constitui a mais completa expressão. O terceiro propósito é a expansão da democracia para os Estados da Europa central e do leste e a adesão destes Estados ao sistema de proteção de direitos humanos enunciado na Convenção Europeia de Direitos Humanos, que se tornou um verdadeiro sistema pan-europeu, oferecendo inclusive a proteção judicial dos direitos e liberdades fundamentais consagrados na Convenção e em seus Protocolos" (Clare Ovey e Robin White, *European Convention on Human Rights*, p. 1).

2. Até 2023, a Convenção Europeia apresentava 46 Estados-partes. Ver Council of Europe, Chart of Signatures and Ratifications of the Convention for the Protection of Human Rights and Fundamental Freedoms, http://conventions.coe.int/Treaty/Commun/ChercheSig. asp?NT=005&CM=10&DF=4/16/2007&CL=ENG.

3. David Harris, Michael O'Boyle e Chris Warbrick, *Law of the European Convention on Human Rights*, p. 28. Acrescentam os autores: "Esta foi uma medida extraordinária no

endossado com as inovações do Protocolo n. 11 (que entrou em vigor em 1998), ao fortalecer a Corte Europeia de Direitos Humanos e ao assegurar acesso direto a todo e qualquer indivíduo à sua jurisdição.

b) A Convenção Europeia de Direitos Humanos

A Convenção Europeia de Direitos Humanos foi elaborada no âmbito do Conselho da Europa, criado em 5 de maio de 1949, após a Segunda Guerra Mundial, com o objetivo de unificar a Europa. Os Estados membros do Conselho da Europa adotaram, assim, em 4 de novembro de 1950, a Convenção Europeia para a Proteção dos Direitos Humanos e das Liberdades Fundamentais, que entrou em vigor em 3 de setembro de 1953, com sua ratificação por 8 Estados[4], nos termos previstos pelo seu então artigo 66, § 2º. Atente-se ao fato de que, em 2023, a Convenção contava com 46 Estados-partes[5], tendo a Federação Russa denunciado a Convenção em março de 2022, sendo que a denúncia entrou em vigor em setembro de 2022.

Como realçam David Harris, Michael O'Boyle e Chris Warbrick: "A Convenção estabelece um sistema baseado na concepção de garantias coletivas fundadas em consenso sobre *standards* de direitos humanos acolhidos por Estados-partes. É fundamental para o sistema a noção de que a comunidade de Estados tem o direito de supervisionar a proteção dos direitos humanos no âmbito da jurisdição de um Estado-parte. O custo de um sistema que busca implementar *standards* internacionais em matéria de direitos humanos é que o modo pelo qual os direitos humanos são protegidos por

---

Direito dos Estados, que por séculos se baseou na ideia de que o tratamento de nacionais é problema de jurisdição doméstica do Estado e de que os indivíduos não são sujeitos de Direito Internacional. (...) A Convenção tem gerado a mais sofisticada e detalhada jurisprudência de Direito Internacional de Direitos Humanos e seus mecanismos de monitoramento são incomparáveis em grau de eficácia e impacto" (David Harris, Michael O'Boyle e Chris Warbrick, *Law of the European Convention on Human Rights*, p. 29). Para Mireille Delmas--Marty: "O objetivo da Convenção, considerando a experiência de que Estados podem violar liberdades fundamentais, é retirar estas liberdades do âmbito da exclusiva competência do Estado, tornando-as objeto da política Europeia a serem protegidas por órgãos supranacionais" (*The European Convention for the Protection of Human Rights: international protection vs. national restrictions*, p. 309).

4. Os 8 Estados que inicialmente ratificaram a Convenção Europeia foram: Dinamarca, República Federal da Alemanha, Islândia, Irlanda, Luxemburgo, Noruega, Suécia e Reino Unido.

5. Fonte: http://conventions.coe.int/Treaty/Commun/ChercheSig.asp?NT=005&CM =10&DF=4/16/2007&CL=ENG.

um Estado-parte da Convenção não é mais uma questão exclusiva de sua soberania nacional e pode ser contestado por petições individuais ou comunicações interestatais perante as instituições de Strasbourg. Em outras palavras, os Estados estão preparados para aceitar a competência de um Tribunal internacional para examinar questões atinentes ao seu próprio direito interno e práticas internas, porque eles se comprometeram, em resposta aos horrores e às atrocidades da Segunda Guerra Mundial, a observar parâmetros protetivos mínimos de direitos humanos no continente europeu. O sistema da Convenção institucionaliza um compromisso democrático dos *like-minded European states* com relação aos valores constitucionais e ao Estado de Direito (...). Um Estado que decida denunciar a Convenção ou mesmo recusar a jurisdição da Corte sofrerá séria crítica interna"[6].

Sob essa perspectiva é que o artigo 1º da Convenção estabelece a obrigação geral dos Estados-partes de respeitar os direitos humanos, nos termos seguintes: "Os Estados-partes devem assegurar a todas as pessoas sob a sua jurisdição os direitos e as liberdades enunciados na Seção I desta Convenção".

Essa cláusula obriga os Estados a adotar todas as medidas necessárias no âmbito doméstico visando à implementação da Convenção, tendo em vista a necessidade de compatibilizar o direito interno com os parâmetros convencionais, o que pode envolver a adoção de medidas legislativas internas ou mesmo a revogação de normas incompatíveis com a Convenção. A respeito, vale menção ao artigo 52 da Convenção, ao prescrever que, por solicitação do Secretário-Geral do Conselho da Europa, todo e qualquer Estado-parte deve oferecer um esclarecimento da forma pela qual seu Direito interno assegura a efetiva implementação de qualquer previsão da Convenção[7]. Acrescente-se também a necessidade da observância pelos Estados do princípio da boa-fé, vetor do Direito Internacional.

Por sua vez, a Seção I, dedicada aos direitos e liberdades, compreende os artigos 2º a 18, prevendo, dentre outros, o direito à vida; a proibição da

---

6. David Harris, Michael O'Boyle e Chris Warbrick, *Law of the European Convention on Human Rights*, p. VII.

7. Quanto ao *status* da Convenção Europeia no plano do ordenamento jurídico dos Estados-partes, é temática disciplinada pelo próprio Direito interno. A título de exemplo, a Convenção tem *status* de lei na Alemanha e *status* de norma constitucional na Áustria. Na França, a Convenção tem *status* intermediário, situando-se acima da legislação ordinária, mas abaixo da Constituição. No Reino Unido a entrada em vigor do *Human Rights Act* de 1998 conferiu ampla efetividade (*"further effect"*) à Convenção no Direito interno. Sobre os efeitos da Convenção nos diversos sistemas jurídicos internos, ver P. van Dijk e G. J. H. van Hoof, *Theory and practice of the European Convention on Human Rights*, p. 16-18.

tortura; a proibição da escravidão e do trabalho forçado; direitos à liberdade e à segurança; direito a um julgamento justo; direito a não ser punido sem previsão legal; direito ao respeito à vida privada e familiar; liberdade de pensamento, consciência e religião; liberdade de expressão; liberdade de reunião e de associação; direito ao casamento; direito a um remédio efetivo; e proibição de discriminação.

O catálogo de direitos da Convenção Europeia compreende fundamentalmente direitos civis e políticos, sob a inspiração do ideário democrático liberal e individualista, a expressar os valores dominantes e consensuais da Europa ocidental[8]. Os direitos sociais, econômicos e culturais advieram apenas com a adoção da Carta Social Europeia, que estabelece a implementação progressiva desses direitos, bem como uma sistemática de supervisão restrita a relatórios periódicos, a serem elaborados por Estados-partes e submetidos à apreciação de um Comitê de *experts* (o Comitê Europeu de Direitos Sociais), a respeito dos avanços alcançados[9]. Note-se que a Carta Social Europeia somente entrou em vigor em 26 de fevereiro de 1965, ou seja, quase 12 anos depois da adoção da Convenção Europeia, tendo sido revisada em 1996[10]. Até 2023, a Carta Social Europeia contava com 27 Estados-partes.

Foram adotados diversos Protocolos à Convenção Europeia, consagrando a proteção de direitos substantivos. Dentre os direitos protegidos, destacam-se: o direito de propriedade (Protocolo n. 1); o direito à educação

---

8. Na avaliação de David Harris, Michael O'Boyle e Chris Warbrick: "Isto foi uma questão de estratégia e de tática. Embora não haja dúvidas de que os direitos econômicos, sociais e culturais mereçam também proteção, a necessidade imediata foi adotar um texto sintético, sem controvérsias, o qual os Estados pudessem aceitar na íntegra, quando as ameaças aos direitos humanos eram latentes. Considerando os valores dominantes na Europa ocidental, isto significou limitar a Convenção aos direitos civis e políticos que são 'essenciais para uma vida democrática'; os direitos econômicos, sociais e culturais por serem mais problemáticos foram deixados para um tratamento específico, conferido posteriormente" (*Theory and practice*, p. 2).

9. Sobre a Carta Social Europeia, consultar: D. Harris, *The European Social Charter*; D. Gomien, D. Harris e L. Zwaak, *Law and practice of the European Convention on Human Rights and the European Social Charter*; *Fundamental social rights: case law of the European Social Charter*. Observe-se, todavia, que o Protocolo n. 1 à Convenção Europeia trata do direito de propriedade, enquanto o Protocolo n. 2 trata do direito à educação.

10. Com a revisão da Carta Social Europeia em 1996, novos direitos foram acrescidos, como o direito de proteção em face da pobreza e exclusão social (artigo 30) e o direito à moradia (artigo 31). Até 2023, a Carta Social Europeia revisada em 1996 havia sido ratificada por 35 Estados. Considerando a Carta Social Europeia de 1961 e a Carta Revisada de 1996, 43 Estados (dentre os 47 Estados membros do Conselho da Europa) ratificaram ou

(Protocolo n. 2); a liberdade de movimento (Protocolo n. 4); a abolição da pena de morte em tempo de paz (Protocolo n. 6); o direito de apelar em questões de natureza criminal e o direito à compensação por erro judiciário (Protocolo n. 7); o direito à igualdade entre os cônjuges (Protocolo n. 7); o direito à não discriminação (Protocolo n. 12); a abolição da pena de morte em tempo de guerra (Protocolo n. 13).

Adicione-se que há, atualmente, mais de 185 instrumentos internacionais adotados pelo Conselho da Europa, com destaque à Convenção Europeia para a Prevenção da Tortura e de Tratamentos Desumanos e Degradantes de 1987 (que conta com dois Protocolos); à Carta Europeia para as Línguas Regionais ou de Minorias de 1992; à Convenção para a Proteção de Minorias Nacionais de 1995[11]. A maioria dos Estados partes da Convenção Europeia é ainda parte dos instrumentos de alcance global de proteção dos direitos humanos aprovados pela ONU.

Para Clare Ovey e Robin White: "A tônica geral da Convenção é inspirada nos princípios da solidariedade e da subsidiariedade. Solidariedade refere-se ao compromisso dos Estados-partes de assegurar os direitos enunciados na Convenção em suas ordens jurídicas internas. Já a subsidiariedade refere-se à atuação da Corte Europeia no sentido de situar-se como subsidiária das instituições do sistema nacional de proteção ao apreciar casos de violação a direitos humanos"[12]. Ressalte-se que o Direito Internacional dos Direitos Humanos objetiva complementar os sistemas nacionais de proteção dos direitos humanos, tornando-os mais eficazes. Desse modo, a competência originária no campo dos direitos humanos remanesce com o Estado, ao passo que a competência subsidiária é da comunidade internacional e de suas instituições.

Quanto à principiologia adotada pela Corte na hermenêutica dos direitos previstos na Convenção, quatro princípios merecem realce, por sua relevância.

O primeiro deles é o princípio da interpretação teleológica da Convenção, que traduz a busca de realizar seus objetivos e propósitos. No caso

---

aderiram ao instrumento, dentre os quais 15 Estados aceitaram a competência do European Committee of Social Rights para apreciar o procedimento de comunicação coletiva. Fonte: http://conventions.coe.int/Treaty/Commun/ChercheSig.asp?NT=035&CM=10&DF=4/16/2007&CL=ENG.

11. Para uma lista completa desses instrumentos internacionais, acessar conventions. coe.int.

12. Clare Ovey e Robin White, *European Convention on Human Rights*, p. 14.

84

Golder, a Corte Europeia entendeu que os artigos 31 a 33 da Convenção de Viena sobre Direito dos Tratados devem guiar a interpretação da Convenção Europeia. Nos termos do artigo 31 da Convenção de Viena: "Um tratado deve ser interpretado de boa-fé, de acordo com o significado a ser dado aos seus termos, à luz de seu contexto e considerando seus objetivos e propósitos"[13]. No caso Wemhoff, a Corte decidiu que é necessário obter a interpretação mais apropriada com o fim de implementar os objetivos e alcançar os propósitos do tratado, afastando leituras interpretativas que restrinjam o alcance das obrigações assumidas pelos Estados-partes[14].

O princípio da interpretação efetiva assume também especial importância, estimulando a Corte a conferir às previsões da Convenção a maior efetividade possível, como ressaltado no caso Airey *vs*. Irlanda, em que a Corte entendeu que deveria ser assegurado à vítima acesso a remédios práticos e efetivos, e não apenas a soluções teóricas ou ilusórias[15].

Outro relevante princípio é o atinente à interpretação dinâmica e evolutiva da Convenção Europeia, frisando a Corte a necessidade de considerar as mudanças ocorridas nos planos social e político para a adequada interpretação dos direitos nela estabelecidos. Isto é, o alcance e o significado dos direitos não podem restar confinados e estagnados às concepções do momento em que foi elaborada a Convenção. No caso Tyrer *vs*. UK, a Corte concebeu a Convenção como *living instrument*, a ser interpretado à luz das condições dos dias presentes. Nessa mesma direção se destacam as decisões relativas aos direitos das crianças nascidas fora da relação de casamento (caso Marckx *vs*. Blegium, 1979) e aos direitos dos homossexuais (caso Dudgeon *vs*. UK, 1981), em que a Corte levou em especial consideração as transformações sociais. Desse modo, é papel da Corte Europeia, além de

---

13. Ver Clare Ovey e Robin White, *European Convention on Human Rights*, p. 27.

14. Clare Ovey e Robin White, *European Convention on Human Rights*, p. 35.

15. No caso Airey *vs*. Irlanda, a vítima, a Sra. Airey, pretendia separar-se judicialmente de seu marido, tendo em vista seu comportamento cruel em relação a ela e aos filhos. Embora o marido tivesse abandonado o lar, a Sra. Airey temia que ele retornasse e queria obter da justiça uma decisão pela impossibilidade de seu direito ao retorno familiar. Não teve, contudo, a vítima acesso à assistência jurídica, tampouco recursos financeiros para advogados. Acessou à época a Comissão Europeia, que, unanimemente, considerou existir afronta ao artigo 6º, § 1º, da Convenção por parte do Estado da Irlanda, pela impossibilidade efetiva de a vítima ter acesso a uma Corte (julgamento de 9-10-1979, series A, N. 32, 2 EHRR 305). No mesmo sentido, no caso Artico *vs*. Italy (1980), a Corte reiterou que a "Convenção deve garantir não apenas direitos que são teóricos ou ilusórios, mas direitos que sejam práticos e efetivos".

proteger e salvaguardar direitos, desenvolver o próprio alcance e o sentido dos direitos humanos, à luz do contexto e dos valores contemporâneos.

Como observam P. van Dijk e G. J. H. van Hoof: "Os parâmetros da Convenção não podem ser considerados estáticos, mas devem refletir as transformações sociais. A interpretação evolutiva demanda sejam consideradas realidades e atitudes contemporâneas e não a situação existente ao tempo em que a Convenção foi elaborada em 1949-1950. (...) No caso Tyrer levantou-se a questão se punições corporais de adolescentes infratores em Isle of Man significariam tratamento degradante para os fins do artigo 3º da Convenção. A Corte entendeu afirmativamente, considerando que o que era aceitável em 1950 podia não ser mais necessariamente aceitável em 1978 (ano do julgamento): 'a Convenção é um *living instrument* que deve ser interpretado à luz da realidade atual (...)'. O princípio da interpretação evolutiva também exerceu forte influência no caso Marckx. A Corte admitiu que a distinção entre família legítima e ilegítima era permitida em muitos países europeus ao tempo em que a Convenção foi adotada, mas que a mesma deveria ser interpretada à luz das condições dos dias presentes. (...) A Corte considerou que as sociedades modernas devem consagrar a igualdade entre crianças no que tange a relações familiares, bem como a direitos patrimoniais"[16].

O princípio da proporcionalidade é também recorrente na interpretação da Convenção. Como decidiu a Corte no caso Soering *vs.* UK (1989): "Inerente a toda Convenção é a busca por um justo equilíbrio entre as demandas do interesse geral da comunidade e as demandas de proteção de direitos fundamentais individuais. O alcance deste balanço requer necessariamente uma perspectiva baseada em considerações de proporcionalidade. Este princípio é ainda mais relevante em áreas nas quais a Convenção expressamente permite restrições de direitos"[17]. O princípio da proporcionalidade pressupõe existir uma razoável relação de proporcionalidade entre os meios empregados e o fim a ser alcançado, devendo ser proibido qualquer excesso. Quando a própria Convenção permitir a restrição de direitos, com base no princípio da proporcionalidade, tal restrição deverá ser efetuada pelo Esta-

---

16. P. van Dijk e G. J. H. van Hoof, *Theory and practice of the European Convention on Human Rights,* p. 77-78.

17. David Harris, Michael O'Boyle e Chris Warbrick, *Law of the European Convention on Human Rights*, p. 11-12. Para uma análise de casos decididos pela Corte Europeia envolvendo restrições de direitos com fundamento no argumento da razão de Estado, ver Mireille Delmas-Marty (ed.), *The European Convention for the Protection of Human Rights: international protection vs. national restrictions.*

do em prol de uma finalidade legítima, ser adequada em seus propósitos e estritamente necessária.

Para a Corte, a Convenção simboliza, ainda, a *public order of Europe* e sua *constitutional bill of rights*. Nesse sentido, sua interpretação e aplicação não devem se orientar pela lógica da reciprocidade de obrigações entre Estados-partes, mas pela lógica de obrigações objetivas impostas a estes para a proteção dos direitos humanos na Europa[18].

Importa adicionar que a Convenção Europeia introduziu originariamente uma peculiar sistemática de monitoramento dos direitos nela previstos, instituindo dois órgãos distintos: a Comissão Europeia de Direitos Humanos e a Corte Europeia de Direitos Humanos. A competência da Comissão era basicamente apreciar as comunicações interestatais (pelas quais qualquer Estado-parte podia denunciar outro Estado-parte em virtude de afronta à Convenção, nos termos do seu então artigo 24), bem como apreciar petições submetidas por indivíduos, ONGs ou grupos de indivíduos (mediante as quais podiam denunciar a violação da Convenção por um Estado-parte, nos termos do então artigo 25 da Convenção). Por meio de uma cláusula facultativa, era conferida à Corte Europeia de Direitos Humanos a competência jurisdicional para apreciar casos submetidos pela Comissão Europeia.

Como elucidam David Harris, Michael O'Boyle e Chris Warbrick: "Ambas as comunicações individuais e interestatais eram submetidas à Comissão Europeia de Direitos Humanos, que era um órgão formado por *experts* independentes. A Comissão decidia se a comunicação era admissível para o exame de mérito. Se a Comissão admitisse a petição, passava então a apreciar os fatos e os argumentos jurídicos e, se uma solução amistosa não fosse alcançada, adotava um relatório indicando se o Estado violou efetivamente a Convenção. Após a elaboração do relatório, que não era juridicamente vinculante, o caso poderia ser submetido pela Comissão à Corte Europeia de Direitos Humanos. Se o caso não fosse submetido à Corte, poderia ser decidido pelo Comitê de Ministros do Conselho da Europa, que é composto por representantes dos Estados-partes. Em qualquer das hipóteses, a decisão era juridicamente vinculante no âmbito do Direito Internacional"[19].

O Protocolo n. 11, que entrou em vigor em 1º de novembro de 1998, veio a consagrar uma nova sistemática, fortalecendo a justicialização do

---

18. David Harris, Michael O'Boyle e Chris Warbrick, *Law of the European Convention on Human Rights*, p. 7.

19. David Harris, Michael O'Boyle e Chris Warbrick, *Law of the European Convention on Human Rights*, p. 5.

sistema europeu. A Comissão e a Corte foram, desse modo, substituídas por uma nova Corte permanente, que tem por competência realizar o juízo de admissibilidade e de mérito dos casos que lhe são submetidos[20]. Cabe à Corte buscar uma solução amistosa entre as partes (peticionários e Estado)[21], visando ao respeito dos parâmetros protetivos fixados pela Convenção.

c) A Corte Europeia de Direitos Humanos

Como já mencionado, em 1º de novembro de 1998, o Protocolo n. 11 da Convenção Europeia de Direitos Humanos entrou em vigor, com o objetivo de substituir a Comissão e a Corte Europeia — que atuavam em tempo parcial — por uma Corte Europeia de Direitos Humanos permanente.

Até novembro de 1998 a Convenção Europeia contemplava duas cláusulas facultativas: o artigo 25, que conferia aos indivíduos o direito de petição perante a Comissão Europeia de Direitos Humanos; e o artigo 46, que atribuía à Corte Europeia de Direitos Humanos a competência jurisdicional para apreciar casos submetidos pela Comissão Europeia. Com o advento do Protocolo n. 11, ambas as cláusulas facultativas foram substituídas por cláusulas obrigatórias — os artigos 34 e 32, respectivamente. O artigo 34 estabelece o direito de petição à Corte Europeia, mediante o qual qualquer indivíduo, organização não governamental ou grupo de indivíduos podem denunciar ser vítimas de violação de direitos enunciados na Con-

---

20. Com a nova Corte elimina-se a duplicidade de procedimentos que havia perante a Comissão e a Corte no regime anterior. Como alude Michael O'Boyle: "O Protocolo n. 11 estabeleceu uma Corte que funciona em período integral, em substituição aos órgãos até então existentes. É visto como uma resposta ao problema da demora de procedimentos, causada pelo aumento de casos submetidos à Comissão e à Corte Europeia ao longo dos anos, bem como como uma forma de preservar as conquistas decorrentes da Convenção considerando o aumento de seus Estados-partes, especialmente no âmbito da Europa Central e do Leste" (Michael O'Boyle, Reflections on the effectiveness of the European System for the Protection of Human Rights, in Anne F. Bayefsky (ed.), *The UN Human Rights System in the 21st Century*, p. 176).

21. Observe-se que o sistema europeu também contempla um "Comissariado para Direitos Humanos", criado com base em uma resolução do Comitê de Ministros. O Comissário é eleito pela Assembleia do Parlamento e tem por responsabilidade promover a educação e a consciência em direitos humanos nos territórios dos Estados-partes. Além disso, o Comissário tem por função contribuir para a efetiva observância e o pleno exercício dos direitos humanos previstos nos diversos instrumentos do Conselho da Europa. Todavia, não cabe ao Comissário apreciar denúncias de violação da Convenção. Pode, contudo, tecer recomendações, opiniões e relatórios afetos a qualquer questão de sua competência.

venção ou em seus Protocolos por um Estado-parte. Já o artigo 32 prevê como obrigatória a competência jurisdicional da Corte Europeia.

No entanto, como observam Mark Janis, Richard Kay e Anthony Bradley, "ao longo do tempo, um a um dos Estados membros do Conselho da Europa passou a consentir com as duas cláusulas facultativas. O que havia sido originalmente concebido como cláusula facultativa passou a ser visto na Europa como cláusula 'politicamente não facultativa'. Com efeito, em 1995, todos os então 30 Estados partes da Convenção haviam aceito tanto o artigo 25 (direito de petição individual) como o artigo 46, relativo à jurisdição da Corte"[22].

De todo modo, o grande avanço introduzido pelo Protocolo n. 11 foi conferir aos indivíduos, grupos de indivíduos e ONGs acesso direto à Corte Europeia, por meio do direito de petição, na hipótese de violação a direito. Indivíduos, grupos de indivíduos e ONGs[23] passam, assim, a ter pleno *locus standi* perante a Corte Europeia. A jurisdição da Corte é prevista agora por uma cláusula obrigatória com aplicação automática. Atente-se que, até o advento do Protocolo n. 11, apenas Estados-partes e a Comissão podiam submeter casos à Corte Europeia. A maior parte dos casos, entretanto, era submetida pela Comissão à Corte. Ainda que indivíduos, por 40 anos, não tenham tido acesso direto à Corte, quase sempre eram eles que apresentavam denúncias à Comissão. Estas, eventualmente, chegavam à Corte.

Ao mesmo tempo que a inovação significou extraordinário avanço, também constituiu um desafio em face do aumento significativo de demandas submetidas à Corte. Se apenas 10 decisões foram proferidas pela Corte Europeia na década de 1960, 26 na década de 1970 e 169 na década de 1980, mais de 800 decisões foram proferidas nos anos 90[24]. Acentua Alastair

---

22. Mark Janis, Richard Kay e Anthony Bradley, *European Human Rights Law — text and materials*, p. 23 e 25.

23. "Menção merece ser feita à prática desenvolvida pela Corte Europeia de aceitar *amicus briefs* de organizações não governamentais, quando demonstram ter interesse no caso ou especial conhecimento da matéria envolvida, sendo que sua intervenção poderá servir para a administração da justiça" (Michael O'Boyle, Reflections on the effectiveness of the European System for the Protection of Human Rights, in Anne F. Bayefsky (ed.), *The UN Human Rights System in the 21st Century*, p. 173).

24. Se, em 1998, 1.013 comunicações foram registradas, em 2001 esse número subiu para 13.558 comunicações. O Comitê de Ministros, em relatório, concluiu: "ações imediatas e urgentes são indispensáveis se a Corte pretende se manter efetiva. Se nenhuma medida for tomada, a situação simplesmente se deteriorará e a Corte não terá condições de responder

Mowbray: "A Corte recém-criada havia, até dezembro de 2000, proferido mais decisões (838) em seus dois anos de funcionamento que a Corte predecessora em 39 anos de existência (837 decisões)"[25]. Adverte Giovanni Bonello: "Hoje mais de 800 milhões de pessoas têm acesso à Corte na Europa. (...) A Corte é hoje vítima de seu próprio sucesso, com estrutura e recursos insuficientes para enfrentar o volume diário de demandas — 39.000 novas demandas apenas em 2003. Enquanto, nos 45 primeiros anos de sua existência (antes das reformas de 1998), a Corte e a Comissão tinham proferido no total 38.389 julgamentos, a nova Corte já recebeu 61.633 casos em cinco anos. (...) Apenas uma reforma radical será capaz de evitar o total colapso. O Protocolo n. 14, que tem por objetivo reformar os mecanismos do sistema regional europeu, tem sido debatido com senso de urgência. (...) A Corte simboliza hoje a Corte Constitucional da Europa, exercendo profunda autoridade jurídica e moral no que tange aos regimes democráticos do continente. Seus julgamentos emblemáticos têm contribuído para tornar os direitos humanos uma realidade mais palpável e para aprimorar a democracia na Europa"[26]. Note-se que, apenas em 2006, foram recebidas 50.500 petições, não sendo admitidas 28.610 delas. Foram proferidas 1.560 decisões referentes a 1.720 petições, remanescendo, ainda, 89.887 petições pendentes na Corte Europeia de Direitos Humanos[27]. Em dezembro de 2012, estimava-se que uma média de 50.000 novos casos eram submetidos por ano à Corte Europeia. Em julho de 2012, o universo de casos pendentes alcançava o elevado número de 143.000. É neste contexto que houve a adoção do Protocolo n.14, que entrou em vigor em 1º de junho de 2010, concernente

---

às crescentes demandas. Não terá, ainda, a possibilidade de apreciar casos em prazo razoável; sua imagem pública restará comprometida; e perderá aos poucos credibilidade. Além disso, a constante busca por aumento de produtividade pode comprometer a qualidade das decisões. Assim, a credibilidade e a autoridade da Corte serão atingidas" (*Report on the Evaluation Group to the Committee of Ministers on the European Court of Human Rights*, 2001, in Clare Ovey e Robin White, *European Convention on Human Rights*, p. 449).

25. Alastair Mowbray, *Cases and materials on the European Convention on Human Rights*, prefácio.

26. Giovanni Bonello, The European Court on Human Rights, in Rhona K. M. Smith e Christien van den Anker (eds.), *The essentials of human rights*, p. 117.

27. Ver Relatório de Atividades de 2006 da Corte Europeia de Direitos Humanos — disponível em: http://www.echr.coe.int/NR/rdonlyres/69564084-9825-430B-9150-A9137DD22737/0/SurveyofActivities2006.pdf (acesso em 23-4-2007). Adicione-se que, em 2005, foram recebidas aproximadamente 45.500 petições, não sendo admitidas 27.611. Foram proferidas 1.105 decisões referentes a 1.198 petições. No final de 2005 havia cerca de 81.000 petições pendentes.

a novos critérios de admissibilidade assegurando à Corte mecanismos de maior seletividade dos casos com vistas à maior eficiência decisória[28]. Foi ainda adotado o Protocolo n. 15, em 24 de junho de 2013, com o objetivo de introduzir parâmetros ao princípio da subsidiariedade e à doutrina da margem de apreciação, reduzindo, ainda, o prazo para submissão de casos à Corte Europeia, de seis meses para quatro meses, a contar da data da decisão definitiva proferida no âmbito doméstico. Em 2 de outubro de 2013 foi adotado o Protocolo n. 16, que tem por finalidade permitir às Cortes nacionais superiores solicitar à Corte Europeia opinião consultiva acerca da interpretação ou aplicação de direitos e liberdades enunciados na Convenção Europeia e em seus Protocolos.

De acordo com o artigo 20 da Convenção Europeia, a Corte terá um número de juízes equivalente ao número de Estados-partes[29]. Os juízes são eleitos pela Assembleia do Parlamento, com base em uma lista de 3 candidatos indicados por cada Estado-parte[30]. Os juízes devem ter elevada respeitabilidade moral e possuir as qualificações necessárias para as Cortes judiciais superiores, ou devem ser juristas de reconhecida competência, conforme prescreve o artigo 21 da Convenção. Devem, ainda, atuar com independência, a título pessoal e não a título governamental (como representantes dos Estados de origem). O mandato dos juízes é de 6 anos. Duas são as línguas oficiais de trabalho da Corte: o francês e o inglês.

A Corte Europeia possui competência consultiva e contenciosa.

Quanto à competência consultiva, nos termos do artigo 47 da Convenção, cabe à Corte, por solicitação do Comitê de Ministros, formular opiniões consultivas sobre questões jurídicas relativas à interpretação da Convenção e de seus Protocolos. Entretanto, com base no mesmo dispositivo, há a restrição de que tais opiniões consultivas não devam referir-se a qualquer questão afeta ao conteúdo ou ao alcance dos direitos e liberdades enunciados na Convenção e em seus Protocolos, ou mesmo a qualquer outra questão que a Corte ou o Comitê de Ministros possa levar em consideração em decorrência de sua competência. Tal restrição tem sido objeto de agudas críticas doutri-

---

28. The ECHR in 50 Questions, European Court of Human Rights, Council of Europe, December 2010, p.12.

29. Sobre a atual composição da Corte, acessar: www.echr.coe.int/BilingualDocuments/ListOfJudgesNewCourt.html.

30. Quanto à composição inicial da nova Corte, um terço dos seus juízes provém da antiga Corte; um terço provém da antiga Comissão; e um terço corresponde a novos membros.

nárias, por limitar em demasia a competência consultiva da Corte[31]. Isso explica o porquê de a Corte Europeia ter proferido, até 2023, apenas sete opiniões consultivas[32]. Nesse aspecto, observe-se que as Cortes Interamericana[33] e Africana de Direitos Humanos apresentam ampla competência consultiva, sem as fortes restrições sofridas pela competência da Corte Europeia, com base no § 2º do artigo 47 da Convenção.

No campo da competência contenciosa, as decisões da Corte são juridicamente vinculantes e têm natureza declaratória. Na percepção de Mark Janis, Richard Kay e Anthony Bradley, "se comparada com as demais cortes internacionais permanentes do mundo, a Corte Europeia é a que possui a

---

31. Para David Harris, Michael O'Boyle e Chris Warbrick: "O Segundo Protocolo à Convenção confere à Corte uma competência extremamente restrita para elaborar opiniões consultivas a respeito de questões legais afetas à interpretação da Convenção e de seus Protocolos, por solicitação do Comitê de Ministros. (...) Até 1995 a Corte não havia recebido qualquer solicitação para proferir opinião consultiva. (...) Considerando a importância da Convenção para as incipientes democracias da Europa Central e do leste, bem como sua preocupação em adotar os parâmetros da Convenção em sua nova legislação, relevante seria a ampliação da competência consultiva da Corte" (*Law of the European Convention on Human Rights*, p. 689-690). No mesmo sentido, ver Clare Ovey e Robin White, *European Convention on Human Rights*, e Mark Janis, Richard Kay e Anthony Bradley, *European Human Rights Law*.

32. Em 2004 houve uma solicitação de opinião consultiva pela Recomendação n. 1591 (2001) da Assembleia Parlamentar do Conselho da Europa, a fim de que a Corte Europeia se manifestasse por meio de Opinião Consultiva sobre a Comunidade de Estados Independentes (CIS) e a eventual coexistência de uma Convenção de Direitos Humanos e Liberdades Fundamentais na Comunidade de Estados Independentes e a Convenção Europeia de Direitos Humanos. Em decisão de 2 de junho de 2004, a Corte Europeia concluiu que o pedido de Opinião Consultiva não cumpria os requisitos legais (Relatório de Atividades da *Grand Chamber* de 2004, p. 42, no *site* http://www.echr.coe.int/NR/rdonlyres/D1DFB6C3-DBE1--4C3B-BA06-26EF5D6A4291/0/2004GrandChamberactivityreport.pdf (acesso em 17 out. 2005). Em 12 de fevereiro de 2008, foi elaborada uma Opinião Consultiva a respeito de questões jurídicas concernentes à lista de potenciais candidatos(as) com vistas à eleição para a Corte Europeia de Direitos Humanos. Em 22 de janeiro de 2010, outra Opinião Consultiva foi elaborada sobre a mesma matéria. Em 2014, a Corte proferiu decisão sobre a competência da Corte para elaborar opiniões consultivas.

33. O artigo 64 da Convenção Americana estabelece a possibilidade de os Estados membros da OEA, sejam partes ou não da Convenção, solicitarem opinião consultiva à Corte Interamericana relativamente à interpretação da Convenção ou de outros tratados relativos à proteção dos direitos humanos nos Estados americanos, bem como relativamente à compatibilidade de seu direito doméstico com esses instrumentos. As opiniões consultivas podem ainda ser solicitadas à Corte por relevantes órgãos da OEA, em sua esfera de competência.

maior jurisdição territorial, considerando a população total dos 41 Estados-partes, que ultrapassa 800 milhões de pessoas. Além disso, não nacionais e não residentes podem submeter casos à Corte em face de um Estado-parte da Convenção"[34].

No plano contencioso, reitere-se, nos termos do artigo 34, qualquer pessoa[35], grupo de pessoas ou organização não governamental têm acesso direto à Corte Europeia, podendo submeter à sua apreciação denúncia de violação de direito estabelecido pela Convenção por Estado-parte. Os indivíduos têm pleno *locus standi* perante a Corte Europeia.

Ao apreciar a petição, a Corte realiza, preliminarmente, um juízo de admissibilidade, no sentido de avaliar se os requisitos previstos no artigo 35 da Convenção encontram-se preenchidos[36]. Nos termos do artigo 35 da Convenção, a petição deve respeitar os seguintes requisitos de admissibilidade: a) esgotamento prévio dos recursos internos; b) observância do prazo de 6 meses, a contar da data da decisão definitiva; c) não ser anônima; d) inexistência de litispendência internacional; e) não ser manifestamente infundada; e f) não constituir um abuso de direito de petição[37]. Além disso, o Estado denunciado como violador deve ser parte da Convenção.

No caso Akdivar e outros *vs.* Turquia, a Corte esclareceu o sentido da regra do prévio esgotamento dos recursos internos, que obriga a vítima a utilizar primeiramente todos os remédios assegurados no âmbito interno para então acessar a Corte: "Esta regra é baseada na concepção, refletida no artigo 13 da Convenção, de que há remédios efetivos disponíveis em relação à alegada afronta ao sistema doméstico, independentemente de as previsões da Convenção serem incorporadas pelo direito interno. Nesse sentido, importa enfatizar que o aparato de proteção estabelecido na Convenção é subsidiário aos sistemas nacionais de proteção dos direitos humanos"[38].

---

34. Mark Janis, Richard Kay e Anthony Bradley, *European Human Rights Law*, p. 396. Para acessar os julgamentos da Corte, ver www.dhcour.coe.fr. Para informações sobre o Conselho da Europa em geral, ver www.coe.fr.

35. Embora o termo "pessoa" pareça incluir apenas pessoas físicas, a petição pode ser também submetida por sindicatos, partidos políticos, igrejas e outras organizações.

36. Ressaltam Clare Ovey e Robin White: "Nos anos recentes, uma média de uma a cada quatro ou de uma a cada sete petições têm sido declaradas admissíveis, embora ao longo da vigência da Convenção menos que uma a cada dez petições tenha avançado para além da fase de admissibilidade" (*European Convention on Human Rights*, p. 9).

37. Caracteriza-se o abuso do direito de petição quando a vítima se utilizar de forma imprópria do direito de petição previsto no artigo 34 da Convenção.

38. Ver Clare Ovey e Robin White, *European Convention on Human Rights*, p. 409.

Contudo, a própria jurisprudência da Corte ressalva que não há obrigação de valer-se de um remédio que se mostre inadequado ou inefetivo.

A petição deve contemplar no polo passivo o Estado-parte da Convenção, e será fundamentada com base na violação a dispositivos da Convenção ou de seu Protocolo. Conforme a jurisprudência da Corte, os direitos enunciados na Convenção impõem obrigações positivas ao Estado, que pode ser responsabilizado em virtude da omissão na proteção dos direitos, por ter sido incapaz de evitar violação cometida por atores não estatais[39].

Se a petição for declarada inadmissível, a decisão será definitiva, não podendo ser objeto de apelação. Se a petição for declarada admissível, as partes serão informadas e a Corte se colocará à disposição na busca de uma solução amistosa. Se a solução não for alcançada, serão fixados prazos para a apresentação de memoriais, e a Corte decidirá se será necessária audiência. Observe-se que as decisões da Corte a respeito do juízo de admissibilidade serão sempre fundamentadas, nos termos do artigo 45 da Convenção.

Ao final, se a Corte decidir que há violação a um ou mais artigos da Convenção, com fundamento no artigo 41, poderá determinar compensação pecuniária à vítima. Isto é, embora a decisão da Corte tenha natureza declaratória (ao afirmar se a Convenção foi violada ou não), pode vir acompanhada de uma decisão que determine uma compensação financeira[40]. Com efeito, nos termos do artigo 41 da Convenção: "Se a Corte entender que houve violação à Convenção ou aos seus Protocolos e se a legislação interna dos Estados-partes permitir apenas que uma reparação parcial seja efetuada, a Corte deve, se necessário, determinar justa reparação à vítima". Esse dispositivo, todavia, tem sido criticado pela falta de clareza de critérios no que se refere às hipóteses em que os danos devem ser compensados e como devem ser mensurados.

No caso Papamichalopoulos vs. Grécia[41], a Corte entendeu que, se restar reconhecida a existência de violação à Convenção, caberá ao Estado

---

39. A título de exemplo, cite-se o caso López Ostra vs. Spain (julgamento de 9-12-1994, Series A, N. 303-C), em que a Corte responsabilizou a Espanha em face de sua omissão em permitir que uma fábrica poluísse de forma nociva áreas vizinhas, com fundamento na violação ao artigo 8º da Convenção. No mesmo sentido, cite-se o caso A. vs. United Kingdom (julgamento de 23-9-1998), em que a Corte, com base no artigo 3º, responsabilizou o Reino Unido, em virtude da proteção inadequada no âmbito de seu Direito criminal no que tange à violência praticada por indivíduos particulares.

40. P. van Dijk e G. J. H. van Hoof, *Theory and practice of the European Convention on Human Rights,* p. 21.

41. Julgamento de 31 de outubro de 1995, Series A, N. 330-B, (1996) 21 EHRR 439.

a obrigação legal de colocar um fim em referida violação, bem como de adotar adequada reparação a fim de restaurar, tanto quanto possível, a situação existente antes da aludida violação. Adicionou ainda: "Os Estados-partes são, em princípio, livres para escolher os meios pelos quais deverão cumprir a decisão da Corte que estabelecer que houve violação a direito enunciado na Convenção. Esta discricionariedade, no que tange à forma de executar a decisão, reflete a liberdade de escolha concernente à primeira obrigação consagrada pela Convenção aos Estados-partes — a obrigação de assegurar os direitos e liberdades nela garantidos (artigo 1º). Se a natureza da violação permitir a restituição integral (*restitutio in integrum*), caberá ao Estado efetivá-la, não dispondo a Corte nem do poder, tampouco da possibilidade prática de fazê-lo. Se, por outro lado, a legislação nacional não permitir — ou permitir apenas parcialmente — que a reparação seja feita, em virtude da violação, o artigo 50[42] confere competência à Corte para assegurar à vítima a satisfação apropriada".

A respeito das medidas gerais a serem impostas pela Corte, estas podem compreender importantes alterações normativas. A título de exemplo, merecem menção: a alteração da *law on contempt of court* no Reino Unido — *Sunday Times vs.* United Kingdom[43]; mudanças afetas às regras de correspondências de presos — Silver e outros *vs.* United Kingdom[44]; alteração em procedimentos criminais — Assenov e outros *vs.* Bulgária[45]; abolição de punição corporal na Isle of Man — Tyrer *vs.* United Kingdom[46]; abolição de punição corporal em escolas — Campbell e Cosans *vs.* United Kingdom[47]; descriminalização da prática consensual homossexual na Irlanda do Norte — Dudgeon *vs.* United Kingdom[48]; alteração de regras imi-

---

42. O antigo artigo 50 corresponde ao novo artigo 41, tendo em vista as inovações do Protocolo n. 11.

43. Julgamento de 26 de abril de 1979, series A, N. 30 (1979-1980) 2 EHRR 245. No caso *Sunday Times* a Corte entendeu que certas regras da *law of contempt of court* eram restritivas da liberdade de imprensa de forma incompatível com uma sociedade democrática, em violação ao artigo 10 da Convenção. A respeito, ver Mireille Delmas-Marty (ed.), *The European Convention for the Protection of Human Rights: international protection vs. national restrictions*, p. 297.

44. Julgamento de 25 de março de 1983, Series A, N. 61 (1983) 5 EHRR 347.

45. Julgamento de 28 de outubro de 1998, 28 EHRR 652.

46. Julgamento de 25 de abril de 1978, Series A, N. 26 (1979-1980), 2 EHRR 1.

47. Julgamento de 25 de fevereiro de 1982, Series A, N. 48 (1982), 4 EHRR 293.

48. Julgamento de 22 de outubro de 1981, Series A, N. 45 (1982) 4 EHRR 149. Neste caso, a Corte Europeia decidiu que a legislação da Irlanda do Norte acerca da proibição de

gratórias discriminatórias — caso Abdulaziz, Cabales e Balkandali *vs.* United Kingdom[49].

Como lecionam Clares Ovey e Robin C. A. White: "Mais da metade das medidas gerais envolve alterações legislativas. Outras medidas gerais incluem reformas administrativas, alterações nas práticas judiciais ou capacitação em direitos humanos no treinamento policial"[50].

Na percepção de Mark Janis, Richard Kay e Anthony Bradley: "Estados soberanos têm geralmente respeitado as decisões da Corte. Até janeiro de 2000, 41 Estados eram partes da Convenção. Estes Estados, em cumprimento às decisões da Corte de Strasbourg, têm reformado procedimentos policiais; instituições penais; tratamento dado a crianças; agências administrativas; processos judiciais; relações de trabalho; legislações, (...). Além disso, Estados têm compensado vítimas em razão de violações"[51]. Sobre o impacto do sistema europeu, aponta Jack Donnelly: "Decisões da Corte Europeia têm tido considerável impacto na legislação e na prática de diversos Estados. Por exemplo, sistemas de detenção foram alterados na Bélgica, Alemanha, Grécia e Itália. O tratamento de estrangeiros foi alterado nos Países Baixos e na Suíça. A legislação sobre liberdade de imprensa foi alterada na Inglaterra. A legislação sobre escuta telefônica foi alterada na Suíça. Práticas de assistência legal foram também revistas na Itália e na Dinamarca. Procedimentos voltados à celeridade processual foram adotados

---

condutas homossexuais entre adultos (maiores de 21 anos) era uma interferência indevida no direito ao respeito à vida privada, injustificada e desnecessária em uma sociedade democrática. No caso Smith *vs.* UK (1999), a Corte, no mesmo sentido, entendeu que investigações e entrevistas acerca da vida privada significavam uma interferência indevida, em violação ao artigo 8º da Convenção Europeia. Observe-se que, na hipótese, o peticionário havia sido afastado das Forças Armadas, em virtude de sua orientação sexual. Em igual direção, no caso Perkins e R. *vs.* Reino Unido (1998) e no caso Beck, Copp e Bazeley *vs.* Reino Unido (1999), entendeu a Corte que a política de banir a presença de homossexuais nas Forças Armadas, mediante investigação na vida privada e sexualidade, constituía violação aos artigos 8º (direito ao respeito à vida privada) e 14 (proibição de discriminação) da Convenção Europeia. Argumentou que tal prática constituía uma flagrante discriminação e indevida ingerência no direito ao respeito à vida privada, não justificável à luz do parágrafo 2º do artigo 8º da Convenção como uma medida "necessária em uma sociedade democrática".

49. Julgamento de 28 de maio de 1985, Series A, N. 94 (1985) 7 EHRR 471. Neste caso foi considerada violatória aos artigos 8º e 14 da Convenção Europeia a regra de imigração que permitia apenas a homens trazerem suas esposas não nacionais para viverem com eles no Reino Unido, negando tal direito às mulheres.

50. Ver Clare Ovey e Robin White, *European Convention on Human Rights*, p. 427.

51. Mark Janis, Richard Kay e Anthony Bradley, *European Human Rights Law*, p. 1.

na Itália, nos Países Baixos e na Suécia. A legislação sobre privacidade foi revista na Itália"[52].

No mesmo sentido, afirmam David Harris, Michael O'Boyle e Chris Warbrick: "Sem dúvida que o sistema de Strasbourg é invasivo. Por vezes, a Corte determina que comandos do direito interno e práticas internas são incompatíveis com a Convenção, não raramente em áreas particularmente sensíveis, como prisões, questões relativas à imigração ou à administração da justiça"[53]. Ao tratar do impacto da Convenção Europeia, adicionam os mesmos autores: "A Convenção tem tido um considerável impacto em relação ao direito interno dos Estados-partes. Tem servido como catalisadora de mudanças legais em prol da proteção dos direitos humanos e tem, assim, contribuído com o processo de harmonização do Direito na Europa. Tem sido, ainda, um agente de reforma legal no contexto de particulares violações aos direitos humanos, mais que um instrumento para controlar violações de direitos humanos em grande escala, o que foi inicialmente a fonte inspiradora da Convenção. (...) Em diversos casos, Estados têm alterado sua legislação e prática, buscando uma harmonização com a Convenção, guiados por decisões da Corte, em situações, inclusive, das quais não são parte. Por exemplo, a Holanda alterou sua legislação acerca dos direitos de crianças nascidas fora do casamento em decorrência do caso Marckx *vs.* Belgium (1979). (...) Uma decisão da Corte em um caso submetido por uma pessoa pode ter impacto em 30 ou mais jurisdições nacionais"[54].

Um estudo a respeito da jurisprudência da Corte Europeia no período de 1959 a 2009 constatou que a violação: a) ao direito ao julgamento em prazo razoável corresponde a 28,07% das demandas; b) ao direito a um julgamento justo corresponde a 21,49% das demandas; c) ao direito de

---

52. Jack Donnelly, *Universal human rights in theory and practice*, p. 139.

53. David Harris, Michael O'Boyle e Chris Warbrick, *Law of the European Convention on Human Rights*, p. VI. Adicionam os autores: "Políticos e setores da mídia frequentemente reclamam, com aguda indignação, acerca da interferência na política interna do Estado por juristas estrangeiros desinformados e pouco qualificados. Não ao acaso, o tom da crítica é alterado quando são as próprias liberdades políticas ou as liberdades de imprensa que estão sob ameaça" (p. VI).

54. David Harris, Michael O'Boyle e Chris Warbrick, *Law of the European Convention on Human Rights*, p. 29. Ainda complementam os autores: "Finalmente, cabe mencionar que a Convenção tem ainda influenciado a legislação nacional fora da Europa. Seu texto tem impactado as declarações de direitos de um número de Estados que foram colônias europeias e a jurisprudência das instituições da Convenção têm sido referidas em casos decididos em Cortes nacionais de Estados não europeus" (p. 31).

propriedade corresponde a 14,44% dos casos; d) aos direitos à liberdade e segurança corresponde a 10,5%; e) ao direito a remédios efetivos corresponde a 7,86%; sendo que outros temas revelam 16% dos casos. Isto é, praticamente metade dos casos apreciados pela Corte Europeia atém-se especificamente à violação ao direito ao julgamento em prazo razoável e ao direito a um julgamento justo[55].

Atente-se, todavia, que a inclusão dos países do Leste Europeu no sistema europeu, com sua agenda própria de violações, está a deflagrar a crescente abertura da Corte Europeia à jurisprudência interamericana relativa a graves violações de direitos perpetradas por regimes autoritários, envolvendo a prática de tortura, execução sumária e desaparecimento forçado de pessoas. Como demonstra relatório produzido pelo Conselho da Europa em 2012, ao analisar 25 (vinte e cinco) sentenças proferidas pela Corte Europeia, há expressiva referência à jurisprudência da Corte Interamericana, sobretudo em matéria de desaparecimento forçado, combate à impunidade e justiça de transição, com destaque às sentenças dos casos Velásquez Rodríguez *vs.* Honduras, Godinez Cruz *vs.* Honduras, Loyaza Tamayo *vs.* Peru e Barrios Altos *vs.* Peru, na jurisprudência da Corte Europeia. Também foram localizados julgados da Corte Europeia concernentes a direitos sociais, com menção às sentenças da Corte Interamericana nos casos Acevedo Buendia *vs.* Peru e Cinco Pensionistas *vs.* Peru[56]. Daí o fenômeno da "interamericanização" do sistema europeu (ao qual se soma o fenômeno da "europeicização" do sistema interamericano, como será visto no Capítulo VII) — reflexo do crescente diálogo regional em matéria de direitos humanos.

Observe-se que a Convenção não prevê qualquer dispositivo que expressamente autorize a Corte a ordenar medidas para salvaguardar os direitos da vítima. Contudo, em casos urgentes (por exemplo, se houver a possibilidade de imediata expulsão da vítima do território do Estado violador — o que poderia ensejar afronta ao artigo 3º da Convenção), a Corte poderá notificar o Estado para não adotar medidas que possam obstar o desenvolvimento do caso, nos termos do artigo 39 das *Rules of the Court*. Com

---

55. Consultar *The ECHR in 50 Questions*, European Court of Human Rights, Council of Europe, December 2010, p. 12. Acessar também: http://www.echr.coe.int.

56. A respeito, ver Council of Europe. Research Report, References to the Inter-American Court of Human Rights in the case-law of the European Court of Human Rights. 2012. Disponível em: <http://www.echr.coe.int/NR/rdonlyres/7EB3DE1F-C43E-4230-980D--63F127E6A7D9/0/RAPPORT_RECHERCHE_InterAmerican_Court_and_the_Court_caselaw.pdf>. Acesso em: 1º dez. 2012.

efeito, o mencionado dispositivo prevê: "A Câmara ou, quando apropriado, seu Presidente, poderá, por solicitação da parte ou de qualquer outra pessoa a ela relacionada, (...) indicar medidas provisórias a serem adotadas para salvaguardar os direitos da parte ou para permitir o adequado desenvolvimento dos procedimentos perante a Corte". Diversamente, como será analisado, nos sistemas interamericano e africano há expressamente a possibilidade de as respectivas Cortes, em casos de extrema gravidade e urgência, adotarem medidas provisórias, no sentido de salvaguardar direitos da vítima e evitar danos irreparáveis. Tal possibilidade encontra-se prevista no artigo 63, § 2º, da Convenção Americana e no artigo 27, § 2º, do Protocolo à Carta Africana dos Direitos Humanos e dos Povos.

Reitere-se que os Estados se comprometem a cumprir as decisões da Corte em todos os casos em que forem partes. A decisão final da Corte será, então, transmitida ao Comitê de Ministros, ao qual caberá supervisionar sua execução, em conformidade com o artigo 46 da Convenção[57]. Ao Comitê de Ministros, enquanto órgão executivo do Conselho da Europa, cabe, pois, o desafio de supervisionar a execução das decisões da Corte.

Cada Estado-parte poderá ter um representante no Comitê de Ministros, e cada representante tem direito a um voto. Via de regra, esses representantes são os Ministros das Relações Exteriores de cada Estado-parte, que também atuam por meio de representantes diplomáticos em Strasbourg[58]. De acordo com as Regras de Procedimento adotadas pelo Comitê[59], em

---

57. Subsiste, todavia, o desafio de conferir plena executoriedade às decisões da Corte. No dizer de Leni Fischer, então Presidente da Assembleia Geral do Conselho da Europa, em discurso proferido em novembro de 1998: "O que mais requer a nova Corte Europeia de Direitos Humanos é o respeito e a implementação de suas decisões no âmbito dos Estados-membros do Conselho da Europa. Esta medida, por si só, conferirá à Corte a autoridade necessária no sentido de proteger os direitos fundamentais de nosso povo" (Council of Europe Press Release n. 729/98). Para Rolv Ryssdal, então Presidente da Corte, a efetividade da Convenção está condicionada, de um lado, ao cumprimento de obrigações juridicamente vinculantes pelos Estados, e, por outro, ao princípio da boa-fé a guiar os Estados partes de convenções internacionais (Rolv Ryssdal, The enforcement system set up under the European Convention on Human Rights, in *Compliance with judgements of international courts: symposium in honour of Prof. Henry G. Schermers*).

58. Note-se que o Comitê tem o apoio de um secretariado estabelecido pelo Secretário-Geral do Conselho da Europa. Contudo, "em setembro de 2001, havia apenas 10 membros dedicados à área de direitos humanos — número extremamente reduzido, se comparado com os mais de 300 funcionários que trabalham junto à Secretaria da Corte" (ver Clare Ovey e Robin White, op. cit., p. 421).

59. Sobre as Regras de Procedimento do Comitê, acessar www.com.coe.int.

atenção ao artigo 46, § 2º, da Convenção, o Estado-parte tem a obrigação de informar o Comitê a respeito das medidas adotadas em cumprimento à decisão da Corte que declarou existir violação à Convenção, seja quanto ao pagamento de justa reparação, nos termos do artigo 41 da Convenção, seja quanto a medidas de outra natureza. Até que o Estado adote todas as medidas efetivas para reparar a violação, periodicamente, o Comitê de Ministros demandará do Estado violador informações sobre as medidas adotadas. Só então, com a implementação de todas as medidas necessárias pelo Estado-parte, é que o Comitê adotará resolução concluindo que sua missão, em conformidade com o artigo 46, § 2º, foi devidamente cumprida.

Observe-se que o Comitê de Ministros poderá considerar comunicação da vítima a respeito do pagamento de justa indenização ou de medidas adotadas em seu caso específico. Para a plena execução das decisões da Corte, seria importante fomentar um sistema independente de monitoramento, que não dependesse fundamentalmente de informações prestadas pelos Estados ou de requerimentos esporádicos apresentados pelas vítimas.

De todo modo, como atentam David Harris, Michael O'Boyle e Chris Warbrick: "A atuação do Comitê de Ministros com base no artigo 54 pode ser vista como mais que satisfatória. O fato de que, em sua própria autoridade, como um órgão político, o Comitê esteja envolvido no processo faz com que sua *performance* se mostre adequada ao seu papel. Não é surpreendente que esta competência de supervisão tenha sido mantida pelo Protocolo n. 11 com respeito às decisões proferidas pela nova Corte"[60].

Há que frisar que outras pressões, de natureza diversa, devem ser conjugadas para encorajar os Estados ao cumprimento dos parâmetros internacionais. Dentre elas, destaca-se o interesse coletivo em prol da estabilidade na Europa; pressões diplomáticas; interesse em integrar a União Europeia (um *good record* em Strasbourg é visto como relevante precondição); e o *power of shame* ou *power of embarrassment* pelo risco de ser considerado um Estado violador no âmbito do Comitê de Ministros[61].

---

60. David Harris, Michael O'Boyle e Chris Warbrick, *Law of the European Convention on Human Rights*, p. 705.

61. Para Michael O'Boyle: "Ainda que o grau de respeito às decisões da Corte seja exemplar, por vezes, há o atraso no pagamento de compensação. O Comitê de Ministros tem a consciência de que a credibilidade e a efetividade do sistema da Convenção restarão comprometidas quando da inobservância das decisões da Corte e, por isso, pressões diplomáticas são endereçadas a governos recalcitrantes" (Michael O'Boyle, Reflections on

Em caso de não cumprimento da decisão da Corte, a sanção última a ser aplicada ao Estado violador é a ameaça de expulsão do Conselho da Europa, com fundamento nos artigos 3º e 8º do Estatuto do Conselho. Nos termos do artigo 3º do Estatuto do Conselho da Europa: "Cada Estado-membro deve aceitar os princípios do Estado de Direito e do pleno exercício dos direitos humanos e das liberdades fundamentais por todas as pessoas submetidas à sua jurisdição". Já o artigo 8º do mesmo Estatuto estabelece: "O Estado-membro que tenha seriamente violado o artigo 3º do Estatuto pode ter seus direitos de representação suspensos e ser solicitado pelo Comitê de Ministros a se retirar do Conselho da Europa com base no artigo 7º e, se não o fizer, poderá ser expulso"[62].

O sistema europeu tem revelado alto grau de cumprimento das decisões da Corte, seja por envolver países que tradicionalmente acolhem o princípio do Estado de Direito[63], seja por expressar a identidade de valores democráticos e de direitos humanos compartilhados por aqueles Estados na busca da integração política, seja ainda pela credibilidade alcançada pela Corte, por atuar com justiça, equilíbrio e rigor intelectual[64].

---

the effectiveness of the European System for the Protection of Human Rights, in Anne F. Bayefsky (ed.), *The UN Human Rights System in the 21ˢᵗ Century*, p. 172).

62. Em atenção a esse dispositivo é que, em 1969, a Grécia anunciou sua retirada do Conselho da Europa e denunciou a Convenção Europeia, sendo readmitida em 1974, quando do seu regime militar entrou em colapso. Note-se que são objetivos do Conselho da Europa: a) proteger os direitos humanos, o pluralismo democrático e o Estado de Direito; b) promover a consciência e o desenvolvimento da identidade e diversidade cultural europeia; c) buscar soluções aos problemas enfrentados pela sociedade europeia, tais como discriminação, intolerância, proteção ambiental, terrorismo, criminalidade; e d) consolidar a estabilidade democrática na Europa, conferindo suporte a reformas constitucionais, políticas e legislativas (Council of Europe, *Council of Europe: 800 Million Europeans*).

63. Uma vez mais, enfatiza-se o desafio da incorporação dos países da Europa Central e do Leste no sistema europeu, na medida em que contemplam democracias e Estado de Direito ainda em fase de construção.

64. Para David Harris, Michael O'Boyle e Chris Warbrick: "A Corte tem recebido a confiança e a credibilidade dos Estados-partes por enfrentar os casos com a objetividade dos órgãos judiciais e tem reconhecida sua reputação no âmbito internacional por atuar com justiça, equilíbrio e rigor intelectual" (*Law of the European Convention on Human Rights*, p. VII).

101

CAPÍTULO V

SISTEMA REGIONAL INTERAMERICANO DE PROTEÇÃO DOS DIREITOS HUMANOS

a) Introdução

A análise do sistema interamericano de proteção dos direitos humanos demanda seja considerado o seu contexto histórico, bem como as peculiaridades regionais. Trata-se de uma região marcada por elevado grau de exclusão e desigualdade social, ao qual se somam democracias em fase de consolidação. A região ainda convive com as reminiscências do legado dos regimes autoritários ditatoriais, com uma cultura de violência e de impunidade, com a baixa densidade de Estados de Direito e com a precária tradição de respeito aos direitos humanos no âmbito doméstico.

Dois períodos demarcam, assim, o contexto latino-americano: o período dos regimes ditatoriais e o período da transição política aos regimes democráticos, caracterizado pelo fim das ditaduras militares, na década de 1980, na Argentina, no Chile, no Uruguai e no Brasil[1].

Ao longo dos regimes ditatoriais que assolaram os Estados da região, os mais básicos direitos e liberdades foram violados, sob as marcas das

---

1. Observa Thomas Buergenthal: "Em 1978, quando a Convenção Americana de Direitos Humanos entrou em vigor, muitos dos Estados da América Central e do Sul eram governados por Ditaduras, tanto de direita, como de esquerda. Dos 11 Estados partes da Convenção à época, menos da metade tinha governos eleitos democraticamente. A outra metade dos Estados havia ratificado a Convenção por diversas razões de natureza política. (...) Ao longo dos anos, contudo, houve uma mudança gradativa no regime político das Américas, tornando possível para o sistema interamericano de proteção dos direitos humanos ter uma importância cada vez maior. O fato de hoje quase a totalidade dos Estados latino--americanos na região, com exceção de Cuba, terem governos eleitos democraticamente tem produzido significativos avanços na situação dos direitos humanos nesses Estados. Estes Estados ratificaram a Convenção e reconheceram a competência jurisdicional da Corte" (prefácio de Thomas Buergenthal, in Jo M. Pasqualucci, *The practice and procedure of the Inter-American Court on Human Rights*, p. XV).

execuções sumárias; dos desaparecimentos forçados[2]; das torturas sistemáticas; das prisões ilegais e arbitrárias; das perseguições político-ideológicas; e da abolição das liberdades de expressão, reunião e associação.

Nas lições de Guillermo O'Donnell: "É útil conceber o processo de democratização como um processo que implica em duas transições. A primeira é a transição do regime autoritário anterior para a instalação de um Governo democrático. A segunda transição — mais longa e complexa que a primeira — é deste Governo para a consolidação democrática ou, em outras palavras, para a efetiva vigência do regime democrático"[3]. Nesse sentido, sustenta-se que, embora a primeira etapa do processo de democratização já tenha sido alcançada na região — a transição do regime autoritário para a instalação da democracia —, a segunda etapa desse processo, ou seja, a efetiva consolidação do regime democrático, ainda está em curso.

Isso significa que a região latino-americana tem um duplo desafio: romper em definitivo com o legado da cultura autoritária ditatorial e consolidar o regime democrático, com o pleno respeito aos direitos humanos, amplamente considerados — direitos civis, políticos, econômicos, sociais, culturais e ambientais[4]. Como reitera a Declaração de Direitos Humanos de

---

2. Na Guatemala, após o golpe militar, estima-se que em média 30.000 pessoas tenham desaparecido. Na Nicarágua a prática dos desaparecimentos forçados foi uma constante no governo Somoza; no Brasil, após o golpe militar de 1964; no Chile, após o golpe militar de 1973; e na Argentina, particularmente após o golpe militar de 1976, estima-se que mais de 9.000 pessoas desapareceram. Na década de 80, as práticas se estenderam a El Salvador, Peru e persistem ainda hoje na Colômbia (Mario Novelli e Berenice Celeyta, Latin America: the reality of human rights, in Rhona K. M. Smith e Christien van den Anker (eds.), *The essentials of human rights,* p. 219).

3. Guillermo O'Donnell, Transitions, continuities, and paradoxes, in Scott Mainwaring, Guillermo O'Donnell e J. Samuel Valenzuela (org.), *Issues in democratic consolidation: the new South American democracies in comparative perspective*, p. 18.

4. A respeito, afirma Christina M. Cerna: "Todos os instrumentos internacionais de direitos humanos pressupõem um Estado democrático como condição para o exercício de direitos humanos. A Comissão Interamericana tem sido um ator fundamental no processo de democratização das Américas. A OEA, criada em 1959, foi o primeiro organismo internacional a definir os atributos de uma Democracia, em sua primeira Declaração de Santiago, (...) embora muitos Estados da região à época não fossem democráticos" (Christina M. Cerna, The Inter-American Commission on Human Rights, in Rhona K. M. Smith e Christien van den Anker (eds.), *The essentials of human rights,* p. 184). Para Christof Heyns e Frans Viljoen: "Ao utilizar métodos inovadores, como as investigações *in loco*, a Comissão Interamericana teve uma importante atuação na transição de ditaduras militares para regimes democráticos na América Latina, na década de 80" (Christof Heyns e Frans Viljoen, An overview of human rights protection in Africa, *South African Journal on Human Rights*, v.

Viena de 1993, há uma relação indissociável entre democracia, direitos humanos e desenvolvimento. Ao processo de universalização dos direitos políticos, em decorrência da instalação de regimes democráticos, deve ser conjugado o processo de universalização dos direitos civis, sociais, econômicos, culturais e ambientais. Em outras palavras, a densificação do regime democrático na região requer o enfrentamento do elevado padrão de violação aos direitos econômicos, sociais, culturais e ambientais, em face do alto grau de exclusão e desigualdade social, que compromete a vigência plena dos direitos humanos na região, sendo fator de instabilidade ao próprio regime democrático.

É à luz desses desafios que será enfocado o sistema interamericano de proteção dos direitos humanos.

b) A Convenção Americana de Direitos Humanos

O instrumento de maior importância no sistema interamericano é a Convenção Americana de Direitos Humanos, também denominada Pacto de San José da Costa Rica[5]. Essa Convenção foi assinada em San José, Costa Rica, em 1969, tendo entrado em vigor em 1978[6]. Apenas Estados membros

---

11, part 3, p. 427). Note-se que, em 1961, a Comissão Interamericana começou a realizar visitas *in loco* para observar a situação geral de direitos humanos em países, ou para investigar uma situação particular. Em 2018, a Comissão Interamericana realizou visitas *in loco* para observar a situação geral de direitos humanos na Nicarágua (em maio) e em Honduras (em agosto).

5. Note-se que o Sistema Interamericano consiste em dois regimes: um baseado na Convenção Americana e outro baseado na Carta da Organização dos Estados Americanos. O enfoque do presente capítulo se concentrará exclusivamente no regime instaurado pela Convenção Americana de Direitos Humanos.

6. Cf. Thomas Buergenthal: "A Convenção Americana de Direitos Humanos foi adotada em 1969 em uma Conferência intergovernamental celebrada pela Organização dos Estados Americanos (OEA). O encontro ocorreu em San José, Costa Rica, o que explica o porquê de a Convenção Americana ser também conhecida como 'Pacto de San José da Costa Rica'. A Convenção Americana entrou em vigor em julho de 1978, quando o 11º instrumento de ratificação foi depositado" (The Inter-American system for the protection of human rights, in Theodor Meron (ed.), *Human rights in international law: legal and policy issues*, p. 440). Segundo dados da Organização dos Estados Americanos, em 2023, dos 35 Estados membros da OEA, 24 são partes da Convenção Americana. Note-se que, em 26 de maio de 1998, Trinidad e Tobago formalizou denúncia da Convenção Americana e, em 10 de setembro de 2012, a Venezuela formalizou denúncia da Convenção Americana. Em julho de 2019, a Venezuela depositou instrumento de ratificação, assinado por Juan Guaidó. Nesse universo, o Estado brasileiro foi um dos Estados que mais tardiamente aderiram à Convenção, fazendo-o apenas em 25 de setembro de 1992.

da Organização dos Estados Americanos podem aderir à Convenção Americana, que contava, em 2023, com 24 Estados-partes, considerando a denúncia da Convenção formulada por Trinidad e Tobago, em 26 de maio de 1998, e pela Venezuela, em 10 de setembro de 2012. Posteriormente, em julho de 2019, a Venezuela depositou instrumento de ratificação, assinado por Juan Guaidó. Note-se que, em abril de 1948, anteriormente à Declaração Universal de Direitos Humanos, a OEA já adotava a Declaração Americana dos Direitos e Deveres do Homem.

Substancialmente, a Convenção Americana reconhece e assegura um catálogo de direitos civis e políticos similar ao previsto pelo Pacto Internacional dos Direitos Civis e Políticos, tal como ocorre com a Convenção Europeia de Direitos Humanos. No universo de direitos, destacam-se: o direito à personalidade jurídica; o direito à vida; o direito a não ser submetido à escravidão; o direito à liberdade; o direito a um julgamento justo; o direito à compensação em caso de erro judiciário; o direito à privacidade; o direito à liberdade de consciência e religião; o direito à liberdade de pensamento e expressão; o direito à resposta; o direito à liberdade de associação; o direito ao nome; o direito à nacionalidade; o direito à liberdade de movimento e residência; o direito de participar do governo; o direito à igualdade perante a lei; e o direito à proteção judicial[7].

---

7. Ao tratar do catálogo de direitos previstos pela Convenção Americana, leciona Thomas Buergenthal: "A Convenção Americana é mais extensa que muitos instrumentos internacionais de direitos humanos. Ela contém 82 artigos e codifica mais que duas dúzias de distintos direitos, incluindo o direito à personalidade jurídica, à vida, ao tratamento humano, à liberdade pessoal, a um julgamento justo, à privacidade, ao nome, à nacionalidade, à participação no Governo, à igual proteção legal e à proteção judicial. A Convenção Americana proíbe a escravidão; proclama a liberdade de consciência, religião, pensamento e expressão, bem como a liberdade de associação, movimento, residência, ao lado da proibição da aplicação das leis *ex post facto*" (*International human rights*, p. 441). Na visão de Hector Gross Espiell: "Os direitos previstos no capítulo II são: o direito à personalidade jurídica, o direito à vida, o direito ao tratamento humano, a proibição da escravidão e servidão, o direito à liberdade pessoal, o direito a um julgamento justo, o princípio da não retroatividade, o direito à compensação, o direito de ter a própria honra e dignidade protegidas, a liberdade de consciência e religião, a liberdade de pensamento e expressão, o direito de resposta, o direito de assembleia, a liberdade de associação, o direito de se casar e de fundar uma família, o direito ao nome, os direitos da criança, o direito à nacionalidade, o direito à propriedade privada, a liberdade de movimento e residência, direitos políticos, igualdade perante a lei e o direito à proteção judicial (arts. 4º a 25). (...) O artigo 26 trata dos direitos sociais, econômicos e culturais" (The Organization of American States (OAS), in Karel Vasak (ed.), *The international dimensions of human rights*, v. 1, p. 558-559). Ver ainda David Harris e Stephen Livingstone, *The Inter-American System of Human Rights*.

A Convenção Americana não enuncia de forma específica qualquer direito social, cultural ou econômico, limitando-se a determinar aos Estados que alcancem, progressivamente, a plena realização desses direitos, mediante a adoção de medidas legislativas e outras que se mostrem apropriadas, nos termos do artigo 26 da Convenção. Posteriormente, em 1988, a Assembleia Geral da Organização dos Estados Americanos adotou um Protocolo Adicional à Convenção, concernente aos direitos sociais, econômicos e culturais (Protocolo de San Salvador), que entrou em vigor em novembro de 1999, quando do depósito do 11° instrumento de ratificação, nos termos do artigo 21 do Protocolo[8], contando, em 2023, com 18 Estados-partes.

Em face desse catálogo de direitos constantes da Convenção Americana, o Estado-parte tem a obrigação de respeitar e assegurar o livre e pleno exercício desses direitos e liberdades, sem qualquer discriminação. Cabe ainda ao Estado-parte adotar todas as medidas legislativas e de outra natureza que sejam necessárias para conferir efetividade aos direitos e liberdades enunciados[9]. Como atenta Thomas Buergenthal: "Os Estados-partes na Convenção Americana têm a obrigação não apenas de 'respeitar' esses direitos garantidos na Convenção, mas também de 'assegurar' o seu livre e pleno exercício. Um governo tem, consequentemente, obrigações

---

8. Até 2023, o Protocolo de San Salvador contava com 18 Estados-partes (http://www.oas.org/juridico/english/Sigs/a-52.html). Dentre os direitos enunciados no Protocolo, destacam-se: o direito ao trabalho e a justas condições de trabalho; a liberdade sindical; o direito à seguridade social; o direito à saúde; o direito ao meio ambiente; o direito à nutrição; o direito à educação; direitos culturais; proteção à família; direitos das crianças; direitos dos idosos; e direitos das pessoas portadoras de deficiência. Note-se que, além do Protocolo de San Salvador (1988), outros tratados de direitos humanos foram adotados no âmbito do sistema interamericano, com destaque ao Protocolo para a Abolição da Pena de Morte (1990); à Convenção Interamericana para Prevenir e Punir a Tortura (1985); à Convenção Interamericana sobre o Desaparecimento Forçado de Pessoas (1994); à Convenção Interamericana para Prevenir, Punir e Erradicar a Violência contra a Mulher (1994); e à Convenção Interamericana sobre a Eliminação de todas as formas de Discriminação contra Pessoas com Deficiência (1999).

9. Cf. Hector Gross Espiell: "Os primeiros dois artigos constituem a base da Convenção. O artigo 1° institui a obrigação dos Estados-partes de respeitar os direitos e as liberdades reconhecidas pela Convenção e assegurar o livre e pleno exercício desses direitos e liberdades sem qualquer discriminação. (...) À luz do artigo 2°, os Estados-partes se comprometem, na hipótese de o exercício desses direitos não estar assegurado por previsões legislativas de âmbito doméstico, a adotar tais medidas legislativas ou outras medidas que sejam necessárias para conferir efeitos a esses direitos" (The Organization of American States (OAS), p. 558).

positivas e negativas relativamente à Convenção Americana. De um lado, há a obrigação de não violar direitos individuais; por exemplo, há o dever de não torturar um indivíduo ou de não privá-lo de um julgamento justo. Mas a obrigação do Estado vai além desse dever negativo e pode requerer a adoção de medidas afirmativas necessárias e razoáveis, em determinadas circunstâncias, para assegurar o pleno exercício dos direitos garantidos pela Convenção Americana. Por exemplo, o Governo de um país em que há o desaparecimento de indivíduos em larga escala está a violar o artigo 7º (1) da Convenção Americana, ainda que não possa demonstrar que seus agentes sejam responsáveis por tais desaparecimentos, já que o Governo, embora capaz, falhou em adotar medidas razoáveis para proteger os indivíduos contra tal ilegalidade"[10]. Enfatiza o mesmo autor: "Os Estados têm, consequentemente, deveres positivos e negativos, ou seja, eles têm a obrigação de não violar os direitos garantidos pela Convenção e têm o dever de adotar as medidas necessárias e razoáveis para assegurar o pleno exercício desses direitos"[11].

A Convenção Americana estabelece um aparato de monitoramento e implementação dos direitos que enuncia[12]. Tal aparato é integrado pela Comissão Interamericana e pela Corte Interamericana de Direitos Humanos[13].

---

10. Cf. Thomas Buergenthal, The Inter-American system for the protection of human rights, 1984, p. 442.

11. Thomas Buergenthal, *International human rights*, p. 145.

12. Como observa Hector Gross Espiell, esse aparato consta da segunda parte da Convenção. Ao apresentar um breve perfil da Convenção, explica esse autor: "A parte I, relativa às obrigações dos Estados e aos direitos protegidos, consiste em um primeiro capítulo que define tais obrigações, um segundo capítulo que elenca direitos civis e políticos protegidos, um terceiro capítulo referente aos direitos econômicos, sociais e culturais, um quarto capítulo que trata da suspensão de garantias, interpretação e aplicação, e um capítulo final que disciplina a relação entre direitos e deveres. Deste modo, um único instrumento consagra tanto direitos civis e políticos, como direitos econômicos, sociais e culturais. A parte II trata dos meios de proteção. O capítulo VI elenca os órgãos competentes, o capítulo VII disciplina a Comissão Interamericana de Direitos Humanos, o capítulo VIII regula a Corte Interamericana de Direitos Humanos e o IX capítulo prevê dispositivos comuns aos dois órgãos. A parte III consiste de dois capítulos que estabelecem previsões gerais e transitórias" (The Organization of American States (OAS), p. 557).

13. Para Thomas Buergenthal: "A Convenção estabelece uma Comissão Interamericana de Direitos Humanos e uma Corte Interamericana de Direitos Humanos e confere a elas a competência de tratar dos problemas relacionados à satisfação das obrigações enumeradas pela Convenção por parte dos Estados" (The Inter-American system for the protection,

c) A Comissão Interamericana de Direitos Humanos

A competência da Comissão Interamericana de Direitos Humanos alcança todos os Estados partes da Convenção Americana, em relação aos direitos humanos nela consagrados. A competência da Comissão alcança ainda todos os Estados membros da Organização dos Estados Americanos, em relação aos direitos consagrados na Declaração Americana de 1948[14].

Quanto à sua composição, a Comissão é integrada por 7 membros "de alta autoridade moral e reconhecido saber em matéria de direitos humanos", que podem ser nacionais de qualquer Estado membro da Organização dos Estados Americanos. Os membros da Comissão são eleitos, a título pessoal, pela Assembleia Geral por um período de 4 anos, podendo ser reeleitos apenas uma vez.

Promover a observância e a proteção dos direitos humanos na América é a principal função da Comissão Interamericana. Para tanto, cabe-lhe fazer recomendações aos governos dos Estados-partes, prevendo a adoção de medidas adequadas à proteção desses direitos; preparar estudos e relatórios que se mostrem necessários; solicitar aos governos informações relativas às medidas por eles adotadas concernentes à efetiva aplicação da Convenção; e submeter um relatório anual à Assembleia Geral da Organização dos Estados Americanos[15].

---

p. 146). Sobre o sistema interamericano, consultar Rafael N. Navia, *Introducción al sistema interamericano de protección a los derechos humanos*; Thomas Buergenthal e Robert Norris, *Human rights: the Inter-American system*; e ainda Thomas Buergenthal, Robert Norris e Dinah Shelton, *La protección de los derechos humanos en las Américas*.

14. Note-se que a Comissão Interamericana foi criada em 1959, antes mesmo da Convenção Americana de Direitos Humanos de 1969. Como observa Héctor Fix-Zamudio: "O primeiro organismo efetivo de proteção dos direitos humanos é a Comissão Interamericana criada em 1959. Esta Comissão, no entanto, começou a funcionar no ano seguinte, em conformidade com o seu primeiro estatuto, segundo o qual teria por objetivo primordial a simples promoção dos direitos estabelecidos tanto na Carta da OEA, como na Declaração Americana dos Direitos e Deveres do Homem, elaborada em Bogotá, em maio de 1948. Embora com atribuições restritas, a aludida Comissão realizou uma frutífera e notável atividade de proteção dos direitos humanos, incluindo a admissão e investigação de reclamações de indivíduos e de organizações não governamentais, inspeções nos territórios dos Estados-membros e solicitação de informes, com o que logrou um paulatino reconhecimento" (Héctor Fix-Zamudio, *Protección jurídica de los derechos humanos*, p. 164).

15. Sobre os relatórios produzidos pela Comissão Interamericana de Direitos Humanos, leciona Monica Pinto: "Diversamente do que ocorre no âmbito universal, em que o sistema de informes é um método de controle regular, que consiste na obrigação dos Estados-partes em um tratado de direitos humanos de comunicar ao competente órgão de controle

No dizer de Héctor Fix-Zamudio: "De acordo com as acertadas observações do internacionalista mexicano César Sepúlveda, a mesma realiza as seguintes funções: a) conciliadora, entre um Governo e grupos sociais que vejam violados os direitos de seus membros; b) assessora, aconselhando os Governos a adotar medidas adequadas para promover os direitos humanos; c) crítica, ao informar sobre a situação dos direitos humanos em um Estado membro da OEA, depois de ter ciência dos argumentos e das observações do Governo interessado, quando persistirem essas violações; d) legitimadora, quando um suposto Governo, em decorrência do resultado do informe da Comissão acerca de uma visita ou de um exame, decide reparar as falhas de seus processos internos e sanar as violações; e) promotora, ao efetuar estudos sobre temas de direitos humanos, a fim de promover seu respeito e f) protetora, quando além das atividades anteriores, intervém em casos urgentes para solicitar ao Governo, contra o qual se tenha apresentado uma queixa, que suspenda sua ação e informe sobre os atos praticados"[16].

---

o estado de seu direito interno em relação aos compromissos assumidos em decorrência do tratado e a prática que tem se verificado com respeito às situações compreendidas no tratado, no sistema interamericano, os informes são elaborados pela Comissão Interamericana de Direitos Humanos. Além de se constituir em um método para determinar atos, precisar e difundir a objetividade de uma situação, os informes da Comissão servem para modificar a atitude de Governos resistentes à vigência dos direitos humanos, através do debate interno que eles proporcionam ou, a depender do caso, do debate internacional. A CIDH elabora dois tipos de informes: um sobre a situação dos direitos humanos em um determinado país e outro que encaminha anualmente à Assembleia da OEA. Os informes sobre a situação dos direitos humanos em um Estado membro da OEA são decididos pela própria Comissão ante situações que afetem gravemente a vigência dos direitos humanos. (...) Por outro lado, os informes anuais para a Assembleia Geral da OEA, atualizam a situação dos direitos humanos em distintos países, apresentam o trabalho da Comissão, elencam as resoluções adotadas com respeito a casos particulares e revelam a opinião da Comissão sobre as áreas nas quais é necessário redobrar esforços e propor novas normas" (Derecho internacional de los derechos humanos: breve visión de los mecanismos de protección en el sistema interamericano, in *Derecho internacional de los derechos humanos*, p. 84-85).

16. Héctor Fix-Zamudio, *Protección jurídica de los derechos humanos*, p. 152. Segundo Monica Pinto, a Comissão Interamericana exerce as seguintes modalidades de controle: "a) o exame de petições, nas quais se alegue a violação de algum direito protegido pela Declaração Americana de Direitos e Deveres do Homem ou pela Convenção Americana sobre Direitos Humanos, encaminhadas por indivíduos ou organizações governamentais ou não governamentais; b) a elaboração de informes sobre a situação dos direitos humanos em qualquer país do sistema interamericano, incluindo a decisão da Comissão acerca de situações que afetem gravemente a vigência desses direitos; c) a realização de investigações 'in loco', em território de Estado-membro, a convite deste ou com o seu consentimento, que tenham por objeto investigar fatos constantes de informes ou petições" (*Derecho interna-*

A Comissão Interamericana de Direitos Humanos apresenta, assim, uma natureza híbrida, ao combinar uma atuação política com uma atuação jurídica ("quase judicial"), valendo-se de um potente *tool box* dotado de diversos mecanismos. Neste sentido, cabe à Comissão Interamericana realizar audiências públicas; fomentar acordos de solução amistosa; adotar informes temáticos (a Comissão tem 13 Relatorias temáticas, dedicadas a temas como direitos das mulheres, direitos das crianças e adolescentes, direitos das pessoas com deficiência, direitos das pessoas idosas, direitos das pessoas LGBTI, direitos de povos indígenas, direitos de povos afrodescendentes, direitos de migrantes, direitos de pessoas privadas de liberdade, dentre outros); adotar informes referentes a países (observando que a OEA tem 35 Estados-membros); realizar investigações "*in loco*"; outorgar medidas cautelares se comprovadas a gravidade, a urgência e a irreparabilidade de danos em casos de violações a direitos humanos; e apreciar petições concernentes a denúncias de violações a direitos humanos à luz dos estândares de direitos humanos e do instituto da reparação integral.[17]

Com efeito, ao assumir uma feição jurídica ("quase judicial"), atuando no sistema de casos, é também da competência da Comissão examinar as comunicações, encaminhadas por indivíduo ou grupos de indivíduos, ou ainda entidade não governamental[18], que contenham denúncia de violação a direito consagrado pela Convenção[19], por Estado que dela seja parte, nos

---

cional de los derechos humanos: breve visión, p. 83). Ao final da década de 70, a Comissão havia efetuado 11 visitas *in loco*, total que se duplicou na década de 80. Merecem destaque os relatórios sobre o caso chileno (1973) e sobre o caso argentino (1979 — desaparecimento de pessoas). A respeito da competência investigativa da Comissão Interamericana, consultar Douglas W. Cassel Jr., Fact-finding in the Inter-American System, in Anne F. Bayefsky (ed.), *The UN Human Rights System in the 21st Century,* p. 105-114.

17. No balanço do 60º aniversário da Comissão Interamericana, em 2019, destacavam-se: a realização de mais de 2.335 audiências públicas; a celebração de mais de 170 períodos de sessão; a adoção de mais de 81 Informes temáticos; a adoção de mais de 71 Informes de países; e a realização de mais de 98 investigações "*in loco*".

18. Como esclarece Thomas Buergenthal: "Além disso, diversamente de outros tratados de direitos humanos, a Convenção Americana não atribui exclusivamente às vítimas de violações o direito de submeter petições individuais. Qualquer pessoa ou grupo de pessoas e certas organizações não governamentais também podem fazê-lo" (The Inter-American system for the protection of human rights, p. 148).

19. Note-se que, nos termos do artigo 27 do Regulamento da Comissão Interamericana (que entrou em vigor em 1º de agosto de 2013), cabe também à Comissão receber e examinar petição que contenha denúncia sobre violação de direitos humanos consagrados na

termos dos artigos 44 e 41[20]. O Estado, ao se tornar parte da Convenção, aceita automática e obrigatoriamente a competência da Comissão para examinar essas comunicações, não sendo necessário elaborar qualquer declaração expressa e específica para tal fim. Como atenta Thomas Buergenthal: "A Comissão Interamericana, nos termos do artigo 41 (f), tem o poder de examinar comunicações que denunciem violações de direitos humanos perpetradas por um Estado-parte (...). A Convenção Americana estabelece que, para que os Estados se tornem parte, devem aceitar *ipso facto* essa competência da Comissão para tratar de comunicações contra eles próprios"[21].

A petição, tal como no sistema europeu, deve responder a determinados requisitos de admissibilidade, como o prévio esgotamento dos recursos internos — salvo no caso de injustificada demora processual, ou no caso de a legislação doméstica não prover o devido processo legal. Quanto ao requisito do prévio esgotamento dos recursos internos, leciona Antônio Augusto Cançado Trindade: "Como se sabe, estamos diante da regra de Direito Internacional em virtude da qual se deve dar ao Estado a oportunidade de reparar um suposto dano no âmbito de seu próprio ordenamento jurídico interno, antes de que se possa invocar sua responsabilidade internacional; trata-se de uma das questões que, com maior frequência, é suscitada no contencioso internacional, concernente tanto à proteção diplomática de nacionais no exterior, como à proteção internacional dos direitos humanos"[22].

Convenção Americana e em outros instrumentos aplicáveis com relação aos Estados membros da OEA. Isto permite à Comissão apreciar petição que contenha denúncia de violação de direitos humanos consagrados na Declaração Americana de Direitos do Homem, em relação aos Estados membros da Organização que não sejam partes da Convenção Americana. O procedimento é similar ao procedimento relativo às petições que contenham denúncia de violação aos direitos constantes na Convenção Americana, de acordo com o artigo 50 do mesmo Regulamento. Sobre a matéria, ver Rafael Nieto Navia, *Introducción al sistema interamericano de protección a los derechos humanos*.

20. Cf. Thomas Buergenthal: "O artigo 41 (f) confere à Comissão a atribuição de examinar petições e comunicações que responsabilizem Estados-partes por violações de obrigações constantes da Convenção Americana. Ao realizar tal atribuição, a Comissão Interamericana exerce uma função quase judicial, similar à da então Comissão Europeia de Direitos Humanos" (The Inter-American system for the protection of human rights, p. 453-454).

21. Thomas Buergenthal, The Inter-American system for the protection of human rights, p. 454.

22. Antônio Augusto Cançado Trindade, *El agotamiento de los recursos internos en el sistema interamericano de protección de los derechos humanos*, p. 12. Acrescenta o mesmo autor: "A regra do esgotamento dos recursos internos dá testemunho da interação

Afirma ainda Cançado Trindade: "O dever de provimento pelos Estados--partes de recursos internos eficazes, imposto pelos tratados de direitos humanos, constitui o necessário fundamento no direito interno do dever correspondente dos indivíduos reclamantes de fazer uso de tais recursos antes de levar o caso aos órgãos internacionais. Com efeito, é precisamente porque os tratados de direitos humanos impõem aos Estados-partes o dever de assegurar às supostas vítimas recursos eficazes perante as instâncias nacionais contra violações de seus direitos reconhecidos (nos tratados ou no direito interno), que, reversamente, requerem de todo reclamante o prévio esgotamento dos recursos de direito interno como condição de admissibilidade de suas petições a nível internacional"[23]. Além do prévio esgotamento dos recursos internos, outro requisito de admissibilidade é a inexistência de litispendência internacional, ou seja, a mesma questão não pode estar pendente em outra instância internacional.

No âmbito procedimental, ao receber uma petição, a Comissão Interamericana inicialmente decide sobre sua admissibilidade, levando em consideração os requisitos estabelecidos no artigo 46 da Convenção[24]. Se reconhe-

---

entre o Direito Internacional e o Direito Interno e da subsidiariedade — que é implícita — do procedimento internacional" (p. 55).

23. Antônio Augusto Cançado Trindade, *A interação entre o direito internacional e o direito interno na proteção dos direitos humanos*, p. 44. Sobre o requisito do esgotamento dos recursos internos, adiciona Héctor Fix-Zamudio: "Por outro lado, o inciso 3º do Regulamento da Comissão estabelece que, se o peticionário afirmar a impossibilidade de comprovação do esgotamento dos recursos internos, caberá ao Governo, contra o qual se dirige a petição, demonstrar à Comissão que os aludidos recursos não foram previamente esgotados, ao menos que isto se deduza claramente dos antecedentes contidos na petição" (*Protección jurídica de los derechos humanos*, p. 154). Ainda sobre a matéria, importante é a ponderação de Dinah L. Shelton: "Uma decisão da Corte Interamericana expande as exceções tradicionais, sugerindo que os remédios não precisam ser exauridos se o peticionário não teve acesso à representação legal adequada, devido à indigência ou a um temor genérico da comunidade legal, tornando-se incapaz de recorrer aos remédios necessários para proteger um direito que lhe era garantido. Entretanto, cabe ao peticionário o ônus de provar que a representação legal era necessária, mas impossível de ser obtida" (The Inter--American human rights system, in Hurst Hannum (ed.), *Guide to international human rights practice*, p. 125). A respeito, ver o Parecer Consultivo n. 11, proferido pela Corte Interamericana em 10 de agosto de 1990.

24. Afirma Thomas Buergenthal: "Uma petição, que não é considerada inadmissível por uma das razões acima mencionadas e que contém alegações concernentes à violação da Convenção Americana, avançará para o próximo ou segundo estágio de procedimento da Comissão Interamericana. Neste momento a Comissão examina as alegações do peticionário, busca informações do respectivo governo, investiga os fatos e assegura a oitiva tanto do

cer a admissibilidade da petição, solicita informações ao governo denunciado. Como explica Héctor Fix-Zamudio: "A tramitação das denúncias e reclamações, tanto privadas, como dos Estados, podem ser divididas em duas etapas: a primeira se refere aos requisitos de admissibilidade e a segunda consiste na observância do contraditório"[25].

Recebidas as informações do governo, ou transcorrido o prazo sem que as tenha recebido, a Comissão verifica se existem ou se subsistem os motivos da petição ou comunicação. Na hipótese de não existirem ou não subsistirem, a Comissão mandará arquivar o expediente. Contudo, se o expediente não for arquivado, a Comissão realizará, com o conhecimento das partes, um exame acurado do assunto e, se necessário, realizará uma investigação dos fatos.

Feito o exame da matéria, a Comissão se empenhará em buscar uma solução amistosa entre as partes — denunciante e Estado. Se alcançada a solução amistosa, a Comissão elaborará um informe que será transmitido ao peticionário e aos Estados partes da Convenção, sendo comunicado posteriormente à Secretaria da Organização dos Estados Americanos para publicação. Esse informe conterá uma breve exposição dos fatos e da solução alcançada[26].

Entretanto, se não for alcançada qualquer solução amistosa, a Comissão redigirá um relatório, apresentando os fatos e as conclusões pertinentes ao caso e, eventualmente, recomendações ao Estado-parte. Como observa Thomas Buergenthal: "É importante notar que o relatório elaborado pela Comis-

---

peticionário, como do governo. Se após investigar a denúncia, a Comissão concluir, por exemplo, que o peticionário falhou em exaurir todos os remédios domésticos disponíveis, ela tem o poder de considerar a petição inadmissível. O mesmo resultado ocorrerá se a evidência deduzida no caso não deixar dúvidas razoáveis de que a petição era destituída de mérito. Em outras palavras, a autoridade da Comissão Interamericana permite a ela, nesta fase, rejeitar o caso, que, em retrospecto, nunca deveria ter sido admitido. Mas este poder não pode ser usado pela Comissão para adjudicar o mérito" (The Inter-American system for the protection of human rights, p. 457-458).

25. Héctor Fix-Zamudio, *Protección jurídica de los derechos humanos*, p. 153.

26. Nesse sentido, explica Thomas Buergenthal: "Durante a segunda etapa do procedimento, a Comissão Interamericana tem também que se colocar à disposição das partes, a fim de alcançar uma solução amistosa para o problema, com base no respeito aos direitos humanos reconhecidos pela Convenção. Se uma solução amistosa for obtida, a Comissão deve elaborar um relatório, descrevendo os fatos pertinentes ao caso e a forma pela qual foi solucionado. Este relatório é transmitido pela Comissão ao Secretário-Geral da Organização dos Estados Americanos, para publicação" (The Inter-American system for the protection of human rights, p. 458).

são, na terceira fase do procedimento, é mandatório e deve conter as conclusões da Comissão indicando se o Estado referido violou ou não a Convenção Americana"[27]. Esse relatório é encaminhado ao Estado-parte, que tem o prazo de 3 meses para dar cumprimento às recomendações feitas.

Durante esse período de 3 meses, o caso pode ser solucionado pelas partes ou encaminhado à Corte Interamericana de Direitos Humanos.

Se, ao longo desse prazo, o caso não for solucionado pelas partes e nem mesmo for submetido à Corte, a Comissão, por maioria absoluta de votos, poderá emitir sua própria opinião e conclusão. A Comissão fará as recomendações pertinentes e fixará um prazo, dentro do qual o Estado deverá tomar as medidas que lhe competirem para remediar a situação. Vencido o prazo fixado, a Comissão decidirá, por maioria absoluta de votos de seus membros, se as medidas recomendadas foram adotadas pelo Estado e se publicará o informe por ela elaborado no relatório anual de suas atividades.

No entanto, como já dito, no período de 3 meses contados da data da remessa do relatório ao Estado denunciado, o caso poderá ser encaminhado à apreciação da Corte Interamericana, que é o órgão jurisdicional desse sistema regional.

Diversamente do sistema europeu, que assegura o acesso direto de qualquer indivíduo, grupo de indivíduos ou organização não governamental à Corte Europeia (nos termos do artigo 34 da Convenção Europeia), no sistema interamericano apenas a Comissão Interamericana e os Estados--partes podem submeter um caso à Corte Interamericana, não estando prevista a legitimação do indivíduo, nos termos do artigo 61 da Convenção Americana.

Em conformidade com o artigo 44 do então Regulamento da Comissão, adotado em 1º de maio de 2001 e reiterado pelo artigo 45 do Regulamento da Comissão que entrou em vigor em 1º de agosto de 2013, se a Comissão considerar que o Estado em questão não cumpriu as recomendações do informe aprovado nos termos do artigo 50 da Convenção Americana, submeterá o caso à Corte Interamericana, salvo decisão fundamentada da maioria absoluta dos membros da Comissão. O Regulamento de 2001 introduziu, assim, a justicialização do sistema interamericano. Se, anteriormente, cabia à Comissão Interamericana, a partir de uma avaliação discricionária, sem parâmetros objetivos, submeter à apreciação da Corte Interamericana caso

---

27. Thomas Buergenthal, The Inter-American system for the protection of human rights, p. 459.

em que não se obteve solução amistosa, com o Regulamento de 2001, o encaminhamento à Corte se faz de forma direta e automática. O sistema ganha maior tônica de "juridicidade", reduzindo a seletividade política que, até então, era realizada pela Comissão Interamericana. Cabe observar, contudo, que o caso só poderá ser submetido à Corte se o Estado-parte reconhecer, mediante declaração expressa e específica, a competência da Corte no tocante à interpretação e aplicação da Convenção — embora qualquer Estado-parte possa aceitar a jurisdição da Corte para determinado caso.

Também sob a forma de cláusula facultativa está previsto o sistema das comunicações interestatais. Isto é, os Estados-partes podem declarar que reconhecem a competência da Comissão para receber e examinar comunicações em que um Estado-parte alegue que outro tenha cometido violação a direito previsto na Convenção. Para a adoção do mecanismo das comunicações interestatais, é necessário que ambos os Estados tenham feito declaração expressa reconhecendo a competência da Comissão para tanto. Na lição de Thomas Buergenthal: "A Comissão Interamericana pode apenas tratar das chamadas comunicações interestatais — comunicações submetidas por um Estado contra um outro Estado — se ambos os Estados, além de terem ratificado a Convenção Americana, fizeram uma declaração reconhecendo a competência interestatal da Comissão. A Convenção Americana inverte o padrão tradicional, até então utilizado pela Convenção Europeia por exemplo, em que o direito de petição individual é opcional e o procedimento da comunicação interestatal é obrigatório. Os elaboradores da Convenção Americana aparentemente assumem que as comunicações interestatais podem ser usadas por certos Estados para objetivos políticos e propósitos intervencionistas e que este risco existe em menor extensão relativamente às comunicações privadas. (...) Contudo, é indiscutível que a disponibilidade do direito de petição individual assegura efetividade ao sistema internacional de proteção dos direitos humanos. Ao garantir que os indivíduos encaminhem suas próprias reclamações, o direito da petição individual torna a efetividade dos direitos humanos menos dependente de considerações políticas outras, que tendam a motivar uma ação ou inação governamental"[28].

Por fim, em casos de gravidade e urgência, e toda vez que resulte necessário, de acordo com as informações disponíveis (por exemplo, na hipótese em que a vida ou integridade pessoal da vítima encontrar-se em perigo

---

28. Thomas Buergenthal, The Inter-American system for the protection of human rights, p. 454-455.

real ou iminente), a Comissão poderá, por iniciativa própria ou mediante petição da parte, solicitar ao Estado em questão a adoção de medidas cautelares para evitar danos irreparáveis, como prevê o artigo 25 do novo Regulamento da Comissão. Pode ainda a Comissão solicitar à Corte Interamericana a adoção de medidas provisórias, em casos de extrema gravidade e urgência, para evitar um dano irreparável à pessoa, em matéria ainda não submetida à apreciação da Corte (artigo 74 do novo Regulamento).

d) A Corte Interamericana de Direitos Humanos

Quanto à Corte Interamericana, órgão jurisdicional do sistema regional, é composta por sete juízes nacionais de Estados membros da OEA, eleitos a título pessoal pelos Estados partes da Convenção[29].

Tal como a Corte Europeia, a Corte Interamericana apresenta competência consultiva e contenciosa. Na lição de Héctor Fix-Zamudio: "De acordo com o disposto nos artigos 1° e 2° de seu Estatuto, a Corte Interamericana possui duas atribuições essenciais: a primeira, de natureza consultiva, relativa à interpretação das disposições da Convenção Americana, assim como das disposições de tratados concernentes à proteção dos direitos

---

29. Cf. Thomas Buergenthal: "A Convenção Americana estabelece dois órgãos para assegurar sua implementação: a Comissão Interamericana de Direitos Humanos e a Corte Interamericana de Direitos Humanos. Cada um desses órgãos consiste em sete *experts*, eleitos a título individual e não como representantes dos Estados respectivos. Os membros da Comissão Interamericana são eleitos pela Assembleia Geral da OEA, que é composta por todos os Estados membros da OEA, sejam ou não partes da Convenção Americana. (...) Os juízes da Corte Interamericana, por sua vez, podem ser apenas indicados e eleitos pelos Estados partes da Convenção Americana. Entretanto, os juízes não precisam ser nacionais dos Estados-partes. A única condição relativa à nacionalidade — e ela se aplica igualmente aos membros da Comissão Interamericana e aos juízes da Corte — é que eles devem ser nacionais de um Estado membro da OEA" (The Inter-American system for the protection of human rights, p. 451). Atente-se que a Assembleia Geral da OEA, em 1° de julho de 1978, recomendou a aprovação do oferecimento formal do Governo da Costa Rica para que a sede da Corte se estabelecesse naquele país. Essa decisão foi ratificada depois pelos Estados partes da Convenção durante o 6° Período Extraordinário de Sessões da Assembleia Geral da OEA, realizado em novembro de 1978. A cerimônia de instalação da Corte foi realizada em San José, em 3 de setembro de 1979. Foi firmado convênio de Sede em 1981 entre a Corte e o Governo da Costa Rica, com a finalidade de facilitar as atividades da Corte, com regime de imunidade e privilégio do órgão. Em 22 de maio de 1979, os Estados partes da Convenção Americana de Direitos Humanos elegeram, durante o 7° Período Extraordinário de Sessões da Assembleia Geral da OEA, juristas que, com capacidade pessoal, seriam os primeiros juízes a compor a Corte Interamericana.

humanos nos Estados Americanos; a segunda, de caráter jurisdicional, referente à solução de controvérsias que se apresentem acerca da interpretação ou aplicação da própria Convenção"[30]. No dizer de Thomas Buergenthal: "A Convenção Americana investe a Corte Interamericana em duas atribuições distintas. Uma envolve o poder de adjudicar disputas relativas à denúncia de que um Estado-parte violou a Convenção. Ao realizar tal atribuição, a Corte exerce a chamada jurisdição contenciosa. A outra atribuição da Corte é a de interpretar a Convenção Americana e determinados tratados de direitos humanos, em procedimentos que não envolvem a adjudicação para fins específicos. Esta é a jurisdição consultiva da Corte Interamericana"[31].

No plano consultivo, qualquer membro da OEA — parte ou não da Convenção — pode solicitar o parecer da Corte relativamente à interpretação da Convenção ou de qualquer outro tratado relativo à proteção dos direitos humanos aplicável aos Estados americanos[32]. A Corte ainda pode opinar sobre a compatibilidade de preceitos da legislação doméstica em face dos instrumentos internacionais, efetuando, assim, o "controle da convencionalidade das leis". Ressalte-se que a Corte não efetua uma interpretação estática dos direitos humanos enunciados na Convenção Americana, mas, tal como a Corte Europeia, realiza interpretação dinâmica e evolutiva, considerando o contexto temporal e as transformações sociais, o que permite a expansão de direitos[33].

---

30. Héctor Fix-Zamudio, *Protección jurídica de los derechos humanos*, p. 177.

31. Thomas Buergenthal, The Inter-American system for the protection of human rights, p. 460. Ainda sobre o tema, escreve Monica Pinto: "A Corte Interamericana tem competência contenciosa e consultiva. A respeito da primeira, na qualidade de um Tribunal de Justiça, cabe à Corte resolver as controvérsias de natureza jurídica que, havendo tramitado na Comissão, lhes sejam submetidas por esta ou por qualquer Estado, que tenha aceito a sua jurisdição, em relação a outro Estado do sistema interamericano, que também tenha reconhecido a sua jurisdição" (Derecho internacional de los derechos humanos: breve visión de los mecanismos, p. 94).

32. Sobre a matéria, acrescenta Louis Henkin: "Em resposta a uma série de questões postas pelo Governo do Peru, relativamente à jurisdição consultiva da Corte, esta entendeu que tem jurisdição consultiva no que se refere a qualquer previsão atinente à proteção de direitos humanos enunciada em qualquer tratado internacional aplicável aos Estados Americanos, independentemente se bilateral ou multilateral, qualquer que seja o propósito principal do tratado, não importando se o Estado não membro do sistema interamericano tem o direito de se tornar parte dele" (*International law: cases and materials*, p. 670-3).

33. Jo M. Pasqualucci, *The practice and procedure of the Inter-American Court on Human Rights*, p. 328. Adiciona Jo M. Pasqualucci: "A Corte Interamericana tem ainda proclamado que o conceito de reciprocidade, que tem caracterizado as obrigações decorren-

A respeito da competência consultiva da Corte Interamericana, realça Jo M. Pasqualucci: "A Corte Interamericana de Direitos Humanos tem a mais ampla jurisdição em matéria consultiva, se comparada com qualquer outro Tribunal internacional. A Corte tem exercido sua jurisdição no sentido de realizar importantes contribuições conceituais no campo do Direito Internacional dos Direitos Humanos. (...) As opiniões consultivas, enquanto mecanismo com muito menor grau de confronto que os casos contenciosos, não sendo ainda limitadas a fatos específicos lançados à evidência, servem para conferir expressão judicial aos princípios jurídicos. (...) Por meio de sua jurisdição consultiva, a Corte tem contribuído para conferir uniformidade e consistência à interpretação de previsões substantivas e procedimentais da Convenção Americana e de outros tratados de direitos humanos"[34].

Até 2023, a Corte havia emitido 29 opiniões consultivas[35]. No exercício de sua competência consultiva, a Corte Interamericana tem desenvolvido análises aprofundadas a respeito do alcance e do impacto dos dispositivos da Convenção Americana. Como afirma Monica Pinto: "(...) a Corte tem emitido opiniões consultivas que têm permitido a compreensão de aspectos substanciais da Convenção, dentre eles: o alcance de sua competência consultiva, o sistema de reservas, as restrições à adoção da pena de morte, os limites ao direito de associação, o sentido do termo 'leis' quando se trata de impor restrições ao exercício de determinados direitos, a exigibilidade do direito de retificação ou resposta, o *habeas corpus* e as garantias judiciais nos estados de exceção, a interpretação da Declaração Americana, as exceções ao esgotamento prévio dos recursos internos e a compatibilidade de leis internas em face da Convenção"[36]. Adicionem-se, ainda, as opiniões consultivas sobre a condição jurídica e os direitos humanos das crianças (por solicitação da Comissão Interamericana de Direitos

---

tes de tratados entre Estados, não é aplicável aos tratados de direitos humanos. A Corte Interamericana diferencia os tratados de direitos humanos dos demais tratados, sustentando que: 'não são tratados multilaterais tradicionais concluídos com o objetivo de alcançar a reciprocidade e benefícios mútuos dos Estados contratantes. Seu objetivo e propósito é a proteção dos mais básicos direitos do ser humano, independentemente de sua nacionalidade, tanto contra o Estado de sua nacionalidade, como contra todo e qualquer outro Estado-parte'" (p. 328).

34. Jo M. Pasqualucci, *The practice and procedure of the Inter-American Court on Human Rights*, p. 80.

35. A respeito, acessar: http://www.corteidh.or.cr.

36. Monica Pinto, *Derecho internacional de los derechos humanos*, p. 96.

Humanos)[37]e sobre a condição jurídica e os direitos de migrantes sem documentos (por solicitação do México)[38]. Acrescente-se também a opinião consultiva a respeito da interpretação do artigo 55 da Convenção Americana concernente ao instituto do juiz *ad hoc* e a paridade de armas no processo perante a Corte Interamericana de Direitos Humanos[39].

Dentre os pareceres emitidos pela Corte, destaca-se o parecer acerca da impossibilidade da adoção da pena de morte no Estado da Guatemala (Opinião Consultiva n. 3, de 8 de setembro de 1983). Nesse caso, a Comissão Interamericana solicitou à Corte opinião no sentido de esclarecer se a imposição da pena de morte por um Estado, em face de crimes não punidos com essa sanção quando da adoção da Convenção Americana pelo Estado, constituiria violação à Convenção, ainda que o Estado tivesse feito reservas a essa importante previsão da Convenção. No parecer, a Corte afirmou: "A Convenção impõe uma proibição absoluta quanto à extensão da pena de morte a crimes adicionais, ainda que uma reserva a essa relevante previsão da Convenção tenha entrado em vigor ao tempo da ratificação"[40].

Merece também destaque o parecer emitido pela Corte sobre a filiação obrigatória de jornalistas, por solicitação da Costa Rica (Opinião Consultiva n. 5, de 13 de novembro de 1985). No caso, a Corte considerou que a Lei n. 4.420 da Costa Rica violava a Convenção, ao exigir de jornalistas diploma universitário e filiação ao Conselho Profissional dos Jornalistas. A Corte entendeu que, ao se restringir a liberdade de expressão de um indivíduo, não somente o direito desse indivíduo é violado, mas também o direito de todos de receber informações[41].

Em outro parecer (Opinião Consultiva n. 8, de 30 de janeiro de 1987), por solicitação da Comissão Interamericana, a Corte considerou que o *habeas corpus* é garantia de proteção judicial insuscetível de ser suspensa,

---

37. OC 17/02, de 28 de agosto de 2002, http://www.corteidh.or.cr/serieapdf/seriea_17_esp. pdf.

38. OC 18/02, de 17 de setembro de 2003, http://www.corteidh.or.cr/serieapdf/seriea_18_esp. pdf.

39. OC 20/09, de 29 de setembro de 2009, www.corteidh.or.cr/serieapdf/seriea_20_esp. pdf.

40. Sobre esse parecer proferido pela Corte Interamericana, ver Louis Henkin et al., *International law: cases and materials*, p. 670.

41. A respeito, consultar André de Carvalho Ramos, *Direitos humanos em juízo*, p. 383-8. Ver também Procuradoria-Geral do Estado de São Paulo, *Sistema Interamericano de Proteção dos Direitos Humanos: legislação e jurisprudência*.

ainda que em situações de emergência, em respeito ao artigo 27 da Convenção Americana[42].

Mencione-se, ainda, o parecer emitido, por solicitação do México (Opinião Consultiva n. 16/99, de 1º de outubro de 1999), em que a Corte considerou violado o direito ao devido processo legal quando um Estado não notifica um preso estrangeiro de seu direito à assistência consular. Na hipótese, se o preso foi condenado à pena de morte, isso constituiria privação arbitrária do direito à vida. Note-se que o México embasou seu pedido de consulta nos vários casos de presos mexicanos condenados à pena de morte nos Estados Unidos[43].

Na Opinião Consultiva n. 19/05, de 28 de novembro de 2005, solicitada pela Venezuela, acerca do controle de legalidade no exercício das atribuições da Comissão Interamericana de Direitos Humanos, a Corte considerou que a Comissão Interamericana, como órgão do sistema interamericano de proteção dos direitos humanos, tem plena autonomia e independência no exercício de seu mandado, conforme dispõe a Convenção Americana de Direitos Humanos. A Corte afirmou ainda que a Comissão atua dentro do marco legal estabelecido pela Convenção no exercício das atribuições que lhe competem no procedimento relativo ao trâmite das petições individuais e no exercício de suas demais atribuições destinadas à promoção e proteção dos direitos humanos, conforme artigos 41 e 44 a 51 da Convenção. Esclareceu, ademais, que a Corte Interamericana, no exercício de suas funções, atua no controle de legalidade das atribuições exercidas pela Comissão Interamericana no que se refere apenas ao trâmite dos assuntos sob conhecimento da própria Corte, nos termos da competência conferida pela Convenção Americana de Direitos Humanos e por outros instrumentos interamericanos de proteção dos direitos humanos[44].

Em 19 de agosto de 2014, a Corte proferiu a Opinião Consultiva n. 21, a respeito dos direitos e garantias de crianças no contexto da migração e/ou em necessidade de proteção internacional. Por solicitação da Argentina,

---

42. André de Carvalho Ramos, *Direitos humanos em juízo*, p. 400-5. Ver também Procuradoria-Geral do Estado de São Paulo, *Sistema Interamericano de Proteção dos Direitos Humanos: legislação e jurisprudência*.

43. André de Carvalho Ramos, *Direitos humanos em juízo*, p. 461-90. Ver também Procuradoria-Geral do Estado de São Paulo, *Sistema Interamericano de Proteção dos Direitos Humanos: legislação e jurisprudência*.

44. A respeito, consultar: http://www.corteidh.or.cr/docs/opiniones/seriea_19_esp1.pdf.

Brasil, Paraguai e Uruguai, a Corte foi instada a opinar *"com maior precisão acerca das obrigações dos Estados com relação às medidas passíveis de serem adotadas em relação a meninos e meninas em condição migratória"* à luz de uma interpretação autorizada de dispositivos da Convenção Americana e da Convenção Interamericana para Prevenir e Punir a Tortura.

Por sua vez, na Opinião Consultiva n. 22, de 26 de fevereiro de 2016, a Corte Interamericana tratou da titularidade dos direitos de pessoas jurídicas no âmbito do sistema interamericano, à luz da Convenção Americana e do Protocolo de San Salvador (art. 8º).

Em 14 de março de 2016, houve a solicitação de Opinião Consultiva formulada pelo Estado da Colômbia, a fim de que a Corte interpretasse as obrigações decorrentes dos arts. 1º (obrigação de respeitar os direitos), 4º (direito à vida) e 5º (direito à integridade pessoal) da Convenção Americana, em relação ao impacto de grandes projetos no meio ambiente marinho, especificamente na Região do Grande Caribe. Em 15 de novembro de 2017, foi emitida a Opinião Consultiva n. 23 a respeito do meio ambiente e direitos humanos, esclarecendo o alcance das obrigações estatais em relação ao meio ambiente.

Cabe, ainda, destaque à Opinião Consultiva n. 24 a respeito do direito à identidade de gênero e ao matrimônio igualitário, emitida em 24 de novembro de 2017, realçando que os direitos à intimidade e à privacidade são insuscetíveis de ingerência estatal, resguardando a vivência interna de cada indivíduo, o que e como cada pessoa sente, como se vê e como se projeta na sociedade.

Adicione-se a Opinião Consultiva n. 25, a respeito do instituto do asilo, emitida em 30 de maio de 2018, enfocando reconhecimento do asilo como direito humano no sistema interamericano de proteção.

Acrescente-se, ademais, a Opinião Consultiva n. 26, emitida em 9 de novembro de 2020, a respeito da denúncia à Convenção Americana e à Carta da OEA e seus efeitos sobre as obrigações estatais em matéria de direitos humanos. Já a Opinião Consultiva n. 27, emitida em 5 de maio de 2021, versa acerca do alcance dos direitos à liberdade sindical, negociação coletiva e greve e sua relação com outros direitos, sob a perspectiva de gênero. A Opinião Consultiva n. 28, emitida em 7 de junho de 2021, enfoca o instituto da reeleição presidencial indefinida nos regimes presidencialistas no contexto do sistema interamericano de direitos humanos. Por fim, a Opinião Consultiva n. 29, emitida em 30 de maio de 2022, trata de enfoques diferenciados relativamente a determinados grupos de pessoas privadas de liberdade.

No plano contencioso, como já dito, a competência da Corte para o julgamento de casos é, por sua vez, limitada aos Estados partes da Convenção que reconheçam tal jurisdição expressamente, nos termos do artigo 62 da Convenção. Compartilha-se da visão de Cançado Trindade, segundo o qual esse dispositivo constitui um anacronismo histórico, que deve ser superado a fim de que se consagre o "automatismo da jurisdição obrigatória da Corte para todos os Estados partes da Convenção"[45]. Isto é, todo Estado parte da Convenção passaria a reconhecer como obrigatória, de pleno direito e sem convenção especial, integralmente e sem restrição alguma, a competência da Corte em todos os casos relativos à interpretação e aplicação da Convenção. Ainda nas lições de Cançado Trindade: "Sob as cláusulas da jurisdição obrigatória e do direito de petição individual se ergue todo o mecanismo de salvaguarda internacional do ser humano, razão pela qual me permito designá-las verdadeiras cláusulas pétreas de proteção internacional dos direitos da pessoa humana"[46].

Reitere-se que apenas a Comissão Interamericana e os Estados-partes podem submeter um caso à Corte Interamericana[47], não estando prevista a legitimação do indivíduo, nos termos do artigo 61 da Convenção Americana. Em 2001, contudo, a Corte revisou substancialmente as suas Regras de Procedimento para, de forma mais efetiva, assegurar a representação das vítimas perante a Corte. Ainda que indivíduos e ONGs não tenham acesso

---

45. Antônio Augusto Cançado Trindade e Manuel E. Ventura Robles, *El futuro de la Corte Interamericana de Derechos Humanos*, p. 91.

46. Antônio Augusto Cançado Trindade, *El futuro de la Corte Interamericana de Derechos Humanos*, p. 395. Ver ainda Antônio Augusto Cançado Trindade, Las cláusulas petreas de la protección internacional del ser humano: el acceso directo de los individuos a la justicia a nivel internacional y la intangibilidad de la jurisdicción obligatoria de los Tribunales Internacionales de Derechos Humanos, in *El sistema interamericano de protección de los derechos humanos en el umbral del siglo XXI — memoria del seminario* (noviembre de 1999), t. 1, p. 3-68.

47. Como afirma Monica Pinto: "Até a presente data, somente a Comissão tem submetido casos perante a Corte: em 1987, três casos de desaparecimento forçado de pessoas em Honduras (casos Velasquez Rodríguez, Godinez Cruz, Fairen Garbi e Solis Corrales); em 1990, um caso de desaparecimento de pessoas detidas no estabelecimento penal conhecido como *El Frontón* no Peru (caso Neira Alegria e outros) e dois casos de execuções extrajudiciais no Suriname (caso Gangaram Panday e Aloeboetoe e outros). Em 1992 a Comissão submeteu à Corte um caso a respeito da Colômbia. Previamente, a Corte já havia se pronunciado em uma questão de conflito de competência, no caso Viviana Gallardo e outras, submetido pela Costa Rica diretamente à Corte, renunciando ao esgotamento dos recursos internos e ao procedimento ante a Comissão" (Derecho internacional de los derechos humanos: breve visión de los mecanismos, p. 94-95).

123

direto à Corte, se a Comissão Interamericana submeter o caso a esta, as vítimas, seus parentes ou representantes podem submeter de forma autônoma seus argumentos, arrazoados e provas perante a Corte[48]. Observe-se que, em 1º de junho de 2010, entrou um vigor o Regulamento da Corte Interamericana sobre o funcionamento de um Fundo de Assistência Legal às Vítimas (para litigar um caso perante a Corte) e, em 1º de março de 2010, entrou em vigor o Regulamento da Comissão Interamericana sobre um Fundo de Assistência Legal para as Vítimas (para atuar perante a Comissão).

A Corte tem jurisdição para examinar casos que envolvam a denúncia de que um Estado-parte violou direito protegido pela Convenção. Se reconhecer que efetivamente ocorreu a violação à Convenção, determinará a adoção de medidas que se façam necessárias à restauração do direito então violado. A Corte pode ainda condenar o Estado a pagar uma justa compensação à vítima.

A respeito da competência contenciosa da Corte, afirma Antônio Augusto Cançado Trindade: "Os Tribunais internacionais de direitos humanos existentes — as Cortes Europeia e Interamericana de Direitos Humanos — não 'substituem' os Tribunais internos, e tampouco operam como tribunais de recursos ou de cassação de decisões dos Tribunais internos. Não obstante, os atos internos dos Estados podem vir a ser objeto de exame por parte dos órgãos de supervisão internacionais, quando se trata de verificar a sua conformidade com as obrigações internacionais dos Estados em matéria de direitos humanos"[49].

Note-se que a decisão da Corte tem força jurídica vinculante e obrigatória, cabendo ao Estado seu imediato cumprimento[50]. Se a Corte fixar uma

---

48. A respeito da participação das vítimas, o artigo 23 do Regulamento de 2001 da Corte Interamericana dispõe que, depois de admitida a demanda, as vítimas, seus familiares ou representantes legalmente reconhecidos poderão apresentar suas solicitações, argumentos e provas, de forma autônoma durante todo o processo. Assegura-se, assim, o *locus standi* dos peticionários em todas as etapas do procedimento perante a Corte. Note-se que o Regulamento da Corte Interamericana, aprovado em 28 de novembro de 2009, em seu artigo 25, reitera a possibilidade de participação das vítimas e de seus representantes durante o processo perante a Corte. Por sua vez, o artigo 44 do Regulamento acolhe o instituto do *amicus curiae*, nos casos contenciosos perante a Corte.

49. Antônio Augusto Cançado Trindade, *A interação entre o direito internacional e o direito interno*, p. 33.

50. Na lição de Paul Sieghart: "A Corte Europeia de Direitos Humanos e a Corte Interamericana de Direitos Humanos têm o poder de proferir decisões juridicamente vinculantes contra Estados soberanos, condenando-os pela violação de direitos humanos e liberdades fun-

compensação à vítima, a decisão valerá como título executivo, em conformidade com os procedimentos internos relativos à execução de sentença desfavorável ao Estado.

Contudo, repita-se, é necessário que o Estado reconheça a jurisdição da Corte, já que tal jurisdição é apresentada sob a forma de cláusula facultativa[51]. Até 2023, dos 24 Estados partes da Convenção Americana de Direitos Humanos, 22 haviam reconhecido a competência contenciosa da Corte[52]. O Estado brasileiro finalmente reconheceu a competência jurisdicional da Corte Interamericana por meio do Decreto Legislativo n. 89, de 3 de dezembro de 1998[53].

No exercício de sua jurisdição contenciosa, até 2023, a Corte Interamericana havia proferido 484 sentenças, das quais 287 referem-se a exceções preliminares, mérito, reparação e/ou custas e 68 referem-se à interpretação de sentença e outras questões. Em relação às medidas provisórias, até 2023 foram adotadas 713 resoluções[54].

No plano da jurisdição contenciosa, referência obrigatória é o famoso caso "Velasquez Rodríguez", atinente ao desaparecimento forçado de indivíduo no Estado de Honduras. Acolhendo comunicação encaminhada pela

---

damentais de indivíduos, e ordenando-lhes o pagamento de justa indenização ou compensação às vítimas" (Paul Sieghart, *International human rights law: some current problems*, p. 35).

51. Sobre a matéria, afirma Louis B. Sohn: "A Convenção Americana de Direitos Humanos também contém cláusulas opcionais, pelas quais um Estado-parte pode aceitar a jurisdição da Corte Interamericana de Direitos Humanos, com respeito a todas as questões relacionadas à interpretação ou aplicação da Convenção. Uma vez que esta jurisdição tenha sido aceita por um Estado-parte, um caso pode ser submetido à Corte, seja pela Comissão Interamericana de Direitos Humanos, seja por um outro Estado-parte. Adicionalmente, a Corte tem ampla jurisdição para apresentar opiniões consultivas a pedido de qualquer Estado membro da Organização dos Estados Americanos ou de qualquer órgão daquela Organização" (Human rights: their implementation and supervision by the United Nations, in Theodor Meron (ed.), *Human rights in international law: legal and policy issues*, p. 381).

52. Fonte: http://www.corteidh.or.cr/paises/index.html. Observa André de Carvalho Ramos: "O Peru, após uma série de condenações da Corte, denunciou seu reconhecimento da jurisdição obrigatória em 9 de julho de 1999, não sendo o mesmo, contudo, aceito" (*Direitos humanos em juízo*, p. 60).

53. O Decreto Legislativo n. 89, de 3 de dezembro de 1998, aprovou a solicitação de reconhecimento da competência obrigatória da Corte Interamericana de Direitos Humanos em todos os casos relativos à interpretação ou aplicação da Convenção Americana de Direitos Humanos, para fatos ocorridos a partir do reconhecimento, de acordo com o previsto no § 1º do artigo 62 da Convenção Americana.

54. A respeito, acessar: http://www.corteidh.or.cr/casos.cfm e http://www.corteidh. or.cr/medidas.cfm.

Comissão Interamericana, a Corte condenou o Estado de Honduras ao pagamento de indenização aos familiares do desaparecido, em decisão publicada em 21 de julho de 1989. Como realça Diane F. Orentlicher: "Em 1989, a Corte Interamericana de Direitos Humanos proferiu uma decisão pioneira, ao interpretar a Convenção Americana, impondo aos Estados-partes o dever de investigar certas violações de direitos humanos e punir seus perpetradores. A decisão foi proferida no caso Velasquez Rodríguez, que foi submetido à Corte pela Comissão Interamericana, contra o Governo de Honduras, concernente ao desaparecimento de Manfredo Velasquez, em setembro de 1981"[55].

Em petição encaminhada em 1981 à Comissão Interamericana de Direitos Humanos, alegou-se que o caso "Velasquez Rodríguez" ocorrera em um período de séria turbulência política, violência e repressão em Honduras. A denúncia se atinha ao fato de que Angel Manfredo Velasquez Rodríguez fora violentamente preso, sem autorização judicial, por membros da Divisão Nacional de Investigações e Forças Armadas, que, embora em trajes civis e conduzindo um carro não licenciado, estavam armados. Segundo a petição, Velasquez Rodríguez fora vítima de tortura cruel e desaparecimento forçado, ainda que a polícia e forças de segurança continuassem a negar a detenção. Concluindo, e à luz desses fatos, a petição terminava por afirmar que o Estado de Honduras havia incorrido na violação de inúmeros dispositivos da Convenção Americana e clamava por sua condenação, com o pagamento de indenização compensatória aos familiares da vítima.

Considerando que até 1986 a vítima continuava desaparecida, a Comissão Interamericana reconheceu que o Governo de Honduras não havia oferecido provas convincentes, que permitissem afastar a denúncia recebida. Em face disto, a Comissão encaminhou o caso à apreciação da Corte Interamericana, tendo em vista que o Estado de Honduras reconhecia sua jurisdição.

A Corte conduziu séria investigação sobre o caso, que incluiu oitiva de testemunhas, exame de documentos e requisição de provas, entre outras medidas[56]. Ao final, concluiu que o Estado de Honduras havia violado di-

---

55. Diane F. Orentlicher, Addressing gross human rights abuses: punishment and victim compensation, p. 430.

56. "A Corte recebeu o testemunho de que 'em média 112 a 130 indivíduos desapareceram de 1981 a 1984'. (...) A Comissão também apresentou evidências demonstrando que, de 1981 a 1984, remédios judiciais domésticos em Honduras eram inadequados para garantir a proteção dos direitos humanos. As Cortes eram ainda lentas para julgar o *writ* do

versos artigos da Convenção: "a) artigo 4º, que confere a qualquer pessoa o direito de ter sua vida respeitada, já que ninguém pode ser arbitrariamente privado de sua própria vida; b) artigo 5º, que prevê que ninguém pode ser submetido a tortura, tratamento ou punição desumana ou degradante; c) artigo 7º, que atribui a todas as pessoas o direito à liberdade e segurança pessoal, proíbe a prisão e detenção arbitrária e prevê certos direitos procedimentais, como a notificação da culpa, o recurso da pessoa detida a uma Corte competente e o julgamento em tempo razoável"[57].

Ao fundamentar a decisão, a Corte afirmou: "O desaparecimento forçado de seres humanos é uma violação múltipla e contínua de muitos direitos constantes da Convenção, que os Estados-partes são obrigados a respeitar e garantir. Esta obrigação implica o dever dos Estados-partes de organizar um aparato governamental, no qual o poder público é exercido, capaz de juridicamente assegurar o livre e pleno exercício dos direitos humanos. Como consequência dessa obrigação, os Estados devem prevenir, investigar e punir qualquer violação de direitos enunciados na Convenção e, além disso, se possível, devem buscar a restauração de direito violado, prevendo uma compensação em virtude dos danos resultantes da violação. (...) a falha de ação do aparato estatal, que está claramente provada, reflete a falha de Honduras em satisfazer as obrigações assumidas em face do artigo 1º (1)

---

habeas corpus e os juízes eram frequentemente ignorados pela polícia" (Velasquez Rodríguez Case, Inter-American Court of Human Rights, 1988, Ser. C, n. 4, *Human Rights Law Journal*, v. 9, p. 212, 1988).

57. Velasquez Rodríguez Case, op. cit. Nesse sentido, afirmou a Corte: "O sequestro de uma pessoa é uma arbitrária privação da liberdade, uma afronta ao direito de ser submetido a julgamento sem demora perante um juiz e uma afronta ao direito de invocar os procedimentos apropriados para revisão da legalidade da prisão, tudo em violação ao artigo 7º da Convenção. Além disso, o isolamento prolongado e a privação da comunicação constituem, em si mesmos, formas de tratamento cruel e desumano, lesivo à integridade física e moral da pessoa e violam o direito de qualquer detento ao respeito da sua dignidade, inerente à condição humana. Este tratamento, portanto, viola o artigo 5º da Convenção. (...) A prática do desaparecimento frequentemente envolve a execução secreta, sem julgamento, seguida da eliminação do corpo, a fim de impossibilitar qualquer evidência material do crime, assegurando impunidade aos responsáveis. Esta é uma flagrante violação ao direito à vida, reconhecido no artigo 4º da Convenção. (...) A prática de desaparecimentos, além de violação direta de muitas previsões da Convenção, como as acima mencionadas, constitui uma afronta radical àquele tratado, na medida em que implica a negação de valores dos quais emanam a concepção de dignidade humana e a maior parte dos princípios básicos do sistema interamericano e da Convenção. (...) A Corte está convencida de que o desaparecimento de Manfredo Velasquez foi causado por agentes que agiram sob cobertura das autoridades públicas".

da Convenção, que obriga a garantir a Manfredo Velasquez o livre e pleno exercício de seus direitos humanos"[58].

À luz dessa fundamentação, a Corte, ao final, concluiu pela condenação do Estado de Honduras ao pagamento de indenização aos familiares do desaparecido: "O artigo 63 (1) da Convenção estabelece que, se a Corte considerar que há uma violação do direito ou da liberdade protegida por esta Convenção, deverá determinar que seja assegurado às vítimas o exercício do direito ou da liberdade violada. Deve também determinar, se apropriado, que as consequências danosas decorrentes da afronta a direito ou liberdade sejam remediadas e que uma justa compensação seja paga às vítimas. Claramente, no presente caso, a Corte não pode ordenar que seja garantido à vítima o exercício do direito ou liberdade violada. A Corte, entretanto, pode determinar que as consequências da afronta a direitos sejam remediadas e que a compensação seja efetuada. (...) A Corte acredita que

---

58. Velasquez Rodríguez Case, Inter-American Court of Human Rights, 1988, Ser. C, n. 4. Como conclui Diane F. Orentlicher: "A Corte considerou o Governo de Honduras responsável pelas múltiplas violações à Convenção Americana, baseando a maior parte de sua análise na obrigação afirmativa dos Estados-partes de assegurar os direitos enunciados na Convenção. (...) A Corte considerou que os deveres dos Estados-partes persistem, mesmo que o Governo haja mudado. Ainda que reconhecendo o dever de punir as sérias violações à integridade física, os órgãos que monitoram o cumprimento dos tratados de direitos humanos não haviam, até recentemente, confrontado a questão relativa à compatibilidade das leis de anistia em relação aos deveres dos Estados-partes. O Comitê de Direitos Humanos finalmente o fez, em abril de 1992, quando da adoção de um *General Comment* que considerou as anistias que acobertaram os atos de tortura como 'geralmente incompatíveis com o dever dos Estados de investigar estes atos, garantir a inocorrência destes atos em sua jurisdição e assegurar que eles não ocorram no futuro'. (...) A Comissão Interamericana de Direitos Humanos alcançou uma conclusão similar em dois casos que atacavam a validade de leis de anistia adotadas na Argentina e no Uruguai, respectivamente. Em decisões levadas a público em outubro de 1992, a Comissão considerou que as leis de anistia, que impediam a punição de pessoas responsáveis por crimes como desaparecimento, tortura e assassinato político, eram incompatíveis com a Convenção Americana" (Diane F. Orentlicher, Addressing gross human rights abuses: punishment and victim compensation, p. 430). Adiciona Diane F. Orentlicher: "Os órgãos internacionais competentes devem continuar a insistir no princípio da *accountability* e devem fazer grandes esforços para assegurar o cumprimento deste princípio. Seguindo o exemplo da Comissão Interamericana de Direitos Humanos em casos que atacavam a validade de leis de anistia adotadas no Uruguai e na Argentina, e da Corte Europeia no Caso X e Y contra Países Baixos, os organismos internacionais devem considerar os danos decorrentes da falha do Estado em processar e punir os crimes de direitos humanos, como uma violação distinta da obrigação convencional do Estado em assegurar a não ocorrência de graves violações à integridade física" (p. 459).

as partes podem fazer um acordo relativamente aos danos. Todavia, se um acordo não for alcançado, a Corte deverá fixar uma quantia. O caso deve, portanto, permanecer em aberto para este propósito. A Corte reserva o direito de aprovar o acordo e, se este não for alcançado, fixar a quantia e ordenar a forma de pagamento"[59].

Em suma, em face da violação, por parte do Estado de Honduras, dos arts. 4º, 5º e 7º da Convenção, conjugados com o artigo 1º (1), a Corte, em votação unânime, decidiu que aquele Estado estava condenado a pagar uma justa indenização aos familiares da vítima.

Após o caso Velasquez Rodríguez, dois outros julgamentos foram proferidos pela Corte Interamericana, ambos envolvendo desaparecimentos no Estado de Honduras[60]. O caso Godinez, substancialmente similar ao caso Velasquez, permitiu à Corte alcançar decisão similar, condenando o Estado de Honduras a pagar justa compensação, nos termos do artigo 63 da Convenção[61]. Quanto ao caso Fairen Garbi e Solis Corrales, a Corte o julgou improcedente, entendendo inexistirem provas de que o Estado de Honduras seria responsável pelo desaparecimento dos indivíduos, já que estes não estavam envolvidos em atividades consideradas "perigosas ou subversivas" na ótica governamental; tampouco existiam provas de que haviam sido presos ou sequestrados no território hondurenho.

A Comissão Interamericana encaminhou ainda à Corte um caso contencioso contra o Estado de Suriname (caso Aloeboetoe), concernente ao assassinato de 7 civis pela polícia do Estado. Embora no início do processo o Estado do Suriname se tenha declarado não responsável pelos assassinatos, posteriormente assumiu tal responsabilidade. Ao final, a Corte determinou

---

59. Velasquez Rodríguez Case, Inter-American Court of Human Rights, 1988, Ser. C, n. 4.

60. O caso Godinez (Inter-American Court of HR, Ser. C, n. 5, 20.01.1989) e o caso Fairen Garbi e Solis Corrales (Inter-American Court of HR, Ser. C, n. 6, 1989).

61. Como enfatiza Monica Pinto: "As ponderações judiciais da Corte Interamericana nos dois casos hondurenhos são de transcendental importância. A Corte sustentou a responsabilidade do Estado hondurenho pelo desaparecimento forçado de pessoas, em violação à Convenção Americana, e ao duplo dever de prevenção e punição" (Derecho internacional de los derechos humanos: breve visión, p. 57). Sobre a matéria, afirma Henkin: "Honduras, em ambos os casos, foi condenado a pagar a indenização. Ele pagou a quantia requerida, contudo, apenas após uma longa demora, sem levar em conta a alta inflação acumulada desde o momento no qual a decisão da Corte foi proferida. Como consequência, as duas famílias receberam efetivamente, em média, 1/3 da quantia que lhes era devida" (Louis Henkin et al., *International law: cases and materials*, p. 672).

129

o pagamento de justa e apropriada compensação aos familiares das vítimas, bem como o cumprimento de obrigação de fazer, concernente à instalação de posto médico e reabertura de escola na região dos saramacas[62].

Em outro caso, atendendo a solicitação da Comissão Interamericana de Direitos Humanos, a Corte ordenou a adoção de medidas provisórias no sentido de proteger 14 membros de organizações de direitos humanos no Estado da Guatemala[63]. No caso do Presídio Urso Branco *vs*. Brasil, a Corte ordenou medidas provisórias para evitar novas mortes de internos daquele presídio, em Porto Velho, Rondônia, onde ao menos 37 presos foram brutalmente assassinados entre 1º de janeiro e 5 de junho de 2002[64]. Essas

---

62. Decisão de 4 de dezembro de 1991, 10 Annual report of the Inter-American Court of HR 57, 1991.

63. August, 1991, 10 Annual Report of the Inter-American Court of HR 52, 1991.

64. Tendo em vista suficientes elementos probatórios da gravidade e risco de vida e integridade pessoal dos internos, resolução da Corte de 18 de junho de 2002 determinou que o Estado brasileiro: a) adotasse medidas necessárias para proteger a vida e integridade pessoal dos internos, sendo uma das medidas a apreensão de armas em poder dos detentos; b) investigasse os fatos, a fim de identificar responsáveis e aplicar-lhes sanções; c) informasse a Corte sobre as medidas tomadas e a lista dos internos; d) continuasse a informar a Corte, a cada 2 meses, sobre o cumprimento das medidas provisórias adotadas (ver Resolução da Corte Interamericana de Direitos Humanos, de 18 de junho de 2002. Medidas Provisórias solicitadas pela Comissão Interamericana de Direitos Humanos a respeito da República Federativa do Brasil. Caso da Penitenciária Urso Branco. http://www.corteidh.or.cr/seriee/ urso_se_01_portugues.doc). Em 28 de junho de 2004, realizou-se audiência pública sobre tais medidas provisórias, na sede da Corte, ocasião em que foram ouvidas as alegações da Comissão, dos peticionários (ONGs) e do Estado brasileiro. Por fim, em resolução de 7 de julho de 2004, a Corte determinou a adoção de uma série de medidas provisórias, a fim de que o Estado: a) adotasse todas as medidas necessárias para garantir a vida e integridade pessoal de todas as pessoas reclusas na Penitenciária Urso Branco, assim como daquelas que nela ingressassem, visitantes e agentes de segurança; b) adequasse as condições da penitenciária às normas internacionais; c) remetesse à Corte lista atualizada de todas as pessoas que se encontram reclusas na penitenciária; d) investigasse os acontecimentos e aplicasse as sanções correspondentes; e) apresentasse relatório sobre o cumprimento dessas medidas; dentre outras medidas (Resolução da Corte Interamericana de Direitos Humanos, de 7 de julho de 2004, Medidas Provisórias solicitadas pela Comissão Interamericana de Direitos Humanos a respeito da República Federativa do Brasil, Caso da Penitenciária Urso Branco. http://www.corteidh.or.cr/seriee/urso_se_04_portugues.doc — 1º-2-2005). Note-se que resolução da Corte Interamericana de Direitos Humanos, de 21 de setembro de 2005, endossou o inteiro teor da resolução de 7 de julho de 2004 (Disponível em: http://www.corteidh. or.cr/docs/medidas/urso_se_05_portugues.pdf). A Corte determinou ainda que o Estado brasileiro realizasse "todas as gestões pertinentes para que as medidas de proteção sejam planificadas e implementadas com a participação dos peticionários das medidas, de tal

decisões da Corte fundamentaram-se no artigo 63 (2) da Convenção, que estabelece que, em casos de extrema gravidade e urgência, e quando necessário para evitar danos irreparáveis a pessoas, a Corte, nos assuntos de que estiver conhecendo, pode adotar medidas provisórias que lhe pareçam pertinentes[65]. Se se tratar de assuntos que ainda não tenham sido submetidos ao seu conhecimento, poderá atuar a pedido da Comissão. Note-se que, diversamente da Convenção Americana, a Convenção Europeia não confere à Corte Europeia competência para adotar medidas provisórias judicialmente aplicáveis.

No caso Blake, a Corte condenou o Estado da Guatemala ao pagamento de indenização por danos materiais e morais em face do sequestro e assassinato de Nicholas Chapman Blake, por agentes do Estado, em março de 1985. Vale ressaltar que a Corte condenou também o Estado da Guatemala pela violação ao artigo 51.2 da Convenção Americana, por haver-se negado a dar cumprimento à recomendação anterior da Comissão Interamericana de Direitos Humanos[66].

No caso Barrios Altos, em virtude da promulgação e aplicação de leis de anistia (uma que concede anistia geral aos militares, policiais e civis, e outra que dispõe sobre a interpretação e alcance da anistia), o Peru foi condenado a reabrir investigações judiciais sobre os fatos em questão, relativos ao "massacre de Barrios Altos", de forma a derrogar ou tornar sem efeito as leis de anistia mencionadas. A Corte condenou ainda o Estado peruano

---

maneira que as referidas medidas sejam brindadas de forma diligente e efetiva e que, em geral, o Estado mantenha os peticionários informados sobre o avanço de sua execução".

65. Como explica Jo M. Pasqualucci: "A Corte Interamericana tem o poder de ordenar a um Estado que adote medidas provisórias em casos de extrema gravidade e urgência, quando tais medidas forem necessárias para evitar danos irreparáveis às vítimas. Uma ordem de medidas provisórias pode determinar que Estados tomem medidas positivas como medidas de proteção a ativistas de direitos humanos ou a testemunhas de determinados casos. Alternativamente, medidas provisórias podem demandar que um Estado se abstenha de adotar determinado ato, como não extraditar pessoas (...). A Corte não está limitada a ordenar medidas provisórias apenas quando o caso estiver perante a Corte. Por solicitação da Comissão, a Corte pode ordenar a um Estado a adoção de medidas provisórias em casos que estiver perante a Comissão e que ainda não tiverem sido submetidos à Corte" (Jo M. Pasqualucci, op. cit., p. 293-294). Sobre o tema e várias outras questões relacionadas à interpretação e aplicação do artigo 63 (2) da Convenção Americana, consultar Thomas Buergenthal, Medidas provisórias na Corte Interamericana de Direitos Humanos, *Boletim da Sociedade Brasileira de Direito Internacional*, Brasília, dez. 1992/maio 1993, p. 11-37. Consultar, ainda, http://www.corteidh.or.cr/seriee/index.html.

66. Caso Blake *vs.* Guatemala, Sentença de 24 de janeiro de 1998, Série C, n. 36. http://www.corteidh.or.cr/seriecpdf/seriec_36_esp. pdf (1º-2-2005).

a investigar as violações e a identificar, processar e punir os agentes violadores. Referido massacre envolveu a denúncia de execução de 15 pessoas por agentes policiais. O Peru foi condenado, ainda, à reparação integral e adequada dos danos materiais e morais sofridos pelos familiares das vítimas[67]. Essa decisão apresentou um elevado impacto na anulação de leis de anistia e na consolidação do direito à verdade, pelo qual os familiares das vítimas e a sociedade como um todo têm o direito a ser informados das violações, realçando o dever do Estado de investigar, processar, punir e reparar violações aos direitos humanos[68]. A Corte consolidou o entendimento de que leis de anistia são incompatíveis com a Convenção Americana, por afrontarem direitos inderrogáveis reconhecidos pelo Direito Internacional dos Direitos Humanos, obstando o acesso à justiça, o direito à verdade e a responsabilização por graves violações a direitos humanos (como a tortura, as execuções sumárias, extrajudiciais ou arbitrárias e o desaparecimento forçado).

No mesmo sentido, destaca-se o caso Almonacid Arellano em face do Chile, cujo objeto era a validade do Decreto-Lei n. 2.191/78 — que perdoava os crimes cometidos entre 1973 e 1978 durante o regime Pinochet — à luz das obrigações decorrentes da Convenção Americana de Direitos Humanos. Decidiu a Corte pela invalidade do mencionado decreto-lei de "autoanistia", por implicar a denegação de justiça às vítimas, bem como por afrontar os deveres do Estado de investigar, processar, punir e reparar graves violações de direitos humanos que constituem crimes de lesa-humanidade. Concluiu a Corte que as leis de "autoanistia" perpetuam a impunidade, propiciam uma injustiça continuada, impedem às vítimas e aos seus familiares o acesso à justiça e o direito de conhecer a verdade e de receber a reparação correspondente, o que constituiria uma manifesta afronta à Convenção Americana. As leis de anistia configurariam, assim, um ilícito internacional, e sua revogação, uma forma de reparação não pecuniária[69].

Em 24 de novembro de 2010, no caso Gomes Lund e outros *vs.* Brasil, a Corte Interamericana condenou o Brasil em virtude do desaparecimento

---

67. Caso Barrios Altos (Chumbipuma Aguirre e outros *vs.* Peru), Sentença de 14 de março de 2001, Série C, n. 75. http://www.corteidh.or.cr/seriecpdf/seriec_75_esp. pdf (1º-2-2005).

68. A título de exemplo, destaca-se o caso argentino, em que decisão da Corte Suprema de Justiça de 2005 anulou as leis de ponto final (Lei n. 23.492/86) e obediência devida (Lei n. 23.521/87), adotando como precedente o caso Barrios Altos.

69. Caso Almonacid Arellano and others *vs.* Chile, Inter-American Court, 26 de setembro de 2006, série C, n. 154.

de integrantes da guerrilha do Araguaia durante as operações militares ocorridas na década de 1970. O caso foi submetido à Corte pela Comissão Interamericana, ao reconhecer que esse fato "representava uma oportunidade importante para consolidar a jurisprudência interamericana sobre leis de anistia em relação aos desaparecimentos forçados e às execuções extrajudiciais, com a consequente obrigação dos Estados de assegurar o conhecimento da verdade, bem como de investigar, processar e punir graves violações de direitos humanos". Em sua histórica sentença, a Corte realçou que as disposições da Lei de Anistia, de 1979, são manifestamente incompatíveis com a Convenção Americana, carecem de efeitos jurídicos e não podem seguir representando um obstáculo para a investigação de graves violações de direitos humanos, nem para a identificação e punição dos responsáveis. Enfatizou a Corte que leis de anistia relativas a graves violações de direitos humanos são incompatíveis com o Direito Internacional e as obrigações jurídicas internacionais contraídas pelos Estados. Respaldou sua argumentação em vasta e sólida jurisprudência produzida por órgãos das Nações Unidas e do sistema interamericano, destacando também decisões judiciais emblemáticas invalidando leis de anistia na Argentina, no Chile, no Peru, no Uruguai e na Colômbia. A conclusão é uma só: as leis de anistia violam o dever internacional do Estado de investigar e punir graves violações a direitos humanos.

Em 15 de março de 2018, no caso Herzog contra o Brasil, a Corte Interamericana declarou responsável o Estado Brasileiro pela violação dos direitos às garantias judiciais e à proteção judicial, previstos nos artigos 8º e 25 da Convenção Americana, e artigos 1, 6 e 8 da Convenção Interamericana para Prevenir e Punir a Tortura com relação aos familiares da vítima Vladimir Herzog. Tais violações resultaram da falta de investigação, julgamento e punição dos responsáveis pela tortura e pelo assassinato de Vladimir Herzog, cometidos em um contexto sistemático e generalizado de ataques à população civil. Uma vez mais, a Corte considerou a Lei de Anistia n. 6.683/79 incompatível com a Convenção Americana, endossando o direito à verdade, com o necessário esclarecimento dos fatos violatórios do caso, bem como o direito à justiça, com a necessária apuração das responsabilidades individuais relativamente às violações perpetradas, ordenando, ainda, diversas medidas de reparação.

No caso Lori Berenson Mejía, foi o Estado peruano condenado, em virtude da detenção de Lori Berenson durante 2 anos, 8 meses e 20 dias, condenada pela infração de "traição à pátria", por sentença do Tribunal Militar, que, posteriormente, foi anulada. O caso foi, então, remetido ao juízo

133

ordinário, que determinou a condenação de Lori Berenson a 20 anos de privação de liberdade por "colaboração com o terrorismo". Após rigorosa análise de provas, a Corte decidiu pela condenação do Estado peruano a harmonizar sua legislação interna, à luz dos parâmetros protetivos internacionais; a providenciar atenção médica adequada e especializada à vítima; a prestar reparação civil; e a adotar as medidas necessárias para adequar as condições de detenção de Yanamayo, onde a vítima permaneceu presa[70].

Também no sentido de condenar o Estado a harmonizar sua legislação interna à luz dos parâmetros protetivos internacionais, merece destaque o caso Hilaire, Constantine e Benjamin, no qual a Corte determinou a Trinidad e Tobago que modificasse a legislação doméstica que impunha obrigatoriamente a pena de morte a qualquer pessoa condenada por homicídio[71].

No caso "A Última Tentação de Cristo"[72], a Corte condenou o Chile em virtude de censura prévia à exibição cinematográfica do referido filme, decorrente da violação aos direitos de liberdade de pensamento e expressão, bem como de liberdade de consciência e religião, assegurados nos artigos 12 e 13 da Convenção Americana. Entendeu a Corte que a censura prévia, autorizada pelo artigo 19 da Constituição chilena, era incompatível com as dimensões individual e social da liberdade de expressão, condição essencial a toda sociedade democrática. A Corte demandou do Chile a reforma de sua legislação doméstica, que foi implementada por este Estado, compreendendo a adoção de nova lei e a reforma da Constituição, de forma a abolir a censura prévia.

Cabe também menção ao caso Villagran Morales contra a Guatemala, em que esse Estado foi condenado pela Corte em virtude da impunidade relativa à morte de cinco meninos que viviam na rua, brutalmente torturados e assassinados por dois policiais nacionais da Guatemala. Entre as medidas de reparação ordenadas pela Corte estão: o pagamento de indenização pecuniária aos familiares das vítimas; a reforma no ordenamento jurídico interno visando à maior proteção dos direitos das crianças e adolescentes

---

70. Caso Lori Berenson Mejía *vs.* Peru, Sentença de 25 de novembro de 2004, Série C, n. 119. http://www.corteidh.or.cr/seriecpdf/seriec_119_esp. pdf — acesso em 1º-2-2005. Adicione-se que, no caso Loayza Tamayo, a Corte Interamericana condenou o Peru a libertar um professor da prisão, reconhecendo a incompatibilidade de decretos-leis que tipificavam os delitos de "traição à pátria" e de "terrorismo" com a Convenção Americana, ordenando ao Estado reformas legais (Caso Loayza Tamayo, Series C, n. 33, 17-9-1997).

71. Caso Hilaire, Constantine e Benjamin, Series C, n. 44, 21 de junho de 2002.

72. A respeito, ver Olmedo Bustos y otros *vs.* Chile. Sentença de 5 de fevereiro de 2001. http://www.corteidh.or.cr/seriescpdf.

guatemaltecos; e a construção de uma escola em memória das vítimas[73]. Nesse caso, a Corte afirmou que o direito à vida não pode ser concebido restritivamente. Introduziu a visão de que o direito à vida compreende não apenas uma dimensão negativa — o direito a não ser privado da vida arbitrariamente —, mas uma dimensão positiva, que demanda dos Estados medidas positivas apropriadas para proteger o direito à vida digna — o "direito a criar e desenvolver um projeto de vida". Essa interpretação lançou um importante horizonte para a proteção dos direitos sociais.

Quanto aos direitos dos povos indígenas, destaca-se o relevante caso da comunidade indígena Mayagna Awas Tingni contra a Nicarágua[74] em que a Corte reconheceu o direito dos povos indígenas à propriedade coletiva da terra como uma tradição comunitária e como um direito fundamental e básico à sua cultura, à sua vida espiritual, à sua integridade e à sua sobrevivência econômica. Acrescentou que para os povos indígenas a relação com a terra não é somente uma questão de possessão e produção, mas um elemento material e espiritual de que devem gozar plenamente, inclusive para preservar seu legado cultural e transmiti-lo às gerações futuras.

Em outro caso — comunidade indígena Yakye Axa contra o Paraguai[75] — a Corte decidiu que os povos indígenas têm direito a medidas específicas que garantam o acesso aos serviços de saúde, que devem ser apropriados sob a perspectiva cultural, incluindo cuidados preventivos, práticas curativas e medicinas tradicionais. Adicionou que para os povos indígenas a saúde representa uma dimensão coletiva e que a ruptura de sua relação simbiótica com a terra exerce um efeito prejudicial sobre a saúde dessas populações. A respeito do direito à identidade cultural, aludiu a Corte à necessidade de adotar uma interpretação evolutiva e dinâmica, tal como acena a jurisprudência da Corte Europeia, no sentido de fazer da Convenção um instrumento vivo, capaz de acompanhar as evoluções temporais e as condições de vida atuais. Afirmou a Corte o significado especial da propriedade coletiva das terras ancestrais para os povos indígenas, inclusive para preservar sua identidade cultural e transmiti-la para as gerações futuras. Realçou que a cultura dos membros da comunidade indígena corresponde a uma forma de vida particular de ser, ver e atuar no mundo, construída a

---

73. Ver Villagran Morales et al. *vs.* Guatemala (The Street Children case) (merits), Inter-American Court, 19 de novembro de 1999, Ser. C, n. 63.

74. Ver Comunidad Mayagna (Sumo) Awas Tingni *vs.* Nicarágua, Inter-American Court, 2001, Ser. C, n. 79.

75. Ver Comunidad Yakye Axa *vs.* Paraguai, Inter-American Court, 2005, Ser. C, n. 125.

partir de sua relação com suas terras tradicionais. Pontuou que a terra, para os povos indígenas, não é apenas um meio de subsistência, mas um elemento integrante de sua cosmovisão, de sua religiosidade e de sua identidade cultural. Isso porque a terra estaria estreitamente relacionada com suas tradições e expressões orais, costumes e línguas, artes e rituais, bem como com a sua relação com a natureza, arte culinária e direito consuetudinário. Em virtude de sua relação com a natureza, os membros das comunidades indígenas transmitem de geração para geração esse patrimônio cultural imaterial, que é recriado constantemente pelos membros da comunidade indígena. Concluiu a Corte que a identidade cultural é um componente agregado ao próprio direito à vida *lato sensu*. Desse modo, se é violada a identidade cultural, a própria vida vê-se inevitavelmente violada.

No caso da comunidade indígena Xákmok Kásek contra Paraguai, a Corte Interamericana, em sentença proferida em 24 de agosto de 2010, condenou o Estado do Paraguai pela afronta aos direitos à vida, à propriedade comunitária e à proteção judicial (artigos 4, 21 e 25 da Convenção Americana, respectivamente), dentre outros direitos, em face da não garantia do direito de propriedade ancestral à aludida comunidade indígena, o que estaria a afetar seu direito à identidade cultural. Ao motivar a sentença, destacou que os conceitos tradicionais de propriedade privada e de possessão não se aplicam às comunidades indígenas, pelo significado coletivo da terra, pois a relação de pertença não se centra no indivíduo, senão no grupo e na comunidade. Acrescentou que o direito à propriedade coletiva estaria ainda a merecer igual proteção pelo artigo 21 da Convenção (concernente ao direito à propriedade privada). Afirmou o dever do Estado em assegurar especial proteção às comunidades indígenas, à luz de suas particularidades próprias, suas características econômicas e sociais e suas especiais vulnerabilidades, considerando o direito consuetudinário, os valores, os usos e os costumes dos povos indígenas, de forma a assegurar-lhes o direito à vida digna, contemplando o acesso à água potável, alimentação, saúde, educação, entre outros.

Em 27 de junho de 2012, no caso da comunidade indígena Kichwa de Sarayaku contra Equador, a Corte Interamericana condenou o Estado sob o argumento de violação do direito à consulta prévia dos povos indígenas, bem como pela afronta aos direitos de identidade cultural. No entender da Corte, o Estado ainda seria responsável por ter colocado em grave risco os direitos à vida e à integridade pessoal dos povos indígenas Sarayaku. Na hipótese, a comunidade indígena Sarayaku — integrada por 1.200 membros — habita a região amazônica do Equador (floresta tropical), vivendo por meio da propriedade coletiva da terra, bem como da caça e da pesca, em plena observância de costumes ancestrais e tradições. Contudo, na década de 1990, o Estado do Equador teria outorgado permissão a um consórcio petrolífero, formado por entes privados, para a exploração de atividades econômicas no território dos povos Sarayaku, sem que houvesse a prévia consulta, o que acabou por implicar violações a direitos daqueles povos indígenas. A Corte condenou o Estado do Equador a realizar uma consulta à comunidade indígena Sarayaku, de forma prévia, adequada e efetiva, em total consonância com os relevantes parâmetros internacionais, nos casos a envolver atividades ou projetos de exploração dos recursos naturais de seu território, ou qualquer investimento, ou, ainda, desenvolvimento de planos com potencial impacto em seu território.

Em 5 de fevereiro de 2018, no caso Povo Xucuru e seus membros contra o Brasil, a Corte Interamericana declarou o Estado Brasileiro internacionalmente responsável pela violação do direito à garantia judicial de prazo razoável, previsto no artigo 8º da Convenção Americana, bem como pela violação dos direitos de proteção judicial e à propriedade coletiva, previstos nos artigos 25 e 21 da Convenção Americana, ordenando diversas medidas de reparação.

Em 20 de outubro de 2016, no caso "Trabalhadores da Fazenda Brasil Verde", a Corte Interamericana condenou o Estado Brasileiro por violação ao direito a não ser submetido à escravidão, às garantias judiciais de devida diligência e ao direito à proteção judicial, em virtude de trabalho escravo envolvendo 128 trabalhadores em fazenda no Pará. Sustentou que a violação ocorreu no marco de uma situação de discriminação estrutural histórica, em razão da posição econômica, decorrente da pobreza e elevada concentração de propriedade de terras. Determinou a adoção de medidas para identificar, processar e punir os responsáveis, com a devida diligência, bem como o pagamento de indenização às vítimas. Endossou ser o direito a não ser submetido à escravidão um direito absoluto e inderrogável, não permitindo qualquer flexibilização ou relativização, integrando, ademais, o "*jus cogens*" internacional. A partir de uma interpretação dinâmica e evolutiva, ressaltou o conceito contemporâneo de escravidão, a compreender o estado ou condição de um indivíduo em que se constate o exercício de algum dos atributos do direito de propriedade, culminando com a perda substantiva de autonomia, que nega ao indivíduo a condição plena de sujeito de direito. Trata-se do primeiro caso contencioso perante a Corte Interamericana concernente à proibição do trabalho escravo. Para a Corte, "o direito a não ser submetido à escravidão, servidão, trabalho forçado ou tráfico de pessoas possui um caráter essencial à Convenção Americana (...). Tal garantia forma parte do núcleo inderrogável de direitos, pois não pode ser suspensa em nenhuma circunstância. A proibição da escravidão é considerada norma imperativa do Direito Internacional (*jus cogens*) e implica em obrigações *erga omnes*"[76].

Destaque há que ser dado ao caso Baena Ricardo e outros contra o Estado do Panamá, envolvendo a demissão sumária de duzentos e setenta trabalhadores, como resultado de uma lei que determinava a demissão em massa dos aludidos funcionários públicos, que haviam participado de uma manifestação trabalhista. Ao final, o Estado do Panamá foi condenado a pagar os salários dos duzentos e setenta trabalhadores e a indenização correspondente; a reintegrar os trabalhadores ou, em caso de impossibilidade, a propor alternativa que respeitasse as condições, salários e remunerações; bem como a pagar indenização por danos morais[77]. Ressalte-se que, nesse caso, foram utilizados argumentos atinentes à violação de direitos civis e políticos (especialmente do direito ao devido processo legal e à proteção judicial, bem como das liberdades de reunião e associação) para proteger direitos sociais (fundamentalmente direitos de natureza trabalhista). No caso Trabajadores cesados del congreso (Aguado Alfaro y otros) contra o Peru[78], envolvendo a demissão arbitrária de duzentos e cinquenta e sete trabalhadores, a Corte condenou o Estado do Peru também pela afronta ao devido processo legal e à proteção judicial. Em ambos os casos, a condenação dos Estados teve como argumento central a violação à garantia do devido processo legal e não a violação ao direito do trabalho.

No caso Acevedo Buendía y otros ("Cesantes y Jubilados de la Contraloría") contra o Peru, em sentença prolatada em 1º de julho de 2009, a Corte condenou o Peru pela violação aos direitos à proteção judicial (artigo 25 da Convenção Americana) e à propriedade privada (artigo 21 da Convenção), em caso envolvendo denúncia dos autores relativamente ao não cumprimento pelo Estado de decisão judicial, concedendo a eles remuneração, gratificação e bonificação similar às percebidas pelos servidores da ativa em cargos idênticos. Em sua fundamentação, a Corte reconheceu que os direitos humanos devem ser interpretados sob a perspectiva de sua integra-

---

76. Caso Trabajadores de la Hacienda Brasil Verde *vs.* Brasil, Excepciones Preliminares, Fondo, Reparaciones y Costas. Sentencia de 20 de octubre de 2016, Serie C n. 318.

77. Caso Baena Ricardo e outros *vs.* Panamá, Sentença de 2 de fevereiro de 2001, Série C, n. 72. Disponível em: www.corteidh.or.cr/seriecpdf/seriec_72_esp.

78. Caso Trabajadores cesados del congreso (Aguado Alfaro y otros) *vs.* Peru, Inter-American Court, 24 de novembro de 2006, série C, n. 158.

lidade e interdependência, a conjugar direitos civis e políticos e direitos econômicos, sociais e culturais, inexistindo hierarquia entre eles e sendo todos direitos exigíveis. Realçou ser a aplicação progressiva dos direitos sociais (artigo 26 da Convenção) suscetível de controle e fiscalização pelas instâncias competentes, destacando o dever dos Estados de não regressividade em matéria de direitos sociais. Endossou o entendimento do Comitê da ONU sobre Direitos Econômicos, Sociais e Culturais de que as medidas de caráter deliberadamente regressivo requerem uma cuidadosa análise, somente sendo justificáveis quando considerada a totalidade dos direitos previstos no Pacto, bem como a máxima utilização dos recursos disponíveis.

Um outro caso emblemático é o caso "cinco pensionistas" *versus* Peru[79], envolvendo a modificação do regime de pensão no Peru, em que a Corte condenou o Estado com fundamento na violação ao direito de propriedade privada e não com fundamento na afronta ao direito de seguridade social, em face dos danos sofridos pelos cinco pensionistas.

Esses casos consagram a proteção indireta de direitos sociais, mediante a proteção de direitos civis, o que confirma a ideia da indivisibilidade e da interdependência dos direitos humanos.

Constata-se, contudo, a emergência de uma nova tendência jurisprudencial voltada à justiciabilidade direta dos direitos sociais. A respeito, destacam-se os recentes casos Lagos del Campo e Trabalhadores Demitidos de Pretroperu, ambos contra o Estado do Peru, decididos em 2017, em que, ineditamente, a Corte considerou restar caracterizada uma violação autônoma do artigo 26 da Convenção Americana. Em sentido similar, merece menção a sentença proferida em 8 de março de 2018 no caso Poblete Vilches y Otros contra o Estado do Chile, que consolidou relevantes parâmetros interamericanos a respeito do direito à saúde envolvendo pessoa idosa, com ênfase ao direito ao consentimento informado. Para a Corte, o direito à saúde invoca como dimensões a disponibilidade, a acessibilidade, a aceitabilidade e a qualidade, tendo exigibilidade e justiciabilidade direta, na qualidade de direito autônomo. Adicionou, ainda, a importância de conferir visibilidade às pessoas idosas como sujeitos de direitos a merecer especial proteção. De forma inédita, a Corte se pronunciou sobre a saúde como um direito autônomo, integrante dos direitos econômicos, sociais, culturais e ambientais, com base no artigo 26 e no dever do Estado de conferir observância aos

---

79. Caso "cinco pensionistas" *vs.* Peru, Inter-American Court, 28 de fevereiro de 2003, série C, n. 98.

direitos das pessoas idosas. No mesmo sentido, cabe menção à sentença do caso Cuscul Pivaral contra o Estado da Guatemala, proferida em 2018, em que, também, ineditamente, a Corte condenou um Estado por violar o dever de progressivamente implementar o direito à saúde, em situação envolvendo pessoas vivendo com HIV na Guatemala[80]. Em 6 de fevereiro de 2020, no caso Comunidades Indígenas Miembros de la Asociación Lhaka Honhat (Nuestra Tierra) contra o Estado da Argentina, a Corte Interamericana, de forma inédita, reconheceu a responsabilidade internacional do Estado por violação autônoma dos direitos econômicos, sociais, culturais e ambientais de comunidades indígenas, com destaque para os direitos ao meio ambiente saudável, à alimentação e à água, no contexto da pandemia, tendo por fundamento o art. 26 da Convenção Americana.

No caso Massacre de Ituango contra a Colômbia, a Corte Interamericana condenou o Estado da Colômbia por omissão, aquiescência e colaboração com grupos paramilitares pertencentes à Autodefesa Unida da Colômbia (AUC), que perpetraram ataques armados no Município de Ituango, causando o assassinato de civis indefesos, despojando-lhes de seus bens e gerando terror e *desplazamiento* (deslocamentos forçados). A sentença condenatória da Corte endossou a responsabilidade por omissão da Colômbia, por não esclarecer os fatos ocorridos, não proceder ao julgamento efetivo dos responsáveis e tampouco prover a reparação adequada das vítimas[81].

Outro caso a merecer menção é o caso Damião Ximenes Lopes *vs.* Brasil, envolvendo a morte, após três dias de internação em hospital psiquiátrico, de pessoa com deficiência mental. Foi o primeiro caso sobre saúde mental a ser decidido pela Corte. Também neste caso apontou-se à responsabilidade internacional do Estado por omissão, resultante na violação aos direitos à vida, à integridade física e à proteção judicial da vítima[82].

---

80. Caso Cuscul Pivaral vs. Guatemala, Inter-American Court, 08 de fevereiro de 2018, série C n. 348.

81. Ver sentença de 1º de julho de 2006, Série C, n. 148. Disponível em: www.corteidh.or.cr/docs/casos/articulos/seriec_148_esp.

82. Ver sentença de 4 de julho de 2006, Série C, n. 149. Trata-se da primeira condenação do Estado Brasileiro perante a Corte Interamericana de Direitos Humanos. A Corte ressaltou que a sentença constitui *per se* uma forma de reparação. A Corte ainda determinou ao Estado: a) garantir, em um prazo razoável, que o processo interno destinado a investigar e sancionar os responsáveis pelos fatos deste caso surta seus devidos efeitos; b) publicar, no prazo de seis meses, no Diário Oficial e em outro jornal de ampla circulação nacional, em uma só vez, o Capítulo VII relativo aos fatos provados da sentença da Corte; c) continuar a

No que se refere à proteção dos direitos humanos das mulheres, emblemático é o caso González e outras contra o México (caso "Campo Algodonero"), em que a Corte Interamericana condenou o México em virtude do desaparecimento e morte de mulheres em Ciudad Juarez, sob o argumento de que a omissão estatal estava a contribuir para a cultura da violência e da discriminação contra a mulher. No período de 1993 a 2003, estima-se que de 260 a 370 mulheres tenham sido vítimas de assassinato em Ciudad Juarez. A sentença da Corte condenou o Estado do México ao dever de investigar, sob a perspectiva de gênero, as graves violações ocorridas, garantindo direitos e adotando medidas preventivas necessárias de forma a combater a discriminação contra a mulher[83].

No caso Gutiérrez Hernández e outros contra a Guatemala, concernente a desaparecimento forçado e violência contra a mulher, em sentença proferida em 24 de agosto de 2017, a Corte Interamericana condenou o Estado da Guatemala pela violação aos direitos à igual proteção da lei e não discriminação, aos direitos às garantias judiciais e proteção judicial, bem como aos direitos à vida e integridade pessoal, tendo por fundamento a Convenção Americana de Direitos Humanos, a Convenção Interamericana para Prevenir, Punir e Erradicar a Violência contra a Mulher e a Convenção Interamericana sobre Desaparecimento Forçado de Pessoas. Determinou ao Estado o dever de conduzir, em prazo razoável, eficaz investigação "livre de estereótipos de gênero", adotando procedimento penal para identificar, processar e punir os responsáveis pelo desaparecimento da vítima Mayra Gutiérrez Hernandez, dentre outras medidas[84].

---

desenvolver um programa de formação e capacitação para o pessoal médico, de psiquiatria e psicologia, de enfermagem e auxiliares de enfermagem e para todas as pessoas vinculadas ao atendimento de saúde mental, em especial sobre os princípios que devem reger o trato das pessoas portadoras de deficiência mental, conforme os padrões internacionais sobre a matéria e aqueles dispostos na Sentença; d) pagar em dinheiro para os familiares da vítima, no prazo de um ano, a título de indenização por dano material e imaterial, as quantias fixadas em sentença; e e) pagar em dinheiro, no prazo de um ano, a título de custas e gastos gerados no âmbito interno e no processo internacional perante o sistema interamericano de proteção dos direitos humanos. A Corte ressaltou também que supervisionará o cumprimento integral da sentença, cabendo ao Estado, no prazo de um ano, apresentar à Corte relatório sobre as medidas adotadas para o seu cumprimento. Disponível em: http://www.corteidh. or.cr/docs/casos/articulos/seriec_149_por.pdf.

83. Ver sentença de 16 de novembro de 2009.

84. Corte IDH. Caso Gutiérrez Hernández y otros *vs.* Guatemala. Excepciones Preliminares, Fondo, Reparaciones y Costas. Sentencia de 24 de agosto de 2017. Serie C n. 339.

Ineditamente, em 24 de fevereiro de 2012, a Corte Interamericana reconheceu a responsabilidade internacional do Estado do Chile em face do tratamento discriminatório e da interferência indevida na vida privada e familiar da vítima Karen Atala devido à sua orientação sexual. O caso foi objeto de intenso litígio judicial no Chile, que culminou com a decisão da Corte Suprema de Justiça em determinar a custódia das três filhas ao pai, sob o argumento de que a sra. Atala não deveria manter a custódia por conviver com pessoa do mesmo sexo, após o divórcio. No entender unânime da Corte Interamericana, o Chile violou os arts. 1º, parágrafo 1º, e 14 da Convenção Americana, por afrontar o princípio da igualdade e da proibição da discriminação[85].

No caso Duque contra Colômbia, em sentença de 26 de fevereiro de 2016, a Corte Interamericana reconheceu a responsabilidade internacional do Estado da Colômbia por violação ao direito à igualdade perante a lei e à proibição de discriminação em face de Angel Alberto Duque. Na hipótese, foi negado o direito à pensão à vítima, sob o argumento de que o companheiro era do mesmo sexo. Naquele momento, a legislação colombiana previa o direito à pensão exclusivamente ao cônjuge, companheiro ou companheira permanente sobrevivente que fosse de sexo diferente.

Em 31 de agosto de 2016, a Corte Interamericana, no caso Flor Freire contra Equador, condenou o Estado por violação ao direito à igualdade perante a lei e à proibição da discriminação e aos direitos à honra e à dignidade, bem como por afronta à garantia de imparcialidade, em face de processo disciplinar militar sofrido pela vítima, culminando em sua exoneração das Forças Armadas, por supostamente haver cometido práticas sexuais homossexuais no âmbito de instalações militares — punidas de forma mais gravosa se comparadas com práticas sexuais não homossexuais, o que estaria a caracterizar discriminação[86].

Em 12 de março de 2020, a Corte Interamericana condenou o Estado do Peru no caso Azul Rojas Marín, concernente a graves atos de violência física e psicológica em face da vítima em virtude de sua orientação sexual e identidade de gênero. Para a Comissão Interamericana, o Estado teria violado a obrigação de proteção à vítima de violência sexual, tendo por agravante o preconceito em face das pessoas LGBTI. Ao condenar o Esta-

---

85. Caso Atala Riffo and daughters *vs.* Chile, Inter-American Court, 24 February 2012, Series C n. 239.

86. Corte IDH. Caso Flor Freire *vs.* Ecuador. Excepción Preliminar, Fondo, Reparaciones y Costas. Sentencia de 31 de agosto de 2016. Serie C n. 315.

do do Peru pela violação ao direito à integridade pessoal, enunciado no artigo 5º da Convenção Americana, dentre outros dispositivos convencionais violados, ineditamente, no âmbito das garantias de não repetição, a Corte demandou do Estado do Peru a adoção de protocolo específico de investigação e administração de justiça em casos de violência contra pessoas LGBTI; a adoção de programas de sensibilização e capacitação de agentes estatais sobre a violência contra pessoas LGBTI; e a implementação de um sistema de produção de estatísticas de violência contra pessoas LGBTI[87].

Em 26 de março de 2021, no caso Vicky Hernandez e outras contra Honduras, a Corte Interamericana reconheceu a responsabilidade do Estado em face da execução sumária sofrida pela vítima, mulher trans, defensora de direitos humanos, em Honduras. Afirmou a responsabilidade do Estado pela violação aos direitos à vida, à integridade pessoal, à proteção judicial e a garantias judiciais, nos termos dos arts. 4º, 5º, 8º e 25 da Convenção Americana. Ineditamente, a Corte considerou o Estado responsável pela violação das obrigações decorrentes do art. 7º da Convenção Interamericana para Prevenir, Punir e Erradicar a Violência contra a Mulher, adotando a interpretação de que tal instrumento seria aplicável a todas as mulheres, inclusive às mulheres trans. Desse modo, a Corte consagrou o direito a uma vida livre de violência a todas as mulheres, sem qualquer discriminação. Dentre as medidas ordenadas pela Corte, cabe menção ao dever do Estado de adotar um procedimento para o reconhecimento do direito à identidade de gênero; ao dever de adotar um protocolo de investigação e administração de justiça em casos envolvendo pessoas LGBTI; e ao dever de implementar um sistema de dados desagregados vinculados aos casos de violência em face das pessoas LGBTI.

Em sentença proferida em 28 de novembro de 2012, a Corte Interamericana de Direitos Humanos, no caso Artavia Murillo e outros contra a Costa Rica, enfrentou, também de forma inédita, a temática da fecundação *in vitro* sob a ótica dos direitos humanos[88]. O caso foi submetido pela Comissão Interamericana, sob o argumento de que a proibição geral e absoluta de praticar a "fecundação *in vitro*" na Costa Rica desde 2000 implicaria violação a direitos humanos. Com efeito, por decisão da Sala Constitucional da Corte Suprema de Justiça de 15 de março de 2000, a prática da fertilização *in vitro* atentaria claramente contra a vida e a

---

87. Caso Azul Rojas Marín *vs.* Peru, Inter-American Court, 12 de março de 2020.

88. Caso Artavia Murillo e outros ("fecundación *in vitro*") *vs.* Costa Rica, Corte Interamericana de Direitos Humanos, sentença proferida em 28 de novembro de 2012.

dignidade do ser humano. Todavia, no entender da Comissão, tal proibição estaria a constituir uma ingerência arbitrária com relação aos direitos à vida privada e familiar, bem como ao direito de formar uma família. A proibição afetaria o direito de igualdade das vítimas, visto que o Estado estaria a impedir o acesso a tratamento que permitiria superar uma situação de desvantagem relativamente a ter filhas e filhos biológicos, com impacto desproporcional nas mulheres. O argumento da Comissão é de que a proibição da fertilização *in vitro* afrontaria os direitos à vida privada e familiar; à integridade pessoal; à saúde sexual e reprodutiva; bem como o direito de gozar dos benefícios do progresso científico e tecnológico e o princípio da não discriminação.

A partir de uma interpretação sistemática e histórica, com destaque à normatividade e à jurisprudência dos sistemas universal, europeu e africano, concluiu a Corte Interamericana não ser possível sustentar que o embrião possa ser considerado pessoa. Recorrendo a uma interpretação evolutiva, a Corte observou que o procedimento da fertilização *in vitro* não existia quando a Convenção foi elaborada, conferindo especial relevância ao Direito Comparado, por meio do diálogo com a experiência jurídica latino-americana e de outros países, como os EUA e a Alemanha, a respeito da matéria. Concluiu que ter filhos biológicos, por meio de técnica de reprodução assistida, decorre dos direitos à integridade pessoal, liberdade e vida privada e familiar. Argumentou que o direito absoluto à vida do embrião — como base para restringir direitos — não encontra respaldo na Convenção Americana. Condenou, assim, a Costa Rica por violação aos arts. 5º, § 1º, 7º, 11, § 2º, e 17, § 2º, da Convenção Americana, determinando ao Estado adotar com a maior celeridade possível medidas apropriadas para que fique sem efeito a proibição de praticar a fertilização *in vitro*, assegurando às pessoas a possibilidade de valer-se deste procedimento sem impedimentos. Determinou também ao Estado a implementação da fertilização *in vitro*, tornando disponíveis os programas e os tratamentos de infertilidade, com base no princípio da não discriminação. Adicionou o dever do Estado de proporcionar às vítimas atendimento psicológico de forma imediata, fomentando, ademais, programas e cursos de educação e capacitação em direitos humanos, no campo dos direitos reprodutivos, sobretudo aos funcionários judiciais.

Como salienta Jo M. Pasqualucci: "Os avanços da Corte Interamericana de Direitos Humanos em matéria de reparações têm sido talvez sua maior contribuição para o Direito Internacional dos Direitos Humanos. Como resultado de seus julgamentos, as reparações não são mais limitadas

144

ao pagamento de indenizações. A Corte Interamericana tem, com sucesso, condenado Estados a adotar leis que lhes permitam o devido cumprimento das obrigações internacionais. Tem ainda condenado Estados a emendar ou revogar legislação doméstica que se mostre incompatível com a Convenção Americana. A Corte tem entendido que leis, como a lei de anistia do Peru, não têm efeito jurídico, por violarem direitos internacionalmente protegidos, e as Cortes domésticas têm decidido de acordo com a jurisprudência da Corte. As decisões das Cortes domésticas podem também ser objeto das decisões da Corte Interamericana no que se refere às reparações. A Corte pode condenar um Estado a anular ou a executar uma decisão proferida por uma Corte doméstica. (...) Os Estados, em geral, cumprem as decisões da Corte em matéria de reparações"[89].

O instituto da "reparação integral" inspira a relevante e audaciosa jurisprudência interamericana, contemplando, além de reparações pecuniárias às vítimas, medidas de não repetição, envolvendo reformas estruturais, no que se refere à mudança de políticas públicas, reformas legislativas, bem como a adoção de programas de capacitação de agentes públicos em matéria de direitos humanos, dentre outras medidas. O cumprimento de medidas concernentes a transformações estruturais demanda um processo de implementação complexo, dinâmico, aberto e multifacetado, sob a perspectiva de *multiple stakeholders*, em que atores diversos interagem, invocando, por vezes, diálogos intragovernamentais, interinstitucionais e federativos.

Cabe realçar que a Convenção Americana não estabelece mecanismo específico para supervisionar o cumprimento das decisões da Comissão ou da Corte, embora a Assembleia Geral da OEA tenha o mandato genérico a esse respeito, nos termos do artigo 65 da Convenção Americana[90]. Na avaliação de Antônio Augusto Cançado Trindade: "(...) a Corte Interamericana tem atualmente uma especial preocupação quanto ao cumprimento de suas sentenças. Os Estados, em geral, cumprem as reparações que se referem a indenizações de caráter pecuniário, mas o mesmo não ocorre necessariamente com as reparações de caráter não pecuniário, em especial as que se referem às investigações efetivas dos fatos que originaram tais violações,

---

89. Jo M. Pasqualucci, *The practice and procedure of the Inter-American Court on Human Rights*, p. 289-290.

90. De acordo com o artigo 65 da Convenção: "A Corte submeterá à consideração da Assembleia Geral da OEA, em cada período ordinário de sessões, um relatório sobre as suas atividades no ano anterior. De maneira especial, e com as recomendações pertinentes, indicará os casos em que um Estado não tenha dado cumprimento a suas sentenças".

bem como à identificação e sanção dos responsáveis — imprescindíveis para pôr fim à impunidade (e suas consequências negativas para o tecido social como um todo). (...) Atualmente, dada a carência institucional do sistema interamericano de proteção dos direitos humanos nesta área específica, a Corte Interamericana vem exercendo *motu proprio* a supervisão da execução de suas sentenças, dedicando-lhe um ou dois dias de cada período de sessões. Mas a supervisão — como exercício de garantia coletiva — da fiel execução das sentenças e decisões da Corte é uma tarefa que recai sobre o conjunto dos Estados partes da Convenção"[91].

Considerando a atuação da Comissão e da Corte Interamericana nos casos destacados, resta concluir que, ainda que recente seja a jurisprudência da Corte, o sistema interamericano está se consolidando como importante e eficaz estratégia de proteção dos direitos humanos, quando as instituições nacionais se mostram omissas ou falhas[92].

Ainda que a crescente justicialização do sistema, especialmente em virtude do Regulamento da Comissão Interamericana de 2001, signifique, por si só, um considerável avanço, faz-se ainda necessário seu maior aprimoramento. Aponta-se, nesse sentido, para sete propostas visando ao fortalecimento do sistema interamericano, com especial ênfase em sua universalidade, institucionalidade, independência, sustentabilidade e efetividade.

Com relação à universalidade do sistema interamericano, há que expandir o universo de Estados-partes da Convenção Americana (que contava com 24 Estados-partes em 2023) e sobretudo do Protocolo de San Salvador em matéria de direitos econômicos, sociais e culturais (que contava apenas com 18 Estados-partes em 2023). Outra medida essencial é

---

91. Antônio Augusto Cançado Trindade e Manuel E. Ventura Robles, *El futuro de la Corte Interamericana de Derechos Humanos*, p. 434. Propõe o autor: "Para assegurar o monitoramento contínuo do fiel cumprimento de todas as obrigações convencionais de proteção, em particular das decisões da Corte, deve ser acrescentado ao final do artigo 65 da Convenção Americana, a seguinte frase: 'A Assembleia Geral os remeterá ao Conselho Permanente, para estudar a matéria e elaborar um informe, a fim de que a Assembleia Geral delibere a respeito.' Deste modo, se supre uma lacuna com relação a um mecanismo, a operar em base permanente (e não apenas uma vez por ano, ante a Assembleia Geral da OEA), para supervisionar a fiel execução, por todos os Estados-partes demandados, das sentenças da Corte" (op. cit., p. 91-92).

92. Como observa Antonio Cassesse: "a Comissão e a Corte Interamericana contribuem, ao menos em certa medida, para a denúncia dos mais sérios abusos e pressionam os governos para que cessem com as violações de direitos humanos" (Human rights in a changing world, p. 202).

ampliar o grau de reconhecimento da jurisdição da Corte Interamericana de Direitos Humanos, a contar com o aceite de 22 Estados em 2023. Observa-se que a OEA compreende 35 Estados-membros.

Uma segunda medida relevante é assegurar a elevada independência e autonomia dos membros integrantes da Comissão e da Corte Interamericana, que devem atuar a título pessoal e não governamental. Faz-se necessário densificar a participação da sociedade civil no monitoramento do processo de indicação de tais membros, doando-lhe maior publicidade, transparência e *accountability*.

Uma terceira proposta atém-se à exigibilidade de cumprimento das decisões da Comissão e da Corte, com a adoção pelos Estados de legislação interna relativa à implementação das decisões internacionais em matéria de direitos humanos[93]. A justicialização do sistema interamericano requer, necessariamente, a observância e o cumprimento das decisões internacionais no âmbito interno. Os Estados devem garantir o cumprimento das decisões, sendo inadmissível sua indiferença, omissão e silêncio. As decisões internacionais em matéria de direitos humanos devem produzir efeitos jurídicos imediatos e obrigatórios no âmbito do ordenamento jurídico interno, cabendo aos Estados sua fiel execução e cumprimento, em conformidade com o princípio da boa-fé, que orienta a ordem internacional. A efetividade da proteção internacional dos direitos humanos está absolutamente condicionada ao aperfeiçoamento das medidas nacionais de implementação.

Outra proposta refere-se à previsão de sanção ao Estado que, de forma reiterada e sistemática, descumprir as decisões internacionais. A título de exemplo, poder-se-ia estabelecer a suspensão ou expulsão do Estado pela Assembleia Geral da OEA[94]. Na visão de Jo M. Pasqualucci: "Os órgãos políticos da OEA não têm cumprido seu papel de oferecer suporte formal à Comissão e à Corte. O fracasso dos órgãos políticos em exercer pressões

---

93. A respeito, ver Flávia Piovesan, *Implementação das obrigações, standards e parâmetros internacionais de direitos humanos no âmbito intragovernamental e federativo*, texto que serviu de base à palestra proferida no painel "Implementation Through Intrastate Levels of Government, Including Federal, State/Provincial and Municipal Jurisdictions", na Working Session on the Implementation of International Human Rights Obligations and Standards in the Inter-American System, organizada pela Inter-American Commission on Human Rights e pelo International Justice Project, em Washington, em 1º de março de 2003.

94. Note-se que no Conselho da Europa o descumprimento das decisões dos órgãos de direitos humanos acarreta sanções, que preveem a exclusão do sistema regional europeu.

políticas relativamente aos Estados-partes (...) tem sido um aspecto negativo considerável do funcionamento do sistema interamericano. A Convenção não estabelece uma sistemática de supervisão formal dos julgamentos da Corte. Apenas prevê que a Corte deva submeter seu relatório anual à Assembleia Geral da OEA. (...) A Assembleia Geral pode então discutir com o Estado o não cumprimento da decisão e, se apropriado, adotar medidas políticas contra o Estado violador. Esta previsão foi introduzida sob a inspiração, em alguma medida, do papel do Comitê de Ministros no sistema europeu de proteção dos direitos humanos, o qual tem a competência de supervisionar a execução das decisões da Corte Europeia"[95].

Como já mencionado, fundamental ainda é aprimorar o mecanismo de supervisão do cumprimento das decisões da Corte Interamericana, a fim de que o monitoramento de tais decisões seja uma garantia coletiva da própria OEA e não apenas uma preocupação solitária da Corte, por meio de audiências de seguimento de suas decisões.

Uma sexta proposta compreende a demanda por maior democratização do sistema, permitindo o acesso direto do indivíduo à Corte Interamericana — hoje restrito apenas à Comissão e aos Estados. Note-se que, no sistema regional europeu, mediante o Protocolo n. 11, que entrou em vigor em 1º de novembro de 1998, qualquer pessoa física, organização não governamental ou grupo de indivíduos pode submeter diretamente à Corte Europeia demanda veiculando denúncia de violação por Estado-parte de direitos reconhecidos na Convenção (conforme o artigo 34 da Convenção Europeia). Como afirma Antônio Augusto Cançado Trindade: "O direito de acesso à justiça no plano internacional é aqui entendido *lato sensu*, configurando um direito autônomo do ser humano à prestação jurisdicional, a obter justiça, à própria realização da justiça, no marco da Convenção Americana. Com efeito, o acesso direto dos indivíduos à jurisdição internacional constitui, em nossos dias, uma grande conquista no universo conceptual do Direito, que possibilita ao ser humano reivindicar direitos, que lhe são inerentes, contra todas as manifestações de poder arbitrário, dando, assim, um conteúdo ético às normas tanto de direito público interno, como de direito internacional"[96]. Acrescenta o autor: "(...) ao reconhecimento de direitos deve corresponder a capacidade processual de reivindicá-los, devendo o

---

95. Jo M. Pasqualucci, *The practice and procedure of the Inter-American Court on Human Rights*, p. 343-344.

96. Antônio Augusto Cançado Trindade e Manuel E. Ventura Robles, *El futuro de la Corte Interamericana de Derechos Humanos*, p. 10-11.

indivíduo peticionário estar dotado de *locus standi in judicio*, em todas as etapas do procedimento perante a Corte. (...) a cristalização deste direito de acesso direto dos indivíduos à jurisdição da Corte deve ser assegurada mediante um Protocolo Adicional à Convenção Americana de Direitos Humanos para este fim"[97]. Ademais, como já enfocado por este capítulo, a jurisdição da Corte deveria ser veiculada por meio de cláusula obrigatória (e não facultativa, como atualmente é prevista), sendo automática e compulsória para os Estados-partes.

Uma sétima proposta, de natureza logística, seria a instituição de funcionamento permanente da Comissão e da Corte, com recursos financeiros, técnicos e administrativos suficientes. A justicialização do sistema aumentará significativamente o universo de casos submetidos à Corte Interamericana, o que requer seja fortalecida a sustentabilidade do sistema interamericano[98].

Por fim, cabe realçar que o sistema interamericano tem assumido extraordinária relevância, como especial *locus* para a proteção de direitos humanos. O sistema interamericano salvou e continua salvando muitas vidas, contribuindo de forma decisiva para a consolidação do Estado de Direito e das democracias na região. Como evidenciado por este capítulo, o sistema interamericano permitiu a desestabilização dos regimes ditatoriais; exigiu justiça e o fim da impunidade nas transições democráticas; e agora demanda o fortalecimento das instituições democráticas com o necessário combate às violações de direitos humanos e proteção aos grupos mais vulneráveis.

No dizer de Dinah Shelton: "Ambas, a Comissão e a Corte, têm adotado medidas inovadoras, de modo a contribuir para a proteção dos direitos humanos nas Américas e ambos, indivíduos e organizações não governamentais, podem encontrar um fértil espaço para avanços futuros"[99].

---

97. Antônio Augusto Cançado Trindade e Manuel E. Ventura Robles, *El futuro de la Corte Interamericana de Derechos Humanos*, p. 36. Sobre o tema, defende o autor a necessidade de avançar "no sentido da evolução do *locus standi in judicio* ao *jus standi* dos indivíduos ante a Corte" (p. 96). Desse modo, não apenas os Estados-partes e a Comissão, mas também as vítimas, teriam direito a submeter um caso diretamente à jurisdição da Corte.

98. A título ilustrativo, o orçamento da Corte Europeia corresponde aproximadamente a 20% do orçamento do Conselho da Europa, envolvendo 41 milhões de euros, enquanto o orçamento conjunto da Comissão e da Corte Interamericana corresponde aproximadamente a 5% do orçamento da OEA, envolvendo apenas 4 milhões de dólares norte-americanos. Observe-se, ainda, que os 5% de orçamento da OEA cobrem tão somente 55% das despesas da Comissão e 46% das despesas da Corte Interamericana.

99. Cf. Dinah Shelton, The Inter-American human rights system, p. 131.

CAPÍTULO VI

SISTEMAS REGIONAIS EUROPEU E INTERAMERICANO DE PROTEÇÃO DOS DIREITOS HUMANOS: ESTUDO DE CASOS

Neste capítulo será desenvolvido um estudo de casos, comparando a jurisprudência das Cortes Europeia e Interamericana em temas centrais da agenda contemporânea de direitos humanos, com destaque à proteção: a) do direito à igualdade e do direito à diferença; b) dos direitos sociais; e c) das liberdades públicas no combate ao terrorismo.

a) Proteção do direito à igualdade e do direito à diferença

A igualdade e a não discriminação constituem um princípio fundamental que ilumina e ampara todo sistema internacional de proteção dos direitos humanos. Sua proteção é requisito, condição e pressuposto para o pleno e livre exercício de direitos.

O binômio da igualdade perante a lei e da proibição da discriminação vê-se consagrado nos sistemas regionais europeu e interamericano.

A Convenção Europeia, em seu artigo 14, consagra a cláusula da proibição da discriminação, ressaltando que "o gozo dos direitos e liberdades reconhecidos na Convenção deve ser assegurado sem quaisquer distinções, tais como as fundadas no sexo, raça, cor, língua, religião, opiniões políticas ou outras, origem nacional ou social, pertença a uma minoria nacional, riqueza, nascimento ou qualquer outra situação".

A cláusula da proibição da discriminação é também enunciada enfaticamente pela Convenção Americana de 1969, ao estabelecer o dever dos Estados-partes de respeitar os direitos e liberdades nela reconhecidos e garantir seu livre e pleno exercício, sem discriminação alguma, por motivo de raça, cor, sexo, idioma, religião, opiniões políticas ou de qualquer outra natureza, origem nacional ou social, posição econômica, nascimento ou qualquer outra condição social (artigo 1º). À cláusula da não discriminação soma-se o princípio da igualdade formal, por meio do qual "todas as pessoas são iguais perante a lei, tendo direito, sem discriminação alguma, à

151

igual proteção da lei" (artigo 24). A Convenção Americana, ao admitir a suspensão de garantias e a restrição a direitos em casos de guerra, perigo público, ou outra emergência, explicitamente adverte que tal suspensão não poderá, de forma alguma, implicar discriminação fundada em motivos de raça, cor, sexo, idioma, religião ou origem social, enunciando, ainda, um núcleo inderrogável de direitos (artigo 27).

O repertório de casos envolvendo o direito à igualdade e o direito à diferença mostra-se diverso e plural, com distintos atores e distintas violações de direitos — o que, por sua vez, pode revelar a maior ou menor capacidade de articulação, organização e mobilização de cada grupo vulnerável, o seu protagonismo em reivindicar direitos, bem como a existência de um específico padrão de violação a direitos.

Os casos submetidos ao sistema regional europeu podem ser classificados em seis categorias de discriminação: a) contra a mulher; b) baseada em raça/etnia; c) contra a criança; d) fundada em orientação sexual; e) contra imigrantes e estrangeiros; e f) contra pessoas com deficiência. Por sua vez, os casos submetidos ao sistema regional interamericano podem ser classificados também em seis categorias de discriminação: a) contra a mulher; b) baseada em raça/etnia; c) contra a criança; d) contra povos indígenas; e) contra imigrantes e estrangeiros; e f) contra pessoas com deficiência.

Desde logo constata-se, a partir desta tipologia de casos, que, enquanto no sistema europeu há uma expressiva jurisprudência acerca de casos envolvendo discriminação fundada em orientação sexual, o mesmo não ocorre no sistema interamericano, inexistindo, até 2012, qualquer caso dessa natureza julgado pela Corte Interamericana. No tocante ao sistema interamericano, contudo, há expressiva jurisprudência acerca de casos envolvendo povos indígenas.

Ao adotar uma análise qualitativa e não quantitativa, este estudo selecionará no sistema europeu casos envolvendo o direito à livre orientação sexual, enquanto, no sistema interamericano, serão selecionados casos envolvendo direitos dos povos indígenas. Três são os critérios a justificar tal seleção: a) traduzem novos desafios não contemplados pelos textos convencionais; b) acenam à construção da concepção da igualdade material e do direito à diferença com o reconhecimento de identidades específicas; e c) demandam criatividade e ousadia por parte das Cortes regionais, mediante o recurso à interpretação dinâmica e evolutiva, culminando em decisões paradigmáticas que se referem a situações originalmente não previstas pelos tratados.

152

1) Corte Europeia de Direitos Humanos: casos envolvendo o direito à livre orientação sexual

1.1) Casos relativos à proibição da discriminação baseada em orientação sexual

Nesta categoria destaca-se inicialmente o caso Davis Norris *vs.* Irlanda[1] envolvendo denúncia de Davis Norris, ativista homossexual irlandês, fundador e presidente do Irish Gay Rights Movement, em face de leis irlandesas que criminalizam práticas homossexuais consensuais entre adultos. Argumentou o peticionário que tais medidas afrontavam seu direito à privacidade, bem como afetavam gravemente sua saúde, propiciando um estado de depressão, agravado por abusos e ameaças de violência dos quais é vítima.

Em sentença proferida em 1988, a Corte acolheu a demanda e condenou a Irlanda, sob o fundamento de que tais leis constituiriam violação ao artigo 8º da Convenção Europeia (direito ao respeito à vida privada), sendo uma indevida ingerência estatal no direito ao respeito à vida privada, não justificável à luz do § 2º do artigo 8º da Convenção, como uma medida "necessária em uma sociedade democrática".

Outros casos emblemáticos decididos pela Corte Europeia acerca da proibição da discriminação fundada em orientação sexual são os casos Perkins e R. *vs.* Reino Unido[2], e Beck, Copp e Bazeley *vs.* Reino Unido[3]. Ambos referem-se à demissão de homossexuais das forças armadas no Reino Unido, após investigação de suas vidas privadas. Os peticionários, todos nacionais do Reino Unido, servindo nas forças armadas britânicas, foram demitidos com base em sua orientação sexual.

O Sr. Perkins servia junto à Royal Navy como assistente médico desde 1991, sendo descrito como competente e com muito bom caráter.

---

1. Caso n. 10.581/83, j. 26-10-1988. Disponível em: http://www.echr.coe.int. No mesmo sentido, ver casos Dudgeon *vs.* Reino Unido, Application n. 7.525/76, j. 22-10-1988; Modinos *vs.* Cyprus, Application n. 15.070/89, j. 22-4-1993; L and V *vs.* Áustria, Applications n. 39.392/98 e 39.829/98, j. 9-1-2003; B.B. *vs.* Reino Unido, Application n. 53.760/00, j. 10-2-2004; S.L *vs.* Áustria, Application n. 45.330/99, j. 9-1-2003.

2. Casos n. 43.208/98 e 44.875/98, j. 22-10-2002. Disponível em: http://www.echr. coe.int.

3. Casos n. 48.535/99, 48.536/99 e 48.537/99, j. 22-10-2002. Disponível em: http://www.echr.coe.int. No mesmo sentido, ver casos Lustig-Prean e Beckett *vs.* Reino Unido — Applications n. 31.417/96 e 3.2377/96, j. 27-9-99; Smith and Grady *vs.* Reino Unido — Application n. 33.985/96, j. 27-9-99.

Admitiu sua condição de homossexual em uma entrevista, após as autoridades navais terem recebido a informação concernente à sua orientação sexual. A Sra. R., por sua vez, ingressou na Marinha (Royal Navy) em 1990, estagiando como operadora de rádio. Em 1992, foi aprovada em um exame de qualificação profissional para operadora de rádio "primeira classe", sendo o seu caráter reconhecido como muito bom. Depois que uma colega — para quem teria confidenciado ter tido uma breve relação lésbica com uma civil — informou às autoridades a respeito de sua homossexualidade, foi ela submetida a uma entrevista e demitida.

O Sr. Beck ingressou na Royal Air Force (RAF) em 1976. Quando foi demitido, em virtude de sua homossexualidade, era um analista de sistema de comunicações, com uma conduta profissional exemplar e altamente recomendado para promoção. Já o Sr. Copp ingressou na Army Medical Corps em 1978, e, após receber uma promoção, sendo designado a um posto na Alemanha, em 1981, ele declarou sua homossexualidade, a fim de que não fosse separado de seu companheiro (um civil), tendo sido, por isso, demitido. O Sr. Bazeley entrou na Royal Air Force em 1985. Quando de sua demissão, era assistente de voo, considerado com bom potencial, durante entrevista admitiu sua condição de homossexual, após sua carteira ter sido localizada contendo cartões de dois clubes homossexuais, tendo sido, por este motivo, também demitido.

Sem qualquer sucesso, os peticionários adotaram todas as medidas internas, visando a reforma da decisão de demissão, sob o argumento de discriminação por orientação sexual. Alegaram ainda que a política do Ministério da Defesa do Reino Unido em relação a não presença de homossexuais nas forças armadas era "irracional" e contrária à Convenção Europeia de Direitos Humanos.

A Corte acolheu os dois casos sob o fundamento de que a política de banir a presença de homossexuais nas forças armadas, mediante investigação da vida privada e sexualidade, constituía violação aos artigos 8° (direito ao respeito à vida privada) e 14 (proibição de discriminação) da Convenção Europeia. Argumentou que tal prática constituía uma flagrante discriminação e indevida ingerência no direito ao respeito à vida privada, não justificável à luz do § 2° do artigo 8° da Convenção como uma medida "necessária em uma sociedade democrática".

No mesmo sentido, ao proibir a discriminação baseada em orientação sexual, cabe menção ao paradigmático caso Salgueiro da Silva Mouta *vs.* Portugal[4], envolvendo a denúncia de um peticionário português que se casou

---

4. Caso n. 3.3290/96, j. 21-3-2000.

e teve uma filha. Divorciou-se da mulher e, desde então, passou a viver uma relação homossexual com um homem. Houve a disputa judicial a respeito do poder parental, sendo que, em grau de recurso, a ex-mulher obteve o poder parental, com base em decisão que se fundamentou na homossexualidade do peticionário.

A Corte Europeia condenou Portugal por afronta ao artigo 8º (respeito ao direito à vida privada e familiar) e ao artigo 14 (proibição de discriminação), sob o argumento de que teria ocorrido violação ao princípio da proporcionalidade. Enfatizou que a decisão da justiça portuguesa, ao embasar-se fundamentalmente na homossexualidade do peticionário para negar-lhe o direito ao poder parental, estava a adicionar critério não previsto em lei, em direta afronta ao princípio da proporcionalidade, por "inexistir uma relação razoável entre os meios utilizados e o fim perseguido".

Entendeu a Corte Europeia que a decisão em si mesma constitui uma justa reparação ao dano sofrido pelo peticionário[5].

No caso Oliari e outros *vs.* Itália, três casais homossexuais submeteram denúncia de violação ao artigo 8º da Convenção Europeia, sob o argumento de que, à luz da legislação italiana, não teriam a possibilidade do casamento ou mesmo de outra espécie de união civil. Sustentou a Corte restar caracterizada afronta ao artigo 8º da Convenção, concernente ao direito ao respeito à vida privada e familiar. Considerou que a proteção jurídica oferecida pelo Direito italiano às uniões homoafetivas mostra-se insuficiente para assegurar as necessidades essenciais de um casal em uma relação estável. Para a Corte, a união civil seria a forma mais apropriada para que os peticionários — casais homoafetivos — tenham a relação legalmente

---

5. Note-se que, no caso Fretté *vs.* França, envolvendo adoção por homossexual, a Corte Europeia entendeu que a França, ao negar o direito de adoção por homossexual, não estaria a violar os artigos 8º e 14 da Convenção. Na hipótese, após ter assumido sua homossexualidade, o "Paris Social Service Department" recomendou ao peticionário que não prosseguisse no processo de adoção. Ao final, indeferiu o pleito sob o argumento de que o peticionário não ofereceria um "modelo estável de maternidade" para a criança a ser adotada, tendo ainda dificuldades em avaliar o impacto decorrente da adoção de uma criança. A Corte sustentou que tal decisão estaria amparada na doutrina da "margem de apreciação" conferida ao Estado — que não poderia, contudo, simbolizar arbitrariedade. Concluiu que o tratamento diferenciado dado pela França ao caso não representaria violação aos artigos 8º e 14 da Convenção Europeia (decisão tomada por 4 votos a 3 votos). Somente entendeu a Corte estar violado o artigo 6º da Convenção, por afronta ao devido processo legal, alegando falhas no curso do processo de adoção, que teriam implicado a ofensa ao contraditório, em prejuízo do peticionário (caso Fretté *vs.* França, application n. 36.515/97, j. 26-2-2002).

reconhecida. Adicionou, ainda, a tendência dos Estados membros do Conselho da Europa (24 dos 47 Estados membros) em ter legislação voltada a este reconhecimento, destacando que a Corte constitucional italiana tem reiteradamente demandado tal proteção e reconhecimento. Ademais, segundo a Corte Europeia, a maioria da população italiana apoia o reconhecimento jurídico das uniões homoafetivas[6].

No caso Fedotova e outros *vs.* Rússia, a Corte Europeia considerou a Rússia responsável pela violação ao artigo 8º da Convenção, por não adotar as medidas positivas necessárias para assegurar o reconhecimento e a proteção adequada a casais homoafetivos. Sustentou que a margem de apreciação haveria de ser reduzida em prol da aludida proteção ao direito à vida privada e familiar[7].

No caso Beizaras e Levickas *vs.* Lituânia, a Corte Europeia caracterizou a Lituânia responsável por afrontar o direito à vida privada e familiar (artigo 8º), o direito à igualdade e não discriminação (artigo 14), bem como o direito à um remédio efetivo (artigo 13), em face da omissão do Estado em investigar, processar e punir autores de sérios comentários homofóbicos no Facebook, com incitação ao ódio e à violência[8]. Também no caso Sabalic *vs.* Croácia a Corte enfrentou denúncia de violência e ataque homofóbico, reconhecendo a omissão do Estado em adotar as medidas necessárias para investigar o *"hate crime"*[9].

1.2) Casos relativos ao reconhecimento de direitos de transexuais

No caso Christine Goodwin *vs.* Reino Unido[10], o objeto é o reconhecimento legal de transexual que realizou operação de mudança do sexo masculino para feminino, bem como o tratamento diferenciado, especialmente na esfera trabalhista, seguridade social, pensão e casamento no Reino Unido.

---

6. Caso Oliari *vs.* Itália, 21-7-2015.

7. Caso 40792/10, 30538/14, 43439/14, j. 17-1-2023.

8. Caso n. 41288/15, j. 17-1-2023.

9. Caso n. 50231/13, j. 14-1-2021.

10. Caso n. 28.957/95, j. 11-7-2002 [Grand Chamber]. Disponível em: http://www.echr.coe.int. Na mesma direção, consultar I. v Reino Unido, Application n. 25.680/94, j. 11-7-2002. Em sentido oposto, ver decisão da Corte Europeia, em caso similar, proferida em 1990, concluindo que não restariam violados o artigo 8º (por 10 a 8 votos) nem tampouco o artigo 12 (por 14 a 4 votos) — caso Cossey *vs.* Reino Unido, Application n. 10.843/84, j. 27-9-1990. A mudança jurisprudencial revela avanços interpretativos da Corte Europeia, com base na interpretação dinâmica e evolutiva.

A peticionária, registrada no nascimento como sendo do sexo masculino, viveu como uma mulher de 1985 a 1990, submetendo-se à cirurgia para mudança de sexo pelo serviço nacional de saúde. Denunciou a falta de reconhecimento legal da mudança de sexo, aludindo existir documentos nos quais ainda constam seu sexo como sendo masculino, o que lhe causava dificuldades, constrangimentos e humilhações. Acrescentou, ainda, não ter acesso à aposentadoria aos 60 anos (idade aplicável às mulheres). Como na esfera legal ainda é tida como homem, é obrigada a pagar contribuições até a idade de 65 anos. Também denunciou a violação ao direito ao casamento, restritivamente entendido como uma união entre um homem e uma mulher.

A Corte assumiu a necessidade de recorrer a uma interpretação dinâmica e evolutiva, de modo a aplicar a Convenção à luz das condições da realidade atual. Ressaltou que a falta de consenso na sociedade a respeito do *status* de um transexual (pós-operação) não pode ser compreendida como uma mera inconveniência ou formalidade. Não parece lógico, entendeu a Corte, permitir que a aludida cirurgia seja feita pelo sistema nacional de saúde e depois negar suas implicações legais e seu impacto jurídico. Tal situação tem gerado à peticionária consequências de alta relevância.

Afirmou a Corte que existe uma tendência internacional em favor da aceitação social de transexuais, bem como do reconhecimento legal de sua nova identidade sexual (após a operação para a mudança de sexo). Argumentou que exceções têm sido admitidas no sistema de registro de nascimento, como, por exemplo, na hipótese de adoção ou legitimação de filhos. Adicionar uma nova exceção relativa aos transexuais não colocaria em risco o sistema de registros como um todo, nem traria prejuízos a terceiros. Realçou ser a essência real da Convenção assegurar o respeito à dignidade humana e a liberdade, o que abrangeria, no século XXI, o direito dos transexuais ao desenvolvimento pessoal e à segurança física e moral de forma plena, tal como assegurado às demais pessoas. A zona intermediária em que os transexuais pós-operados se situam não é mais sustentável. Realçou não haver qualquer suposto interesse público em caracterizar a chamada "margem de apreciação" para eventualmente legitimar a restrição do direito da peticionária. Na ponderação de bens, a Convenção mostrou-se absolutamente favorável ao direito da peticionária.

No que tange ao direito de casamento da peticionária, observou a Corte que, embora o artigo 12 da Convenção trate do direito ao casamento com expressa referência ao direito "do homem e da mulher" de se casar e de constituir uma família, tal previsão não obsta a pretensão do aplicante em se casar e formar uma família, até porque não pode ser apenas considerado o critério puramente biológico para a definição dos sexos. A Convenção deve levar em consideração as profundas mudanças sofridas pela instituição do casamento, bem como os extraordinários avanços da medicina e da ciência no campo da transexualidade. Com fundamento no direito ao respeito à vida privada (artigo 8º da Convenção), a Corte sustentou que fatores biológicos não mais poderiam ser decisivos para negar o reconhecimento legal à mudança de sexo, nem tampouco privar a peticionária do direito ao casamento.

A Corte concluiu pela violação aos artigos 8º (direito ao respeito à vida privada e familiar), 12 (direito ao casamento e a fundar uma família) e 14 (proibição de discriminação), em prol do direito ao respeito à nova identidade sexual da peticionária.

Na mesma direção, destaca-se o caso Grant *vs.* Reino Unido[11] objetivando o reconhecimento legal da mudança de sexo de transexual, bem como a concessão de aposentadoria, considerando a idade mínima aplicável a mulheres, com fundamento no artigo 8º da Convenção Europeia (direito ao respeito pela vida privada e familiar).

A peticionária é um indivíduo transexual, com 68 anos, já submetido à operação para a mudança de sexo (masculino para feminino). Identifica-se como mulher desde 1963 para fins previdenciários, efetuando o pagamento das contribuições com base no critério aplicável às mulheres (até 1975, quando a diferença de valores foi abolida). Solicitou, assim, o direito à aposentadoria ao Estado quando alcançou os 60 anos, tendo seu pedido indeferido, sob o entendimento de que a idade mínima, no caso, seria 65 anos (idade para o sexo masculino). Foi interposto recurso da decisão, sem qualquer sucesso.

Entendeu a Corte que, na hipótese, estaria caracterizada a violação ao artigo 8º da Convenção Europeia, devido à falta de reconhecimento legal da mudança de sexo da peticionária. Adicionou inexistir qualquer justificativa para a negativa de tal reconhecimento, considerando a realização da operação para a mudança de sexo. Restaria, assim, configurada a afronta ao direito ao respeito à vida privada da peticionária, com fundamento nos artigos 8º e 14 da Convenção Europeia.

No caso Y.Y. *vs.* Turquia, entendeu a Corte que a recusa do Estado em autorizar a realização de cirurgia para a mudança de sexo de peticioná-

---

11. Caso n. 32.570/2003, j. 23-5-2006 [Section IV]. Disponível em: http://www.echr.coe.int.

158

rio transexual constituiria ofensa ao artigo 8º da Convenção Europeia no que tange ao direito ao respeito à vida privada e ao direito ao pleno desenvolvimento da personalidade, sendo, ainda, uma interferência estatal considerada não necessária em uma sociedade democrática.[12]

O caso Garçon e Nicot *vs.* França, decidido pela Corte Europeia em 2017, refere-se ao pleito de três transexuais de nacionalidade francesa de alterar o registro de seu sexo e nome nas certidões de nascimento — o que teria sido recusado pelo Estado. O argumento central atém-se à violação ao direito ao respeito à vida privada e familiar, em virtude da negativa de reconhecimento da nova identidade sexual, condicionando-a à realização da cirurgia para mudança de sexo. Concluiu a Corte restar configurada violação ao artigo 8º da Convenção Europeia, concernente ao direito ao respeito à vida privada, por demandar o Estado a exigência de realização da aludida cirurgia a que os peticionários não desejam se submeter, o que estaria, ademais, a violar o direito à integridade física[13].

2) Corte Interamericana de Direitos Humanos: casos envolvendo direitos dos povos indígenas

2.1) Casos relativos ao reconhecimento do direito à identidade cultural de povos indígenas

O caso Comunidad Mayagna (Sumo) Awas Tingni *vs.* Nicarágua[14] foi submetido pela Comissão Interamericana à Corte, com fundamento na violação pelo Estado da Nicarágua dos direitos à propriedade privada (artigo 21) e à proteção judicial (artigo 25), em virtude da não demarcação de terras de comunidades indígenas, o que estaria a afrontar o direito da comunidade Awas Tingni às suas terras ancestrais, bem como o acesso aos recursos naturais.

A Corte condenou o Estado da Nicarágua pela violação aos direitos aludidos, determinando a adoção de medidas para delimitar, demarcar e titular as terras correspondentes aos membros da comunidade Awas Tingni.

À luz de uma interpretação evolutiva e dinâmica, reconheceu a Corte os direitos dos povos indígenas à propriedade coletiva da terra, como uma tradição comunitária, e como um direito fundamental e básico a sua cultura,

---

12. Caso Y.Y. *vs.* Turquia, caso n. 14793/08, 10-3-2015.

13. Caso Garçon e Nicot *vs.* França, caso n. 79885/12, 6-4-2017.

14. Sentença de 31 de agosto de 2001 (série C, n. 79). Disponível em: http://www.corteidh.or.cr/docs/casos/articulos/Seriec_79_esp.pdf.

vida espiritual, integridade e sobrevivência econômica. Acrescentou que para os povos indígenas a relação com a terra não é somente uma questão de possessão e produção, mas um elemento material e espiritual de que devem gozar plenamente, inclusive para preservar seu legado cultural e transmiti-lo às gerações futuras. Pontuou que, entre os indígenas, existe uma relação comunitária acerca de uma forma comunal de propriedade coletiva da terra, no sentido de que a sua pertença não está centrada no indivíduo, mas no grupo e em sua comunidade. Enfatizou, ademais, a necessidade de conferir uma atenção devida ao direito à identidade cultural dos povos indígenas.

Por sua vez, o caso Comunidade Moiwana *vs.* Suriname[15] foi submetido à Corte pela Comissão Interamericana, sob a alegação de que, em 1986, membros das forças armadas de Suriname teriam atacado gravemente a comunidade Moiwana, com o massacre de 40 pessoas, entre homens, mulheres e crianças, arrasando a comunidade. Não teria ocorrido, todavia, a investigação adequada do massacre, nem tampouco o julgamento ou punição dos responsáveis, tendo, ainda, os membros sobreviventes sido "desplazados" de suas terras.

A Corte condenou o Estado do Suriname pela violação aos direitos à integridade pessoal (artigo 5º), da circulação e residência (artigo 22), à propriedade (artigo 21), bem como pela violação às garantias judiciais e ao direito à proteção judicial (artigos 8º e 25). Condenou, ademais, o Estado na obrigação de investigar, identificar, julgar e punir os responsáveis, bem como na obrigação de recuperar os restos mortais dos membros da comunidade que faleceram, entregando-os aos membros sobreviventes. Afirmou também o direito à propriedade das terras tradicionais, das quais teriam sido expulsos.

Nesse julgado, desenvolveu a Corte reflexão acerca da responsabilidade dos vivos com relação aos mortos, endossando a garantia do direito à vida *lato sensu* — compreendendo não só o direito a um projeto de vida, mas a um projeto após a vida (*right to project of life and right to project after life*). Acentuou a existência de danos materiais, morais e espirituais, considerando o princípio da humanidade relativo à dimensão temporal da existência. Alegou que *the humankind comprises not only the living beings — titulaires of human rights — but also the dead with their spiritual legacy*. Afirmou também o direito à identidade cultural daquela comunidade indígena.

---

15. Sentença de 15 de junho de 2005 (série C, n. 124). Disponível em: http://www.corteidh.or.cr/docs/casos/articulos/seriec_124_esp.pdf.

O caso Comunidade indígena Yakye Axa *vs.* Paraguai[16] também foi submetido à Corte pela Comissão Interamericana, com fundamento na violação, pelo Estado do Paraguai, dos direitos à vida (artigo 4º); garantias judiciais (artigo 8º); à propriedade privada (artigo 21); e à proteção judicial (artigo 25). A afronta ao direito à propriedade ancestral (decorrente de seus antepassados) e comunitária da terra estaria a resultar em vulnerabilidades alimentícias, médicas e sanitárias da comunidade e de seus membros, com a ameaça a sua sobrevivência e a sua integridade.

A decisão condenou o Estado do Paraguai, com base na violação aos direitos à vida, à propriedade, a garantias judiciais e à proteção judicial, determinando que fossem demarcadas as terras indígenas e providos os serviços básicos necessários à sobrevivência da comunidade Yakye Axa.

Os argumentos centrais da sentença ativeram-se a uma concepção *lata* do direito à vida, que não se limita apenas à proteção contra a privação arbitrária, mas demanda medidas positivas para o pleno gozo de uma vida digna, bem como ao direito à identidade cultural.

A respeito do direito à identidade cultural, aludiu a Corte à necessidade de adotar uma interpretação evolutiva e dinâmica, tal como acena a jurisprudência da Corte Europeia, no sentido de fazer da Convenção um instrumento vivo, capaz de acompanhar as evoluções temporais e a condição de vida atual. Ao demarcar os delineamentos do direito à identidade cultural, afirmou a Corte sobre o significado especial da propriedade coletiva das terras ancestrais para os povos indígenas, "inclusive para preservar sua identidade cultural e transmiti-la para as gerações futuras". Adicionou que "a cultura dos membros da comunidade indígena corresponde a uma forma de vida particular de ser, ver e atuar no mundo, construída a partir de sua relação com suas terras tradicionais". Pontuou que a terra, para os povos indígenas, não é apenas um meio de subsistência, mas um elemento integrante de sua cosmovisão, de sua religiosidade e de sua identidade cultural. Isto porque a terra estaria estreitamente relacionada com suas tradições e expressões orais, costumes e línguas, artes e rituais, bem como com a sua relação com a natureza, arte culinária, direito consuetudinário (...). Em virtude de sua relação com a natureza, os membros das comunidades indígenas transmitem de geração para geração este patrimônio cultural imaterial,

---

16. Sentença de 17 de junho de 2005 (série C, n. 125). Disponível em: http://www.corteidh.or.cr/docs/casos/articulos/seriec_125_esp.pdf. No mesmo sentido, ver também sentença de 14 de outubro de 2014 (série C, n. 284), Caso de los Pueblos Indígenas Kuna de Madungandi y Emberá de Bayano y sus Miembros *vs.* Panamá.

que é recriado constantemente pelos membros da comunidade indígena. Concluiu a Corte que a identidade cultural é um componente agregado ao próprio direito à vida *lato sensu*. Deste modo, se é violada a identidade cultural, a própria vida vê-se inevitavelmente violada.

Também o caso Comunidade indígena Sawhoyamaxa *vs.* Paraguai[17] foi submetido à Corte pela Comissão Interamericana, sob o argumento de que o Estado do Paraguai não havia assegurado o direito à propriedade ancestral da comunidade e de seus membros, que, desde 1991, reivindicava o direito à terra, sem, todavia, qualquer solução satisfatória. A impossibilidade da comunidade e de seus membros terem acesso à terra estava a resultar em vulnerabilidade alimentícia e médica, ameaçando sua sobrevivência e integridade.

Neste caso, a Corte Interamericana condenou o Estado do Paraguai pela violação aos artigos 4º (direito à vida), 5º (direito à integridade pessoal), 8º (garantias judiciais), 21 (propriedade privada) e 25 (proteção judicial), determinando a reparação por danos materiais e imateriais sofridos pela comunidade indígena Sawhoyamaxa. Estabeleceu, ainda, o dever do Estado de identificar, delimitar, demarcar, titular e entregar as terras tradicionais àquela comunidade, adotando todas as medidas para este fim, bem como adicionou o dever do Estado de criar um fundo para o desenvolvimento daquela comunidade.

Um dos argumentos centrais da sentença foi o de que a garantia efetiva desses direitos estava a demandar que o Estado reconhecesse e considerasse as "características próprias" que diferenciavam tal comunidade da população, em geral, conformando sua identidade cultural própria.

No caso da comunidade indígena Xákmok Kásek *vs.* Paraguai[18], a Corte Interamericana condenou o Estado do Paraguai pela afronta aos direitos à vida, à propriedade comunitária e à proteção judicial (artigos 4º, 21

---

17. Sentença de 29 de março de 2006 (série C, n. 146). Disponível em: http://www.corteidh.or.cr/docs/casos/articulos/seriec_146_esp2.pdf.

18. Corte Interamericana de Direitos Humanos, Caso Comunidad Indígena Xákmok Kásek *vs.* Paraguay, Fondo, Reparaciones y Costas. Sentencia de 24 de agosto de 2010, serie C, n. 214. Note-se que, no sistema africano, merece menção um caso emblemático que, ineditamente, em nome do direito ao desenvolvimento, assegurou a proteção de povos indígenas às suas terras. Em 2010, a Comissão Africana dos Direitos Humanos e dos Povos considerou que o modo pelo qual a comunidade Endorois no Kenya foi privada de suas terras tradicionais, tendo negado acesso a recursos, constitui uma violação a direitos humanos, especialmente ao direito ao desenvolvimento.

e 25 da Convenção Americana, respectivamente), dentre outros direitos, em face da não garantia do direito de propriedade ancestral à aludida comunidade indígena, o que estaria a afetar seu direito à identidade cultural. Ao motivar a sentença, destacou que os conceitos tradicionais de propriedade privada e de possessão não se aplicam às comunidades indígenas, pelo significado coletivo da terra, visto que a relação de pertença não se centra no indivíduo, senão no grupo e na comunidade. Acrescentou que o direito à propriedade coletiva estaria ainda a merecer igual proteção pelo artigo 21 da Convenção (concernente ao direito à propriedade privada). Afirmou o dever do Estado em assegurar especial proteção às comunidades indígenas, à luz de suas particularidades próprias, suas características econômicas e sociais e suas especiais vulnerabilidades, considerando o direito consuetudinário, os valores, os usos e os costumes dos povos indígenas, de forma a assegurar-lhes o direito à vida digna, contemplando o acesso à água potável, alimentação, saúde, educação dentre outros.

Em 27 de junho de 2012, no caso da comunidade indígena Kichwa de Sarayaku contra Equador, a Corte Interamericana condenou o Estado sob o argumento de violação do direito à consulta prévia dos povos indígenas, bem como pela afronta aos direitos de identidade cultural. No entender da Corte, o Estado ainda seria responsável por ter colocado em grave risco os direitos à vida e à integridade pessoal dos povos indígenas Sarayaku. Na hipótese, a comunidade indígena Sarayaku — integrada por 1.200 membros — habita a região amazônica do Equador (floresta tropical), vivendo por meio da propriedade coletiva da terra, bem como da caça e da pesca, em plena observância de costumes ancestrais e tradições. Contudo, na década de 1990, o Estado do Equador teria outorgado permissão a um consórcio petrolífero, formado por entes privados, para a exploração de atividades econômicas no território dos povos Sarayaku, sem que houvesse a prévia consulta, o que acabou por implicar violações a direitos daqueles povos indígenas. A Corte condenou o Estado do Equador a realizar uma consulta à comunidade indígena Sarayaku, de forma prévia, adequada e efetiva, em total consonância com os relevantes parâmetros internacionais, nos casos a envolver atividades ou projetos de exploração dos recursos naturais de seu território, ou qualquer investimento, ou, ainda, desenvolvimento de planos com potencial impacto em seu território.

Na mesma direção, destacam-se outras relevantes sentenças da Corte Interamericana envolvendo a violação ao direito à propriedade coletiva da terra, ao direito à consulta e ao direito à identidade cultural de povos indígenas, como ilustram o caso Pueblos Kaliña y Lokono *vs.* Suriname (julgado em 25 de novembro de 2015); o caso Comunidad Garífuna Triunfo de la Cruz y sus miembros *vs.* Honduras (julgado em 8 de outubro de 2015); e o caso Comunidad Garífuna de Punta Piedra y sus miembros *vs.* Honduras (julgado em 8 de outubro de 2015).

3) Análise de casos

Os casos selecionados nos sistemas regionais, europeu e interamericano, permitem compreender o modo pelo qual as Cortes Regionais, a partir de uma interpretação dinâmica e evolutiva — considerando as respectivas Convenções como *living instruments* —, têm contribuído decisivamente para a afirmação do direito à diferença, do direito ao reconhecimento de identidades, com especificidades e singularidades.

Ao proteger o direito à livre orientação sexual, a Corte Europeia, à luz das transformações sociais e dos valores contemporâneos, transcende em muito a concepção formal de igualdade e não discriminação constantes na Convenção de 1951. Revisita o direito ao respeito à vida privada (artigo 8º) e a cláusula da não discriminação (artigo 14), para assegurar o direito à livre expressão de identidades sexuais, seja no caso de homossexuais, seja no caso de transexuais. A partir de um juízo de ponderação de bens, afasta qualquer ingerência indevida do Estado, negando haver qualquer suposto interesse público ou qualquer medida necessária a uma sociedade democrática (artigo 8º, parágrafo 2º), para afirmar o direito ao reconhecimento de identidade sexual. Celebra a visão de que a essência real da Convenção Europeia é assegurar o respeito à dignidade humana e às liberdades, sem discriminação, mediante o direito ao livre desenvolvimento da personalidade e autodeterminação.

No mesmo sentido, a Corte Interamericana, valendo-se também da interpretação dinâmica e evolutiva, ao proteger os direitos dos povos indígenas, endossa o direito ao respeito a sua identidade cultural específica e singular. Revisita o direito de propriedade privada (artigo 21 da Convenção Americana) para assegurar o direito de propriedade coletiva e comunal da terra, como base da vida espiritual e cultural dos povos indígenas, bem como de sua própria integridade e sobrevivência econômica. Avança na configuração dos danos espirituais (para além dos danos materiais e morais), à luz da dimensão temporal da existência humana e da responsabilidade dos vivos para com os mortos. Revisita, ainda, o direito à vida, acenando a sua acepção *lata*, para esclarecer que não se limitaria apenas à proteção contra a privação arbitrária da vida, mas demandaria medidas positivas em prol de uma vida digna, abrangendo o *right to project of life* e o *right to project after life*.

164

Note-se que, em 24 de fevereiro de 2012, a Corte Interamericana proferiu sua primeira sentença em matéria de proibição de discriminação fundada em orientação sexual. Trata-se do *leading case* Atala Riffo y niñas contra o Chile[19]. Ineditamente foi analisada a responsabilidade internacional do Estado em face do tratamento discriminatório e interferência indevida na vida privada e familiar da vítima Karen Atala devido à sua orientação sexual. O caso foi objeto de intenso litígio judicial no Chile, que culminou com a decisão da Corte Suprema de Justiça em determinar a custódia das três filhas ao pai, sob o argumento de que a Sra. Atala não deveria manter a custódia por conviver com pessoa do mesmo sexo, após o divórcio. No entender unânime da Corte Interamericana, o Chile violou os artigos 1º, parágrafo 1º, e 14 da Convenção Americana, por afrontar o princípio da igualdade e da proibição da discriminação. À luz de uma interpretação dinâmica e evolutiva compreendendo a Convenção como um *living instrument*, ressaltou a Corte que a cláusula do artigo 1º, parágrafo 1º, é caracterizada por ser uma cláusula aberta de forma a incluir a categoria da orientação sexual, impondo aos Estados a obrigação geral de assegurar o exercício de direitos, sem qualquer discriminação. Argumentou ainda que "a igualdade é inseparável da dignidade essencial de cada pessoa, frente a qual é incompatível toda situação que, por considerar superior um determinado grupo, implique tratá-lo com privilégios; ou que, *a contrario sensu*, por considerá-lo inferior o trate com hostilidade, ou, de qualquer forma, o discrimine no gozo de direitos reconhecidos". Enfatizou que o princípio da igualdade e da proibição de discriminação ingressou no domínio do *jus cogens* na atual etapa evolutiva do Direito Internacional, amparando a ordem pública nacional e internacional que permeia todo ordenamento jurídico. Concluiu que "nenhuma norma, decisão ou prática de direito interno, seja por parte de autoridade estatal, seja por particular, podem diminuir ou restringir direitos de pessoas com base em orientação sexual". Adicionou a Corte que "a falta de consenso no interior dos países sobre o pleno respeito a direitos de minorias sexuais não pode ser considerada como um argumento válido para negar-lhes ou restringir-lhes direitos humanos ou perpetuar ou reproduzir discriminações históricas ou estruturais que estas minorias tenham sofrido", sob pena de restar violado o artigo 1º, parágrafo 1º, da Convenção. Ressalte-se que, no campo argumentativo, a Corte Interamericana aludiu ao relevante repertório jurisprudencial firmado pela Corte Europeia em caso

---

19. Caso Atala Riffo and daughters *vs.* Chile, Inter-American Court, 24 February 2012, Series C, n. 239.

similar, em especial no já mencionado caso Salgueiro da Silva Mouta *vs.* Portugal[20]. Daí o fenômeno da "europeicização do sistema interamericano" a fomentar o diálogo horizontal de jurisdições no âmbito regional.

Acrescente-se que, também no caso Pueblo Indígena Kichwa de Sarayaku *vs.* Equador, de 27 de junho de 2012, a Corte Interamericana valeu-se de precedente da Corte Europeia em matéria de direito à identidade cultural, endossando o entendimento de que o direito à identidade cultural deve ser respeitado em sociedades multiculturais, pluralistas e democráticas.

b) Proteção dos direitos sociais

No que se refere à proteção dos direitos sociais, os sistemas regionais europeu e interamericano revelam a ambivalência dos Estados no diverso tratamento conferido aos direitos civis e políticos e aos direitos sociais. Enquanto os primeiros foram consagrados pela Convenção Europeia de Direitos Humanos, que prevê exclusivamente direitos civis e políticos, contando com 46 Estados-partes em 2023, os direitos sociais constam da Carta Social Europeia, que apresenta somente 27. A mesma ambivalência há no sistema interamericano, em que a Convenção Americana de Direitos Humanos — que prevê fundamentalmente direitos civis e políticos — conta com 24 Estados-partes, ao passo que os direitos sociais só vieram consagrados pelo Protocolo de San Salvador em 1988 — contando com apenas 18 (2023).

Tal como o Pacto dos Direitos Econômicos, Sociais e Culturais, a Convenção Americana, em seu artigo 26, contempla a cláusula da progressividade dos direitos sociais — que é endossada pelo artigo 1º do Protocolo de San Salvador.

Estabelecem esses instrumentos que os direitos sociais devem ser aplicados progressivamente, sem recuos e retrocessos, cabendo aos Estados adotar todas as medidas necessárias até o máximo dos recursos disponíveis

---

20. Com efeito, a Corte Interamericana recorreu ao caso Salgueiro da Silva Mouta *vs.* Portugal, sustentando que "respecto a la inclusión de la orientación sexual como categoria de discriminación prohibido, el Tribunal Europeo de Derechos Humanos há señalado que la orientación sexual es 'otra condición' mencionada en el artículo 14 del Convenio Europeu para la Protección de los Derechos Humanos y de las Libertades Fundamentales, el cual prohíbe tratos discriminatórios. En particular, en el caso Salgueira da Silva Mouta *vs.* Portugal, el Tribunal Europeo concluyo que la orientación sexual es un concepto que se encuentra cubierto por el articulo 14 del Convenio Europeu. Además, reiteró que el listado de categorias que se realiza en dicho artículo es ilustrativa y no exhaustiva" (Caso Atala Riffo and daughters *vs.* Chile, Inter-American Court, 24 February 2012, Series C, n. 239).

visando à plena efetividade destes direitos. O Protocolo de San Salvador estabelece um amplo rol de direitos econômicos, sociais e culturais, compreendendo direito ao trabalho, direitos sindicais, direito à saúde, direito à previdência social, direito à educação, direito à cultura, dentre outros. Observe-se que este Protocolo permite o recurso ao direito de petição para a proteção de dois dos direitos nele previstos — o direito à educação e os direitos sindicais, de acordo com o artigo 19, parágrafo 6º.

No sistema regional europeu, a Convenção Europeia dedica-se exclusivamente à proteção de direitos civis e políticos, inexistindo tampouco uma cláusula genérica acerca da progressividade dos direitos sociais (tal como ocorre com a Convenção americana, nos termos de seu artigo 26). A Carta Social Europeia, por sua vez, estabelece catálogo de direitos sociais abrangendo o direito ao trabalho, liberdades sindicais, o direito à saúde, o direito à segurança social, dentre outros, prevendo como único mecanismo de monitoramento o instrumento de informes periódicos a serem elaborados pelos Estados-partes acerca da aplicação dos direitos enunciados na Carta.

1) Corte Europeia de Direitos Humanos: casos envolvendo proteção indireta de direitos sociais

1.1) Casos relativos à proteção indireta dos direitos sociais

A jurisprudência da Corte Europeia tem assegurado a proteção de direitos sociais por via indireta, como obrigações positivas decorrentes de direitos civis, notadamente do direito à vida, privada e familiar, em conformidade com o artigo 8º da Convenção. Nos termos deste dispositivo: "Qualquer pessoa tem direito ao respeito à vida privada e familiar, do seu domicílio e da sua correspondência", sendo vedada a ingerência de autoridade pública no exercício deste direito, senão quando prevista em lei, constituindo uma medida necessária à uma sociedade democrática.

Neste sentido, destacam-se dois casos paradigmáticos do sistema europeu na proteção dos direitos sociais: o caso Lopez Ostra *vs*. Espanha e o caso Taskin *vs*. Turquia.

O caso Lopez Ostra *vs*. Espanha[21] envolve danos causados por uma indústria de couro situada na cidade de Lorca (que tem alta concentração de indústrias desta natureza), que desenvolveu uma planta para tratamento de resíduos sólidos e líquidos na área. Contudo, tal planta passou a operar

---

21. Caso n. 16.798/90, j. 9-12-1994.

sem a licença das autoridades municipais, causando danos e perigo à saúde dos moradores da região, em virtude da emissão de gases e da contaminação ambiental, afetando sobretudo aqueles que viviam próximos à indústria — como é o caso da Sra. Lopez Ostra, que residia a 12 metros do local. O caso foi submetido à Corte Europeia, com base na afronta aos artigos 8º e 3º da Convenção Europeia.

A Corte condenou a Espanha, por violação ao artigo 8º, ao entender que, no caso, houve violação ao direito à vida privada e familiar da peticionária, resultante da omissão do Estado. Argumentou que o artigo 8º demanda dos Estados obrigações positivas a fim de que se obtenha um *fair balance* entre os interesses dos indivíduos e da comunidade como um todo, restando ao Estado uma certa "margem de apreciação". Concluiu, contudo, que o Estado não logrou alcançar este *fair balance* entre os interesses econômicos da cidade e o efetivo exercício do direito ao respeito à vida privada e familiar da peticionária, restando caracterizada a afronta ao artigo 8º da Convenção. Adicionou que uma grave poluição ambiental pode afetar o bem-estar de indivíduos, obstando que desfrutem de sua moradia, de modo a afetar sua vida privada e familiar. Afastou a violação ao artigo 3º da Convenção, considerando que, na hipótese, não estaria configurado um tratamento degradante.

O caso Taskin *vs.* Turquia[22] foi submetido por 10 (dez) nacionais da Turquia denunciando a morte do Sr. Izzet Oçkan, em 13 de janeiro de 2004. A vítima vivia com sua família em Çamkoy, a 300 metros de uma mina de ouro, tendo tido problemas de saúde e correndo risco de morte, em decorrência de graves danos ambientais causados pela movimentação de pessoas e pela poluição sonora no uso de máquinas e de explosivos quando da operação das minas. A Corte reiterou o entendimento de casos precedentes (como o do caso Lopez Ostra), no sentido de endossar que o artigo 8º da Convenção Europeia é aplicável a severas violações ao meio ambiente, capazes de afetar o bem-estar de indivíduos, sua moradia, bem como sua vida privada e familiar, cabendo ao Estado obrigações positivas para assegurar o exercício deste direito. Condenou a Turquia pela violação ao artigo 8º da Convenção, por não ter cumprido com suas obrigações positivas concernentes à proteção da vida privada e familiar, falhando em enfrentar os riscos derivados das atividades de mineração.

Para Dinah L. Shelton: "In the case Taskin and others v. Turkey (Appl. N. 46117/99, Eur. Ct. H.R., Nov. 10, 2004), the Court points out that

---

22. Caso n. 46.117/99, j. 10-11-2004.

Article 8 applies to severe environmental pollution which may affect individuals' well-being and prevent them from enjoying their homes in such a way as to affect their private and family life adversely, without, however, seriously endangering their health (see also López Ostra v. Spain, judgment of 9 December 1994, Series A n. 303-C, paragraph 51). (...) As the Taskin case indicates, despite the fact that the European Convention contains neither a right to health nor a right to environment, cases have been brought for injury due to pollution, invoking the right to life (Art.2) and the right to information (Art.10), as well as the right to privacy and family life (Art.8). (...) Decisions indicate that environmental harm attributable to state action or inaction that has significant injurious effect on a person's home or private and family life constitutes a breach of Article 8 (1)"[23].

A respeito do alcance interpretativo do artigo 8º da Convenção Europeia, lecionam Luke Clements e Alan Simmons: "Although Article 8 does not guarantee the right to have one's housing problem solved by the authorities, a refusal of the authorities to provide assistance in this respect to an individual suffering from a severe disease might in certain circumstances raise an issue under Article 8 of the Convention because of the impact of such a refusal on the private life of the individual"[24].

No mesmo sentido, observa Martin Scheinin: "Other similar fields can be identified and elaborated on through the interpretation of treaty provisions on the right to life or the right to private and family life. The right to housing, or at least some dimensions of this right, seems particularly suitable for receiving protection under these provisions. In Lopez Ostra v. Spain, the European Court on Human Rights found a serious case of environmental damage by accompanying health problems to be a violation of Article 8 on the protection of private and family life"[25].

No mesmo sentido, em sentença proferida em 24 de julho de 2014, no caso Brincat e outros *vs.* Malta, a Corte Europeia condenou Malta por

---

23. Dinah L. Shelton, *Regional Protection of Human Rights*, Oxford, Oxford University Press, 2008, p. 203.

24. Luke Clements and Alan Simmons, European Court of Human Rights: Sympathetic Unease, in: Malcolm Langford (ed.), *Social Rights Jurisprudence:* emerging trends in International and Comparative Law, Cambridge, Cambridge University Press, 2008, p. 415.

25. Martin Scheinin, Economic and Social Rights as legal rights, in: Asbjorn Eide, Catarina Krause and Allan Rosas, *Economic, Social and Cultural Rights*, Dordrecht/Boston/London, Martinus Nijhoff Publishers, 2001, p. 41.

afronta ao artigo 8º da Convenção Europeia, em especial pela não adoção de obrigações de natureza positiva decorrentes do direito à vida privada e familiar dos peticionários, trabalhadores na reparação de navios, expostos à substância tóxica do amianto, que não contaram com a adequada proteção do Estado, tampouco com a observância do direito à informação acerca do risco à sua vida e à sua saúde, em virtude da ameaçadora exposição ao amianto.

2) Corte Interamericana de Direitos Humanos: casos envolvendo a dimensão positiva do direito à vida, a aplicação progressiva dos direitos sociais, a proteção indireta dos direitos sociais e a proteção direta dos direitos sociais

No que se refere à jurisprudência da Corte Interamericana na proteção de direitos sociais, é possível criar uma tipologia de casos baseada em decisões que adotam 4 (quatro) diferentes estratégias e argumentos:

2.1) Caso relativo à dimensão positiva do direito à vida

Este argumento foi desenvolvido pela Corte no caso Villagran Morales *vs.* Guatemala (Street Children case, 1999)[26], em que este Estado foi condenado pela Corte, em virtude da impunidade relativa à morte de cinco meninos que viviam na rua, brutalmente torturados e assassinados por dois policiais nacionais da Guatemala. Dentre as medidas de reparação ordenadas pela Corte estão: o pagamento de indenização pecuniária aos familiares das vítimas; a reforma no ordenamento jurídico interno visando a maior proteção dos direitos das crianças e adolescentes guatemaltecos; e a construção de uma escola em memória das vítimas.

À luz de uma interpretação dinâmica e evolutiva, compreendendo a Convenção como um *living instrument*, a Corte afirma que o direito à vida não pode ser concebido restritivamente. Introduz a visão de que o direito à vida compreende não apenas uma dimensão negativa — o direito de não ser privado da vida arbitrariamente —, mas uma dimensão positiva, que demanda dos Estados medidas positivas apropriadas para proteger o direito à vida digna — o "direito a criar e desenvolver um projeto de vida". Esta interpretação lança um importante horizonte para proteção dos direitos sociais.

---

26. Villagran Morales et al versus Guatemala (The Street Children Case), Inter--American Court, 19 November 1999, Ser. C, n. 63.

2.2) Casos relativos à aplicação do princípio da aplicação progressiva dos direitos sociais

Em outros julgados, a Corte endossa o dever jurídico dos Estados de conferir aplicação progressiva aos direitos sociais, com fundamento no artigo 26 da Convenção Americana de Direitos Humanos, especialmente em se tratando de grupos socialmente vulneráveis.

No caso da comunidade indígena Yakye Axa *vs.* Paraguai (2005)[27], como já enfocado, a Corte sustentou que os povos indígenas têm direito a medidas específicas que garantam o acesso aos serviços de saúde, que devem ser apropriados sob a perspectiva cultural, incluindo cuidados preventivos, práticas curativas e medicinas tradicionais. Adicionou que para os povos indígenas a saúde apresenta uma dimensão coletiva, sendo que a ruptura de sua relação simbiótica com a terra exerce um efeito prejudicial sobre a saúde destas populações. A Corte afirmou o dever do Estado de adotar medidas positivas apropriadas para assegurar o direito desta comunidade indígena à existência digna, com proteção às suas vulnerabilidades específicas, o direito à identidade cultural, o direito à saúde, o direito ao meio ambiente sadio, o direito à alimentação (incluindo o direito à água limpa), o direito à educação e à cultura, com fundamento no artigo 26 da Convenção Americana (aplicação progressiva dos direitos sociais) e no Protocolo de San Salvador.

No caso da comunidade indígena Xákmok Kásek *vs.* Paraguai (2010)[28], como já destacado, a Corte Interamericana condenou o Estado do Paraguai pela afronta aos direitos à vida, à propriedade comunitária e à proteção judicial (artigos 4º, 21 e 25 da Convenção Americana, respectivamente), dentre outros direitos, em face da não garantia do direito de propriedade ancestral à aludida comunidade indígena, o que estaria a afetar seu direito à identidade cultural. Ao motivar a sentença, a Corte afirmou o dever do Estado em assegurar especial proteção às comunidades indígenas, à luz de suas particularidades próprias, suas características econômicas e sociais

---

27. Yakye Axa Community *vs.* Paraguay, Inter-American Court, 2005, Ser. C, n. 125.

28. Corte Interamericana de Direitos Humanos, Caso Comunidad Indígena Xákmok Kásek *vs.* Paraguay, Fondo, Reparaciones y Costas. Sentencia de 24 de agosto de 2010, Serie C, n. 214. Note-se que, no sistema africano, merece menção um caso emblemático que, ineditamente, em nome do direito ao desenvolvimento, assegurou a proteção de povos indígenas às suas terras. Em 2010, a Comissão Africana dos Direitos Humanos e dos Povos considerou que o modo pelo qual a comunidade Endorois no Kenya foi privada de suas terras tradicionais, tendo negado acesso a recursos, constitui uma violação a direitos humanos, especialmente ao direito ao desenvolvimento.

e suas especiais vulnerabilidades, considerando o direito consuetudinário, os valores, os usos e os costumes dos povos indígenas, de forma a assegurar-lhes o direito à vida digna, contemplando o acesso a água potável, alimentação, saúde, educação, dentre outros.

No caso Niñas Yean y Bosico *vs.* Republica Dominicana (2005), a Corte enfatizou o dever dos Estados no tocante à aplicação progressiva dos direitos sociais a fim de assegurar o direito à educação, com destaque à especial vulnerabilidade de meninas. Sustentou que: "en relación con el deber de desarrollo progresivo contenido en el artículo 26 de la Convención, el Estado debe prover educación primaria gratuita a todos los menores, en un ambiente y condiciones propicias para su pleno desarrollo intelectual"[29].

No caso Acevedo Buendía y otros ("Cesantes y Jubilados de la Contraloría") *vs.* Peru (2009)[30], a Corte condenou o Peru pela violação aos direitos à proteção judicial (artigo 25 da Convenção Americana) e à propriedade privada (artigo 21 da Convenção), em caso envolvendo denúncia dos autores em relação ao não cumprimento pelo Estado de decisão judicial concedendo aos mesmos remuneração, gratificação e bonificação similar aos percebidos pelos servidores da ativa em cargos idênticos. Em sua fundamentação, a Corte reconheceu que os direitos humanos devem ser interpretados sob a perspectiva de sua integralidade e interdependência, a conjugar direitos civis e políticos e direitos econômicos, sociais e culturais, inexistindo hierarquia entre eles e sendo todos direitos exigíveis. Realçou ser a aplicação progressiva dos direitos sociais (artigo 26 da Convenção) suscetível de controle e fiscalização pelas instâncias competentes, destacando o dever dos Estados de não regressividade em matéria de direitos sociais. Endossou o entendimento do Comitê da ONU sobre Direitos Econômicos, Sociais e Culturais de que as medidas de caráter deliberadamente regressivo requerem uma cuidadosa análise, sendo justificáveis somente quando considerada a totalidade dos direitos previstos no Pacto, bem como a máxima utilização dos recursos disponíveis.

No caso Suárez Peralta *vs.* Equador, julgado em 2013, a Corte declarou a responsabilidade internacional do Estado do Equador, por violação às garantias judiciais e ao direito à proteção judicial previstos nos artigos 25

---

29. Caso de las niñas Yean y Bosico *vs.* Republica Dominicana, Inter-American Court, 8 November 2005, serie C, n. 130.

30. Corte Interamericana de Direitos Humanos, Caso Acevedo Buendía y otros ("Cesantes y Jubilados de la Contraloría") *vs.* Peru, Excepción Preliminar, Fondo, Reparaciones y Costas. Sentencia de 1 de julio de 2009, serie C, n. 198.

e 8º da Convenção Americana, bem como por afronta ao direito à integridade pessoal enunciado no artigo 5º, em caso envolvendo o alcance do direito à saúde, devido a uma negligente prática médica que acabou por afetar gravemente a saúde da vítima, mulher de 22 anos e mãe de três filhos, provocando diversas intervenções cirúrgicas em detrimento de sua dignidade humana. Note-se que, neste caso, debateu-se o artigo 26 da Convenção à luz das obrigações constantes dos artigos 1º e 2º, a partir de uma interpretação dinâmica e evolutiva, a endossar a interdependência e a indivisibilidade de todos os direitos humanos, inexistindo hierarquia entre eles, com especial destaque ao direito à saúde, tendo como precedente o caso Acevedo Buendía y otros, bem como o *corpus juris* interamericano em sua integralidade. Na mesma linha, merece menção o caso Gonzales Lluy y otros *vs.* Equador, julgado pela Corte Interamericana em 1º de setembro de 2015.

Cabe ainda particular destaque o caso Lagos del Campo *vs* Peru, decidido em 31 de agosto de 2017, em que a Corte Interamericana declarou a responsabilidade internacional do Estado em face da demissão injustificada da vítima, senhor Alfredo Lagos del Campo, em decorrência de entrevista concedida a periódico, por afronta ao direito à estabilidade nas relações trabalhistas, ineditamente com base no artigo 26, combinado com os artigos 1º, 13, 8 e 16 da Convenção Americana de Direitos Humanos. Entendeu, também, estarem violados os direitos à liberdade de expressão e à liberdade de associação, nos termos dos artigos 13 e 16 da Convenção Americana, bem como o direito ao acesso à justiça (artigos 8º e 25 da Convenção). Foi a primeira vez que a Corte proferiu uma condenação específica tendo por fundamento o artigo 26 da Convenção Americana. Uma vez mais, a Corte reiterou a interdependência, a indivisibilidade e a integralidade de todos os direitos humanos, frisando inexistir hierarquia entre eles, sendo todos os direitos humanos exigíveis.

2.3) Casos relativos à proteção indireta dos direitos sociais

Há um conjunto de decisões que consagram a proteção indireta de direitos sociais, mediante proteção de direitos civis, o que confirma a ideia da indivisibilidade e da interdependência dos direitos humanos.

No caso Albán Cornejo y otros *vs.* Equador (2007)[31] referente à suposta negligência médica em hospital particular — mulher deu entrada no

---

31. Albán Cornejo y otros *vs.* Ecuador, Inter-American Court, 22 November 2007, serie C, n. 171.

hospital com quadro de meningite bacteriana e foi medicada, vindo a falecer no dia seguinte, provavelmente em decorrência do medicamento prescrito —, a Corte decidiu o caso com fundamento na proteção ao direito à integridade pessoal e não no direito à saúde. No mesmo sentido, no caso Myrna Mack Chang *vs.* Guatemala (2003)[32], concernente a danos à saúde decorrentes de condições de detenção, uma vez mais a proteção ao direito à saúde deu-se sob o argumento da proteção do direito à integridade física.

Outros casos de proteção indireta de direitos sociais atêm-se à proteção ao direito ao trabalho, tendo como fundamento o direito ao devido processo legal e a proteção judicial. A respeito, destaca-se o caso Baena Ricardo y otros *vs.* Panamá (2001)[33], envolvendo a demissão arbitrária de 270 funcionários públicos que participaram de manifestação (greve). A Corte condenou o Estado do Panamá pela violação da garantia do devido processo legal e proteção judicial, determinando o pagamento de indenização e a reintegração dos 270 trabalhadores. No caso Trabajadores cesados del congreso (Aguado Alfaro y otros) *vs.* Peru (2006)[34], envolvendo a despedida arbitrária de 257 trabalhadores, a Corte condenou o Estado do Peru também pela afronta ao devido processo legal e proteção judicial. Em ambos os casos, a condenação dos Estados teve como argumento central a violação à garantia do devido processo legal e não a violação ao direito do trabalho.

Um outro caso emblemático é o caso "cinco pensionistas" *vs.* Peru (2003)[35], envolvendo a modificação do regime de pensão no Peru, em que a Corte condenou o Estado com fundamento na violação ao direito de propriedade privada e não com fundamento na afronta ao direito de seguridade social, em face dos danos sofridos pelos cinco pensionistas.

2.4) Casos relativos à proteção direta dos direitos sociais

Por fim, constata-se a emergência de uma nova tendência jurisprudencial voltada à justiciabilidade direta dos direitos sociais. A respeito, destacam-se os recentes casos Lagos del Campo e o caso Trabalhadores Demiti-

---

32. Myrna Mack Chang *vs.* Guatemala, Inter-American Court, 25 November 2003, serie C, n. 101.

33. Baena Ricardo y otros *vs.* Panamá, Inter-American Court, 2 February 2001, serie C, n. 72.

34. Caso Trabajadores cesados del congreso (Aguado Alfaro y otros) *vs.* Peru, Inter-American Court, 24 November 2006, serie C, n. 158.

35. Caso "cinco pensionistas" *vs.* Peru, Inter-American Court, 28 February 2003, serie C, n. 98.

dos de Pretroperu, ambos contra o Estado do Peru, decididos em 2017, em que, ineditamente, a Corte Interamericana considerou restar caracterizada uma violação autônoma do artigo 26 da Convenção Americana. Em sentido similar, destaca-se a sentença proferida em 8 de março de 2018 no caso Poblete Vilches y Otros contra o Estado do Chile, que consolidou relevantes parâmetros interamericanos a respeito do direito à saúde envolvendo pessoa idosa, com ênfase ao direito ao consentimento informado. Para a Corte Interamericana, o direito à saúde invoca como dimensões a disponibilidade, a acessibilidade, a aceitabilidade e a qualidade, tendo exigibilidade e justiciabilidade direta, na qualidade de direito autônomo. Adicionou, ainda, a importância de conferir visibilidade às pessoas idosas como sujeitos de direitos a merecer especial proteção. De forma inédita, a Corte se pronunciou sobre a saúde como um direito autônomo, integrante dos direitos econômicos, sociais, culturais e ambientais, com base no artigo 26 e no dever do Estado de conferir observância aos direitos das pessoas idosas. No mesmo sentido, cabe menção à sentença do caso Cuscul Pivaral contra o Estado da Guatemala, proferida em 2018, em que, também ineditamente, a Corte condenou um Estado por violar o dever de progressivamente implementar o direito à saúde, em situação envolvendo pessoas vivendo com HIV na Guatemala[36]. Em 6 de fevereiro de 2020, no caso Comunidades Indígenas Miembros de la Asociación Lhaka Honhat (Nuestra Tierra) contra o Estado da Argentina, a Corte Interamericana, de forma inédita, reconheceu a responsabilidade internacional do Estado por violação autônoma dos direitos econômicos, sociais, culturais e ambientais de comunidades indígenas, com destaque para os direitos ao meio ambiente saudável, à alimentação e à água, no contexto da pandemia, tendo por fundamento o art. 26 da Convenção Americana.

3) Análise de casos

A Corte Interamericana, por meio de uma interpretação dinâmica e evolutiva, inspirada na indivisibilidade e interdependência dos direitos humanos, tem permitido avanços na proteção dos direitos sociais. Tem desenvolvido seu próprio *framework* para a proteção desses direitos, ao consagrar a dimensão positiva do direito à vida, o princípio da progressividade dos direitos sociais (em especial para a proteção de grupos socialmente vulneráveis), a proteção indireta de direitos sociais e, mais recentemente, a proteção direta dos direitos sociais.

---

36. Caso Cuscul Pivaral vs. Guatemala, Inter-American Court, 8 de fevereiro de 2018, série C n. 348.

Também a Corte Europeia tem desenvolvido seu próprio *framework* para a proteção de direitos sociais, por via indireta, como obrigações positivas decorrentes de direitos civis, notadamente do direito à vida privada e familiar, em conformidade com o artigo 8º da Convenção, que estabelece o direito ao respeito à vida privada e familiar.

Inspirada no ideário liberal individualista e com fundamento no direito ao respeito à vida privada e familiar, a Corte Europeia tem fomentado uma jurisprudência protetiva dos direitos sociais, baseada na interpretação de que o artigo 8º da Convenção demanda dos Estados não apenas clássicas medidas negativas — no sentido de obstar a ingerência estatal indevida em abuso à esfera da privacidade e vida familiar —, mas também medidas positivas — no sentido de instar a proteção do direito à saúde, ao bem-estar, ao meio ambiente e à moradia, em nome do direito ao respeito à vida privada e familiar. A proteção dos direitos sociais desenvolve-se, assim, de forma indireta e reflexa, tendo como argumento central a proteção dos direitos civis à privacidade e à vida familiar.

c) Proteção de direitos e liberdades públicas no combate ao terrorismo

A Convenção Europeia de Direitos Humanos estabelece um catálogo de direitos civis, compreendendo o direito à vida, a proibição da tortura, a proibição da escravidão e do trabalho forçado, o direito à liberdade e à segurança, o direito ao respeito à vida privada e familiar. Em caso de guerra ou grave ameaça à vida da nação, o artigo 15 consagra a possibilidade de derrogação das obrigações previstas na Convenção, ressaltando que tal derrogação deve ser realizada na estrita medida em que o exigir a situação. Enuncia ainda um núcleo de direitos inderrogáveis, envolvendo o direito à vida (salvo quanto ao caso de morte resultante de atos ilícitos de guerra), a proibição da tortura, a proibição da escravidão ou servidão e o princípio da legalidade.

Também a Convenção Americana — que tem por fonte inspiradora a Convenção Europeia que a antecedeu — abrange o direito à vida, a proibição da tortura, a proibição da escravidão e da servidão, o direito à liberdade pessoal, dentre outros. Em caso de guerra, de perigo público, ou de outra emergência, o artigo 27 da Convenção admite aos Estados, na medida e pelo tempo estritamente limitados às exigências da situação, suspender as obrigações contraídas em virtude da Convenção Americana, desde que não constituam discriminação. O núcleo de direitos inderrogáveis é mais extenso que o núcleo consagrado na Convenção Europeia, prevendo o direito ao reconhe-

176

cimento da personalidade jurídica, o direito à vida, o direito à integridade pessoal, a proibição da escravidão e da servidão, o princípio da legalidade e da retroatividade, a liberdade de consciência e de religião, a proteção da família, o direito ao nome, direitos da criança, direito de nacionalidade, direitos políticos e as garantias indispensáveis para a proteção de tais direitos.

1) Corte Europeia de Direitos Humanos: casos envolvendo proteção de direitos e liberdades públicas no combate ao terrorismo

1.1) Casos envolvendo medidas repressivas de combate ao terrorismo

O caso S. and Marper *vs.* Reino Unido[37] teve por objeto a política de segurança do Reino Unido envolvendo o armazenamento pelas autoridades públicas de informações — impressões digitais e informações genéticas baseadas no DNA — de suspeitos de crimes. A Corte Europeia entendeu que a retenção de informações de pessoas suspeitas estava a constituir uma interferência na vida privada, realçando que o conceito de "vida privada" é amplo e insuscetível de definição exaustiva, de forma a proteger a integridade física e psíquica. Adicionou que o artigo 8º — concernente ao direito ao respeito à vida privada — protege também o direito ao desenvolvimento pessoal e o direito de manter relações com outras pessoas no mundo externo, ressaltando que o direito à privacidade abrange o direito à imagem. Argumentou que a retenção de informações relativas à vida privada de indivíduos constitui uma interferência nos termos previstos pelo artigo 8º, parágrafo 1º, da Convenção, afastando a justificativa do Estado de que o propósito de tal retenção seria a prevenção ou a detenção do crime, bem como sua investigação — justificativa qualificada pela Corte como vaga e aberta a abusos. Frisou, ainda, que os peticionários não contavam com um aparato de garantias em face de eventual abuso de autoridades, sendo tal medida de armazenamento uma interferência substantiva e controvertida no direito à vida privada. Para a Corte, o Estado possui reduzida margem de apreciação em face do direito individual, sendo que, no caso, a interferência estatal não se mostra necessária em uma sociedade democrática. Afirmou que os princípios relativos à proteção de informações demandam que a retenção seja proporcional em relação ao propósito do armazenamento, que deve ser por período de tempo limitado. Na interpretação da Corte, fundamental é avaliar se tal retenção é proporcional e permite alcançar um *fair balance* entre os interesses público e privado. Como, na hipótese, a

---

37. Casos n. 30.562/2004 e 30.566/04, j. 4-12-2008.

retenção não tem duração de tempo limitada, sendo o material retido indefinidamente — independentemente da natureza e da gravidade do crime —, o que poderia resultar no risco de estigmatização, concluiu a Corte que o armazenamento de dados de suspeitos de crimes constitui uma interferência desproporcional no direito dos peticionários ao respeito à vida privada e familiar, não sendo necessário em uma sociedade democrática, em afronta ao artigo 8º da Convenção Europeia.

No mesmo sentido, destaca-se o caso Gilian and Quinton *vs.* Reino Unido[38], envolvendo denúncia dos peticionários em face de método de abordagem policial, que estaria a violar o artigo 8º da Convenção Europeia. Na hipótese, ambos os peticionários foram parados e revistados por agentes policiais em Londres, inexistindo nada que os incriminasse. A abordagem policial foi amparada no section 44 do Terrorism Act de 2000.

Para a Corte Europeia a abordagem policial significa uma interferência no direito à privacidade, nos termos previstos no artigo 8º da Convenção, conferindo o section 44 do Terrorism Act um amplo poder para invadir a privacidade dos indivíduos. Uma vez mais, a Corte reiterou o entendimento de que o alcance interpretativo de "vida privada" é amplo e insuscetível de exaustiva definição, compreendendo o direito à autonomia pessoal, o direito à identidade, o direito de desenvolvimento pessoal, bem como o direito de estabelecer relações com outras pessoas no mundo externo. Considerou a Corte que o uso de poderes coercitivos a submeter indivíduos à detalhada abordagem — incluindo suas roupas e pertences pessoais — é uma clara interferência no direito ao respeito à vida privada, criando uma situação de humilhação e constrangimento. De acordo com o artigo 8º da Convenção, a interferência na vida privada somente é justificável de acordo com a lei, quando necessária em uma sociedade democrática. No caso, no entendimento da Corte Europeia, o section 44 do Terrorism Act apresenta um claro risco ao arbítrio e à discriminação do poder policial, por não prover garantais de proteção em face de abusos, em violação ao artigo 8º da Convenção.

O caso Beortegui Martinez *vs.* Espanha, decidido em 31 de maio de 2016, refere-se à denúncia de ocorrência de falhas no dever do Estado de investigar maus-tratos sofridos por peticionário suspeito de integrar uma organização terrorista, perpetrados por 4 oficiais da Guarda Civil. Para a Corte, restou configurada a violação ao artigo 3º da Convenção Europeia concernente ao dever do Estado de investigar denúncia de violação ao direito a não ser submetido a tratamentos desumanos ou degradantes. Reite-

---

38. Caso n. 4.158/2005, j. 12-1-2010.

rou a Corte Europeia a importância de adotar as medidas recomendadas pelo Comitê Europeu de Prevenção à Tortura com vistas a aprimorar a qualidade de exames e perícia médica de indivíduos que se encontrem sob a custódia do Estado, clamando, ainda, ao Estado da Espanha pela edição de um preciso código de conduta para os agentes responsáveis pela supervisão de tais indivíduos, de forma a assegurar-lhes o direito à integridade pessoal. No mesmo sentido, destaca-se o caso Etxebarria Caballero *vs* Espanha, a envolver denúncia de insuficiência do dever do Estado de investigar maus-tratos sofridos por suspeito de integrar organização terrorista, quando em custódia pela polícia secreta. Também, na hipótese, em decisão prolatada em 7 de outubro de 2014, concluiu a Corte restar caracterizada violação ao artigo 3º da Convenção Europeia, devido à falha das autoridades da Espanha na garantia de uma efetiva investigação das violações denunciadas. Na mesma direção, somam-se os casos Al Nashiri *vs*. Polônia e Husayn (Abu Zubaydah) *vs* Polônia, em que a Corte reconheceu a responsabilidade internacional do Estado com fundamento na violação ao artigo 3º da Convenção Europeia, especialmente em virtude da incapacidade do Estado de conduzir uma investigação efetiva de denúncia de maus-tratos sofridos pelas vítimas suspeitas de atos terroristas quando de detenção secreta.

Por sua vez, no caso Szabó and Vissy *vs*. Hungria, em sentença proferida em 12 de janeiro de 2016, a Corte declarou a responsabilidade internacional do Estado da Hungria em virtude de denúncia dos peticionários de que poderiam ser potencialmente objeto de medidas invasivas, de forma injustificada e desproporcional, com base na lei antiterrorista introduzida em 2011, no tocante à vigilância secreta para garantia da segurança nacional. A Corte entendeu restar violado o artigo 8º referente ao direito à vida privada e familiar, sob o argumento de que a aludida legislação poderia implicar abusos, como o uso de tecnologias para a interceptação telefônica de pessoas estranhas ao objeto da investigação.

2) Corte Interamericana de Direitos Humanos: casos envolvendo proteção de direitos e liberdades públicas no combate ao "terrorismo de Estado"

2.1) Casos envolvendo o arbítrio de regimes ditatoriais

O caso Goiburú e outros *vs*. Paraguai[39] teve por objeto a violação ao direito à vida, à liberdade, à integridade pessoal de Agustín Goiburú Gimenez e outras cinco vítimas, supostamente cometida por agentes estatais

---

39. Caso Goiburú e outros *vs*. Paraguai, Inter-American Court, 22 September 2006, serie C, n. 153.

no período de 1974 e 1977, no marco da Operação Condor, que, baseada na doutrina de "segurança nacional", articulava forças de segurança e serviços de inteligência de ditaduras do Cone Sul em face de agentes "subversivos". Na hipótese, as vítimas eram opositoras do regime Stroessner. Goiburú Gimenez foi detido arbitrariamente na Argentina por agentes do Estado paraguaio, tendo sido mantido incomunicável, submetido à tortura e ao posterior desaparecimento, mediante uma ação coordenada das forças de segurança do Paraguai e da Argentina.

A Corte Interamericana reconheceu que a responsabilidade internacional do Estado reveste-se de particular transcedência histórica, visto que os agentes estatais não apenas violaram os deveres de proteger direitos, mas utilizaram a investidura oficial e recursos estatais para cometer violações. Adicionou que o Estado e suas instituições deveriam funcionar como garantia de proteção diante da ação criminosa de seus agentes. Verificou-se, contudo, a instrumentalização do poder estatal como meio e recursos para cometer violações de direitos — os quais deveriam respeitar e garantir. Afirmou a Corte que o Estado se constituiu em um fator principal dos graves crimes cometidos, o que estaria a configurar "terrorismo de Estado". Concluiu por reconhecer a responsabilidade internacional do Estado, em face da violação ao direito à vida (artigo 4º), à liberdade (artigo 7º) e à integridade pessoal (artigo 5º), bem como em face da afronta à obrigação de respeitar e garantir direitos. Determinou ao Estado do Paraguai que fossem realizadas imediatamente diligências para investigar os atos cometidos e combater a impunidade de seus perpetradores, localizar as vítimas, entregando seus restos mortais aos seus familiares, realizar um ato público de reconhecimento da responsabilidade internacional do Estado e de desagravo, publicar a sentença da Corte em diário de ampla circulação, construir um monumento em memória das vítimas, implementar programas de educação de agentes estatais, efetuar o pagamento de indenização, bem como adequar a tipificação dos delitos de tortura e de desaparecimento forçado de pessoas em conformidade com os parâmetros protetivos internacionais.

2.2) Caso envolvendo o arbítrio de forças paramilitares e agentes estatais

O caso Masacre Mapiripán *vs.* Colômbia[40] envolveu o assassinato de aproximadamente 49 civis, ocorrido entre 15 a 20 de julho de 1997, perpe-

---

40. Caso Masacre Mapiripán *vs.* Colômbia, Inter-American Court, 15 September 2005, serie C, n. 134.

trado por uma centena de membros da "Autodefensa Unidas Colombiana", com a colaboração e a aquiescência do Estado, o que resultou na privação da liberdade das vítimas, torturas e assassinatos, com a destruição dos corpos, sendo os restos mortais lançados no Rio Guaviare, no Município de Mapiripán. Reconheceu a Corte Interamericana as difíceis circunstâncias experimentadas pelo Estado colombiano e seus esforços para alcançar a paz. Todavia, tais condições — argumentou a Corte — não liberam o Estado de suas obrigações contraídas quando da ratificação da Convenção Americana de Direitos Humanos, sendo inaceitável a prática de execuções extrajudiciais, a não investigação dos atos e a impunidade. Endossou, ainda, o entendimento de que as violações foram perpetradas por forças paramilitares vinculadas com forças estatais. Na visão da Corte, não se pode combater o terror com suas próprias armas. Não se combate o terror com o terror, sendo necessário afirmar o primado do Direito sobre a força. Para a Corte, caberá ao Estado da Colômbia identificar mecanismos, dentro do Direito, para superar a tragédia humana que vive. Por fim, concluiu a Corte que o Estado violou o direito à vida (artigo 4º), à liberdade (artigo 7º) e à integridade pessoal (artigo 5º). Determinou ao Estado da Colômbia que fossem realizadas imediatamente diligências para investigar os atos cometidos e identificar os autores do massacre, localizar as vítimas executadas, realizar um ato público de reconhecimento da responsabilidade internacional do Estado, publicar a sentença da Corte em diário de ampla circulação, construir um monumento em memória das vítimas e implementar programas de educação de agentes estatais.

3) Análise de casos

No sistema europeu, a Corte Europeia de Direitos Humanos tem proferido relevantes precedentes no sentido de salvaguardar a esfera da liberdade, da autonomia, da privacidade e da intimidade, adicionando o direito de desenvolver a personalidade, em face de medidas repressivas adotadas no combate ao terrorismo.

Com prudência e baseada no princípio da proporcionalidade, tem avaliado o alcance de interferência estatal no domínio da vida privada individual, contendo abusos e excessos do Estado. Tem, ademais, verificado até que ponto a medida restritiva de direitos é necessária em uma sociedade democrática. Observa-se, assim, que a interpretação da Corte Europeia é orientada à proteção da vida privada amplamente considerada, de forma a assegurar o direito ao desenvolvimento pessoal. Os casos examinados apontam violações pontuais, alcançando vítimas singularmente consideradas.

Já no sistema interamericano, a Corte Interamericana, com firmeza e solidez, tem condenado o arbítrio estatal causador de violações graves e sistemáticas de direitos humanos, a envolver casos de tortura, execução sumária, assassinatos e desaparecimento forçado. Sua jurisprudência teve a força catalisadora de desestabilizar regimes ditatoriais, sob o argumento de que, por vezes, observa-se a instrumentalização do poder do Estado que, de garante de direitos, converte-se em violador deles — o que estaria a configurar "terrorismo de Estado". Sustenta a Corte que não se pode combater o terror com o terror, sendo necessário afirmar o primado do Direito sobre a força. Note-se que, diversamente do repertório de casos apreciados pela Corte Europeia, o repertório de casos examinados pela Corte Interamericana envolve graves e maciças violações de direitos humanos, a alcançar um amplo universo de vítimas.

d) Conclusão

O estudo comparativo dos sistemas regionais europeu e interamericano aponta significativos avanços na afirmação da justiça internacional em matéria de direitos humanos.

Cada qual dos sistemas apresenta sua própria origem, história, especificidades, particularidades e dinâmica, contemplando atores próprios, uma peculiar agenda de violação de direitos, bem como fomentando uma jurisprudência emancipatória a celebrar a defesa da dignidade humana.

Sob inspiração do ideário liberal individualista, a Corte Europeia tem salvaguardado o valor da liberdade e sua projeção na esfera da vida privada e familiar, privacidade, intimidade, afirmando o direito de todo e qualquer indivíduo desenvolver sua personalidade. Tem enfrentado os excessos e os abusos do poder sob a lente da reduzida margem de apreciação estatal no domínio das liberdades. Com base no princípio da proporcionalidade, tem invalidado interferências estatais abusivas, que não se justificam em uma sociedade democrática. Ao proteger, de forma indireta, os direitos sociais, tem entendido que o direito à vida privada requer não apenas obrigações negativas do Estado, mas, ainda, prestações positivas, condenando a omissão estatal quando afronta o direito à vida privada — por exemplo, em virtude de degradação ambiental causada por empresa. O respeito à vida privada — a demandar medidas negativas e positivas do Estado —, amparada no ideário liberal individualista, compõe a lógica e a principiologia a mover a Corte Europeia e a sua jurisprudência no que se refere à proteção dos direitos à livre orientação sexual, aos direitos sociais e à proteção das liberdades públicas no combate ao terrorismo.

Em um contexto diverso — marcado pelo arbítrio de regimes autoritários e por graves e sistemáticas violações a direitos humanos —, a Corte Interamericana tem assegurado a salvaguarda do direito à identidade cultural de populações vulneráveis, demandando medidas específicas, mediante uma interpretação dinâmica e evolutiva da Convenção Americana concebida como um *living instrument* (tal como a Corte Europeia nos casos envolvendo a proteção do direito à livre orientação sexual); tem ousado na proteção dos direitos sociais, por meio de uma interpretação extensiva do direito à vida (endossando o direito à vida digna), da necessária progressividade destes direitos, de sua proteção indireta via direitos civis, bem como, mais recentemente, por meio da proteção direta dos direitos sociais; e tem enfrentado o arbítrio do poder estatal, denunciando o "terrorismo de Estado" e afirmando o primado do direito sobre a força.

A análise comparativa dos sistemas regionais europeu e interamericano, sob uma perspectiva horizontal (mediante um prisma holístico, amplo e geral) e sob uma perspectiva vertical (mediante um prisma específico baseado no estudo de casos emblemáticos relativos a temas centrais da agenda de direitos humanos), conduz ao estratégico papel desempenhado pelas Cortes Europeia e Interamericana, capaz de revelar a força catalisadora de suas decisões e o impacto transformador de sua jurisprudência na luta por direitos e por justiça.

Seja na jurisprudência do sistema europeu, seja na jurisprudência do sistema interamericano, observa-se o triunfo dos direitos humanos, como contrapoder a debelar os absolutismos, em suas formas mais distintas. Os sistemas regionais europeu e interamericano invocam que a luta por direitos caracteriza-se como uma luta incessante em que pontos de chegada simbolizam sempre novos pontos de partida, na emergência de múltiplos desafios.

Ao concluir este capítulo, reitera-se que proteger a dignidade e prevenir o sofrimento humano — a fim de que toda e qualquer pessoa seja tratada com igual consideração e profundo respeito, tendo o direito de desenvolver suas potencialidades de forma livre, autônoma e plena — traduz a essência da luta por direitos humanos. Neste processo de afirmação de direitos, extraordinária tem sido a contribuição dos sistemas regionais europeu e interamericano no aprimoramento do regime de direitos humanos, na proteção de grupos vulneráveis, na realização de justiça e na salvaguarda de direitos e liberdades diante do arbítrio estatal.

CAPÍTULO VII

DIÁLOGO ENTRE CORTES: A "INTERAMERICANIZAÇÃO" DO SISTEMA EUROPEU E A "EUROPEICIZAÇÃO" DO SISTEMA INTERAMERICANO[1]

a) Introdução

Objetiva este capítulo enfocar o diálogo entre as Cortes Europeia e Interamericana de Direitos Humanos, fomentado por permeabilidades e aberturas mútuas, por referências e influências recíprocas, que permitem avançar na proteção de temas centrais da agenda de direitos humanos.

Serão examinados os fenômenos da "interamericanização" do sistema europeu e da "europeicização" do sistema interamericano, com destaque a julgados emblemáticos que celebram o diálogo inter-regional em matéria de direitos humanos.

É a partir de interlocuções e empréstimos jurisprudenciais que cada um dos sistemas regionais desenvolve o refinamento de argumentos, interpretações e princípios voltados à afirmação da dignidade humana.

O resultado é a transformação dos sistemas regionais por meio da inovação jurisprudencial e do fortalecimento da capacidade de responder a desafios concernentes a violações de direitos, propiciando proteção mais efetiva aos direitos das vítimas.

b) Corte Europeia de Direitos Humanos: a "interamericanização" do sistema europeu

É possível criar uma tipologia de casos decididos pela Corte Europeia de Direitos Humanos que incorporam a jurisprudência da Corte Interamericana, com base em relatório produzido pelo Conselho da Europa em

---

1. Um especial agradecimento é feito a Alexander von Humboldt Foundation pela *fellowship* que tornou possível este estudo e ao Max-Planck-Institute for Comparative Public Law and International Law por prover um ambiente acadêmico de extraordinário vigor intelectual.

dezembro de 2012[2]. Destacam-se fundamentalmente quatro categorias de casos: 1) casos envolvendo o desaparecimento forçado de pessoas; 2) casos envolvendo a observância do *due process of law* no julgamento de graves violações de direitos humanos; 3) casos envolvendo o dever do Estado de prevenir e investigar graves violações de direitos, adotando *due diligences*; e 4) casos envolvendo a proteção de direitos sociais.

Para cada uma dessas quatro categorias, serão enfocadas as referências à jurisprudência da Corte Interamericana, bem como os argumentos jurídicos utilizados.

1) Casos envolvendo o desaparecimento forçado de pessoas

Nessa categoria de casos, destacam-se cinco precedentes da Corte Europeia:

1.1) Caso Kurt *vs.* Turkey, n. 24276/94, julgado em 25 de maio de 1998

Jurisprudência da Corte Interamericana incorporada:

Caso Velásquez-Rodríguez *vs.* Honduras

(Judgment of July 29, 1988)

Caso Godínez-Cruz *vs.* Honduras

(Judgment of January 20, 1989)

Caso Caballero-Delgado e Santana *vs.* Colombia

(Judgment of December 8, 1995)

Fundamento jurídico utilizado

Argumenta a Corte Europeia que a Corte Interamericana de Direitos Humanos tem enfrentado a temática do desaparecimento forçado em um número significativo de casos à luz dos dispositivos da Convenção Americana de Direitos Humanos antes mesmo da adoção da Convenção Interamericana sobre o Desaparecimento Forçado de Pessoas. Essa interpretação influenciou a Corte Europeia a enfocar a violação do desaparecimento forçado à luz dos dispositivos da Convenção Europeia.

---

2. A respeito, ver Council of Europe. *Research Report, References to the Inter--American Court of Human Rights in the case-law of the European Court of Human Rights,* 2012. Disponível em: <http://www.echr.coe.int/NR/rdonlyres/7EB3DE1F-C43E-4230-980D-63F127E6A7D9/0/RAPPORT_RECHERCHE_InterAmerican_Court_and_the_Court_caselaw.pdf>. Acesso em 1º dez. 2012.

1.2) Caso Silih *vs*. Slovenia, n. 71463/01, julgado em 9 de abril de 2009

Jurisprudência da Corte Interamericana incorporada:

Caso Velásquez-Rodríguez *vs*. Honduras

(Judgment of July 29, 1988)

Caso Godínez-Cruz *vs*. Honduras

(Judgment of January 20, 1989)

Caso Serrano-Cruz Sisters *vs*. El Salvador

(Judgment of November 23, 2004)

Fundamento jurídico utilizado

Afirma a Corte Europeia que a Corte Interamericana estabeleceu obrigações procedimentais com respeito a assassinatos ou desaparecimentos à luz de diversas disposições da Convenção Americana de Direitos Humanos. Em casos envolvendo a violação de obrigações procedimentais, particularmente quando um aspecto substantivo do direito à vida tenha sido violado, a Corte entende restar caracterizada a violação ao artigo 4 (direito à vida) e ao artigo 1, § 1 (obrigação de respeitar os direitos nela enunciados), da Convenção Americana (ver Velásquez Rodríguez *vs*. Honduras, judgment of 29 July, 1988, e Godínez Cruz Case *vs*. Honduras, judgment of 20 January, 1989). Em situações em que não houve a violação direta ao artigo 4 (direito à vida), a Corte Interamericana examina o caso à luz do artigo 8, que assegura o *right to a fair trial*, e do artigo 25, que estabelece o *right to judicial protection*, somados ao artigo 1, § 1. (...) Com relação às alegadas deficiências das investigações criminais no âmbito doméstico no tocante aos casos de desaparecimento, a Corte entende que, na hipótese de uma violação contínua e permanente, iniciada antes do aceite da jurisdição da Corte, persistindo após, a Corte é competente para examinar tais ações e omissões, bem como seus respectivos efeitos.

1.3) Caso Varnava and others *vs*. Turkey, n. 16064/90, julgado em 18 de setembro de 2009

Jurisprudência da Corte Interamericana incorporada:

Caso Blake *vs*. Guatemala

(Judgment of July 2, 1996)

Caso Serrano-Cruz Sisters *vs*. El Salvador

(Judgment of November 23, 2004)

Caso Heliodoro Portugal *vs*. Panama

(Judgment of 12 August, 2008)

Fundamento jurídico utilizado

Uma vez mais, a Corte Europeia reitera a jurisprudência da Corte Interamericana a respeito da *ratione temporis jurisdiction* em casos envolvendo desaparecimento forçado de pessoas. Ainda que o desaparecimento tenha ocorrido antes do aceite da jurisdição da Corte, esta endossa o entendimento de que o desaparecimento forçado implica a violação de diversos direitos humanos e que o efeito dessa violação pode se prolongar de forma contínua e permanente. Ao considerar o desaparecimento como uma *continuing situation*, examina a Corte Europeia o caso à luz do artigo 8 combinado com o artigo 1, § 1, da Convenção, no sentido de sustentar que os familiares da vítima desaparecida tiveram violado o direito de ter o desaparecimento e a morte da vítima efetivamente investigados, com a persecução e a punição dos responsáveis, bem como com a reparação devida. Tecendo referência ao caso já destacado *Šilih v. Slovenia,* a Corte Europeia, nos termos do artigo 2, entende existir a obrigação procedimental do Estado de investigar mortes arbitrárias — o que constitui uma obrigação autônoma e independente da obrigação substantiva relativa ao direito à vida. Recorrendo à Corte Interamericana, a Corte Europeia aplica os aspectos procedimentais relativos aos casos de desaparecimento, com fundamento na denegação de justiça e de proteção judicial — ainda que o desaparecimento tenha ocorrido antes do reconhecimento da jurisdição da Corte.

1.4) Caso Ertak *vs*. Turkey, n. 20764/92, julgado em 9 de maio de 2000

Jurisprudência da Corte Interamericana incorporada:

Caso Velásquez-Rodríguez *vs*. Honduras

(Judgment of July 29, 1988)

Caso Godínez-Cruz *vs*. Honduras

(Judgment of January 20, 1989)

Caso Caballero-Delgado and Santana *vs*. Colombia

(Judgment of December 8, 1995)

Fundamento jurídico utilizado

A sentença da Corte Europeia destaca que o peticionário baseou seu pleito a respeito de desaparecimento forçado de pessoas na sólida jurisprudência da Corte Interamericana, com destaque aos três casos acima referidos — particularmente ao caso Velásquez Rodríguez *vs.* Honduras; ao caso Godínez Cruz *vs.* Honduras; e ao caso Caballero-Delgado e Santana *vs.* Colombia.

1.5) Caso Cicek *vs.* Turkey, n. 25704/94, julgado em 27 de fevereiro de 2001

Jurisprudência da Corte Interamericana incorporada:

Caso Velásquez-Rodríguez *vs.* Honduras

(Judgment of July 29, 1988)

Fundamento jurídico utilizado

A Corte Europeia sustenta que o desparecimento forçado é uma reconhecida categoria do Direito Internacional, destacando a Declaração da ONU sobre a Proteção de todas as pessoas em face do desaparecimento forçado; a jurisprudência do Comitê de Direitos Humanos da ONU; e a jurisprudência da Corte Interamericana de Direitos Humanos, com realce ao caso Velásquez-Rodríguez.

2) Casos envolvendo a observância do *due process of law* no julgamento de graves violações de direitos humanos

Nessa categoria de casos, destacam-se dois precedentes da Corte Europeia:

2.1) Caso Öcalan *vs.* Turkey, n. 46221/99, julgado em 12 de maio de 2005

Jurisprudência da Corte Interamericana incorporada:

Caso Constantine and Benjamin et al. *vs.* Trinidad and Tobago

(Judgment of June 21, 2002)

The Right to Information on Consular Assistance. In the Framework of the Guarantees of the Due Process of Law.

(Advisory Opinion OC-16/99 of October 1, 1999)

Fundamento jurídico utilizado

A Corte Europeia alude à Opinião Consultiva OC-16/99 emitida pela Corte Interamericana a respeito do direito à informação concernente à assistência consular como garantia de *due process of law,* destacando a necessidade de observância da garantia do *fair procedure* no tocante ao artigo

4 da Convenção Americana, que permite a pena de morte em determinadas circunstâncias. Para a Corte Interamericana, merece realce o princípio de que "ninguém pode ser privado de sua vida arbitrariamente". Observa a Corte Europeia que tanto o artigo 6 do Pacto Internacional dos Direitos Civis e Políticos como o artigo 4 da Convenção Americana demandam a estrita observância de procedimentos legais e limitam a aplicação da pena de morte aos crimes mais graves. Ambos os instrumentos são marcados pela tendência de restringir a aplicação da pena de morte e, em última instância, de aboli-la. Tal tendência expressa que, com relação aos Estados que ainda adotam tal punição (são uma exceção), há que se exercer um rigoroso controle da observância das garantias judiciais quando da aplicação dessa sanção. Nesse ponto, a Corte Europeia destaca a jurisprudência da Corte Interamericana acerca da necessidade de observância do *due process*, com toda a sua gama de direitos e garantias, ainda mais relevantes quando a vida humana está sob risco. Ademais, faz-se necessário que um órgão independente e imparcial seja o competente para imposição da pena de morte, com a aplicação dos mais rigorosos *standards* de procedimentos, tendo em vista a irreversibilidade da pena de morte.

2.2) Caso Ergin *vs*. Turkey, n. 47533/99, julgado em 4 de maio de 2006

Jurisprudência da Corte Interamericana incorporada:

Caso Cantoral-Benavides *vs*. Peru

(Judgment of August 18, 2000)

Caso Durand and Ugarte *vs*. Peru

(Judgment of August 16, 2000)

Fundamento jurídico utilizado

A Corte Europeia de Direitos Humanos destaca a jurisprudência da Corte Interamericana que exclui civis da jurisdição de cortes militares. Para a Corte Interamericana, no Estado Democrático de Direito o alcance da jurisdição penal militar deve ser restrito e excepcional, voltado à proteção dos interesses jurídicos específicos concernentes às funções designadas por lei às forças militares. Consequentemente, civis devem ser excluídos do alcance da jurisdição militar e somente militares devem ser julgados pela prática de crimes e ofensas que, por sua natureza, afrontem interesses protegidos pela lei militar. A Corte Interamericana enfatiza que cortes militares devem ter por função manter a ordem e a disciplina das Forças Armadas. Sua jurisdição deve ser restrita aos militares que cometam crimes ou ofensas no desempenho de seus deveres.

3) Casos envolvendo o dever do Estado de prevenir e investigar graves violações de direitos, adotando *due diligences*

Nessa categoria de casos, destacam-se quatro precedentes da Corte Europeia:

3.1) Caso Al-Skeini and Others *vs.* United Kingdom, n. 55721/07, julgado em 7 de julho de 2011

Jurisprudência da Corte Interamericana incorporada:

Caso Mapiripán Massacre *vs.* Colombia

(Judgment of September 15, 2005)

Fundamento jurídico utilizado

A Corte Europeia alude à jurisprudência da Corte Interamericana no caso Mapiripán Massacre *vs.* Colombia (15 de setembro de 2005), em que, ao reconhecer as difíceis circunstâncias da realidade da Colômbia, com todos os esforços para a busca da paz, aponta à falha do Estado no dever de investigar o massacre de civis perpetrado por grupos paramilitares. Para a Corte Interamericana, tal circunstância não afasta a obrigação jurídica do Estado-parte de implementar suas obrigações internacionais com base na Convenção Americana. Sustentou a Corte Interamericana que, na medida em que o Estado tolera ações voltadas a execuções sumárias e extrajudiciais, deixando de investigá-las de forma adequada e tampouco punindo seus responsáveis de forma apropriada, o Estado está a violar o dever de respeitar os direitos enunciados na Convenção, assegurando o seu livre e pleno exercício, reproduzindo as condições de impunidade que permitem a perpetuação de tais práticas. Para a Corte, os deveres dos Estados, em conformidade com o artigo 2 da Convenção, persistem em contextos delicados, como o contexto de conflito armado.

3.2) Caso Bevacqua and S. *vs.* Bulgaria, n. 71127/01, julgado em 12 de junho de 2008

Jurisprudência da Corte Interamericana incorporada:

Caso Velásquez-Rodríguez *vs.* Honduras

(Judgment of July 29, 1988)

Fundamento jurídico utilizado

A Corte Europeia destaca relatório de 20 de janeiro de 2006 da *Special Rapporteur on violence against women*, ao endossar regra de costume internacional que "obriga Estados a prevenir e a responder a atos de violência contra a mulher com *due diligence"*. Tal conclusão baseia-se, entre outros, na jurisprudência da Corte Interamericana (especial referência ao caso Velásquez-Rodríguez *vs.* Honduras) e em relatórios da Comissão Interamericana de Direitos Humanos (referência ao caso n. 12.051, Maria da Penha Maia Fernandes *vs.* Brazil).

3.3) Caso Opuz *vs.* Turkey, n. 33401/02, julgado em 9 de junho de 2009

Jurisprudência da Corte Interamericana incorporada:

Caso Velásquez-Rodríguez *vs.* Honduras

(Judgment of July 29, 1988)

Fundamento jurídico utilizado

A Corte Europeia, uma vez mais, tece referência ao precedente Velázquez-Rodríguez, em que a Corte Interamericana afirma: "Um ato ilegal violador de direitos humanos que não seja diretamente imputável ao Estado (por exemplo, porque é praticado por particular) pode implicar responsabilidade internacional em virtude de *lack of due diligence* para prevenir a violação ou respondê-la, como exigido pela Convenção". O fundamento jurídico para atribuir a responsabilidade ao Estado por atos do setor privado assenta na falha do Estado no tocante ao dever de assegurar proteção aos direitos humanos, conforme enunciado no artigo 1 da Convenção Americana de Direitos Humanos. A jurisprudência da Corte Interamericana reiteradamente endossa tal princípio ao reconhecer a responsabilidade internacional de Estados em virtude de *lack of due diligence* para prevenir violações a direitos humanos, investigá-las e punir seus perpetradores, garantindo reparação apropriada aos seus familiares.

3.4) Caso Lexa *vs.* Slovakia, n. 54334/00, julgado em 23 de setembro de 2008

Jurisprudência da Corte Interamericana incorporada:

Caso Barrios Altos *vs.* Peru

(Judgment of March 14, 2001)

Caso Bulacio *vs.* Argentina

(Judgment of September 18, 2003)

Fundamento jurídico utilizado

A Corte Europeia destaca o precedente Barrios Altos *vs.* Peru em que a Corte Interamericana considera inadmissíveis todas as previsões de anistia voltadas a eliminar a responsabilização por violações de direitos humanos, pois intentam obstar a investigação e a punição de responsáveis por graves violações a direitos humanos, como a tortura, a execução sumária, extrajudicial e arbitrária, o desaparecimento forçado — todas proibidas, visto que violam direitos inderrogáveis reconhecidos por instrumentos internacionais de direitos humanos. No caso Bulacio *vs.* Argentina, reiterou a Corte que todo e qualquer obstáculo visando a impedir a investigação e a punição de responsáveis por violações a direitos humanos é inadmissível.

4) Caso envolvendo direitos sociais

4.1) Caso Konstantin Markin *vs.* Russia, n. 30078/06, julgado em 22 de março de 2012

Jurisprudência da Corte Interamericana incorporada:

Caso Acevedo Buendía et al. ("Discharged and Retired Employees of the Office of the Comptroller") *vs.* Peru

(Judgment of July 1, 2009)

Advisory Opinion OC-17/02 of 28 August 2002.

Caso the "Five Pensioners" *vs.* Peru

(Judgment of February 28, 2003)

Fundamento jurídico utilizado

Alusão é feita à Opinião Consultiva n. 17/2002 da Corte Interamericana, ao sustentar a obrigação jurídica do Estado de adotar todas as medidas protetivas às crianças, visando ao seu desenvolvimento com condições decentes. Também destacou a Corte Europeia as obrigações positivas dos Estados em promover e garantir o efetivo exercício dos direitos à vida familiar; o princípio da justiciabilidade dos direitos sociais; e o dever de não adotar legislação que simbolize retrocesso no exercício de direitos sociais.

5) Análise de casos

Nos casos envolvendo o desaparecimento forçado de pessoas, a Corte Europeia vale-se da sólida jurisprudência da Corte Interamericana, com destaque aos casos Velásquez-Rodríguez *vs.* Honduras (1988), Godínez-Cruz *vs.* Honduras (1989) e Caballero-Delgado e Santana *vs.* Colombia (1995). Reitera a Corte Europeia o entendimento da Corte Interamericana no tocante à existência da obrigação procedimental do Estado de investigar, processar e punir mortes arbitrárias — o que constitui uma obrigação autônoma e independente da obrigação substantiva relativa ao direito à vida, sob pena de denegação de justiça e de proteção judicial. O dever do Estado no tocante às obrigações procedimentais tem como fundamento os artigos 1 e 8 da Convenção Europeia, sustentando a Corte Europeia que os familiares da vítima desaparecida tiveram violado o direito de ter o desaparecimento e a morte da vítima efetivamente investigados, com a persecução e a punição dos responsáveis, bem como com a reparação devida. Corrobora a Corte Europeia a interpretação da Corte Interamericana de que o desaparecimento forçado implica a violação de diversos direitos humanos e que o efeito dessa violação pode se prolongar de forma contínua e permanente, sendo o desaparecimento uma *continuing situation*.

Com relação aos casos envolvendo a observância do *due process of law* no julgamento de graves violações de direitos humanos, a Corte Europeia recorre à jurisprudência da Corte Interamericana reafirmando a necessidade de observância do *due process*, com toda a sua gama de direitos e garantias, sendo ainda mais relevante quando a vida humana está sob risco. Sustenta ser necessário que um órgão independente e imparcial seja o competente para imposição da pena de morte, com a aplicação dos mais rigorosos *standards* de procedimentos, tendo em vista a irreversibilidade da pena de morte.

A jurisprudência da Corte Interamericana que exclui civis da jurisdição de cortes militares é também referida pela Corte Europeia. Compartilha da interpretação de que, no Estado Democrático de Direito, o alcance da jurisdição penal militar há ser restrito e excepcional, voltado à proteção dos interesses jurídicos específicos concernentes às funções designadas por lei às forças militares. Consequentemente, civis devem ser excluídos do alcance da jurisdição militar e somente militares devem ser julgados pela prática de crimes e ofensas que, por sua natureza, afrontem interesses protegidos pela lei militar.

No sentido de fortalecer a proteção de direitos civis e combater a impunidade, a jurisprudência da Corte Interamericana acerca do dever do Estado de prevenir e investigar violações de direitos, adotando *due diligences*, é incorporada pela Corte Europeia — inclusive para reconhecer a responsabilidade internacional do Estado decorrente de violação praticada por particular, em virtude de *lack of due diligence* para prevenir a violação, investigá-la ou respondê-la, como exigido pela Convenção. Endossa o entendimento da Corte Interamericana de que inadmissível é a manutenção de obstáculos a impedir o dever do Estado de investigar, processar e punir violações a direitos, adotando as medidas necessárias, sob pena de reproduzir a impunidade com relação a graves violações, em afronta ao artigo 8 da Convenção, concernente ao respeito à vida privada e familiar. Observa que esse dever estatal persiste inobstante contextos delicados e complexos de conflitos armados.

Ainda que a Convenção Europeia não estabeleça de forma expressa a proteção de direitos sociais — centrando-se exclusivamente na proteção de direitos civis e políticos —, importa realçar que, em sua jurisprudência, a Corte Europeia tem interpretado o artigo 8 da Convenção (direito ao respeito à vida privada e familiar) de forma a demandar dos Estados não apenas obrigações negativas (o dever de evitar ingerências arbitrárias na vida privada e familiar), como também obrigações positivas (o dever de adotar medidas visando à proteção da vida familiar) —, o que tem permitido a proteção dos direitos sociais. Tal construção jurisprudencial se vê fortalecida mediante a incorporação da jurisprudência da Corte Interamericana, com destaque ao princípio da justiciabilidade dos direitos sociais e ao dever dos Estados de não adotar legislação que implique retrocesso no exercício de direitos sociais.

Importa realçar que a maioria significativa dos casos examinados apresenta como Estado violador a Turquia e Estados do leste europeu, como Eslovênia, Rússia, Bulgária e Eslováquia. Tais casos refletem os desafios da consolidação da democracia, do Estado de Direito e do regime de proteção dos direitos humanos. Ainda que esses casos inovem o sistema europeu — com sua escassa tradição jurisprudencial voltada a temas como desaparecimento forçado, execução sumária e tortura —, contemplam demandas a contar com sólida e tradicional jurisprudência da Corte Interamericana. Tal jurisprudência nasceu como resposta ao arbítrio perpetrado ao longo dos regimes ditatoriais latino-americanos e aos dilemas de fortalecimento da democracia, do Estado de Direito e do regime de direitos humanos na região.

c) Corte Interamericana de Direitos Humanos: a "europeicização" do sistema interamericano

Verifica-se a europeicização do sistema interamericano sobretudo em sentenças relativas à emergência de novos direitos e temas da agenda contemporânea. A tipologia de casos será concentrada em sentenças concernentes à proibição da discriminação por orientação sexual e à proteção de direitos reprodutivos.

Para cada uma dessas duas categorias serão enfocadas as referências à jurisprudência da Corte Europeia, bem como os argumentos jurídicos utilizados.

1) **Caso envolvendo proibição da discriminação por orientação sexual**

1.1) Caso Atala Riffo y niñas *vs*. Chile, julgado em 24 de fevereiro de 2012

Jurisprudência da Corte Europeia incorporada:

Caso Salgueiro da Silva Mouta *vs*. Portugal, n. 33290/96

(Judgment of March 21, 2000)

Fundamento jurídico utilizado

À luz de uma interpretação dinâmica e evolutiva compreendendo a Convenção Americana como um *living instrument*, ressaltou a Corte Interamericana que a cláusula do artigo 1, parágrafo 1, é caracterizada por ser uma cláusula aberta, de forma a incluir a categoria da orientação sexual, impondo aos Estados a obrigação geral de assegurar o exercício de direitos, sem qualquer discriminação. Nesse sentido, a Corte Interamericana recorreu ao precedente da Corte Europeia relativo ao caso Salgueiro da Silva Mouta *vs*. Portugal, sustentando: "Respecto a la inclusión de la orientación sexual como categoria de discriminación prohibido, el Tribunal Europeo de Derechos Humanos há señalado que la orientación sexual es 'outra condición' mencionada em el artículo 14 del Convenio Europeu para la Protección de los Derechos Humanos e de las Libertades Fundamentales, el cual prohíbe tratos discriminatórios. En particular, en el caso Salgueiro da Silva Mouta *vs*. Portugal, el Tribunal Europeo concluyo que la orientación sexual es un concepto que se encuentra cubierto por el articulo 14 del Convenio Europeu. Además, reiteró que el listado de categorias que se realiza en dicho artículo es ilustrativa y no exhaustiva".

Quanto ao argumento da Corte Suprema de Justiça do Chile, de que haveria "el derecho preferente de las menores (de edad) a vivir y desarrollarse en el seno de una família estructurada normalmente y apreciada en el médio social, según el modelo tradicional que le es próprio", uma vez mais a Corte Interamericana recorreu ao aludido precedente da Corte Europeia de Direitos Humanos, sob o argumento de que "en el caso Salgueiro da Silva Mouta *vs*. Portugal, el Tribunal Europeo consideró que la decisión de un Tribunal nacional de retirar de un padre homosexual la custodia de sua hija menor de edad, con el argumento que la niña debería vivir en una família portuguesa tradicional, carecia de relación razonable de proporcionalidad entre la medida tomada (retirada de custodia) y el fin perseguido (protección del interes superior de la menor de edad)". Acrescentou, ainda,

196

o argumento do necessário respeito à vida privada, o que estaria a abarcar a identidade física, social, bem como o desenvolvimento pessoal, a autonomia pessoal e o direito de estabelecer e desenvolver relações com outras pessoas do mesmo sexo.

2) Caso envolvendo a proteção de direitos reprodutivos

2.1) Caso Artavia Murillo e outros (fecundación "in vitro") *vs*. Costa Rica, julgado em 28 de novembro de 2012

Jurisprudência da Corte Europeia incorporada:

Caso Vo. *vs*. França, n. 53924/00

(Judgment of July 8, 2004)

Caso A, B y C *vs*. Irlanda, n. 25579/05

(Judgment of December 16, 2010)

Caso Costa y Pavan *vs*. Italia, n. 54270/10

(Judgment of August 28, 2012)

Fundamento jurídico utilizado

Recorre a Corte Interamericana de Direitos Humanos à jurisprudência da Corte Europeia no caso Vo. *vs*. França, ressaltando a argumentação: "La Corte no ha determinado el problema del 'inicio' de 'el derecho de toda persona a la vida' dentro del significado de la disposición y si el no nacido tiene ese derecho a la vida. (…) El problema de cuando el derecho a la vida comienza viene dentro un margen de apreciación que la Corte generalmente considera que los Estados deben gozar en esa esfera pese a la interpretación evolutiva de la Convención, un 'instrumento vivo que se debe interpretar a la luz de las condiciones de hoy en día' (…). Las razones para esa conclusión son, en primer lugar, que el problema de que dicha protección no ha sido resuelta dentro de la mayoría de los Estados parte, en Francia en particular, donde es tema de debate (…) y, en segundo lugar, que no hay un consenso europeo sobre la definición científica y legal del inicio a la vida. (…) A nivel europeo, la Corte observa que no hay ningún consenso en cuanto a la naturaleza y el status del embrión y/o feto (…), aunque ellos hayan recibido alguna protección a la luz del progreso científico y las consecuencias potenciales de investigación dentro de la ingeniería genética, procreación médica asistida o experimentación con embriones. Cuanto más, se puede considerar que los Estados están de acuerdo que el embrión/el feto es parte de la raza humana. La potencialidad de este ser y su capacidad de convertirse en persona — gozando de protección bajo las leyes civiles, además, en muchos Estados, tal como, por ejemplo, Francia, en el contexto de las leyes de sucesión y obsequios, y también en el Reino Unido (…) — requiere protección en el nombre de la dignidad humana, sin hacerlo una 'persona' con el 'derecho a la vida' a los efectos del artículo (…)". A esta argumentação, a Corte Interamericana alude ainda à jurisprudência da Corte Europeia no caso A, B y C *vs.* Irlanda, destacando a seguinte argumentação: "(…) con respecto a la pregunta de cuándo comienza el derecho a la vida, que entró en el margen de apreciación de los Estados porque no había consenso europeo sobre la definición científica y legal del comienzo de la vida, por consiguiente, era imposible responder la pregunta de si la persona nonata era una persona que debía ser protegida conforme a los efectos del artículo 2. Dado que los derechos demandados en nombre del feto y los derechos de la madre están inextricablemente interconectados (…) el margen de apreciación concedido a la protección de la persona nonata por parte del Estado se traduce necesariamente en un margen de apreciación según el cual cada Estado equilibra los derechos contradictorios de la madre. (...) ese margen de apreciación no es ilimitado (...). 'La Corte tiene que supervisar si la interferencia constituye un equilibrio justo de los intereses contradictorios involucrados (…). La prohibición de un aborto para proteger la vida de la persona nonata no se justifica automáticamente en virtud del Convenio sobre la base de deferencia sin restricciones a la protección de la vida prenatal o sobre la base de que el derecho de la futura mamá al respeto de su vida privada es de menor talla'. Por fim, a Corte Interamericana alude ao caso Costa y Pavan *vs.* Italia, nos termos seguintes: "(...) en sus consideraciones previas sobre el derecho europeo relevante para el análisis del caso, resaltó que en 'el caso Roche c. Roche y otros ([2009] IESC 82 [2009]), la Corte Suprema de Irlanda ha establecido que el concepto del niño por nacer (*unborn child*) no se aplica a embriones obtenidos en el marco de una fecundación in vitro, y estos últimos no se benefician de la protección prevista por el articulo 40.3.3 de la Constitución de Irlanda que reconoce el derecho a la vida del niño por nacer. En este caso, la demandante, quien ya tuvo un hijo como resultado de la técnica de la fecundación in vitro, acudió a la Corte Suprema a fin de obtener la implantación de otros tres embriones obtenidos en el marco de la misma fecundación, a pesar de la ausencia del consentimiento de su compañero, del cual entretanto se había separado. (...) Por tanto, la Corte observa que las tendencias de regulación en el derecho internacional no llevan a la conclusión que el embrión sea tratado de manera igual a una persona o que tenga un derecho a la vida".

3) Análise de casos

Os dois casos emblemáticos destacados revelam pioneira e recente jurisprudência da Corte Interamericana a respeito de temas contemporâneos da agenda de direitos humanos.

No caso Atala Riffo y niñas *vs.* Chile, envolvendo a proibição da discriminação por orientação sexual, ineditamente foi analisada a responsabilidade internacional do Estado em face do tratamento discriminatório e interferência indevida na vida privada e familiar da vítima Karen Atala devido à sua orientação sexual. O caso foi objeto de intenso litígio judicial no Chile, que culminou com a decisão da Corte Suprema de Justiça em determinar a custódia das três filhas ao pai, sob o argumento de que a Sra. Atala não deveria manter a custódia por conviver com pessoa do mesmo sexo, após o divórcio. No entender unânime da Corte Interamericana, o Chile violou os artigos 1, parágrafo 1 e 14 da Convenção Americana, por afrontar o princípio da igualdade e da proibição da discriminação. Argumentou ainda a Corte que "a igualdade é inseparável da dignidade essencial de cada pessoa, frente a qual é incompatível toda situação que, por considerar superior um determinado grupo, implique tratá-lo com privilégios; ou que, *a contrario sensu*, por considerá-lo inferior, o trate com hostilidade, ou, de qualquer forma, o discrimine no gozo de direitos reconhecidos".

Enfatizou que o princípio da igualdade e da proibição de discriminação ingressou no domínio do *jus cogens* na atual etapa evolutiva do Direito Internacional, amparando a ordem pública nacional e internacional que permeia todo ordenamento jurídico. Concluiu que "nenhuma norma, decisão ou prática de direito interno, seja por parte de autoridade estatal, seja por particular, podem diminuir ou restringir direitos de pessoas com base em orientação sexual". Adicionou a Corte que "a falta de consenso no interior dos países sobre o pleno respeito a direitos de minorias sexuais não pode ser considerada como um argumento válido para negar-lhes ou restringir-lhes direitos humanos ou perpetuar ou reproduzir discriminações históricas ou estruturais que estas minorias tenham sofrido", sob pena de restar violado o artigo 1, parágrafo 1, da Convenção. Amparou a decisão na jurisprudência do sistema europeu, em caso similar — caso Salgueiro da Silva Moura *vs.* Portugal —, valendo-se de relevantes argumentos utilizados pela Corte Europeia, sobretudo para interpretar extensivamente o alcance da cláusula da igualdade e proibição da discriminação, de modo a incluir o critério da orientação sexual.

Já no caso Artavia Murillo e outros contra a Costa Rica, a Corte Interamericana enfrentou, de forma inédita, a temática da fecundação *in vitro* sob a ótica dos direitos humanos. O caso foi submetido pela Comissão Interamericana, sob o argumento de que a proibição geral e absoluta de praticar a "fecundação *in vitro*" na Costa Rica desde 2000 estaria a implicar violação a direitos humanos. Com efeito, por decisão da Sala Constitucional da Corte Suprema de Justiça de 15 de março de 2000, a prática da fertilização *in vitro* atentaria claramente contra a vida e a dignidade do ser humano. Todavia, no entender da Comissão, tal proibição estaria a constituir uma ingerência arbitrária com relação aos direitos à vida privada e familiar, bem como ao direito de formar uma família. A proibição estaria ainda a afetar o direito de igualdade das vítimas, porque o Estado estaria a impedir o acesso a tratamento que permitiria superar uma situação de desvantagem relativamente a ter filhas e filhos biológicos, com impacto desproporcional nas mulheres. O argumento da Comissão é de que a proibição da fertilização *in vitro* afrontaria os direitos à vida privada e familiar; à integridade pessoal; à saúde sexual e reprodutiva; bem como o direito de gozar dos benefícios do progresso científico e tecnológico e o princípio da não discriminação. A partir de uma interpretação sistemática e histórica, com destaque à normatividade e à jurisprudência dos sistemas universal, europeu, interamericano e africano, concluiu a Corte Interamericana não ser possível sustentar que o embrião possa ser considerado pessoa. Recorrendo a uma interpretação evolutiva, a Corte observou que o procedimento da fertilização *in vitro* não existia quando a Convenção foi elaborada, conferindo especial relevância ao Direito Comparado por meio do diálogo com a experiência jurídica latino-americana e de outros países. Concluiu que ter filhos biológicos, por meio de técnica de reprodução assistida, decorre dos direitos à integridade pessoal, liberdade e vida privada e familiar. Argumentou que o direito absoluto à vida do embrião — como base para restringir direitos — não encontra respaldo na Convenção Americana. Determinou ao Estado da Costa Rica adotar, com a maior celeridade possível, medidas apropriadas para que fique sem efeito a proibição de praticar a fertilização *in vitro*, assegurando às pessoas a possibilidade de valer-se desse procedimento sem impedimentos. Determinou também ao Estado a implementação da fertilização *in vitro*, tornando disponíveis os programas e os tratamentos de infertilidade, com base no princípio da não discriminação. Adicionou o dever do Estado de proporcionar às vítimas atendimento psicológico de forma imediata, fomentando, ademais, programas e cursos de educação e capacitação em direitos humanos, no campo dos direitos reprodutivos, especialmente aos funcionários judiciais. No enfrentamento do caso, fundamental foi a incorporação da jurisprudência da Corte Europeia, de forma a enfatizar a complexidade

200

da matéria e a ausência de consenso jurídico e científico sobre o início da vida, com o destaque de que "as tendencias de regulación en el derecho internacional no llevan a la conclusión que el embrión sea tratado de manera igual a una persona o que tenga un derecho a la vida".

d) Conclusão

Ao enfocar a dinâmica do diálogo entre as Cortes Europeia e Interamericana em temas centrais à agenda dos direitos humanos, a primeira conclusão deste estudo é que ambas compartilham da interpretação sistemática, considerando o sistema protetivo internacional de direitos humanos de forma holística e integral. Sob essa perspectiva do Direito Internacional dos Direitos Humanos, temas desafiadores são enfrentados pelas Cortes regionais com base nos parâmetros protetivos globais da ONU, com destaque aos tratados e declarações de direitos humanos; à jurisprudência dos *treaty bodies*; e aos *reports* elaborados pelas Relatorias Temáticas Especiais da ONU.

Nesse sentido, a Corte Europeia no caso Cicek *vs.* Turquia faz expressa referência à Declaração da ONU para a Proteção de Pessoas em face de Desaparecimentos Forçados e à jurisprudência do Comitê de Direitos Humanos da ONU. No caso Ocalan *vs.* Turquia, faz menção ao Pacto Internacional dos Direitos Civis e Políticos. Já no caso Bevacqua and S. *vs.* Bulgaria, vale-se de *report* da *Special Rapporteur on violence against women.*

Na mesma direção, a Corte Interamericana, na sentença do caso Atala Riffo y niñas *vs.* Chile, incorpora a jurisprudência dos Comitês da ONU de Direitos Humanos, de Direitos Econômicos, Sociais e Culturais, contra a Tortura, sobre a Eliminação da Discriminação contra a Mulher e sobre a Eliminação de todas as formas de Discriminação Racial, tecendo, ainda, menção à Declaração da ONU sobre Orientação Sexual e Identidade de Gênero, de 2008. Também na sentença do caso Artavia Murillo e outros (*fecundación "in vitro"*) *vs.* Costa Rica, a Corte Interamericana fundamenta-se nos parâmetros protetivos da Declaração Universal de 1948, do Pacto Internacional de Direitos Civis e Políticos, da Convenção sobre a Eliminação de todas as formas de Discriminação contra a Mulher e da Convenção sobre os Direitos da Criança. No caso Artavia Murillo e outros *vs.* Costa Rica, a Corte Interamericana sustenta a relevância e o alcance da interpretação sistemática: "(...) según el argumento sistemático, las normas deben ser interpretadas como parte de un todo cuyo significado y alcance deben fijarse en función del sistema jurídico al cual pertenecen. En este sentido, el Tribunal ha considerado que 'al dar interpretación a un tratado no sólo se toman en cuenta los acuerdos e instrumentos formalmente relacionados con éste (inciso segundo del artículo 31 de la Convención de Viena), sino también el sistema dentro del cual se inscribe (inciso tercero del artículo 31)' esto es, el Derecho Internacional de los Derechos Humanos. La Corte entra a analizar este alegato a partir de una valoración general de lo dispuesto por los sistemas de protección respecto a la protección del derecho a la vida. Por tanto, se analizará: i) el Sistema Interamericano; ii) el Sistema Universal; iii) el Sistema Europeo, y iv) el Sistema Africano".

A esse diálogo global-regional, adicione-se o diálogo inter-regional, fomentado pelas Cortes Europeia e Interamericana, com empréstimos mútuos, interações, influências e impactos recíprocos.

Nessa linha, a segunda conclusão deste estudo é que esse diálogo tem propiciado à Corte Europeia enfrentar sobretudo uma agenda de violações de direitos perpetradas pelos Estados da Turquia e Leste Europeu — a refletir os desafios da consolidação democrática, do Estado de Direito e do regime de direitos humanos nesses contextos — recorrendo à sólida jurisprudência da Corte Interamericana acerca das violações do desaparecimento forçado, tortura e execuções sumárias e extrajudiciais. A inclusão dos países do Leste Europeu no sistema europeu, com sua agenda própria de violações, está a deflagrar a crescente abertura da Corte Europeia à jurisprudência interamericana relativa a graves violações de direitos perpetradas por regimes autoritários, envolvendo a prática de tortura, execução sumária e desaparecimento forçado de pessoas. Com isso, o acervo jurisprudencial da Corte Europeia na matéria vê-se enriquecido e fortalecido sob a inspiração de interpretações, conceitos e princípios utilizados pela jurisprudência da Corte Interamericana. Importa aludir que, sob o enfoque liberal e individualista, uma vez mais, a Corte Europeia adota como referência o artigo 8 da Convenção Europeia, para, à luz do direito à vida privada e familiar, sustentar a existência de obrigações jurídicas dos Estados relativas ao dever de investigar, processar, punir e reparar graves violações, sob pena de denegação de justiça e de proteção judicial aos familiares das vítimas. Acrescente-se a incorporação pela Corte Europeia do legado jurisprudencial da Corte Interamericana na proteção dos direitos sociais, com destaque à justiciabilidade dos direitos sociais, à cláusula da proibição do retrocesso e ao direito de desenvolver um projeto de vida digna. Nesse ponto também se verifica o reforço argumentativo da Corte Europeia no desafio de tutelar direitos sociais por meio da interpretação de que o artigo 8 da Convenção Europeia — ao consagrar o direito ao respeito à vida privada e familiar —

202

requer não apenas medidas negativas com a abstenção do Estado na ingerência indevida na esfera da liberdade e privacidade, como ainda a adoção de medidas positivas visando à proteção de direitos.

Uma terceira conclusão atém-se ao diálogo envolvendo a Corte Interamericana e a Corte Europeia marcado pelo desafio da Corte Interamericana de enfrentar complexos temas da agenda contemporânea de direitos humanos, inovando e avançando em sua jurisprudência a partir da incorporação da jurisprudência da Corte Europeia. Note-se que ambos os casos analisados — concernentes à proibição da discriminação por orientação sexual e à proteção de direitos reprodutivos — constituem casos emblemáticos, verdadeiros *leading cases* que ineditamente inauguram a emergência de uma nova agenda de direitos na jurisprudência da Corte Interamericana. O diálogo com a Corte Europeia permite iluminar temas desafiadores, com alusão a precedentes, interpretações, concepções e princípios adotados pela jurisprudência do sistema europeu. No caso Karen Atala y hijas *vs.* Chile, em inédita e emblemática sentença concernente à proibição da discriminação fundada em orientação sexual, a Corte Interamericana, no campo argumentativo, alude ao relevante repertório jurisprudencial firmado pela Corte Europeia em caso similar[3]. De igual modo, no caso Artavia Murillo e outros *vs.* Costa Rica, a Corte Interamericana, ao enfocar a temática da fertilização *in vitro*, em sua argumentação, adotou precedentes da Corte Europeia de Direitos Humanos a respeito do alcance do direito à vida. A jurisprudência da Corte Interamericana é, assim, densificada, fortalecida e refinada pelo elevado impacto do diálogo inter-regional.

Uma quarta conclusão é que a Corte Interamericana, com base na interpretação sistemática, adota como referência interpretativa o Direito Internacional dos Direitos Humanos (compreendendo o sistema global e os sistemas regionais europeu, interamericano e africano), com forte alusão ao Direito Comparado e especialmente aos sistemas jurídicos latino-americanos.

---

3. Com efeito, a Corte Interamericana recorreu ao caso Salgueiro da Silva Mouta *vs.* Portugal, sustentando: "Respecto a la inclusión de la orientación sexual como categoria de discriminación prohibido, el Tribunal Europeo de Derechos Humanos há señalado que la orientación sexual es 'outra condición' mencionada en el artículo 14 del Convenio Europeu para la Protección de los Derechos Humanos e de las Libertades Fundamentales, el cual prohíbe tratos discriminatórios. En particular, en el caso Salgueiro da Silva Mouta *vs.* Portugal, el Tribunal Europeo concluyo que la orientación sexual es un concepto que se encuentra cubierto por el articulo 14 del Convenio Europeu. Además, reiteró que el listado de categorias que se realiza en dicho artículo es ilustrativa y no exhaustiva" (Caso Atala Riffo and daughters *vs.* Chile, Inter-American Court, 24 February, 2012, Series C, n. 239).

Sentenças paradigmáticas da Corte Interamericana têm realizado o diálogo regional-local, com ênfase nos marcos constitucionais latino-americanos, bem como na jurisprudência de Cortes latino-americanas. Com isso, o sistema interamericano — norteado pelo chamado "controle da convencionalidade"[4] — vê-se crescentemente legitimado em suas decisões por meio do diálogo regional-local. A Corte Interamericana exerce o controle da convencionalidade na modalidade concentrada, tendo a última palavra sobre a interpretação da Convenção Americana. Na realização do controle de convencionalidade, a Corte Interamericana guia-se pelo princípio *pro persona*, conferindo prevalência à norma mais benéfica, destacando, em diversas sentenças, decisões judiciais proferidas pelas Cortes constitucionais latino-americanas, bem como menção a dispositivos das Constituições latino-americanas[5]. Ressalte-se, ainda, como sustenta Eduardo Ferrer Mac-Gregor[6], que o juiz nacional agora é também juiz interamericano, tendo como mandato exercer o controle de convencionalidade na modali-

---

4. Como enfatiza a Corte Interamericana: "Quando um Estado ratifica um tratado internacional como a Convenção Americana, seus juízes, como parte do aparato do Estado, também estão submetidos a ela, o que lhes obriga a zelar para que os efeitos dos dispositivos da Convenção não se vejam mitigados pela aplicação de leis contrárias a seu objeto, e que desde o início carecem de efeitos jurídicos. (...) o Poder Judiciário deve exercer uma espécie de 'controle da convencionalidade das leis' entre as normas jurídicas internas que aplicam nos casos concretos e a Convenção Americana sobre Direitos Humanos. Nesta tarefa, o Poder Judiciário deve ter em conta não somente o tratado, mas também a interpretação que do mesmo tem feito a Corte Interamericana, intérprete última da Convenção Americana" (ver caso Almonacid Arellano and others *vs.* Chile. Judgment of September 26, 2006).

5. A título ilustrativo, cabe menção à sentença proferida pela Corte Interamericana no caso Atala Riffo y niñas *vs.* Chile, de 24 de fevereiro de 2012, em que a Corte Interamericana faz alusão à jurisprudência da Suprema Corte de Justicia de la Nación do México, na AI 2/2010, concernente à proibição da discriminação por orientação sexual. No caso Pueblo Indígena Kichwa de Sarayaku *vs.* Equador, de 27 de junho de 2012, a Corte incorpora precedentes judiciais em matéria indígena da Corte Constitucional Colombiana (sentencia C-169/01), no que se refere ao direito à consulta prévia dos povos indígenas, bem como ao pluralismo. Empresta ainda destaque às Constituições da Argentina, da Bolívia, do Brasil, do Peru e do Chile. No caso Guelman *vs.* Uruguai, por sua vez, a Corte destaca a jurisprudência da Venezuela, do México, do Chile, da Argentina e da Bolívia reconhecendo a natureza pluriofensiva e permanente do delito de desaparecimento forçado, bem como a jurisprudência latino-americana invalidando leis de anistia.

6. Eduardo Ferrer Mac-Gregor, Interpretación conforme y control difuso de convencionalidad: el nuevo paradigma para el juez mexicano, In: Armin von Bogdandy, Flávia Piovesan e Mariela Morales Antoniazzi, *Estudos avançados de direitos humanos — democracia e integração jurídica — emergência de um novo direito público*, p. 627-705.

204

dade difusa. Cortes nacionais exercem o controle da convencionalidade na esfera doméstica mediante a incorporação da normatividade, principiologia e jurisprudência protetiva internacional em matéria de direitos humanos no contexto latino-americano. Frise-se: quando um Estado ratifica um tratado, todos os órgãos do poder estatal a ele se vinculam, comprometendo-se a cumpri-lo de boa-fé.

Uma quinta conclusão é que, no caso do sistema europeu, a doutrina da "margem de apreciação" vem a caracterizar o diálogo da Corte Europeia com os Estados. A doutrina da "margem de apreciação" assegura aos Estados uma margem maior de liberdade para que, em respeito às suas instituições e tradições, implementem ao seu modo, internamente, as decisões por ela proferidas.

Por fim, no marco da interpretação sistemática centrada no Direito Internacional dos Direitos Humanos holisticamente compreendido, o diálogo entre as Cortes Europeia e Interamericana tem fomentado a transformação mútua dos sistemas regionais, mediante a "interamericanização" do sistema europeu e a "europeicização" do sistema interamericano. A partir de empréstimos, influências, interações e impactos recíprocos, o diálogo inter-regional tem fortalecido a jurisprudência protetiva de direitos, a capacidade dos sistemas de enfrentar novas agendas de direitos e a efetiva proteção dos direitos das vítimas, consolidando o potencial emancipatório do diálogo a ressignificar o alcance da justiça regional.

CAPÍTULO VIII

SISTEMA REGIONAL AFRICANO
DE PROTEÇÃO DOS DIREITOS HUMANOS

a) Introdução

Se o sistema regional europeu apresenta-se como o mais amadurecido e consolidado dos sistemas regionais, estando o sistema interamericano em posição intermediária, o sistema regional africano é o mais recente e incipiente, em pleno processo de consolidação e construção.

Com efeito, basta atentar ao fato de que a Convenção Europeia de Direitos Humanos foi adotada em 1951, tendo entrado em vigor em 1953. A Convenção Americana foi adotada em 1969, entrando em vigor em 1978. Já a Carta Africana dos Direitos Humanos e dos Povos somente foi adotada em 1981, passando a vigorar em 1986. Isto é, se o sistema regional europeu nasceu na década de 50, revelando hoje os acúmulos obtidos ao longo de mais de seis décadas, e o sistema interamericano consolidou-se a partir da década de 70, o sistema africano emergiu na década de 80, refletindo hoje os acúmulos das últimas três décadas.

A recente história do sistema regional africano revela, sobretudo, a singularidade e a complexidade do continente africano, a luta pelo processo de descolonização, pelo direito de autodeterminação dos povos e pelo respeito às diversidades culturais. Revela, ainda, o desafio de enfrentar graves e sistemáticas violações aos direitos humanos.

Embora os Estados africanos tenham ratificado os principais tratados de direitos humanos do sistema global, que se somam à Carta Africana dos Direitos Humanos e dos Povos e à normatividade protetiva interna[1], violações

---

1. A respeito, observa John Otieno Ouko: "Os Estados Africanos têm participado ativamente da ratificação ou adesão a tratados de direitos humanos. Até 2005, ao menos 43 Estados africanos haviam ratificado o Pacto Internacional dos Direitos Civis e Políticos, ao passo que 42 Estados haviam ratificado o Pacto Internacional dos Direitos Econômicos, Sociais e Culturais. (...) Com efeito, os direitos humanos são assegurados nas Constituições da maioria dos Estados africanos. As Constituições do Gabão, Nigéria, Ruanda, Burkina

graves e sistemáticas têm marcado a realidade naquele continente na década de 1990. Como afirma John Otieno Ouko: "Ao menos 800.000 tutsis e hutus foram brutalmente assassinados no genocídio ruandês em 1994. Civis foram assassinados e torturados em conflitos na Somália, Angola, Sierra Leone e Libéria. A perseguição aos críticos, opositores políticos, jornalistas e ativistas de direitos humanos tem sido ainda uma prática comum em muitos Estados africanos. (...) Em seu relatório final à Comissão Africana de Direitos Humanos, o Comissionado Bem Salem, relator especial para o tema das Execuções Extrajudiciais na África, apontou Estados como Ruanda, Burundi, Chade, Camarões e a República Democrática do Congo como Estados que patrocinam execuções extrajudiciais e desaparecimentos forçados"[2]. A esse quadro se soma ainda o genocídio na região de Darfur[3].

É com base nesse contexto que este capítulo objetiva examinar o sistema regional africano de proteção dos direitos humanos, suas perspectivas e desafios.

b) A Carta Africana dos Direitos Humanos e dos Povos

Em 1981, em resposta às pressões no campo dos direitos humanos exercidas interna e internacionalmente, os chefes dos Estados africanos adotaram a Carta Africana dos Direitos Humanos e dos Povos (*Banjul Charter*) e estabeleceram uma Comissão Africana dos Direitos Humanos e

---

Faso, Camarões, Guiné, Libéria, Malawi, Tanzânia, Togo, Marrocos e Cote D'Ivoire, para mencionar algumas, todas contêm diversas previsões afetas aos direitos humanos. Quando de sua independência, os Estados africanos francofônicos invariavelmente declararam, no preâmbulo de suas Constituições, a adesão aos princípios democráticos e de direitos humanos consagrados na Declaração dos Direitos do Homem e do Cidadão de 1789 e na Declaração Universal de Direitos Humanos de 1948. Os Estados africanos anglofônicos adotaram conduta similar" (John Otieno Ouko, Africa: the reality of human rights, in Rhona K. M. Smith e Christien van den Anker (eds.), *The essentials of human rights*, p. 1).

2. John Otieno Ouko, *The reality of human rights*, p. 2. Adiciona o mesmo autor: "A corrupção estatal endêmica tem ainda levado a abusos no campo dos direitos sociais, econômicos, culturais e ambientais. A corrupção tem agravado as violações aos direitos à saúde, educação, alimentação, água, moradia e trabalho, dentre outros. (...) Em suma, a implementação dos direitos humanos na África tem sido e ainda é reduzida. (...) Uma primeira medida seria demandar a cada Estado africano que avaliasse as causas das persistentes violações aos direitos humanos. Somente assim a África poderá enfrentar efetivamente seus problemas" (p. 3). Sobre o tema, ver ainda Kumar Rupensinghe, *Human conflict and human rights*.

3. Sobre a dramática situação de Darfur, ver Darfur's despair, *The Economist*, October 15, 2005, p. 69-71.

dos Povos, para promover, proteger e interpretar as previsões de direitos humanos consagradas na Carta[4].

A Carta Africana dos Direitos Humanos e dos Povos foi adotada em 1981, em Banjul, Gâmbia, pela então Organização da Unidade Africana (*Organization of African Union*), hoje chamada de União Africana[5], entrando em vigor em 1986 (nos termos do artigo 63 da Carta), contando com a ampla adesão dos 54 Estados africanos.

Desde seu preâmbulo, a Carta demarca sua feição própria e peculiar, que a distingue dos demais instrumentos internacionais e regionais de proteção dos direitos humanos. Nesse sentido, quatro aspectos do Preâmbulo merecem destaque, devendo orientar a interpretação da Carta.

O primeiro deles é a atenção conferida às tradições históricas e aos valores da civilização africana[6]. São essas tradições e valores culturais que caracterizarão e inspirarão a Carta Africana. A eles se conjuga o processo de libertação da África, a luta por independência e dignidade dos povos africanos, o combate ao colonialismo e neocolonialismo, a erradicação do *apartheid*, do sionismo e de todas as formas de discriminação.

Relacionada a esse primeiro aspecto, advém a gramática dos "direitos dos povos", que, no dizer do preâmbulo, devem necessariamente garantir os direitos humanos. Diversamente dos demais instrumentos de proteção, em especial a Convenção Europeia e a Convenção Americana, a Carta Africana adota uma perspectiva coletivista, que empresta ênfase aos direitos dos povos. É a partir dessa perspectiva que se transita ao indivíduo. No

---

4. John Otieno Ouko, *The reality of human rights*, p. 2. A Carta Africana foi elaborada fundamentalmente em resposta às violações de direitos humanos ocorridas na África na década de 1970. Sobre a influência da Convenção Europeia de Direitos Humanos no sistema africano, ver Christof Heyns, African Human Rights Law and the European Convention, *South African Journal on Human Rights*, v. 11, part 2, 1995, p. 421-45.

5. Note-se que o sistema regional africano foi desenvolvido no âmbito da Organização da Unidade Africana, estabelecida em 1963, que foi transformada em 2001 na União Africana.

6. Sobre o debate entre culturalismo e universalismo no campo dos direitos humanos, com destaque aos temas do direito costumeiro africano e a discriminação contra as mulheres, bem como da aplicação da lei da Sharia em face dos parâmetros protetivos internacionais de direitos humanos, ver N. Barney Pityana, *The challenge of culture for human rights in Africa: the African charter* in a *comparative perspective*, in Malcolm Evans e Rachel Murray (eds.), *The African charter on human and peoples' rights: the system in practice — 1986-2000*, p. 219-45.

caso das Convenções mencionadas, a ótica é liberal individualista, a fundamentar o catálogo de direitos civis e políticos nelas contemplados.

Isso aponta ao terceiro aspecto da Carta, que é exatamente a previsão não apenas de direitos civis e políticos, mas de direitos econômicos, sociais e culturais. O próprio preâmbulo da Carta reconhece, no marco do direito ao desenvolvimento, que "os direitos civis e políticos são indissociáveis dos direitos econômicos, sociais e culturais, tanto na sua concepção como na sua universalidade, e que a satisfação dos direitos econômicos, sociais e culturais garante o gozo dos direitos civis e políticos".

Por fim, o quarto aspecto a ser destacado refere-se à concepção de deveres, na medida em que o preâmbulo da Carta afirma que "o gozo dos direitos e liberdades implica o cumprimento dos deveres de cada um".

Desse modo, a Carta é estruturada em três partes. A primeira é dedicada aos direitos e aos deveres; a segunda trata das medidas de salvaguarda dos direitos previstos, enfocando a Comissão Africana dos Direitos Humanos e dos Povos (sua composição, organização e competências); já a terceira parte consagra disposições diversas (incluindo adesão, ratificação, processo de emenda e revisão da Carta).

No que tange aos direitos humanos e dos povos estabelecidos pela Carta, o artigo 1º institui, tal como o artigo 1º da Convenção Europeia e da Convenção Americana, o dever dos Estados-partes de proteger os direitos enunciados na Carta, adotando todas as medidas para esse fim. No artigo 2º surge a cláusula da igualdade e da proibição de discriminação quando do exercício dos direitos assegurados pela Carta.

Os artigos 3º a 14 traduzem o catálogo dos direitos civis e políticos, incluindo os direitos à vida e à integridade física e moral; a proibição da escravidão, da tortura e do tráfico de pessoas; o direito à proteção judicial; as liberdades de consciência, religião e profissão; o direito à informação; a liberdade de associação; o direito de reunião; a liberdade de locomoção; direitos de participação política; e o direito de propriedade[7]. Todavia, no que se refere aos direitos civis e políticos, a Carta Africana apresenta determinados dispositivos com alcance limitado. Como observam Christof Heyns e Magnus Killander: "Por exemplo, não há explícita referência na Carta ao direito à privacidade; o direito a não ser submetido a trabalho

---

7. Sobre o tema, ver Christof Heyns, *Civil and political rights in African charter,* in Malcolm Evans e Rachel Murray (eds.), *The African charter on human and peoples' rights: the system in practice — 1986-2000,* p. 137-77.

forçado não é expressamente previsto; o direito ao julgamento justo e o direito de participação política recebem proteção aquém dos parâmetros internacionais. Entretanto, a Comissão, mediante suas resoluções, tem interpretado a Carta de modo a abranger direitos ou aspectos de direitos não explicitamente incluídos na Carta"[8].

Já os artigos 15 a 26 traduzem o catálogo dos direitos econômicos, sociais, culturais e ambientais e os direitos dos povos, incluindo o direito ao trabalho sob condições justas e equitativas; o direito à saúde; o direito à educação; o direito de participar da vida cultural; o direito à proteção da família, como guardiã da moral e dos valores tradicionais reconhecidos pela comunidade; o direito à igualdade e autodeterminação dos povos; o direito dos povos de dispor de suas riquezas e de seus recursos naturais; ao desenvolvimento econômico, social e cultural; à paz e à segurança; e a um meio ambiente satisfatório[9].

A respeito, merece destaque decisão da Comissão Africana no caso *Social and Economic Rights Action Centre/Centre for Economic and Social Rights vs. Nigeria*, quando acentua que: "O Direito Internacional e os direitos humanos devem responder às circunstâncias africanas. A África construirá o seu próprio Direito quando necessário. Não resta dúvida de que direitos coletivos, direito ao meio ambiente e direitos econômicos e sociais são dimensões essenciais dos direitos humanos na África"[10].

---

8. Christof Heyns e Magnus Killander, The African Human Rights System, in Flávia Piovesan (coord.), *Código de Direito Internacional dos Direitos Humanos anotado*, São Paulo, Dpj, 2008.

9. Afirma Christof Heyns: "A Carta reconhece não apenas os direitos individuais, mas também direitos coletivos ou direitos de grupos. Em conformidade com a Carta, a família tem o direito de ser protegida pelo Estado (artigo 18). Os povos têm direito à igualdade (artigo 19), à autodeterminação (artigo 20), a dispor de sua riqueza e de seus recursos naturais (artigo 21), ao desenvolvimento (artigo 22), à paz e segurança (artigo 23) e a um meio ambiente satisfatório (artigo 24)" (Christof Heyns, The African charter on human and peoples' rights, in Rhona K. M. Smith e Christien van den Anker (eds.), *The essentials of human rights*, p. 4). Ver também Solomon A. Dersso, *Peoples' rights under the African charter on human and peoples' rights: much ado about nothing?*; Luca Code, The African charter on human and peoples' rights, Zimbabwe: Catholic Commission for Justice and Peace, 1991; e Chidi Anselm Odinkalu, *Implementing economic, social and cultural rights under the African charter on human and peoples' rights*, in Malcolm Evans e Rachel Murray (eds.), *The African charter on human and peoples' rights: the system in practice — 1986-2000*, p. 178-218.

10. Communication 155/96, paras 49-50, in N. Barney Pityana, *The challenge of culture for human rights in Africa: the African charter in a comparative perspective*, in

Para Christof Heyns: "A Carta Africana tem características únicas se comparada com os demais instrumentos de proteção dos direitos humanos. A Carta reconhece não apenas os mais universalmente aceitos direitos civis e políticos, mas também direitos econômicos, sociais e culturais. (...) Ineditamente, no mesmo documento, além da previsão de direitos civis e políticos, são reconhecidos direitos econômicos e sociais. (...) Em relevante decisão, no caso Serac *vs.* Nigeria (2001), a Comissão entendeu que a Carta deveria ser interpretada também no sentido de assegurar os direitos à moradia e à alimentação"[11].

Por sua vez, os artigos 27 a 29 prescrevem os deveres de cada indivíduo para com a família e a sociedade, para com o Estado e outras coletividades e para com a comunidade internacional. Dentre os deveres, destacam-se o de preservar o desenvolvimento harmonioso da família e de atuar em favor de sua coesão, bem como o de zelar pela preservação e reforço dos valores culturais africanos, em um espírito de tolerância, diálogo e respeito.

c) A Comissão Africana dos Direitos Humanos e dos Povos

Como mencionado no tópico anterior, além de prever o catálogo de direitos e deveres, a Carta Africana consagra medidas de salvaguarda dos direitos e deveres que estabelece.

Nos termos de seu artigo 30, é criada uma Comissão Africana dos Direitos Humanos e dos Povos, que tem por competência promover os direitos humanos e dos povos e assegurar sua respectiva proteção na África[12].

A Comissão Africana dos Direitos Humanos e dos Povos encontra-se em exercício desde 1987 e tem como sede Gâmbia[13]. É um órgão político

---

Malcolm Evans e Rachel Murray (eds.), *The African charter on human and peoples' rights: the system in practice — 1986-2000*, p. 233.

11. Christof Heyns, The African charter on human and peoples' rights, in Rhona K. M. Smith e Christien van den Anker (eds.), *The essentials of human rights,* p. 4.

12. Para informações sobre a Comissão Africana de Direitos Humanos e dos Povos, acessar www.achpr.org. Para informações sobre a União Africana, acessar www.africa-union. org. Para obter informações sobre o sistema regional africano e direitos humanos na África, ver www.up.ac.za/chr — Centre for Human Rights, University of Pretoria. Ver também Christof Heyns (ed.), *Human rights law in Africa;* e G. W. Mugwanya, *Human rights in Africa: enhancing human rights through the African regional human rights system.*

13. Observe-se que o Secretariado da Comissão é sediado em Banjul, Gâmbia. A Comissão tem alternado suas sessões entre Gâmbia e outras capitais africanas.

ou "quase judicial" composto por 11 membros, que devem ser escolhidos dentre pessoas da mais alta integridade, moralidade e imparcialidade, que tenham reconhecida competência em matéria de direitos humanos e dos povos. Os membros da Comissão devem exercer suas funções a título pessoal, atuando com independência e não em defesa das prerrogativas do Estado de origem, em conformidade com o artigo 31 da Carta. Note-se que os membros da Comissão são eleitos por escrutínio secreto pela Conferência dos Chefes de Estado de Governo, a partir de uma lista de pessoas apresentadas pelos Estados-partes, para um mandato de 6 anos, renovável.

Quanto às suas competências, cabe à Comissão Africana dos Direitos Humanos e dos Povos promover os direitos humanos e dos povos; elaborar estudos e pesquisas; formular princípios e regras; assegurar a proteção dos direitos humanos e dos povos; recorrer a métodos de investigação; criar relatorias temáticas específicas[14]; adotar resoluções no campo dos direitos humanos[15]; e interpretar os dispositivos da Carta. Compete-lhe ainda apreciar comunicações interestatais (nos termos dos artigos 47 a 49 da Carta), bem como petições encaminhadas por indivíduos ou ONGs que denunciem violação aos direitos humanos e dos povos enunciados na Carta (nos termos dos artigos 55 a 59 da Carta). Em ambos os procedimentos, buscará a Comissão o alcance de uma solução amistosa.

No que se refere ao direito de petição, deve preencher requisitos de admissibilidade, tal como ocorre nos sistemas regionais europeu e interame-

---

14. A Comissão estabeleceu Relatorias Especiais para o tema das execuções sumárias, extrajudiciais e arbitrárias; das prisões e condições de detenção na África; e das mulheres. Sobre o tema, ver Malcolm Evans e Rachel Murray, *The special rapporteurs in the African system,* in Malcolm Evans e Rachel Murray (eds.), *The African charter on human and peoples' rights: the system in practice — 1986-2000,* p. 280-304.

15. Para Victor Dankwa: "Resoluções têm sido um importante meio de promover os direitos humanos. (...) a Comissão não tem hesitado em adotar resoluções condenando ações governamentais e apontando ao que deve ser feito para melhorar a situação" (Victor Dankwa, *The promotional role of the African Commission on Human and People's Rights,* in Malcolm Evans e Rachel Murray (eds.), *The African charter on human and peoples' rights: the system in practice — 1986-2000,* p. 338). O autor cita como exemplos a resolução sobre o processo de paz na República Democrática do Congo; a resolução sobre o processo de paz e reconciliação na Somália; a resolução sobre Western Sahara, dentre outras (op. cit., p. 338). Note-se que muitas das resoluções adotadas pela Comissão resultaram da colaboração efetiva entre as ONGs e a Comissão. A respeito, ver Ahmed Motala, *Non-Governmental Organisations in the African System,* in Malcolm Evans e Rachel Murray (eds.), *The African charter on human and peoples' rights: the system in practice — 1986-2000,* p. 254.

ricano. Dentre eles, destacam-se os requisitos do prévio esgotamento dos recursos internos (salvo no caso de demora injustificada); da observância de um prazo razoável para a apresentação da petição; e da inexistência de litispendência internacional[16].

Ressalte-se ser ainda da competência da Comissão apreciar relatórios a serem enviados pelos Estados-partes, a cada 2 anos, a respeito das medidas legislativas e outras adotadas com vistas a efetivar os direitos e liberdades garantidos pela Carta[17].

Na avaliação de Christof Heyns: "A Comissão é potencialmente poderosa, mas não é ainda uma força continental em matéria de direitos humanos. Seu trabalho não é amplamente conhecido e os Estados-partes geralmente desconsideram suas resoluções. A Comissão apreciou apenas algumas centenas de casos e boa parte dos Estados não leva a sério as obrigações de elaborar relatórios periódicos. (...) Ao mesmo tempo, a Comissão deve ter reconhecida a interpretação criativa que tem conferido à Carta Africana, no sentido de preencher suas lacunas de diversas formas. (...) A Comissão tem integrado o conteúdo e expandido o alcance de diversos direitos reconhecidos pela Carta. (...) A Comissão persiste como uma instituição de grande importância para a proteção dos direitos humanos. Ainda que sofra limitações de recursos orçamentários, a Comissão tem desenvolvido formas inovadoras de envolver a participação da sociedade civil. As sessões da Comissão são precedidas por um fórum de ONGs, em que as questões de direitos humanos a serem submetidas à Comissão são discutidas. Os relatores temáticos também têm tido importante suporte das ONGs"[18].

No mesmo sentido, pondera Rachel Murray, aludindo também à problemática da falta de independência de membros da Comissão: "Desde que foi estabelecida em 1987, a Comissão, cuja sede é em Gâmbia, tem realizado um trabalho considerável. Tem adotado resoluções a respeito de diver-

---

16. A respeito, ver os requisitos de admissibilidade elencados no artigo 56 da Carta Africana dos Direitos Humanos e dos Povos. Sobre a matéria, consultar Frans Viljoen, *Admissibility under the African charter,* in Malcolm Evans e Rachel Murray (eds.), *The African charter on human and peoples' rights: the system in practice — 1986-2000*, p. 61-99.

17. Sobre o tema, ver Malcolm Evans, Tokunbo Ige e Rachel Murray, *The reporting mechanisms of the African charter on human and peoples' rights,* in Malcolm Evans e Rachel Murray (eds.), *The African charter on human and peoples' rights: the system in practice — 1986-2000*, p. 36-60.

18. Christof Heyns, The African Charter on human and peoples' rights, in Rhona K. M. Smith e Christien van den Anker (eds.), *The essentials of human rights*, p. 5.

sos direitos da Carta, transcendendo o seu alcance, bem como tem adotado resoluções acerca de Estados onde há violações. (...) Embora seja possível identificar avanços na atuação da Comissão, tem ela sofrido consideráveis críticas. A Comissão, para atuar de forma efetiva, tem de ser independente dos Estados. Contudo, ao longo de sua história, vários dos seus 11 membros têm tido conhecidas conexões com governos, alguns sendo inclusive embaixadores. (...) Além disso, para que um órgão dessa natureza possa desenvolver seu trabalho, são necessários fundos e recursos suficientes. Isto tem sido um problema constante para a Comissão Africana (...) e tem inevitavelmente impactado sua efetividade"[19].

Por fim, destaca-se a imensa responsabilidade das ONGs de fomentar e provocar o sistema africano, contribuindo para o fortalecimento de sua efetividade e para a consolidação do mandato de seus órgãos, notadamente da Comissão Africana e da Corte[20].

---

19. Rachel Murray, The African Commission and the Court on Human and Peoples' Rights, in Rhona K. M. Smith e Christien van den Anker (eds.), *The essentials of human rights*, p. 7.

20. Para Ahmed Motala: "Ao longo de sua existência de pouco mais de uma década, as ONGs têm oferecido um suporte crucial para o fortalecimento do mandato da Comissão Africana de Direitos Humanos e dos Povos e para o aprimoramento de sua eficiência. Ainda antes do estabelecimento da Comissão, as ONGs tiveram importante papel no processo de elaboração da Carta Africana e de sua ratificação pelos Estados africanos. Desde seu estabelecimento, uma relação próxima e produtiva tem sido desenvolvida entre as ONGs e a Comissão. Esta aliança única permite às ONGs conferir suporte e assistência à Comissão" (Ahmed Motala, Non-governmental organisations in the African system, in Malcolm Evans e Rachel Murray (eds.), *The African charter on human and peoples' rights: the system in practice — 1986-2000*, p. 246). Adiciona o mesmo autor: "A atuação mais visível das ONGs tem sido durante as sessões da Comissão. (...) têm elas sugerido questões para a agenda da Comissão e tópicos atinentes à situação dos direitos humanos nos países africanos, como, por exemplo, Sierra Leone, como também têm proposto questões temáticas afetas aos direitos econômicos, sociais e culturais. (...) ONGs têm ainda apresentado propostas concretas à Comissão acerca das medidas a serem adotadas visando à investigação de uma situação específica de direitos humanos ou mecanismos a serem estabelecidos para lidar com questões temáticas. A título ilustrativo, citem-se as iniciativas concernentes às investigações em países em que graves violações de direitos humanos têm ocorrido e a criação do mecanismo de Relatorias Especiais para investigar específicas violações de direitos humanos" (op. cit., p. 252-253). Sobre a participação das ONGs no sistema regional africano, destaca ainda Victor Dankwa: "Relatórios alternativos e outras fontes de informação fornecidas por ONGs têm aumentado o conhecimento e a compreensão da Comissão no que tange à situação dos direitos humanos na África e, consequentemente, têm permitido melhor preparo para o exame dos relatórios elaborados pelos Estados e encontros com agentes estatais. (...) a necessidade de manter as ONGs ativas no trabalho de direitos humanos permite fomentar o

d) A Corte Africana dos Direitos Humanos e dos Povos

Diversamente da Convenção Europeia e da Convenção Americana, a Carta Africana não estabeleceu, em sua redação original de 1981, uma Corte Africana, mas tão somente a Comissão Africana, sem o poder de adotar decisões juridicamente vinculantes, como já abordado.

Na percepção de Christof Heyns: "O argumento era que a via tradicional para a solução de conflitos na África não era por meio de Cortes, mas por meio da mediação e conciliação, atribuições que poderiam ser mais bem realizadas pela Comissão. Ademais, a criação de uma Corte supranacional poderia ser vista como uma ameaça à soberania dos novos Estados independentes"[21].

Estimulada por ONGs — em particular pela Anistia Internacional e pela Comissão Internacional de Juristas —, a Comissão Africana de Direitos Humanos e dos Povos passou então a defender a criação de uma Corte para complementar suas funções, como explica Rachel Murray[22].

Após os trabalhos preparatórios[23], finalmente, em 1998, foi adotado o Protocolo à Carta Africana, visando à criação da Corte Africana dos Direitos Humanos e dos Povos, em Addis Abeba, na Etiópia. O Protocolo entrou em vigor em janeiro de 2004, com o depósito do 15º instrumento de ratificação, conforme prevê o seu artigo 34[24]. Em 21 de janeiro de 2006, a As-

---

trabalho da Comissão e, assim, permite desenvolver a função promocional da Comissão, isto é, a função de encorajar as instituições locais e nacionais relativamente à proteção dos direitos humanos e dos povos. (...) Além disso, representantes de ONGs podem participar nas sessões públicas da Comissão, bem como em seus órgãos subsidiários. Permitir que a voz das ONGs seja ouvida nas mais importantes instituições de direitos humanos as encoraja a prosseguir no trabalho de promoção dos direitos humanos na África" (Victor Dankwa, *The promotional role of the African Commission on Human and People's Rights,* in Malcolm Evans e Rachel Murray (eds.), *The African charter on human and peoples' rights: the system in practice — 1986-2000,* p. 350).

21. Christof Heyns, The African charter on human and peoples' rights, in Rhona K. M. Smith e Christien van den Anker (eds.), *The essentials of human rights,* p. 4.

22. Rachel Murray, The African Commission and the Court on Human and Peoples' Rights, in Rhona K. M. Smith e Christien van den Anker (eds.), *The essentials of human rights,* p. 7.

23. Os trabalhos preparatórios envolveram conferências governamentais em Cape Town (África do Sul), em 1995; em Nouakchott (Mauritânia), em 1997; e em Addis Abeba (Etiópia), em 1997.

24. Note-se que, em 2003, foi adotado um segundo Protocolo à Carta Africana relativo aos Direitos da Mulher, no sentido de ampliar e fortalecer o alcance da proteção desses

sembleia dos Estados da União Africana elegeu os juízes da Corte Africana. Em 2 de julho de 2006, os 11 juízes eleitos para a Corte tomaram posse em sessão solene, durante a 7ª Sessão Ordinária da Organização da Unidade Africana, em Banjul, Gâmbia[25]. A Corte Africana é sediada na Tanzânia, em Arusha, no local onde atualmente funciona o Tribunal Internacional Penal *ad hoc* para Ruanda[26].

Até 2023, dos 54 Estados partes da Carta Africana, apenas 34 Estados haviam ratificado o Protocolo[27]. Persiste, pois, o desafio da ampla adesão a este, com o reconhecimento da jurisdição da Corte Africana pelos Estados da região, como ocorre no sistema regional interamericano, que prevê a jurisdição da Corte Interamericana por meio de cláusula facultativa[28].

De acordo com o próprio preâmbulo do Protocolo, o estabelecimento da Corte tem por finalidade fortalecer a proteção dos direitos humanos e dos povos consagrados na Carta Africana, de forma a conferir maior eficácia à atuação da Comissão Africana. Textualmente, a missão da Corte é "complementar e fortalecer as funções da Comissão Africana".

Para Julia Harrington: "Ao concordarem, em princípio, com o estabelecimento da Corte, os líderes africanos aceitaram que o sistema de direitos humanos necessitava maior formalidade, maior legalismo, mais

---

direitos na Carta. Observe-se que outros tratados de direitos humanos foram adotados para tratar da questão dos refugiados (Convenção a respeito de aspectos específicos de problemas de refugiados na África de 1969) e das crianças (Carta Africana dos Direitos e do Bem-Estar da Criança de 1990).

25. Após a cerimônia de posse, os juízes eleitos puderam debater com membros da Comissão Africana de Direitos Humanos e dos Povos, membros do Comitê Africano de Direitos Humanos e Bem-Estar da Criança, membros da Corte de Justiça da Comunidade Econômica dos Estados Africanos Ocidentais (ECOWAS) e do Tribunal da Comunidade para Desenvolvimento do Sul Africano (SADC), bem como com representantes da sociedade civil acerca das expectativas e desafios concernentes ao seu mandato.

26. De acordo com *ICTR Newsletter March 2007*, disponível em: http://69.94.11.53/ENGLISH/newsletter/mar07/mar07.pdf (acesso em 14-4-2007).

27. Até 2023, dos 54 Estados partes da Carta Africana, apenas 34 Estados haviam ratificado o Protocolo à Carta Africana dos Direitos Humanos e dos Povos (fonte: http://www.achpr.org/pt/instruments/achpr/).

28. A respeito, ver o artigo 62 da Convenção Americana de Direitos Humanos. Diversamente, no sistema regional europeu a jurisdição da Corte Europeia é prevista mediante cláusula obrigatória, nos termos do artigo 32 da Convenção Europeia.

força, mais 'dentes'"[29]. Daí a criação da Corte Africana, como órgão jurisdicional supranacional a aprimorar e fortalecer os mecanismos de proteção dos direitos previstos na Carta, uma vez que a Comissão tem sido vista mais como órgão de promoção, mediação e reconciliação e, no máximo, como órgão "quase judicial".

A Corte é composta por 11 membros, juristas de elevada reputação moral e reconhecida competência em matéria de direitos humanos e dos povos. Seus membros devem ser nacionais dos Estados africanos, não devendo haver dois juízes com a mesma nacionalidade. Devem atuar a título pessoal e não governamental, com independência em relação aos Estados. São eleitos, em escrutínio secreto, pela Assembleia dos Estados, a partir de uma lista de candidatos apresentada pelos Estados partes do Protocolo. Quanto à composição da Corte, há ainda uma expressa previsão acerca da observância de representação das principais regiões da África e de suas tradições legais, bem como da adequada representação entre os gêneros (artigo 14, §§ 2º e 3º, do Protocolo). O mandato dos juízes é de 6 anos, sendo permitida uma recondução. Os juízes trabalharão em tempo parcial, com a ressalva do Presidente da Corte, que trabalhará em período integral.

Quanto às suas competências, reitere-se, cabe à Corte complementar o mandato da Comissão Africana, nos termos do artigo 1º da Carta. Em conformidade com o Protocolo, a Corte Africana conjuga a competência consultiva com a competência contenciosa.

No que se refere à competência consultiva, a Corte poderá emitir opiniões consultivas a respeito da interpretação de dispositivos da Carta Africana ou de qualquer outro relevante instrumento de direitos humanos, por solicitação dos Estados da União Africana, da própria União Africana e de seus órgãos ou de qualquer organização africana reconhecida pela União Africana (artigo 4º do Protocolo)[30].

---

29. Julia Harrington, *The African Court on Human and People's Rights,* Malcolm Evans e Rachel Murray (eds.), *The African charter on human and peoples' rights: the system in practice — 1986-2000,* p. 334.

30. Para Ahmed Motala: "Há diversas ONGs que são reconhecidas pela OUA, tendo *status* consultivo. Com fundamento no artigo 4º, parágrafo 1º, do Protocolo, ONGs poderão solicitar opiniões consultivas da Corte Africana a respeito de questões afetas à Carta Africana ou a qualquer outro instrumento de proteção de direitos humanos ratificado pelos Estados. Uma solicitação de opinião consultiva bem formulada por ONGs pode contribuir para a jurisprudência da interpretação da Carta e de outros instrumentos de direitos humanos" (Non-governmental organisations in the African system, p. 277).

No que se refere à competência contenciosa, a Corte poderá apreciar casos submetidos pela Comissão Africana, por Estado ou por organização intergovernamental africana, nos termos do artigo 5º do Protocolo. Indivíduos e ONGs poderão submeter diretamente casos à Corte, se houver declaração formulada pelo Estado para esse fim, conforme preveem os artigos 5º, § 3º, e 34, § 6º, do Protocolo. Até 2023, apenas oito Estados haviam elaborado a declaração a que faz menção o artigo 5º, § 3º, do Protocolo — Burkina Faso, Gana, Gâmbia, Malawi, Mali, Guiné Bissau, Nigéria e Tunísia. Entre 2016 e 2020, 4 Estados-partes do Protocolo retiraram suas respectivas declarações de reconhecimento expresso da Corte: Ruanda (em 2016), Tanzânia (em 2019), Benin (em 2020) e Costa do Marfim (em 2020).

A Corte, no exercício de sua competência contenciosa, buscará uma solução amistosa entre os peticionários e o Estado. Poderá receber provas orais e escritas, bem como autorizar a realização de audiências. Se reconhecer a existência de violação de direitos humanos e dos povos previstos na Carta Africana, a Corte deve ordenar remédios apropriados, incluindo o pagamento de justa compensação ou reparação, nos termos do artigo 27, § 1º, do Protocolo. A Corte terá ainda poderes para adotar medidas provisórias, para evitar danos irreparáveis, em casos de extrema gravidade e urgência, de acordo com o § 2º, do mesmo artigo 27.

Caberá ao Conselho de Ministros a competência para supervisionar o cumprimento das determinações da Corte (artigo 29, § 2º, do Protocolo) — sistemática que encontra inspiração no modelo do sistema europeu. Ademais, a Corte é solicitada a especificar quais Estados não cumpriram suas decisões no relatório anual que submete à Assembleia Geral (artigo 31 do Protocolo)[31].

Em 15 de dezembro de 2009, a Corte Africana proferiu sua primeira decisão no caso Michelot Yogogombaye *vs.* República do Senegal, envolvendo denúncia de violação ao princípio da não retroatividade da lei penal. Contudo, a Corte entendeu pela inadmissibilidade do caso, tendo em vista que o Estado do Senegal não havia elaborado a declaração facultativa nos termos do artigo 5º, parágrafo 3º, do Protocolo à Carta Africana — que estabelece a possibilidade de indivíduos e ONGs submeterem diretamente

---

31. Observam Christof Heyns e Frans Viljoen: "A efetividade das decisões da Corte é facilitada por meio da publicidade de seus procedimentos e da possibilidade de ordenar medidas precisas" (Christof Heyns e Frans Viljoen, An overview of human rights protection in Africa, *South African Journal on Human Rights*, v. 11, part 3, p. 421-45).

um caso à apreciação da Corte, sob a autorização do Estado-parte mediante declaração específica[32]. Até 2023, a Corte Africana dos Direitos Humanos e dos Povos havia decidido 181 casos, restando pendentes 151. Em um expressivo universo de casos, houve também o reconhecimento pela inadmissibilidade, expressando a Corte não ter competência jurisdicional para apreciar o caso, em virtude da ausência da declaração facultativa prevista no artigo 5, parágrafo 3, do Protocolo à Carta Africana[33]. No caso Tanganyika Law Society and the Legal and Human Rights Centre & Reverende Christopher Mtika *vs*. Tanzania, decidido em 14 de junho de 2013, a Corte Africana condenou o Estado da Tanzânia por violar os direitos enunciados nos artigos 2, 3, 10 e 13 (1) da Carta, demandando do Estado a adoção de medidas constitucionais e legislativas e de outra natureza, em um prazo razoável, no sentido de remediar as violações constatadas pela Corte, informando a esta as medidas adotadas. Ademais, fixou medidas de reparação a uma das vítimas[34]. Em sentença proferida em 28 de março de 2014, no caso The Beneficiaries of the Late Norbert Zongo et al. *vs*. Burkina Faso, relativo ao assassinato de um jornalista, a Corte condenou o Estado de Burkina Faso por violação aos artigos 1º e 7º da Carta Africana e por violação aos artigos 9º (2) e 66 (2) "c" do Tratado revisado da CEDEAO (Comunidade Econômica dos Estados da África do Oeste)[35].

Note-se que, até 2023, a Corte Africana havia finalizado 15 procedimentos de Opiniões Consultivas, sendo que, em 7 deles, por unanimidade,

---

32. Consultar 15th December 2009: *Judgment in the matter of Michelot Yogogombaye vs. the Republic of Senegal, application N. 001/2008.* Disponível em: http://www.africancourt.org/fileadmin/documents/Court/Latest_Judgments/English/JUDGMENT._ MICHELOT_YOGOGOMBAYE_VS._REPUBLIC_OF_SENEGAL_1_.pdf. *Separate opinion of Judge Fatsah Ouguergouz in the matter of Michelot Yogogombaye vs. the Republic of Senegal, application N. 001/2008.* Disponível em: http://www.africancourt.org/fileadmin/documents/Court/Latest_Judgments/English/SEPARATE_OPINION_OF_JUDGE_FATSAH_OUGUERGOUZ.EN.pdf.

33. Acessar: http://www.african-court.org/en/index.php/2012-03-04-06-06-00/finalised-cases-closed. Sobre os casos pendentes de apreciação, consultar: http://www.african--court.org/en/index.php/2012-03-04-06-06-00/pending-cases.

34. Ver caso Tanganyika Law Society and the Legal and Human Rights Centre & Reverende Christopher Mtika *vs*. Tanzania, Application n. 009/2011 e Application n. 011/2011, julgadas em conjunto pela Corte Africana de Direitos Humanos e dos Povos, em 14 de junho de 2013.

35. Ver caso The Beneficiaries of the Late Norbert Zongo et al *vs*. Burkina Faso, Application n. 013/2011, julgada pela Corte Africana de Direitos Humanos e dos Povos, em 28 de março de 2014.

entendeu não ter competência para elaborar a opinião consultiva solicitada; em 4 deles decidiu pela admissibilidade do pedido de opinião; e em 1 caso o próprio solicitante retirou o pedido.

Na análise de Rachel Murray: "É difícil saber como a Corte funcionará. (...) Entretanto, a história do sistema africano aponta a questões que merecem ser vistas com cautela. Primeiramente, é essencial garantir que os juízes indicados tenham independência relativamente ao Estado, não sendo vulneráveis a pressões. Em segundo lugar, (...) não está clara a interação entre a Corte e a Comissão. Considerações devem ser feitas a respeito de como tal relação será desenvolvida a fim de assegurar sua eficácia. (...) Em terceiro lugar, destaca-se que o sistema africano de direitos humanos vem lutando constantemente em face da insuficiência de recursos por parte da Organização da União Africana, agora União Africana. Em quarto lugar, o Protocolo estabelece que a Corte proferirá decisões legalmente vinculantes. (...) Considerações devem ser feitas para que existam procedimentos efetivos para garantir que qualquer Estado que violar a Carta seja compelido a cumprir a decisão da Corte"[36].

Com efeito, a credibilidade da nova Corte está condicionada ao enfrentamento desses desafios, que compreendem a maior aceitação de sua jurisdição pelos Estados, com a ampla ratificação do Protocolo[37]; a independência e a integridade de sua atuação; a sua relação com a Comissão, de forma a conferir maior eficácia ao sistema de proteção dos direitos humanos e dos povos consagrado na Carta; a insuficiência e precariedade dos recursos financeiros disponíveis; e o devido cumprimento de suas decisões pelos Estados-partes, que ainda experimentam os dilemas de consolidação do regime democrático e do Estado de Direito no âmbito interno[38]. A res-

---

36. Rachel Murray, The African Commission and the Court on Human and Peoples' Rights, in Rhona K. M. Smith e Christien van den Anker (eds.), *The essentials of human rights*, p. 8. Para uma avaliação crítica do sistema regional africano, ver Makau Mutua, *The African human rights system: a critical approach.*

37. Reitere-se que, até 2023, dos 54 Estados partes da Carta Africana, apenas 30 haviam ratificado o Protocolo.

38. Como pontua Julia Harrington: "O termo 'Corte' sugere um fórum no qual julgamentos são proferidos e claras determinações são feitas, com grau de obrigatoriedade. (...) Contudo, os Estados africanos são partes que buscam afastar as consequências da responsabilização internacional em matéria de direitos humanos e no Protocolo tudo fizeram para protegerem-se do controle e do monitoramento internacional" (Julia Harrington, *The African Court on Human and People's Rights*. Malcolm Evans e Rachel Murray (eds.), *The African charter on human and peoples' rights: the system in practice — 1986-2000*, p. 334).

peito, estudo sobre o grau de cumprimento das decisões da Comissão Africana motiva preocupação, ao concluir que tem ocorrido cumprimento total das decisões em apenas 14% dos casos; cumprimento parcial em 20%; e não cumprimento em 66% dos casos[39].

Uma vez mais, destaca-se o relevante papel das ONGs para a afirmação da credibilidade da Corte, na medida em que podem contribuir para o monitoramento da implementação das decisões da Corte Africana; para a publicidade das decisões no âmbito dos Estados; e para a utilização dos precedentes judiciais no âmbito interno[40]. Contudo, reitere-se que indivíduos e ONGs somente poderão submeter diretamente casos à Corte se houver declaração formulada pelo Estado para esse fim, sendo que, até 2023, apenas oito Estados haviam formulado tal declaração[41]. É fundamental ampliar os espaços participativos das ONGs e dos indivíduos no sistema regional africano, notadamente perante a Corte, mediante a democratização do acesso à sua jurisdição.

Por fim, como conclui Julia Harrington: "O Protocolo prevê uma oportunidade para a criação de um importante sistema de proteção na África, mas seu sucesso dependerá da inteligência, da criatividade e da dedicação que os futuros juízes e membros da Comissão emprestarão aos direitos humanos"[42].

---

39. A respeito, consultar L. Louw, *An analysis of state compliance with the recommendations of the African Commission on Human and Peoples' Rights* (2005) LLD thesis, University of Pretoria, apud Christof Heyns e Magnus Killander, The African human rights system, in Flávia Piovesan (coord.), *Código de Direito Internacional dos Direitos Humanos anotado*, São Paulo, Dpj, 2008.

40. Ver Ahmed Motala, Non-governmental organisations in the African system, p. 277.

41. A respeito, ver artigos 5º, § 3º, e 34, § 6º, do Protocolo.

42. Julia Harrington, *The African Court on Human and People's Rights,* Malcolm Evans e Rachel Murray (eds.), *The African charter on human and peoples' rights: the system in practice — 1986-2000*, p. 334.

CAPÍTULO IX

DIREITOS HUMANOS E JUSTIÇA INTERNACIONAL: UM ESTUDO COMPARATIVO DOS SISTEMAS REGIONAIS EUROPEU, INTERAMERICANO E AFRICANO

Este estudo permitiu compreender o crescente processo de internacionalização dos direitos humanos, que desde o Pós-Guerra passam a constituir tema de legítimo interesse da comunidade internacional.

Não mais apenas sob o prisma moral e político, mas também sob o jurídico, torna-se possível a proteção e a defesa dos direitos humanos no plano internacional, mediante a consolidação de uma arquitetura protetiva internacional, que compreende instituições, procedimentos e mecanismos vocacionados à salvaguarda de parâmetros protetivos mínimos afetos à dignidade humana.

Na esfera global, são adotados tratados internacionais de proteção dos direitos humanos no âmbito da ONU, com amplo alcance, que são monitorados por Comitês instituídos pelos próprios tratados, como órgãos políticos e por vezes quase judiciais. A competência dos Comitês pode abranger a apreciação de relatórios formulados por Estados-partes a respeito das medidas tomadas no âmbito interno para a implementação do tratado; a realização de investigações *in loco*; a apreciação de comunicações interestatais, bem como de petições individuais, previstas, geralmente, mediante cláusulas facultativas. Importa ressaltar a lamentável ausência, até o momento, de um órgão jurisdicional de proteção dos direitos humanos no âmbito da ONU[1]. Desse modo, em virtude da inexistência de uma Corte Internacional de Direitos Humanos, como esta obra pode salientar, a proteção dos direitos humanos no sistema global restringe-se ao *power of shame* e ao *power of embarrassment* da comunidade internacional, destituída de "garras e dentes", ou seja, de capacidade sancionatória para enfrentar, com maior juridicidade,

---

1. Em prol da criação de uma Corte Internacional de Direitos Humanos, propõe Anne Bayfesky: "Uma Corte internacional permanente de direitos humanos deve ser criada, com a competência para apreciar petições individuais decorrentes da violação de direitos previstos nas seis grandes convenções internacionais de direitos humanos na ONU" (Anne F. Bayefsky (ed.), *The UN Human Rights System in the 21st Century*, p. 341).

violações de direitos humanos perpetradas pelos Estados. Observa-se que, no plano global, a justicialização dos direitos humanos operou-se na esfera penal, por meio da criação do Tribunal Penal Internacional, cuja competência é julgar os mais graves crimes contra a ordem internacional, fixando a responsabilidade internacional dos indivíduos, com sanções de natureza retributiva e reparatória.

Diversamente do sistema global, os sistemas regionais de proteção dos direitos humanos, cada qual ao seu modo, têm revelado extraordinárias experiências no campo da justicialização dos direitos humanos, por meio da criação de Cortes de Direitos Humanos, como demonstram os casos europeu, interamericano e, mais recentemente, africano.

O mais consolidado e amadurecido dos sistemas regionais, o sistema europeu nasce como fruto do processo de integração europeia, como resposta aos horrores e às atrocidades da Segunda Guerra Mundial, e tem, por sua vez, servido como relevante instrumento para fortalecer esse processo de integração. Simboliza o sistema europeu a afirmação dos valores fundantes da identidade europeia, com destaque à proteção dos direitos humanos, da democracia e do Estado de Direito na região. Vislumbra-se uma efetiva cooperação entre Estados, no sentido de fortalecer o sistema regional que confere guarida a estes valores e princípios, impondo censura a Estados violadores. Se comparado com os sistemas regionais interamericano e africano, o sistema europeu alcança uma região relativamente homogênea, com a sólida instituição do regime democrático e do Estado de Direito[2].

É sob essa perspectiva que a Convenção Europeia de 1951 estabelece um catálogo de direitos civis e políticos, prevendo, originalmente, a Comissão e a Corte Europeias como meios de proteção. Com o advento do Protocolo n. 11, que entrou em vigor em 1998, alcança-se a máxima justicialização do sistema, com a criação de uma Corte permanente à qual todo e qualquer indivíduo, grupo de indivíduos ou ONG passa a ter direto acesso.

O balanço do sistema europeu permite apontar quatro conclusões e quatro desafios centrais do sistema.

A primeira conclusão é que a sólida e consistente integração de Estados europeus, e, sobretudo, o fato de compartilharem dos mesmos valores

---

2. Com a inclusão dos países do Leste Europeu, todavia, maior diversidade e heterogeneidade têm sido agregadas, o que passa ainda a abarcar o desafio do sistema em enfrentar situações de graves e sistemáticas violações aos direitos humanos, como será destacado ao longo desta conclusão.

atinentes aos direitos humanos, democracia e Estado de Direito, apresentando no âmbito doméstico elevado grau de proteção a esses princípios e valores, é fator fundamental para entender o fortalecimento do sistema, sua credibilidade e sua justicialização. Como observam Thomas Risse e Kathryn Sikkink: "A implementação das normas de direitos humanos requer sistemas políticos que prevejam o Estado de Direito. (...) O Estado de Direito é um pressuposto crucial para transformações sustentáveis no campo dos direitos humanos. (...) Campanhas de direitos humanos devem ser articuladas no sentido de transformar Estados, não enfraquecê-los ou aboli-los"[3]. É em nome e em prol da afirmação de uma identidade composta em torno desses valores e princípios que o sistema europeu teve o seu desenvolvimento, expansão e consolidação. No sistema europeu há o interesse político dos Estados pelo funcionamento do sistema, na afirmação dos valores democráticos e de direitos humanos, que inspiram a própria identidade europeia.

Para Jack Donnelly: "A verdadeira força do sistema europeu baseia-se na aceitação voluntária do sistema pelos Estados-partes. (...) A eficácia dos procedimentos internacionais depende do compromisso dos Estados, que é amplo e profundo na Europa. (...) O compromisso nacional é o fator mais importante a contribuir para um regime forte; em geral, é a vontade política que confere suporte a regimes fortes. Se um Estado tem um *'good human rights record'*, não apenas um regime forte surgirá como algo relativamente não ameaçador, mas ainda como um instrumento a fornecer um suporte adicional aos esforços empreendidos pelo Estado. A força e eficácia do sistema europeu demonstra o mais visível exemplo do poder de compromisso dos Estados"[4].

A segunda conclusão aponta ao legado do sistema, que tem se caracterizado, especialmente, por responder a um padrão de conflituosidade concernente a direitos civis e políticos, sob a inspiração do paradigma liberal individualista[5]. No marco desse legado os mais diversos temas e pautas

---

3. Thomas Risse e Kathryn Sikkink, The socialization of international human rights norms into domestic practices: introduction, in Thomas Risse, Stephen C. Ropp e Kathryn Sikkink, *The power of human rights: international norms and domestic change*, p. 3-4 e 277.

4. Jack Donnelly, *Universal human rights in theory and practice,* p. 141 e 152.

5. Note-se que os sistemas regionais operam com base em um padrão de conflituosidade envolvendo sempre o Estado no polo passivo, na medida em que assumiu obrigações jurídicas no campo dos direitos humanos, quando da ratificação de tratados. Interessante

têm sido suscitados, o que envolve um rico repertório jurisprudencial, com paradigmáticas decisões sobre o direito à privacidade; o direito à liberdade de expressão; o direito à vida; o direito à igualdade e à não discriminação[6].

A terceira conclusão atém-se a quem acessa o sistema. Dos sistemas regionais, o europeu é o mais democratizado, na medida em que é o único a permitir o acesso direto de indivíduos, grupo de indivíduos e ONGs à Corte Europeia de Direitos Humanos. Como este estudo evidenciou, no caso do sistema interamericano tal acesso é restrito à Comissão Interamericana e aos Estados, enquanto no sistema africano, a partir do Protocolo à Carta Africana, o acesso à Corte é limitado à Comissão Africana, aos Estados e às organizações intergovernamentais africanas, sendo previsto por meio de cláusula facultativa (a depender de declaração expressa do Estado-parte para tal fim) o acesso de indivíduos e ONGs à Corte Africana.

Verifica-se que muitas das decisões paradigmáticas do sistema europeu decorreram de casos submetidos por indivíduos singularmente considerados, diversamente, como se observará, do sistema regional interamericano, no qual o funcionamento do sistema tem na vitalidade da sociedade civil e no ativo protagonismo das ONGs sua fonte inspiradora maior. Esse fator é capaz também de refletir o grau de capilaridade do sistema europeu, que conta com o maior conhecimento da população em geral quanto à sua existência e importância.

A quarta conclusão relaciona-se ao impacto das decisões da Corte Europeia, que se tem mostrado extraordinário na região, seja em virtude da credibilidade da própria Corte, seja pela consistente e sólida rede de cooperação entre os Estados na afirmação dos direitos humanos, seja pelo grau de respeito aos direitos humanos no plano interno dos Estados. Isto é, o elevado impacto do sistema e o alto grau de cumprimento de suas decisões é capaz de revelar como a pavimentação dos direitos humanos no plano interno pode refletir no plano internacional. Daí a interação e o diálogo dos planos internacional e interno visando à proteção dos direitos humanos,

---

constatar, contudo, que na ótica contemporânea os conflitos ganham maior complexidade, tendo por vezes atores não estatais como violadores. A título de exemplo, cite-se o caso de empresas poluentes e degradadoras do meio ambiente, que, com sua ação, violam o direito à saúde, ao meio ambiente, dentre outros. Ao enfrentar situações como essas, a jurisprudência internacional tem responsabilizado o Estado, por omissão.

6. O sistema europeu tem-se mostrado muito mais um agente de reforma legal do que propriamente um sistema que responda a um padrão de graves e sistemáticas violações aos direitos humanos — embora sua origem tivesse essa motivação.

tema que ainda está a envolver as formas de incorporação, hierarquia e impacto dos tratados de direitos humanos no âmbito interno. Acrescente-se ainda a capacidade sancionatória do sistema, seja no plano político — por meio das pressões políticas exercidas por um órgão também de natureza política, que é o Comitê de Ministros —, seja ainda no plano jurídico, com a possibilidade de que o Estado violador seja expulso ou suspenso do Conselho da Europa.

Quanto aos desafios do sistema europeu, concentram-se em quatro fatores: a) a capacidade da Corte Europeia de manter sua elevada credibilidade na resposta adequada ao volume de casos que lhe são submetidos, em decorrência da abertura de sua jurisdição[7]; b) a inserção dos países do Leste Europeu no sistema, com suas tradições e acúmulos específicos, que, de um lado, traduzem o apego a uma ótica mais coletivista e afeta aos direitos sociais e, por outro, traduzem regimes democráticos e Estados de Direito em fase de consolidação (o que poderá significar riscos para a implementação e o cumprimento das decisões da Corte no âmbito interno, uma vez que os próprios sistemas domésticos não apresentam sólida tradição de respeito aos direitos humanos)[8]; c) o fortalecimento da justicialidade dos direitos econômicos, sociais e culturais[9]; e d) o diálogo entre o sistema regional europeu e sua Corte e a União Europeia e sua Corte (o chamado diálogo entre Strasbourg e Luxemburgo), na medida em que a União Europeia tem cada vez mais transcendido de uma ótica exclusivamente voltada

---

7. A respeito, consultar o Capítulo IV desta obra. Note-se que, em 2004, a Corte Europeia havia proferido 21.191 decisões e 718 julgamentos. No sistema interamericano, até 2003, a Corte Interamericana havia decidido, em média, 4 casos por ano, proferindo uma opinião consultiva por ano. Já a Comissão Interamericana havia decidido, em média, 100 casos por ano. Por sua vez, no sistema africano uma média de 10 casos por ano tem sido decidida pela Comissão Africana dos Direitos Humanos e dos Povos, desde 1988. A respeito, ver Christof Heyns, David Padilla e Leo Zwaak, *A schematic comparison of regional human rights systems*.

8. Para Michael O'Boyle: "Na próxima década a questão a ser considerada será relativa ao grau de efetividade da recepção do sistema de Strasbourg na cultura jurídica das novas Democracias e sua contribuição para o amadurecimento da segurança democrática da nova Europa" (Michael O'Boyle, Reflections on the effectiveness of the European system for the protection of human rights, in Anne F. Bayefsky (ed.), *The UN Human Rights System in the 21st Century*, p. 180).

9. A título de exemplo, cite-se proposta de criação de Protocolo Facultativo, no sentido de introduzir o direito de petição também para a proteção dos direitos econômicos, sociais e culturais no sistema europeu.

à integração econômica para uma ótica voltada à integração política, com destaque às cláusulas democráticas e de direitos humanos[10].

Por fim, na avaliação de Michael O'Boyle, ao destacar as razões de sucesso do sistema europeu: "Há quatro razões. A primeira é que a Comissão e a Corte Europeias tiveram êxito em ganhar a credibilidade e a confiança dos Estados (e de suas Cortes Nacionais), apreciando casos de maneira judiciosa com o apropriado grau de detalhamento e objetividade. Desse modo, ganharam uma reputação de atuarem com justiça e com rigor intelectual. (...) A segunda razão é que o sistema nunca se mostrou estanque. Constantemente tem tido a consciência do impacto de suas decisões e tem demonstrado a capacidade de adaptar-se às circunstâncias de mudança. (...) A terceira razão é que, até tempos recentes, a comunidade de Estados da Convenção era composta por países considerados *like-minded countries*, que compartilham das mesmas tradições políticas, ideais, liberdades e do princípio do Estado de Direito. Há uma visão compartilhada em prol da necessidade de uma implementação coletiva dos direitos humanos. É justamente a forte relação com o princípio do Estado de Direito que explica o alto grau de cumprimento das decisões da Corte Europeia (...). Uma das questões centrais para o sistema no futuro é se as novas democracias da Europa Central e do Leste serão capazes de manter essa tradição de cumprimento. Finalmente, a Convenção Europeia tem impactado a vida política e jurídica dos países da Europa ocidental e tem considerável apoio popular. Tem sido uma referência para discussões nacionais acerca dos direitos humanos e tem contribuído para a formação de uma consciência públi-

---

10. Note-se que, no âmbito da União Europeia, a Declaração de Nice estabelece não apenas direitos civis e políticos, mas também direitos econômicos, sociais e culturais. Considerando a existência do Tribunal de Luxemburgo, instigante é avaliar o diálogo entre o sistema regional europeu e o sistema de integração regional econômica, quando ambos protegem e tutelam direitos fundamentais. Quanto ao sistema europeu, merece destaque o caso *Stauder*, quando a Corte de Justiça Europeia reconheceu que os princípios gerais de direito comunitário incluem os direitos humanos fundamentais protegidos pela Convenção Europeia. Adicione-se que, no campo do sistema interamericano, os tratados do Mercosul também contemplam a proteção de direitos sociais, especialmente nas esferas trabalhista, educacional, do consumidor e ambiental. Novamente, surge o debate acerca da relação entre o sistema interamericano e o sistema do Mercosul, na medida em que este avança no campo da proteção dos direitos. Contudo, esse debate ganha relevo diferenciado no sistema interamericano, uma vez que, diversamente da União Europeia, o Mercosul é uma instituição intergovernamental e não supragovernamental. A respeito, ver Flávia Piovesan (org.), *Direitos humanos, globalização econômica e integração regional: desafios do direito constitucional internacional*.

ca informada e sensibilizada para estas questões. Poucos Estados assumiriam o risco de denunciar a Convenção Europeia"[11].

Quanto ao sistema interamericano, há que ser compreendido a partir de seu contexto histórico e das peculiaridades da região. Trata-se de uma região marcada por elevado grau de exclusão e desigualdade social, ao que se soma o panorama de democracias em fase de consolidação. A região ainda convive com as reminiscências dos regimes ditatoriais passados, com uma cultura de violência e de impunidade, com a baixa densidade de Estados de Direitos e com a frágil e precária tradição de desrespeito aos direitos humanos no âmbito doméstico.

É sob essa perspectiva que, no marco do Pós-Guerra, foi elaborada a Declaração Americana dos Direitos e Deveres do Homem, em abril de 1948, no âmbito da OEA, antecedendo a própria Declaração Universal de Direitos Humanos. Posteriormente, foi adotada a Convenção Americana de Direitos Humanos em 1969, que é o instrumento central do sistema regional interamericano.

Inspirada na Convenção Europeia de 1951, prevê um amplo catálogo de direitos civis e políticos, contemplando como meios de proteção a Comissão e a Corte Interamericana de Direitos Humanos.

O balanço do sistema interamericano permite apontar quatro conclusões e cinco desafios centrais do sistema.

A primeira é que as fragilidades e insuficiências do sistema revelam, sobretudo, as fragilidades e insuficiências da proteção dos direitos humanos no âmbito interno dos Estados. Isto é, tal como a força do sistema europeu é reflexo do elevado grau de proteção dos direitos humanos no âmbito doméstico dos Estados, as debilidades do sistema interamericano são reflexo da ainda incipiente proteção dos direitos humanos no âmbito doméstico dos Estados. Na condição de regimes democráticos em fase de consolidação, tendo o desafio adicional de romper com as práticas do legado autoritário ditatorial, é que se delineiam na região, gradativamente, espaços institucionais de cooperação intergovernamental vocacionados à defesa dos direitos humanos, da democracia e do Estado de Direito. Além disso, como aludem Stephen C. Ropp e Kathryn Sikkink: "A América Latina sempre se mostrou uma firme defensora dos princípios da soberania e não intervenção.

---

11. Michael O'Boyle, Reflections on the effectiveness of the European system for the protection of human rights, in Anne F. Bayefsky (ed.), *The UN Human Rights System in the 21st Century*, p. 178.

Quando normas afetas à soberania e normas afetas aos direitos humanos conflitam, geralmente, as de soberania acabam por prevalecer. A partir da década de 80, entretanto, os regimes regional e global de proteção dos direitos humanos e suas instituições começaram a ter maior aceitação e impacto na América Latina"[12].

A segunda conclusão aponta ao legado do sistema, que se tem caracterizado, sobretudo, por responder a um grave padrão de conflituosidade concernente a direitos civis[13], compreendendo especialmente violações ao direito à vida. Destacam-se, nesse sentido, as violações maciças aos direitos humanos nos períodos ditatoriais, bem como as decisões da Corte Interamericana que refletem um repertório de casos de graves violações aos direitos civis, envolvendo desaparecimentos forçados; assassinatos; execuções sumárias, extrajudiciais e arbitrárias; tortura; violência policial; impunidade; e violação aos direitos dos grupos socialmente mais vulneráveis. Gradativamente, emergem casos envolvendo a violação de direitos sociais, econômicos, culturais e ambientais, o que tem contribuído para uma nova orientação jurisprudencial da Corte Interamericana, concernente à justiciabilidade dos direitos sociais como direitos autônomos a merecer direta proteção judicial. Não se vislumbra no universo jurisprudencial da Corte um repertório temático diversificado, tal como ocorre no sistema europeu. Ainda que, no processo de democratização, não se verifiquem mais violações maciças de direitos humanos, esse padrão de conflituosidade aponta à persistência endêmica da violência na região. Há um continuísmo autoritário que remanesce como desafio à consolidação democrática, ao qual se somam questões relacionadas à *transitional justice* (a envolver, por exemplo, o debate sobre leis de anistia, o direito à verdade e o direito à justiça).

A terceira conclusão atém-se a quem acessa o sistema. Constata-se que, no campo da jurisdição contenciosa da Corte Interamericana, os casos lhe foram em geral enviados pela Comissão Interamericana, sendo que, em um universo considerável deles, a partir de denúncias submetidas por ONGs[14]. Esses casos foram, então, submetidos posteriormente pela Comis-

---

12. Stephen C. Ropp e Kathryn Sikkink, International norms and domestic politics in Chile and Guatemala, in Thomas Risse, Stephen C. Ropp e Kathryn Sikkink, *The power of human rights: international norms and domestic change*, p. 172.

13. Ver Flávia Piovesan, *Direitos humanos e o direito constitucional internacional*.

14. A respeito, ver Flávia Piovesan, *Direitos humanos e o direito constitucional internacional*, especialmente o Capítulo IX, intitulado "A Advocacia do Direito Internacional dos Direitos Humanos: Casos contra o Estado brasileiro perante a Comissão Interamericana

são à jurisdição da Corte Interamericana. Daí se percebe a importância vital da atuação das ONGs e do ativo protagonismo da sociedade civil para o sistema interamericano. Segundo Henry Steiner: "As ONGs têm-se tornado indispensáveis para o movimento de direitos humanos, em virtude de suas atividades peculiares: monitoramento, investigação e relatórios referentes aos Estados violadores; *lobby* com relação aos governos nacionais e ONGs internacionais; mobilização de grupos interessados; educação do público; e representação de vítimas perante instituições nacionais ou Cortes ou órgãos internacionais"[15]. A estratégia de litigância das ONGs tem

---

de Direitos Humanos". À luz dos casos apreciados, observou-se que, no período de democratização, 100% dos casos foram encaminhados por entidades não governamentais de defesa dos direitos humanos, de âmbito nacional ou internacional, e, por vezes, pela atuação conjunta dessas entidades. A respeito da cooperação entre organizações não governamentais de âmbito nacional e internacional, afirma Henry Steiner: "Em muitos aspectos, as ONGs nacionais beneficiam-se amplamente da cooperação com ONGs internacionais. As organizações nacionais frequentemente sentem-se isoladas, com a impressão de lutar por batalhas locais, perante um mundo apático. As ONGs internacionais permitem uma conexão e, até mesmo, o senso de solidariedade" (*Diverse partners: non-governmental organizations in the human rights movement, the report of a retreat of human rights activits*, p. 65). Para Kathryn Sikkink: "Uma rede internacional envolve uma série de organizações conectadas por compartilhar os mesmos valores, o que permite a intensa troca de informações e serviços, na atividade internacional orientada a uma questão. (...) ONGs internacionais e nacionais têm uma contribuição central nessa rede. Elas constituem os mais ativos membros dessa rede e, usualmente, empenham-se em ações e pressionam os mais poderosos atores a adotar posições. (...) Os valores comuns, a unir os atores nessa rede de direitos humanos, são aqueles incorporados nos instrumentos internacionais de proteção desses direitos, especialmente a Declaração Universal de Direitos Humanos. Este conjunto normativo permite justificar ações e prover uma linguagem comum que transforme argumentos e procedimentos em avançadas reivindicações. O fluxo de informações entre os atores dessa rede revela um sistema extremamente denso de interconexões entre esses grupos. Na maior parte dos casos, esse fluxo de informações ocorre informalmente através da troca de relatórios, ligações telefônicas e participação em conferências e encontros" (Human rights, principled issue-networks, and sovereignty in Latin America, in *International organizations*, p. 416).

15. Henry Steiner, *Diverse partners: non-governmental organizations in the human rights movement, the report of a retreat of human rights activits*, co-sponsored by Harvard Law School Human Rights Program and Human Rights Internet, 1991, p. 1. Na visão de Thomas Buergenthal: "As ONGs de direitos humanos têm exercido uma importante contribuição, no que tange à evolução do sistema internacional de proteção dos direitos humanos e ao seu efetivo funcionamento. (...) as ONGs têm invocado procedimentos e submetido inúmeras petições, particularmente nos casos que envolvem alegações de maciças violações de direitos humanos. Aqui as ONGs estão, frequentemente, em uma posição mais confortável que os indivíduos, para obter informações verdadeiras e preparar a necessária documentação legal" (*International human rights*, p. 253). Ainda sobre o importante papel

sido utilizar o sistema interamericano para obter ganhos e avanços no regime interno de proteção dos direitos humanos. Neste ponto específico, uma vez mais, o sistema interamericano se distingue do sistema europeu, cujos frutos têm decorrido em grande parte da atuação de indivíduos singularmente considerados.

Observe-se que os instrumentos internacionais constituem uma relevante estratégia de atuação para as organizações não governamentais, nacionais e internacionais, ao adicionar uma linguagem jurídica ao discurso dos direitos humanos. Esse fator é positivo na medida em que os Estados são convocados a responder com mais seriedade aos casos de violação de direitos. A ação internacional tem também auxiliado a publicidade das violações de direitos humanos, o que oferece o risco do constrangimento político e moral ao Estado violador, e, nesse sentido, surge como significativo fator para a proteção dos direitos humanos. Ademais, ao enfrentar a publicidade das violações de direitos humanos, bem como as pressões internacionais, o Estado é praticamente "compelido" a apresentar justificativas a respeito de sua prática. A ação internacional e as pressões internacionais podem, assim, contribuir para transformar uma prática governamental específica, no que se refere aos direitos humanos, conferindo suporte ou estímulo para reformas internas. Como realça James L. Cavallaro, "estratégias bem articuladas de litigância internacional que diferenciem vitórias meramente processuais de ganhos substantivos, mediante a adoção de medidas para mobilizar a mídia e a opinião pública, têm permitido o avanço da causa dos direitos humanos (...)"[16]. Na percepção de Kathryn Sikkink: "O trabalho das ONGs tornam as práticas repressivas dos Estados mais visíveis e públicas, exigindo deles, que se manteriam calados, uma resposta. Ao enfrentar pressões crescentes, os Estados repressivos buscam apre-

---

desempenhado pelas organizações não governamentais, afirma Louis Henkin: "(...) organizações não governamentais (comumente chamadas ONGs) têm exercido uma ativa contribuição no cenário internacional e, em alguns casos, têm seu status reconhecido por tratados e outros instrumentos internacionais. (...) ONGs têm exercido uma contribuição de importância crescente no campo dos direitos humanos e do direito ambiental. Por exemplo, organizações como a Anistia Internacional e a Human Rights Watch têm assistido a Comissão de Direitos Humanos das Nações Unidas em seu esforço de monitorar a violação de direitos humanos em todo o mundo e organizações como a Greenpeace e Friends of the Earth têm contribuído muito para a identificação dos violadores do meio ambiente" (*International law: cases and materials*, p. 345-346).

16. James L. Cavallaro, Toward fair play: a decade of transformation and resistance in international human rights advocacy in Brazil, *Chicago Journal of International Law*, v. 3, n. 2, Fall, p. 492.

sentar justificativas. (...) Quando um Estado reconhece a legitimidade das intervenções internacionais na questão dos direitos humanos e, em resposta a pressões internacionais, altera sua prática com relação à matéria, fica reconstituída a relação entre Estado, cidadãos e atores internacionais"[17].

Acresce a autora: "Pressões e políticas transnacionais no campo dos direitos humanos, incluindo *network* de ONGs, têm exercido uma significativa diferença no sentido de permitir avanços nas práticas dos direitos humanos em diversos países do mundo. Sem os regimes internacionais de proteção dos direitos humanos e suas normas, bem como sem a atuação das *networks* transnacionais que operam para efetivar tais normas, transformações na esfera dos direitos humanos não teriam ocorrido"[18].

Assim, com o intenso envolvimento das organizações não governamentais, a partir de articuladas e competentes estratégias de litigância, o sistema interamericano tem constituído efetivo instrumento para o fortalecimento da proteção dos direitos humanos no âmbito nacional.

A quarta conclusão relaciona-se ao impacto das decisões da Corte Interamericana, que se tem mostrado considerável, tanto em virtude da crescente credibilidade da Corte na região como pela capacidade de monitoramento e fiscalização da sociedade civil no que tange ao cumprimento das decisões pelos Estados. O sistema interamericano, diversamente do europeu, não conta com a retaguarda da consistente e sólida rede de cooperação entre Estados na afirmação dos direitos humanos; tampouco conta com elevado grau de respeito aos direitos humanos no plano interno dos Estados. Reitere-se, assim, o quanto o protagonismo da sociedade civil é crucial para o funcionamento e impacto do sistema interamericano.

Diversamente do sistema europeu — que confia ao Comitê de Ministros a competência para supervisionar o cumprimento das decisões da Corte Europeia —, no sistema interamericano é a própria Corte que tem criado um mecanismo para avaliar o seguimento de suas decisões. Ao contrário da Convenção Europeia, a Convenção Americana não estabelece uma sistemática de supervisão dos julgamentos da Corte, prevendo apenas que a Corte deve submeter relatório anual à Assembleia Geral da OEA. Os órgãos políticos da OEA não têm, ainda, prestado efetivo suporte à Comissão e à

---

17. Ver Kathryn Sikkink, *Human rights, principled*, p. 414-415.

18. Kathryn Sikkink e Thomas Risse, Conclusions, in Thomas Risse, Stephen C. Ropp e Kathryn Sikkink, *The power of human rights: international norms and domestic change*, p. 275.

Corte. Interessante seria reforçar a capacidade sancionatória do sistema interamericano, à luz da experiência do sistema europeu.

Outro aspecto a merecer especial destaque é a implementação das decisões da Corte Interamericana no âmbito interno dos Estados, bem como a incorporação, hierarquia e impacto dos tratados de direitos humanos no ordenamento doméstico dos Estados, considerando o precário e incipiente grau de pavimentação dos direitos humanos no plano interno dos Estados da região.

Destaque-se, ainda, a exitosa experiência da Corte Interamericana em relação à sua competência consultiva — que não sofre as restrições da competência consultiva da Corte Europeia —, consolidando importantes parâmetros interpretativos a respeito do alcance dos direitos da Convenção Americana, com considerável impacto nas ordens jurídicas dos Estados da região, no sentido da harmonização destas à luz dos parâmetros protetivos mínimos.

Quanto aos desafios do sistema interamericano, concentram-se em cinco fatores: a) a ampliação dos espaços de participação da sociedade civil no sistema interamericano, conferindo acesso direto a indivíduos, grupos de indivíduos e ONGs à Corte Interamericana; b) o fortalecimento da capacidade sancionatória do sistema, na hipótese de não cumprimento de suas decisões; c) o fortalecimento da justicialidade dos direitos econômicos, sociais, culturais e ambientais[19]; d) o reforço da dotação orçamentária para o sistema interamericano, dispondo de maiores recursos financeiros e logísticos, para reforçar sua efetividade; e e) o maior comprometimento dos Estados com a proteção dos direitos humanos, considerando o quanto o grau desse compromisso é capaz de contribuir para o fortalecimento do sistema.

Finalmente, no que se refere ao sistema africano, sua compreensão demanda a apropriação das singularidades e especificidades do continente africano, considerando o seu alto grau de heterogeneidade. A autodeterminação dos povos, o respeito às diversidades culturais e às tradições africanas, o combate a colonialismos e neocolonialismos são demandas reivindicadas em um contexto de grave conflituosidade interna, que se acentua com as marcas da pobreza, desigualdade e exclusão social, da baixa densidade democrática e da incipiente observância do Estado de Direito.

---

19. De acordo com o Protocolo de San Salvador, apenas dois direitos sociais contemplam o mecanismo do direito de petição: o direito à educação e à liberdade sindical. Fundamental seria conferir plena justicialidade a todos os direitos econômicos, sociais e culturais enunciados no Protocolo, por meio do direito de petição à Comissão Interamericana, no caso de sua violação.

Foi sob essa perspectiva que, em resposta às violações de direitos humanos da década de 1970, adotou-se a Carta Africana dos Direitos Humanos e dos Povos de 1981. Como este estudo pode salientar, a Carta Africana realça identidade própria e uma gramática de direitos humanos e dos povos que em muito a diferencia das Convenções Europeia e Americana de Direitos Humanos. Se estas se apegam ao ideário liberal-individualista na formulação de direitos civis e políticos, a Carta Africana contempla uma agenda de direitos humanos própria, que congrega, ao lado de direitos civis e políticos, os direitos sociais, econômicos, culturais e ambientais. A Carta endossa, ainda, os direitos dos povos e contempla deveres dos indivíduos em relação à família, à comunidade e ao Estado.

Nesse sentido, a Carta Africana pode significar uma relevante contribuição à reinvenção da gramática de direitos acolhida pelas Convenções Europeia e Americana, sobretudo na proteção aos direitos econômicos, sociais, culturais e ambientais.

O balanço do sistema africano permite apontar quatro conclusões e quatro desafios centrais do sistema.

Tal como no sistema interamericano, a primeira conclusão é a de que as fragilidades do sistema africano revelam, sobretudo, as fragilidades da proteção dos direitos humanos no âmbito interno dos Estados. Em outras palavras, as debilidades do sistema africano são reflexo da ainda incipiente proteção dos direitos humanos no âmbito doméstico dos Estados. Uma vez mais, tal como no sistema interamericano, emergem na região africana iniciativas de criação de espaços institucionais de cooperação inter-governamental vocacionados à defesa dos direitos humanos, da democracia e do Estado de Direito[20].

Quanto ao legado do sistema africano, até 2023 a Corte Africana dos Direitos Humanos e dos Povos havia decidido 181 casos, sendo que em um expressivo universo deles houve o reconhecimento pela inadmissibilidade, expressando a Corte não ter competência jurisdicional para apreciar o caso, em virtude da ausência da declaração facultativa prevista no artigo 5,

---

20. Como atenta Gino J. Naldi: "Em março de 2001, a Organização da Unidade Africana estabeleceu um novo organismo pan-africano — a União Africana, que a substituirá. Diversamente da Carta da OUA, os objetivos e os princípios fundamentais da União Africana incluem o compromisso com os princípios e com as instituições democráticas, a participação popular, o Estado de Direito, boa governança e a promoção e proteção dos direitos humanos. A cláusula democrática condena e rejeita mudanças inconstitucionais de governo, contando com a imposição de medidas punitivas e proibindo tais regimes de participar das atividades da União Africana" (Gino J. Naldi, Future trends in human rights in Africa: the increased role of the OUA?, in Malcolm Evans e Rachel Murray (eds.), *The African charter on human and peoples' rights: the system in practice — 1986-2000*, p. 35).

parágrafo 3, do Protocolo à Carta Africana (uma vez que o Estado envolvido não havia reconhecido a jurisdição da Corte para casos submetidos diretamente por indivíduos e ONGs). Assim como ocorre no sistema interamericano, acredita-se no decisivo papel da sociedade civil para fomentar e fortalecer o sistema africano. Observe-se que são sobretudo as ONGs que têm acessado o direito de petição à Comissão Africana, submetendo-lhe denúncias de violações a direitos. No dizer de Christof Heyns: "Espera-se que um grande número de organizações nacionais de direitos humanos na África possa ser mobilizado para ajudar no monitoramento da implementação da Carta e de outras normas internacionais e de âmbito doméstico. A sociedade civil tem a obrigação de promover o trabalho da Comissão para que o sistema possa funcionar"[21]. As ONGs têm um papel vital para a efetividade dos sistemas de proteção dos direitos humanos, especialmente dos sistemas regionais africano e interamericano.

No que tange ao impacto das decisões da Corte Africana, depende, sobremaneira, do papel de fiscalização, vigilância e monitoramento da sociedade civil e de suas organizações, como se observa no sistema interamericano. Novamente, tal como o sistema interamericano e diversamente do sistema europeu, o africano não conta com a retaguarda da consistente e sólida rede de cooperação entre Estados na afirmação dos direitos humanos; tampouco conta com elevado grau de respeito aos direitos humanos no plano interno dos Estados. Daí a imensa responsabilidade da sociedade civil em relação ao funcionamento e ao impacto do sistema africano.

Tal como o sistema europeu, o africano confia ao Conselho de Ministros a competência para supervisionar o cumprimento das decisões da Corte Africana. Todavia, não há qualquer precedente que permita desenvolver a análise da eficácia da atuação do Conselho de Ministros no sistema africano.

Assim como no sistema interamericano, sustenta-se que no sistema africano há que merecer especial atenção a implementação das decisões da Corte Africana no âmbito interno dos Estados, bem como a incorporação,

---

21. Christof Heyns, The African charter on human and people's rights, in Malcolm Evans e Rachel Murray (eds.), *The African charter on human and peoples' rights: the system in practice — 1986-2000*, p. 6. Adicione-se ainda que "a mídia é um importante instrumento para o trabalho em direitos humanos, na medida em que permite transmitir informações sobre questões afetas aos direitos humanos. A mídia ainda permite a criação de um fórum de sensibilização da opinião pública em direitos humanos", como alude Ahmed Motala (Ahmed Motala, Non-governmental organisations in the African system, in Malcolm Evans e Rachel Murray (eds.), *The African charter on human and peoples' rights: the system in practice — 1986-2000*, p. 255-256).

236

hierarquia e impacto dos tratados de direitos humanos no ordenamento doméstico dos Estados, considerando o também precário e incipiente grau de pavimentação dos direitos humanos no plano interno dos Estados da região.

No que se refere aos desafios do sistema africano, concentram-se em cinco fatores: a) a credibilidade e eficácia da Corte Africana, por meio da independência[22], coragem e criatividade de seus membros, bem como de sua relação construtiva com a Comissão Africana; b) a ampliação dos espaços de participação da sociedade civil no sistema africano, conferindo acesso direto a indivíduos e ONGs à Corte Africana (disposição que é veiculada por meio de cláusula facultativa no Protocolo à Carta Africana); c) a eficácia da capacidade sancionatória do sistema, na hipótese de não cumprimento de suas decisões; d) o reforço da dotação orçamentária para o sistema africano, dispondo de maiores recursos financeiros e logísticos, para reforçar sua efetividade; e e) o maior comprometimento dos Estados com a proteção dos direitos humanos.

Como conclui Victor Dankwa: "Uma cultura de direitos humanos é vital para que os direitos e liberdades assegurados pela Carta sejam exercidos em larga escala na África. Este objetivo, contudo, não poderá ser atingido sem a vontade política dos Estados que ratificaram a Carta, a fim de reduzir a distância entre a adesão às obrigações decorrentes da Carta e a efetiva realização dos direitos e liberdades em suas respectivas jurisdições. O compromisso da sociedade civil para com a concretização dos propósitos da Carta tem também igual importância"[23].

O estudo comparativo dos sistemas regionais europeu, interamericano e africano aponta a extraordinários e recentes avanços na afirmação da

---

22. Daí, mais uma vez, a importância do monitoramento da sociedade civil no que tange à composição da Corte e da Comissão Africana, visando à independência de seus membros em relação ao Estado.

23. Victor Dankwa, The promotional role of the African Commission on Human and People's Rights, Malcolm Evans e Rachel Murray (eds.), *The African charter on human and peoples' rights: the system in practice — 1986-2000*, p. 352. No mesmo sentido, afirma Gino J. Naldi: "A realização dos standards internacionais de direitos humanos tem sido inibida por uma série de fatores, incluindo a falta de vontade política; conflitos inter e intraestatais; e insuficiência de recursos. O compromisso de muitos Estados africanos de assegurar direitos e liberdades fundamentais é ainda suspeito. A ratificação dos tratados de direitos humanos, especialmente do Protocolo relativo à Corte Africana, constitui um passo significativo para alcançar maior efetivação prática dos direitos humanos. A melhor garantia para os direitos fundamentais é o desenvolvimento de uma cultura que respeita o Estado de Direito e as normas de direitos humanos" (Gino J. Naldi, Future trends in human rights in Africa: the increased role of the OAU?, in Malcolm Evans e Rachel Murray (eds.), *The African charter on human and peoples' rights: the system in practice — 1986-2000*, p. 35).

justiça internacional em matéria de direitos humanos. A emergência deste tema na ordem contemporânea suscitará investigações diversas, no sentido de captar as múltiplas e fascinantes dimensões da justicialização dos direitos humanos no âmbito internacional, envolvendo o acesso à jurisdição internacional, o alcance da jurisdição, a legitimidade das Cortes Internacionais, a capacidade sancionatória dos sistemas e o impacto de suas decisões.

A análise desenvolvida permite demonstrar a distinta travessia histórica dos sistemas regionais de proteção, cada qual a seu modo a erguer uma plataforma de direitos humanos, sob a marca de suas singularidades, identidades e especificidades, na busca de consolidar a justiça internacional. Realça ainda o quanto o acesso à justiça internacional no campo dos direitos humanos tem a potencialidade de traduzir avanços no regime de proteção desses direitos no âmbito interno, por meio de reformas legislativas, mudanças em políticas públicas e transformações de práticas adotadas por Estados.

Avançar no diálogo entre os sistemas regionais, permitindo o intercâmbio de seus acúmulos e experiências[24], identificando seus êxitos e fracassos, suas fortalezas e debilidades, constitui medida fundamental para o fortalecimento de um cosmopolitanismo ético e emancipatório, capaz de celebrar o valor fundante da dignidade humana, em todos os tempos e em todos os lugares.

---

24. A respeito do intercâmbio e troca de experiências, salienta Victor Dankwa: "Membros da Comissão Africana têm visitado a Comissão Interamericana e observado suas sessões, como inspiração para seu trabalho na África. Seminários organizados pela Comissão Africana têm sido enriquecidos com a contribuição de membros dos demais sistemas regionais" (Victor Dankwa, The promotional role of the African Commission on Human and People's Rights, Malcolm Evans e Rachel Murray (eds.), *The African charter on human and peoples' rights: the system in practice — 1986-2000*, Cambridge, Cambridge University Press, 2002, p. 351). Para Christof Heyns e Frans Viljoen: "O sistema regional africano deve ser desenvolvido tendo em consideração as circunstâncias únicas prevalentes no continente. As medidas adotadas em outras regiões não podem ser transportadas de forma acrítica para a situação africana. A abolição da Comissão europeia no sistema europeu, por exemplo, pode ser apropriada para as condições europeias, mas não pode servir como precedente para a África. A respeito, a atuação positiva da Comissão Interamericana no contexto das graves e maciças violações de direitos humanos na América Latina e os métodos criativos que foram utilizados podem constituir uma produtiva base comparativa sob a perspectiva africana. Como a experiência interamericana demonstra, instituições quase judiciais são frequentemente mais efetivas para lidar com situações de graves e maciças violações a direitos humanos" (Christof Heyns e Frans Viljoen, An overview of human rights protection in Africa, *South African Journal on Human Rights*, v. 11, part 3, p. 432). Ver ainda Frans Viljoen, The relevance of the inter-American System for Africa, *African Journal of International and Comparative Law* 11 (1999), 659.

BIBLIOGRAFIA

ALLOTT, Philip. *Eunomia: new order for a new world.* Oxford, Oxford University Press, 1990.

ALSTON, Philip; ROBINSON, Mary (ed.), *Human Rights and Development: towards mutual reinforcement.* Oxford, Oxford University Press, 2005.

ALTO COMISSARIADO DE DIREITOS HUMANOS DAS NAÇÕES UNIDAS. *Status of Ratifications of the Principal International Human Rights Treaties.* www.unhchr.ch/pdf/report.pdf [26-1-2005].

AMARAL JR., Alberto do; PERRONE-MOISÉS, Claudia (orgs.). *O cinquentenário da Declaração Universal dos Direitos do Homem.* São Paulo, Editora da Universidade de São Paulo, 1999.

AMERASINGHE, Chittharanjan Felix. *Local remedies in international law.* Cambridge, Grotius, 1990.

AN-NA'IM, Abdullah (ed.). *Human rights in cross-cultural perspectives: a quest for consensus.* Philadelphia, University of Pennsylvania Press, 1992.

_____. *Towards an Islamic reformation: civil liberties, human rights and international law.* Syracuse/NY, Syracuse University Press.

ARENDT, Hannah. *As origens do totalitarismo.* Trad. Roberto Raposo. Rio de Janeiro, 1979.

_____. *Eichmann em Jerusalém — um relato sobre a banalidade do mal.* Trad. José Rubens Siqueira. São Paulo, Cia. das Letras, 1999.

BALDI, César Augusto. *Direitos humanos na sociedade cosmopolita.* Rio de Janeiro, Renovar, 2004.

BARCELLOS, Ana Paula de. *A eficácia jurídica dos princípios constitucionais — o princípio da dignidade da pessoa humana.* Rio de Janeiro, Renovar, 2002.

BARROSO, Luís Roberto. *O direito constitucional e a efetividade de suas normas — limites e possibilidades da Constituição brasileira.* 5. ed. Rio de Janeiro, Renovar, 2001.

_____. Fundamentos teóricos e filosóficos do novo direito constitucional brasileiro (pós-modernidade, teoria crítica e pós-positivismo). *Revista Forense,* v. 358.

BAUER, Joanne R.; BELL, Daniel A. (eds.). *The East Asian challenge for human rights*. Cambridge, Cambridge University Press, 1999.

BAYEFSKY, Anne F. Making the human treaties work. In: HENKIN, Louis; HARGROVE, John Lawrence (ed.). *Human rights: an agenda for the next century*. Washington (Studies in Transnational Legal Policy, n. 26), 1994.

BAYEFSKY, Anne F. (ed.). *The UN human rights system in the 21st century*. London-Boston, The Hague — Kluwer Law International, 2000.

BEDJAQUI, Mohammed (ed.). *International law: achievements and prospects*, 1991.

BILDER, Richard B. An overview of international human rights law. In: HANNUM, Hurst (ed.). *Guide to international human rights practice*. 2. ed. Philadelphia, University of Pennsylvania Press, 1992.

BLACKBURN, Robert; TAYLOR, John (ed.). *Human rights for the 1990s: legal, political and ethical issues*. London, Mansell Publishing, 1991.

BOBBIO, Norberto. *A era dos direitos*. Trad. Carlos Nelson Coutinho. Rio de Janeiro, Campus, 1992.

_____. *Democracy and dictatorship: the nature and limits of state power*. Trad. Peter Kennealy. Minneapolis, University of Minnesota Press, 1989.

_____. *Liberalismo e democracia*. Trad. Marco Aurélio Nogueira. São Paulo, Brasiliense, 1988.

BOGDANDY, Armin von; ANTONIAZZI, Mariela Morales; PIOVESAN, Flávia (coords.). *Direitos humanos, democracia e integração jurídica na América do Sul*. Rio de Janeiro, Lumen Juris, 2010.

_____. *Direitos humanos, democracia e integração jurídica: avançando no diálogo constitucional e regional*. Rio de Janeiro, Lumen Juris, 2011.

_____. *Democracia e integração jurídica: emergência de um novo direito público*, Rio de Janeiro, Elsevier, 2013.

_____. *Ius Constitutionale Commune na América Latina – Marco Conceptual*, vol. I. Curitiba, ed. Juruá, 2016.

_____. *Ius Constitutionale Commune na América Latina – Pluralismo e inclusão*, vol. II. Curitiba, ed. Juruá, 2016.

_____. *Ius Constitutionale Commune na América Latina – Diálogos jurisdicionais e controle de convencionalidade,* vol. III. Curitiba, ed. Juruá, 2016.

BOGDANDY, Armin von; ANTONIAZZI, Mariela Morales; FERRER, Eduardo MacGregor, PIOVESAN, Flávia, SOLEY, Ximena (coord.). *Transformative Constitutionalism in Latin America*. Oxford, Oxford University Press, 2017.

BONAVIDES, Paulo. *Curso de direito constitucional*. 10. ed. São Paulo, Malheiros, 2000.

BOUCAULT, Carlos Eduardo de Abreu; ARAUJO, Nadia de (orgs.). *Os direitos humanos e o direito internacional*. Rio de Janeiro, Renovar, 1999.

BOWETT, D. W. *The law of international institutions*. 4. ed. London, Stevens, 1982.

BUERGENTHAL, Thomas. *International human rights*. Minnesota, West Publishing, 1988.

_____. Medidas provisórias na Corte Interamericana de Direitos Humanos. *Boletim da Sociedade Brasileira de Direito Internacional*, Brasília, v. 45/46, n. 84/86, p. 11-36, dez. 1992/maio 1993.

BUERGENTHAL, Thomas; NORRIS, Robert. *Human rights: the inter--american system*. New York, Oceana Publications, 1982.

BUERGENTHAL, Thomas; NORRIS, Robert; SHELTON, Dinah. *La protección de los derechos humanos en las Américas*. Madrid, IIDH/Civitas, 1990.

BUERGENTHAL, Thomas; SHELTON, Dinah. *Protecting human rights in the Americas — cases and materials*. 4. ed. Strasbourg, International Institute of Human Rights, 1995.

CANÇADO TRINDADE, Antônio Augusto. *A proteção internacional dos direitos humanos: fundamentos jurídicos e instrumentos básicos*. São Paulo, Saraiva, 1991.

_____. *A proteção dos direitos humanos nos planos nacional e internacional: perspectivas brasileiras* (Seminário de Brasília de 1991). Brasília-San José da Costa Rica, IIDH/F. Naummann-Stiftung, 1992.

_____. A proteção internacional dos direitos humanos no limiar do novo século e as perspectivas brasileiras. In: *Temas de política externa brasileira II*. 1994. v. 1.

_____. *The application of the rule of exhauston of local remedies in international law: its rationale in the international protection of individual rights*. Cambridge, Cambridge University Press, 1983.

_____. A interação entre o direito internacional e o direito interno na proteção dos direitos humanos. *Arquivos do Ministério da Justiça*, Brasília, v. 46, n. 182, p. 27-54, jul./dez. 1993.

_____. *El agotamiento de los recursos internos en el sistema interamericano de protección de los derechos humanos*. San José, Costa Rica, Instituto Interamericano de Derechos Humanos, 1991.

_____. *Tratado de direito internacional dos direitos humanos*. Porto Alegre, Sergio A. Fabris Editor, 1997. v. 1 e 2.

_____. *Direito das organizações internacionais*. 2. ed. Belo Horizonte, Del Rey, 2002.

_____. Las cláusulas petreas de la protección internacional del ser humano. In: *El sistema interamericano de protección de los derechos humanos en el umbral del siglo XXI* — memoria del seminario (noviembre de 1999). 2. ed. San José de Costa Rica, Corte Interamericana de Derechos Humanos, 2003. t. 1.

CANÇADO TRINDADE, Antônio Augusto (ed.). *A incorporação das normas internacionais de proteção dos direitos humanos no direito brasileiro*. San José da Costa Rica-Brasília, Instituto Interamericano de Direitos Humanos/Comitê Internacional da Cruz Vermelha/Alto Comissariado das Nações Unidas para os Refugiados/Comissão da União Europeia, 1996.

CANÇADO TRINDADE, Antônio Augusto; ROBLES, Manuel E. Ventura. *El futuro de la Corte Interamericana de Derechos Humanos*. 2. ed. atual. e ampl., San José, Costa Rica, Corte Interamericana de Direitos Humanos/ACNUR, 2004.

CANOTILHO, José Joaquim Gomes. *Direito constitucional*. 6. ed. rev. Coimbra, Livr. Almedina, 1993.

_____. *Direito constitucional e teoria da Constituição*. Coimbra, Livr. Almedina, 1998.

CASSESSE, Antonio. *Human rights in a changing world*. Philadelphia, Temple University Press, 1990.

_____. *International criminal law*. Oxford, Oxford University Press, 2003.

CAVALLARO, James L. Toward fair play: a decade of transformation and resistance in international human rights advocacy in Brazil. *Chicago Journal of Law*, The University of Chicago Law School, v. 3, n. 2, Fall 2002.

CHAYES, Abram; CHAYES, Antonia Handler. *The new sovereignty.* Cambridge, Harvard University Press, 1998.

CLAUDE, Richard Pierre; WESTON, Burns H. (ed.). *Human rights in the world community: issues and action.* Philadelphia, University of Pennsylvania Press, 1989.

COICAUD, Jean-Marc; DOYLE, Michael W.; GARDNER, Anne-Marie. *The globalization of human rights.* Tokyo-New York-Paris, United Nations University Press, 2003.

COICAUD, Jean-Marc; WARNER, Daniel. *Ethics and International affairs: extent & limits.* Tokyo-New York-Paris, United Nations University Press, 2001.

COLIVER, Sandra. International reporting procedures. In: HANNUM, Hurst (ed.). *Guide to international human rights practice.* 2. ed. Philadelphia, University of Pennsylvania Press, 1981.

COMPARATO, Fábio Konder. *Afirmação histórica dos direitos humanos.* São Paulo, Saraiva, 1999.

_____. Fundamento dos direitos humanos. *Cultura dos direitos humanos.* São Paulo, LTr, 1998.

COOK, Rebecca (ed.). *Human rights of women: national and international perspectives.* Philadelphia, University of Pennsylvania Press, 1994.

COUNCIL OF EUROPE. *Council of Europe: 800 Million Europeans.* Strasbourg, Council of Europe, 2003.

DE BARY, William Theodore. *Asian values and human rights: a Confucion communitarian perspective.* Cambridge, Harvard University Press, 1998.

DIJK, P. van; HOOF, G. J. H. van. *Theory and practice of the European Convention on Human Rights.* 3. ed. The Hague-London-Boston, Kluwer Law International, 1998.

DONNELLY, Jack. *Universal human rights in theory and practice.* 2. ed. Ithaca/London, Cornell University Press, 2003.

_____. *International human rights.* Boulder, Westview Press, 1998.

_____. *Ethics and international affairs.* Japan, United Nations University Press, 2001.

DREZE, Jean; SEN, Amartya. *Hunger and public action.* Oxford, Clarendon Press, 1989.

DUNNE, Tim; WHEELER, Nicholas. *Human rights in global politics.* Cambridge, Cambridge University Press, 2001.

DWORKIN, Ronald. *Taking rights seriously*. Cambridge, Harvard University Press, 1977.

_____. Rights as trumps. In: WALDRON, Jeremy. *Theories of rights*. New York, Oxford University Press, 1984.

EIDE, Asbjorn; KRAUSE, Catarina; ROSAS, Allan. *Economic, social and cultural rights*. Dordrecht-Boston-London, Martinus Nijhoff Publishers, 1995.

EVANS, Malcolm, MURRAY, Rachel (eds.). *The African Charter on Human and Peoples' Rights: the system in practice — 1986-2000*. Cambridge, Cambridge University Press, 2002.

FARMER, Paul. *Pathologies of power*. Berkeley, University of California Press, 2003.

FAWCETT, James E. S. *The application of the European Convention on Human Rights*. Oxford, Clarendon Press, 1987.

FIX-ZAMUDIO, Héctor. La evolución del derecho internacional de los derechos humanos en las Constituciones latino-americanas. *Boletim da Sociedade Brasileira de Direito Internacional*, Brasília, v. 45/46, n. 84/86, dez. 1992/maio 1993.

_____. *Protección jurídica de los derechos humanos*. México, Comisión Nacional de Derechos Humanos, 1991.

FLORES, Joaquín Herrera. *Direitos humanos, interculturalidade e racionalidade de resistência*. Mimeo.

FRASER, Nancy. Redistribución, reconocimiento y participación: hacia un concepto integrado de la justicia. *Informe Mundial sobre la Cultura*, Unesco, 2000-2001.

_____. *Justice interruptus. Critical reflections on the "Postsocialist" condition*. NY/London, Routledge, 1997.

FRASER, Nancy; HONNETH, Axel. *Redistribution or recognition? A political-philosophical exchange*. London/NY, verso, 2003.

GOMES, Luiz Flávio; PIOVESAN, Flávia. *O sistema interamericano de proteção dos direitos humanos e o direito brasileiro*. São Paulo, RT, 2000.

GOMIEN, Donna. *Short guide to the European Convention on Human Rights*. Strasbourg, Council of Europe, 1991.

GOMIEN, Donna; HARRIS, D.; ZWAAK, L. *Law and practice of the European Convention on Human Rights and the European Social Charter*. Strasbourg, Council of Europe, 2000.

GORDILLO, Agustín. *Derechos humanos: doctrina, casos y materiales: parte general*. Buenos Aires, Fundación de Derecho Administrativo, 1990.

GRAEFRATH, B. Universal criminal jurisdiction and an International Criminal Court. *European Journal of International Law*, 1990.

GUTMANN, Amy. *Multiculturalism: examining the politics of recognition*. Princenton, Princenton University Press, 1994.

HABERMAS, Jurgen. Nos limites do Estado. *Folha de S.Paulo*, Caderno Mais!, 18 jul. 1999.

HANKEY, Maurice Pascal. *Politics: trials and errors*. Chicago, 1950.

HANNUM, Hurst (org.). *Guide to international human rights practice*. 2. ed. Philadelphia, University of Pennsylvania Press, 1992.

HARRIS, David. *The European Social Charter*. Charlottesville, 1984.

HARRIS, David; LIVINGSTONE, Stephen. *The Inter-American system of human rights*. Oxford, Clarendon Press, 1998.

HARRIS, David; O'BOYLE, Michael; WARBRICK, Chris. *Law of the European Convention on Human Rights*. London-Dublin-Edinburgh, Butterwoths, 1995.

HEGARTY, Angela; LEONARD, Siobhan (org.). *Human rights: an agenda for the 21st century*. London-Sidney, Cavendish, 1999.

HENKIN, Louis (ed.). *The age of rights*. New York, Columbia University Press, 1990.

_____. *Constitutionalism, democracy and foreign affairs*. New York, Columbia University, 1990.

_____. *The International Bill of Rights: the Covenant on civil and political rights*. New York, Columbia University Press, 1981.

_____. *The rights of man today*. New York, Columbia University Press, 1988.

HENKIN, Louis et al. *Human rights*. New York, New York Foundation Press, 1999.

HENKIN, Louis; HARGROVE, John Lawrence (org.). *Human rights: an agenda for the next century*. Washington (Studies in Transnational Legal Policy, n. 26), 1994.

HENKIN, Louis; PUGH, Richard; SCHACHTER, Oscar; SMIT, Hans. *International law: cases and materials*. 3. ed. Minnesota, West Publishing, 1993.

245

HEYMANN, Philip B. Civil liberties and human rights in the aftermath of September 11. *Harvard Journal of Law & Public Policy*, Spring 2002.

HEYNS, Christof. African human rights law and the European Convention. *South African Journal on Human Rights*, v. 11, part 2, 1995.

HEYNS, Christof (ed.). *Human rights law in Africa.* The Hague, Martinus Nijhoff, 2004.

HEYNS, Christof Heyns; VILJOEN, Frans. An overview of human rights protection in Africa. *South African Journal on Human Rights*, v. 11, part 3, 1999.

HILF, Meinhard. General problems of relations between constitutional law and international law. In: STARCK, Christian (ed.). *Rights, institutions and impact of international law according to the German basic law.* Baden-Baden, 1987.

HONNETH, Axel. *The struggle for recognition: the moral grammar of social conflicts.* Cambridge/Massachussets, MIT Press, 1996.

HUMAN RIGHTS WATCH. *Human Rights Watch World Report 1994: Events of 1993.* New York, 1994.

_____. *In the name of counter-terrorism: human rights abuses worldwide.* New York, 2003.

HUMPHREY, John P. The implementation of international human rights law. *N.Y.L.S.L. Review*, n. 24, 1978.

_____. The international law of human rights in the middle twentieth century. *The present state of international law and other essays.* Deventer, Kluwer, 1973.

HUNTINGTON, Samuel P. *The clash of civilizations and the remaking of the world order.* New York, Touchstone, 1997.

IKAWA, Daniela. Universalismo, relativismo e direitos humanos. In: RIBEIRO, Maria de Fátima; MAZZUOLI, Valério de Oliveira (coord.). *Direito internacional dos direitos humanos: estudos em homenagem à Professora Flávia Piovesan.* Curitiba, Ed. Juruá, 2004.

JACKSON, Robert Houghwout. *The Nuremberg case.* New York, A. A. Knopf, 1947.

JANIS, Mark; KAY, Richard; BRADLEY, Anthony, *European human rights law — text and materials.* 2. ed. Oxford, Oxford University Press, 2000.

JOYCE, James Avery. *Broken star: the story of the League of Nations (1919-1939).* Swansea, C. Davies, 1978.

KELSEN, Hans. *O problema da justiça.* Trad. João Baptista Machado. São Paulo, Martins Fontes, 1993.

_____. *Pure theory of law.* Trad. Max Knight. Berkeley, University of California Press, 1978.

LAFER, Celso. *A reconstrução dos direitos humanos: um diálogo com o pensamento de Hannah Arendt.* São Paulo, Cia. das Letras, 1988.

_____. *Ensaios sobre a liberdade.* São Paulo, Perspectiva, 1980.

_____. Reflexões sobre a inserção do Brasil no contexto internacional. *Contexto Internacional*, Rio de Janeiro, n. 11, jan./ jun. 1990.

_____. Resistência e realizabilidade da tutela dos direitos humanos no plano internacional no limiar do século XXI. In: AMARAL JR., Alberto do; PERRONE-MOISÉS, Claudia (orgs.). *O cinquentenário da Declaração Universal dos Direitos do Homem.* São Paulo, Editora da Universidade de São Paulo, 1999.

_____. *Hannah Arendt: pensamento, persuasão e poder.* 2. ed. São Paulo, Paz e Terra, 2003.

_____. *A internacionalização dos direitos humanos: Constituição, racismo e relações internacionais.* São Paulo, Manole, 2005.

_____. *Comércio, desarmamento, direitos humanos: reflexões sobre uma experiência diplomática.* São Paulo, Paz e Terra, 1999.

LEARY, Virginia. *International labour conventions and national law: the effectiveness of the automatic incorporation of treaties in national legal systems.* Boston, Martinus Nijhoff, 1982.

LEVITSKY, Steven; ZIBLATT, Daniel. *How democracies die.* New York, Crown, 2018.

LEWIS-ANTHONY, Siân. Treaty-based procedures for making human rights complaints within the UN system. In: *Guide to international human rights practice*, 2. ed. Philadelphia, University of Pennsylvania Press, 1994.

LINDGREN ALVES, José Augusto. Abstencionismo e intervencionismo no sistema de proteção das Nações Unidas aos direitos humanos. *Política Externa*, v. 3, n. 1, jun. 1994.

_____. *Os direitos humanos como tema global.* 2. ed. São Paulo, Perspectiva, 2003.

_____. Os direitos humanos como tema global. *Boletim da Sociedade Brasileira de Direito Internacional*, Brasília, v. 46, n. 77/78, jan./ mar. 1992.

_____. O significado político da Conferência de Viena sobre os direitos humanos. *Revista dos Tribunais*, n. 713, mar. 1985.

_____. O sistema internacional de proteção dos direitos humanos e o Brasil. *Arquivos do Ministério da Justiça*, Brasília, v. 46, n. 182, jul./dez. 1993.

_____. *A arquitetura internacional dos direitos humanos*. São Paulo, FTD, 1997.

_____. *Relações internacionais e temas sociais: a década das conferências*. Brasília, Instituto Brasileiro de Relações Internacionais e Fundação Alexandre de Gusmão, 2001.

MAC-GREGOR, Eduardo Ferrer. Interpretación conforme y control difuso de convencionalidad: el nuevo paradigma para el juez mexicano. In: BOGDANDY, Armim von; PIOVESAN, Flávia; ANTONIAZZI, Mariela Morales. *Estudos avançados de direitos humanos — democracia e integração jurídica*: emergência de um novo direito público. São Paulo, Elsevier, 2013.

MAHONEY, Kathleen E.; MAHONEY, Paul (ed.). *Human rights in the twenty-first century: a global challenge*. Boston, Martinus Nijhoff, 1993.

MAINWARING, Scott; O'DONNELL, Guillermo; VALENZUELA, J. Samuel. *Issues in democratic consolidation: the new south american democracies in comparative perspective*. Notre Dame, University of Notre Dame Press, 1992.

MARCILIO, Maria Luiza; PUSSOLI, Lafaiete. *Cultura dos direitos humanos*. São Paulo, LTr, 1998.

MARSHALL, T. H. *Cidadania, classe social e "status"*. Rio de Janeiro, Zahar, 1967.

MARTIN, Ian. *The new world order: opportunity or threat for human rights?*. A lecture by the Edward A. Smith Visiting Fellow presented by the Harvard Law School Human Rights Program, 1993.

MAYER, Ann Elizabeth. *Islam and human rights: traditions and politics*. Boulder, Westview, 1999.

McDOUGALL, Gay J. Decade for NGO Struggle. In: *Human Rights Brief — 10th Anniversary*, American University Washington College of Law, Center for Human Rights and Humanitarian Law, v. 11, issue 3 (Spring 2004).

MELLO, Celso D. de Albuquerque. *Curso de direito internacional público*. 6. ed. Rio de Janeiro, Freitas Bastos, 1979.

_____. *Direito constitucional internacional*. Rio de Janeiro, Renovar, 1994.

_____. O direito constitucional internacional na Constituição de 1988. *Contexto Internacional*, Rio de Janeiro, jul./dez. 1988.

_____. A sociedade internacional: nacionalismo *versus* internacionalismo e a questão dos direitos humanos. *Arquivo do Ministério da Justiça*, Brasília, v. 46, n. 182, jul./dez. 1993.

_____. *Direitos humanos e conflitos armados*. Rio de Janeiro, Renovar, 1996.

_____. O parágrafo 2º do art. 5º da Constituição Federal. In: TORRES, Ricardo Lobo (org.). *Teoria dos direitos fundamentais*. Rio de Janeiro, Renovar, 1999.

MELLO, Celso D. de Albuquerque; TORRES, Ricardo Lobo. *Arquivos de Direitos Humanos*, v. 1. Rio de Janeiro, Renovar, 1999.

_____. *Arquivos de Direitos Humanos*, v. 2. Rio de Janeiro, Renovar, 2000.

_____. *Arquivos de Direitos Humanos*, v. 3. Rio de Janeiro, Renovar, 2001.

MENDEZ, Juan E.; O'DONNELL, Guillermo; PINHEIRO, Paulo Sérgio. *The (un)rule of law and the underprivileged in Latin America*. Notre Dame, University of Notre Dame Press, 1999.

MERON, Theodor. Enhancing the effectiveness of the prohibition of discrimination against women. *American Journal of International Law*, v. 84, 1990.

_____. Ed. *Human rights in international law: legal and policy issues*. Oxford, Clarendon Press, 1984.

_____. *Human rights law-making in the United Nations: a critique of instruments and process*. Oxford, Clarendon Press, 1986.

_____. Rape as a crime under international humanitarian law. *American Journal of International Law*, p. 87, 1993.

MIRANDA, Jorge. *Manual de direito constitucional*. 3. ed. Coimbra, Coimbra Ed., 1991. v. 2.

_____. *Manual de direito constitucional*. Coimbra, Coimbra Ed., 1988. v. 4.

MIREILLE, Delmas-Marty (ed.). *The European Convention for the Protection of Human Rights: international protection "versus" national restrictions*. Dordrecht-Boston-London, Martinus Nijhoff Publishers, 1992.

MOWBRAY, Alastair. *Cases and materials on the European Convention on Human Rights*. London-Edinburgh-Dublin, Butterworths, 2001.

MUGWANYA, G. W. *Human rights in Africa: enhancing human rights through the African regional human rights system*. Ardsley, NY, Transnational Publishers, 2003.

MUTUA, Makau Wa. The Banjul Charter and the african cultural fingerprint: an evaluation of the language of duties. *Virginia Journal of International Law*, v. 35, 1995.

NAVIA, Rafael N. *Introducción al sistema interamericano de protección a los derechos humanos*. Bogotá, Temis/Instituto Interamericano de Direitos Humanos, 1993.

O'BOYLE, Michael. Reflections on the effectiveness of the European system for the protection of human rights. In: Anne F. Bayefsky (ed.). *The UN human rights1 system in the 21ˢᵗ century*. The Hafjague-London--Boston, Kluwer Law International, 2000.

O'BRIEN, James. The international tribunal for violations of international humanitarian law in the former Yugoslavia. *American Journal of International Law*, v. 87, 1993.

O'DONNELL, Guillermo; SCHMITTER, Philippe C.; WHITEHEAD, Laurence. *Transitions from authoritarian rule: Latin America*. Baltimore, Johns Hopkins University Press, 1986.

OVEY, Clare; WHITE, Robin. *European Convention on Human Rights*. 3. ed. Oxford, Oxford University Press, 2002.

PASQUALUCCI, Jo M. *The practice and procedure of the Inter-American Court on Human Rights*. Cambridge, Cambridge University Press, 2003.

PEREIRA, André Gonçalves; QUADROS, Fausto de. *Manual de direito internacional público*. 3. ed. Coimbra, Livr. Almedina, 1993.

PIMENTEL, Silvia; PIOVESAN, Flávia; PANDJIARJIAN, Valeria. Pós 2001: era dos direitos ou do terror?. *Folha de S. Paulo*, 4 out. 2001.

PINHEIRO, Paulo Sérgio; GUIMARÃES, Samuel Pinheiro (orgs.). *Direitos humanos no século XXI*. Partes I e II. Instituto de Pesquisa de Relações Internacionais e Fundação Alexandre de Gusmão, 1999.

PINILLA, Ignacio Ara. *Las transformaciones de los derechos humanos*. Madrid, Tecnos, 1990.

PINTO, Monica. Derecho internacional de los derechos humanos: breve visión de los mecanismos de protección en el sistema interamericano. In: *Derecho internacional de los derechos humanos*. Montevideo, Comisión Internacional de juristas/Colégio de Abogados del Uruguay, 1993.

PIOVESAN, Flávia. *Direitos humanos e o direito constitucional internacional*. 21. ed. São Paulo, Saraiva, 2023.

_____. *Temas de direitos humanos*. 12. ed. São Paulo, Saraiva, 2023.

_____. *Proteção judicial contra omissões legislativas: ação direta de inconstitucionalidade por omissão e mandado de injunção*. 2. ed. São Paulo, Revista dos Tribunais, 2003.

_____. A proteção internacional dos direitos humanos e o direito brasileiro. In: *Os direitos humanos no Brasil*. São Paulo, Universidade de São Paulo/Núcleo de Estudos da Violência e Comissão Teotônio Vilela, 1995.

_____. Direitos humanos globais, justiça internacional e o Brasil. In: *O cinquentenário da Declaração Universal dos Direitos do Homem*. São Paulo, Editora da Universidade de São Paulo, 1999.

_____. A proteção dos direitos humanos no sistema constitucional brasileiro. *Revista da Procuradoria-Geral do Estado de São Paulo*, n. 51/52, jan./dez. 1999.

_____. Integração regional e direitos humanos. *Folha de S. Paulo*, 9 fev. 2000.

_____. O princípio da complementaridade e a soberania. In: O Tribunal Penal Internacional e a Constituição brasileira. *Revista do Centro de Estudos Judiciários da Justiça Federal*, n. 11, Brasília, CJF, maio/ago. 2000.

_____. O sistema interamericano de promoção e proteção dos direitos humanos: impacto, desafios e perspectivas. *Revista Trimestral de Advocacia Pública*, Instituto Brasileiro de Advocacia Pública, n. 12, ano 6, São Paulo, dez. 2000.

_____. Direitos humanos, democracia e integração regional: os desafios da globalização. *Revista da Procuradoria-Geral do Estado de São Paulo*, n. 54, dez. 2000.

_____. O caso Márcia Barbosa e a imunidade parlamentar. In: BENVENUTO LIMA JR., Jayme (org.). *Direitos humanos internacionais: avanços e desafios do século XXI*. Programa dhInternacional, Recife, 2001.

_____. O impacto dos instrumentos internacionais de proteção dos direitos humanos no direito interno brasileiro. *Anais do I Encontro do Ministério Público da União*, Brasília, 2001.

_____. Implementation of economic, social and cultural rights: practices and experiences. In: KLEIN, Berma; BASPINEIRO, Adalid Contreras; CARBONARI, Paulo César (eds.). *Dignity and human rights — the implementation of economic, social and cultural rights*. Antwerp--Oxford-New York, Intersentia Transnational Publishers, 2002.

_____. A força do direito *versus* o direito da força. *Folha de S. Paulo*, 2 maio 2002.

_____. Sistema internacional de proteção dos direitos humanos: inovações, avanços e desafios contemporâneos. In: D'ANGELIS, Wagner Rocha (coord.). *Direito da integração e direitos humanos no século XXI*. Curitiba, Ed. Juruá, 2002.

_____. A justicialização do sistema interamericano de proteção dos direitos humanos: impacto, desafios e perspectivas. *Boletim Científico da Escola Superior do Ministério Público da União*, ano 1, n. 4, Brasília, jul./set. 2002.

_____. A litigância dos direitos humanos no Brasil: desafios e perspectivas no uso dos sistemas nacional e internacional de proteção. In: DORA, Denise Dourado (org.). *Direito e mudança social*. Rio de Janeiro, Renovar/Ford Foundation, 2002.

_____. A jurisdicionalização dos direitos humanos. *Revista da Escola Paulista da Magistratura*, v. 3, n. 2, jun./dez. 2002.

_____. Direitos humanos e o princípio da dignidade humana. *Revista do Advogado*, Associação dos Advogados de São Paulo, ano 23, n. 70, São Paulo, jul. 2003.

_____. Direitos sociais, econômicos, culturais e direitos civis e políticos. *Revista Internacional de Direitos Humanos — SUR*, ano 1, n. 1, 1º sem. 2004.

_____. El derecho internacional de los derechos humanos y el acceso a la justicia en el ámbito interno y en el ámbito internacional. In: *Políticas públicas de derechos humanos en el Mercosur*. Montevideo, Observatório de Políticas Públicas de Derechos Humanos en el Mercosur, 2004.

PIOVESAN, Flávia (coord.). *Direitos humanos, globalização econômica e integração regional: desafios do direito constitucional internacional*. São Paulo, Max Limonad, 2002.

_____. *Código de Direito Internacional dos Direitos Humanos anotado*. São Paulo, Dpj, 2008.

PIOVESAN, Flávia; SALLA, Fernando. Tortura no Brasil: pesadelo sem fim?. *Ciência Hoje — SBPC*, v. 30, n. 176, out. 2001.

POGGE, Thomas. *World poverty and human rights*. Cambridge, Polity Press, 2002.

PROCURADORIA-GERAL DO ESTADO DE SÃO PAULO. *Instrumentos internacionais de proteção dos direitos humanos*. São Paulo, Grupo de Trabalho de Direitos Humanos da PGE/SP, 1997.

_____. *Direitos humanos: construção da liberdade e da igualdade*. São Paulo, Grupo de Trabalho de Direitos Humanos da PGE/SP, 1998.

_____. *Direitos humanos: legislação e jurisprudência*. São Paulo, Grupo de Trabalho de Direitos Humanos da PGE/SP, 1999. v. 1 e 2.

_____. *Sistema interamericano de proteção dos direitos humanos: legislação e jurisprudência*. São Paulo, Grupo de Trabalho de Direitos Humanos da PGE/SP, 2001.

PRZEWORSKI, Adam (org.). *Sustainable democracy*. Cambridge, Cambridge University Press, 1995.

RAMOS, André de Carvalho. *Direitos humanos em juízo — comentários aos casos contenciosos e consultivos da Corte Interamericana de Direitos Humanos*. São Paulo, Max Limonad, 2001.

RATNER, Steven R.; ABRAMS, Jason S. *Accountability for human rights atrocities in international law: beyond the Nuremberg Legacy*. Oxford--New York, Oxford University Press, 2001.

RAWLS, John. *A theory of justice*. Cambridge, (Mass.), Harvard University Press, 1971.

RIEDEL, Eibe H. Assertion and protection of human rights in international treaties and their impact in the basic law. In: Starck, Christian (ed.). *Rights, institutions and impact of international law according to the German basic law*. Baden-Baden, 1987.

RISSE, Thomas; ROPP, Stephen C.; SIKKINK, Kathryn (ed.). *The power of human rights: international norms and domestic change*. Cambridge, Cambridge University Press, 1999.

RODAS, João Grandino. Tratados internacionais: sua executoriedade no direito interno brasileiro. *Revista do Curso de Direito da Universidade Federal de Uberlândia*, n. 21, dez. 1992.

RYSSDAL, Rolv. The enforcement system set up under the European convention on Human Rights. In: *Compliance with judgements of in-*

ternational courts: symposium in honour of Prof. Henry G. Schermers. Leiden, 1994.

SABÓIA, Gilberto Vergne. Um improvável consenso: a Conferência Mundial de Direitos Humanos e o Brasil. *Política Externa*, São Paulo, v. 2, n. 3, Paz e Terra, dez. 1993.

_____. Direitos humanos, evolução institucional brasileira e política externa: perspectivas e desafios. In: Fonseca JÚNIOR, Gelson; CASTRO, Sergio Henrique Nabuco de (org.), *Temas de política externa brasileira II*. 1994. v. 1.

SACHS, Ignacy. Desenvolvimento, direitos humanos e cidadania. In: *Direitos humanos no século XXI*. Instituto de Pesquisas de Relações Internacionais e Fundação Alexandre de Gusmão, 1998.

_____. O desenvolvimento enquanto apropriação dos direitos humanos. *Estudos Avançados*, n. 12 (33), 1998.

SANTIAGO NIÑO, Carlos. *Fundamentos de derecho constitucional: análisis filosófico, jurídico y politológico de la prática constitucional.* Buenos Aires, Astrea, 1992.

_____. *Introducción al análisis del derecho.* 2. ed. Buenos Aires, Astrea, 1987.

_____. *Ética y derechos humanos: un ensayo de fundamentación.* 2. ed. Buenos Aires, Astrea, 1989.

_____. *The ethics of human rights.* Oxford, Clarendon Press, 1991.

SARLET, Ingo Wolfgang. *Dignidade da pessoa humana e direitos fundamentais na Constituição Federal de 1988.* 3. ed., Porto Alegre, Livraria do Advogado, 2004.

_____. *A eficácia dos direitos fundamentais.* 2. ed., Porto Alegre, Livraria do Advogado, 2001.

SARMENTO, Daniel; IKAWA, Daniela; PIOVESAN, Flávia. *Direitos humanos, igualdade e diferença.* Rio de Janeiro, Lumen Juris, 2008.

SCHABAS, William. *An introduction to the international criminal court.* Cambridge, Cambridge University Press, 2001.

SCHACHTER, Oscar. *International law in theory and practice.* Boston, Martinus Nijhoff, 1991.

SCOTT, George. *The rise and fall of the League of Nations.* London, Hutchinson, 1973.

SEN, Amartya. *Development as freedom.* New York, Alfred A. Knopf, 1999.

_____. *Identity and violence: the illusion of destiny.* New York/London, W. W. Norton & Company, 2006.

_____. *The idea of justice.* Cambridge, Harvard University Press, 2009.

SHELTON, Dinah L. The inter-american human rights system. In: HANNUM, Hurst (ed.). *Guide to international human rights practice.* 2. ed. Philadelphia, University of Pennsylvania, 1992.

_____. *Remedies in international human rights law.* Oxford-New York, Oxford University Press, 2000.

SHESTACK, Jerome. The jurisprudence of human rights. In: MERON, Theodor (ed.). *Human rights in international law: legal and policy issues.* Oxford, Clarendon Press, 1984.

SIEGHART, Paul. *The international law of human rights.* Oxford, Clarendon Press, 1983.

SIKKINK, Kathryn. Human rights, principled issue-networks, and sovereignty in Latin America. In: *International organizations.* Massachusetts, IO Foundation and the Massachusetts Institute of Technology, 1993.

SILVA, José Afonso da. *Curso de direito constitucional positivo.* 18. ed. São Paulo, Revista dos Tribunais, 2000.

SIMMA, Bruno; ALSTON, Philip. The sources of human rights law: custom, jus cogens, and general principles. *The Australian Year Book of International Law*, v. 12, Faculty of Law, The Australian National University, 1992.

SMITH, Rhona K. M. *Textbook on international human rights.* Oxford, Oxford University Press, 2003.

SMITH, Rhona K. M.; ANKER, Christien Van Den (eds.). *The essentials of human rights.* London, Hodder Arnold, 2005.

SOHN, Louis B.; BUERGENTHAL, Thomas. *International protection of human rights.* Indianapolis, Bobbs-Merrill, 1973.

SOUZA SANTOS, Boaventura de. Uma concepção multicultural de direitos humanos. *Revista Lua Nova*, São Paulo, v. 39, 1997.

_____. *Reconhecer para libertar: os caminhos do cosmopolitanismo multicultural.* Rio de Janeiro, Civilização Brasileira, 2003.

_____. *Se Deus fosse ativista de direitos humanos.* 2. ed. São Paulo, Cortez, 2014.

SOUZA SANTOS, Boaventura de; CHAUÍ, Marilena. *Direitos humanos, democracia e desenvolvimento*. São Paulo, Cortez, 2014.

STEINER, Henry J. A gloomy view of enforcement. In: BRAIBANT, MARCOU (eds.). *Les droits de l'homme: universalité et renouveau*, 1990.

_____. Book review: the youth of rights — review of Henkin: the age of rights. *Harvard Law Review*, 1991.

_____. *Diverse partners: non-governmental organizations in the human rights movement, the report of a retreat of human rights activits*. Co-sponsored by Harvard Law School Human Rights Program and Human Rights Internet, 1991.

STEINER, Henry J.; ALSTON, Philip. *Human rights in context: law, politics, morals*. Oxford-New York, Oxford University Press, 1996; 2. ed. 2000.

_____. *International human rights in context — law, politics and morals*. 2. ed. Oxford, Oxford University Press, 2000.

STEINER, Henry; TRUBEK, David. *Brazil: all power to the generals*. New York, 1971.

STEPAN, Alfred (ed.). *Authoritarian Brazil: origins, policies, and future*. New Haven, Yale University Press, 1973.

_____. *The military in politics: changing patterns in Brazil*. Princeton, Princeton University Press, 1974.

STIGLITZ, Joseph E. *Globalization and its discontents*. New York-London, WW Norton Company, 2003.

STRECK, Lenio Luiz. *Hermenêutica jurídica e(m) crise: uma exploração hermenêutica da construção do direito*. 5. ed. Porto Alegre, Livraria do Advogado, 2004.

SUNDFELD, Carlos Ari; VILHENA VIEIRA, Oscar (coord.). *Direito global*. São Paulo, Max Limonad, 1999.

TAYLOR, Charles et al. *Multiculturalism — examining the politics of recognition*. Princeton, Princeton University Press, 1994.

TAYLOR, Telford. *Nuremberg Trials: war crimes and international law*. New York, Carnegie Endowment for International Peace, 1949.

THOMAZ, Dan. *Social movements and the strategic use of human rights norms: a comparison of East European cases*. 1995.

TOBIN, Jack; GREEN, Jennifer. *Guide to human rights research*. Cambridge, Harvard Law School/Human Rights Program, 1994.

TORRES, Ricardo Lobo (org.). *Teoria dos direitos fundamentais*. Rio de Janeiro, Renovar, 1999.

UNDP. *Human Development Report 2002: Deepening democracy in a fragmented world*. New York/Oxford University Press, 2002.

VASAK, Karel (ed.). *The international dimensions of human rights*. Rev. e trad. Philip Alston. Connecticut, Greenwood Press, 1982. v. 1.

_____. *For third generation of human rights: the rights to solidarity*. International Institute of Human Rights, 1979.

VENTURA, Miriam; BARSTED, Leila Linhares; IKAWA, Daniela; PIO-VESAN, Flávia (org.). *Direitos sexuais e direitos reprodutivos na perspectiva dos direitos humanos*. Rio de Janeiro, Advocacia/UNFPA, 2003.

VILHENA VIEIRA, Oscar. *A Constituição e sua reserva de justiça: um ensaio sobre os limites materiais de reforma*. São Paulo, Malheiros, 1999.

_____. A gramática dos direitos humanos. *Revista do ILANUD*, n. 17, São Paulo, 2000.

VINCENT, R. J. *Human rights and international relations*. Cambridge, Cambridge University Press, 1986.

YOUNG, Iris. *Justice and the politics of difference*. Princeton, Princeton University Press, 1990.

WALDRON, Jeremy (ed.). *Theories of rights*. Oxford-New York, Oxford University Press, 1984.

WALLACE, Rebecca M. M. *International law: a student introduction*. London, Sweet & Maxwell, 1992.

_____. *International law*. 2. ed. London, Sweet & Maxwell, 1992.

WALTERS, Francis Paul. *A history of the League of Nations*. London, Oxford University Press, 1960.

WEIS, Carlos. *Direitos humanos contemporâneos*. São Paulo, Malheiros, 1999.

WEISSBRODT, David. The contribution of international nongovernamental organizations to the protection of human rights. In: *Human rights in international law: legal and policy issues*. Oxford, Clarendon Press, 1984.

WELCH, Claude E.; LEARY, Virginia (eds.). *Asian perspectives on human rights*. Boulder, Westview Press, 1990.

WOOD, Allen W. (ed. e org.). *Basic writings of Kant*. New York, The Modern Library, 2001.

ZAGREBELSKY, Gustavo. *El derecho dúctil*. Trad. Marina Gascón. 5. ed. Madrid, Ed. Trotta, 2003.

APÊNDICE

DECLARAÇÃO UNIVERSAL DOS DIREITOS HUMANOS*

Considerando que o reconhecimento da dignidade inerente a todos os membros da família humana e de seus direitos iguais e inalienáveis é o fundamento da liberdade, da justiça e da paz no mundo;

Considerando que o desprezo e o desrespeito pelos direitos da pessoa resultaram em atos bárbaros que ultrajaram a consciência da Humanidade e que o advento de um mundo em que as pessoas gozem de liberdade de palavra, de crença e de liberdade de viverem a salvo do temor e da necessidade foi proclamado como a mais alta aspiração do homem comum;

Considerando essencial que os direitos da pessoa sejam protegidos pelo império da lei, para que a pessoa não seja compelida, como último recurso, à rebelião contra a tirania e a opressão;

Considerando essencial promover o desenvolvimento das relações amistosas entre as nações;

Considerando que os povos das Nações Unidas reafirmaram, na Carta, sua fé nos direitos humanos fundamentais, na dignidade e no valor da pessoa humana e na igualdade de direitos do homem e da mulher, e que decidiram promover o progresso social e melhores condições de vida em uma liberdade mais ampla;

Considerando que os Estados-Membros se comprometeram a promover, em cooperação com as Nações Unidas, o respeito universal aos direitos e liberdades fundamentais da pessoa e a observância desses direitos e liberdades;

Considerando que uma compreensão comum desses direitos e liberdades é da mais alta importância para o pleno cumprimento desse compromisso,

A Assembleia Geral proclama

A presente Declaração Universal dos Direitos Humanos como o ideal comum a ser atingido por todos os povos e todas as nações, com o objetivo de que cada indivíduo e cada órgão da sociedade, tendo sempre em mente esta Declaração, se esforcem, através do ensino e da educação, em promover o respeito a esses direitos e liberdades e, pela adoção de medidas progressivas de caráter nacional e interna-

---

* Adotada e proclamada pela Resolução n. 217-A (III) da Assembleia Geral das Nações Unidas, em 10 de dezembro de 1948.

cional, em assegurar o seu reconhecimento e a sua observância universais e efetivos, tanto entre os povos dos próprios Estados-Membros quanto entre os povos dos territórios sob a sua jurisdição.

Artigo I — Todas as pessoas nascem livres e iguais em dignidade e direitos. São dotadas de razão e consciência e devem agir em relação umas às outras com espírito de fraternidade.

Artigo II — 1. Toda pessoa tem capacidade para gozar os direitos e as liberdades estabelecidos nesta Declaração, sem distinção de qualquer espécie, seja de raça, cor, sexo, língua, religião, opinião política ou de outra natureza, origem nacional ou social, riqueza, nascimento, ou qualquer outra condição.

2. Não será tampouco feita nenhuma distinção fundada na condição política, jurídica ou internacional do país ou território a que pertença uma pessoa, quer se trate de um território independente, sob tutela, sem governo próprio, quer sujeito a qualquer outra limitação de soberania.

Artigo III — Toda pessoa tem direito à vida, à liberdade e à segurança pessoal.

Artigo IV — Ninguém será mantido em escravidão ou servidão; a escravidão e o tráfico de escravos serão proibidos em todas as suas formas.

Artigo V — Ninguém será submetido a tortura, nem a tratamento ou castigo cruel, desumano ou degradante.

Artigo VI — Toda pessoa tem o direito de ser, em todos os lugares, reconhecida como pessoa perante a lei.

Artigo VII — Todos são iguais perante a lei e têm direito, sem qualquer distinção, a igual proteção da lei. Todos têm direito a igual proteção contra qualquer discriminação que viole a presente Declaração e contra qualquer incitamento a tal discriminação.

Artigo VIII — Toda pessoa tem o direito de receber dos Tribunais nacionais competentes recurso efetivo para os atos que violem os direitos fundamentais que lhe sejam reconhecidos pela Constituição ou pela lei.

Artigo IX — Ninguém será arbitrariamente preso, detido ou exilado.

Artigo X — Toda pessoa tem direito, em plena igualdade, a uma audiência justa e pública por parte de um Tribunal independente e imparcial, para decidir de seus direitos e deveres ou do fundamento de qualquer acusação criminal contra ela.

Artigo XI — 1. Toda pessoa acusada de um ato delituoso tem o direito de ser presumida inocente, até que a sua culpabilidade tenha sido provada de acordo com a lei, em julgamento público no qual lhe tenham sido asseguradas todas as garantias necessárias à sua defesa.

2. Ninguém poderá ser culpado por qualquer ação ou omissão que, no momento, não constituam delito perante o direito nacional ou internacional. Também não será imposta pena mais forte do que aquela que, no momento da prática, era aplicável ao ato delituoso.

Artigo XII — Ninguém será sujeito a interferências na sua vida privada, na sua família, no seu lar ou na sua correspondência, nem a ataques à sua honra e reputação. Toda pessoa tem direito à proteção da lei contra tais interferências ou ataques.

Artigo XIII — 1. Toda pessoa tem direito à liberdade de locomoção e residência dentro das fronteiras de cada Estado.

2. Toda pessoa tem o direito de deixar qualquer país, inclusive o próprio, e a ele regressar.

Artigo XIV — 1. Toda pessoa vítima de perseguição tem o direito de procurar e de gozar asilo em outros países.

2. Este direito não pode ser invocado em caso de perseguição legitimamente motivada por crimes de direito comum ou por atos contrários aos propósitos ou princípios das Nações Unidas.

Artigo XV — 1. Toda pessoa tem direito a uma nacionalidade.

2. Ninguém será arbitrariamente privado de sua nacionalidade, nem do direito de mudar de nacionalidade.

Artigo XVI — 1. Os homens e mulheres de maior idade, sem qualquer restrição de raça, nacionalidade ou religião, têm o direito de contrair matrimônio e fundar uma família. Gozam de iguais direitos em relação ao casamento, sua duração e sua dissolução.

2. O casamento não será válido senão com o livre e pleno consentimento dos nubentes.

3. A família é o núcleo natural e fundamental da sociedade e tem direito à proteção da sociedade e do Estado.

Artigo XVII — 1. Toda pessoa tem direito à propriedade, só ou em sociedade com outros.

2. Ninguém será arbitrariamente privado de sua propriedade.

Artigo XVIII — Toda pessoa tem direito à liberdade de pensamento, consciência e religião; este direito inclui a liberdade de mudar de religião ou crença e a liberdade de manifestar essa religião ou crença, pelo ensino, pela prática, pelo culto e pela observância, isolada ou coletivamente, em público ou em particular.

Artigo XIX — Toda pessoa tem direito à liberdade de opinião e expressão; este direito inclui a liberdade de, sem interferências, ter opiniões e de procurar, receber e transmitir informações e ideias por quaisquer meios e independentemente de fronteiras.

Artigo XX — 1. Toda pessoa tem direito à liberdade de reunião e associação pacíficas.

2. Ninguém poderá ser obrigado a fazer parte de uma associação.

Artigo XXI — 1. Toda pessoa tem o direito de tomar parte no governo de seu país diretamente ou por intermédio de representantes livremente escolhidos.

2. Toda pessoa tem igual direito de acesso ao serviço público do seu país.

3. A vontade do povo será a base da autoridade do governo; esta vontade será expressa em eleições periódicas e legítimas, por sufrágio universal, por voto secreto ou processo equivalente que assegure a liberdade de voto.

Artigo XXII — Toda pessoa, como membro da sociedade, tem direito à segurança social e à realização, pelo esforço nacional, pela cooperação internacional e de acordo com a organização e recursos de cada Estado, dos direitos econômicos, sociais e culturais indispensáveis à sua dignidade e ao livre desenvolvimento de sua personalidade.

Artigo XXIII — 1. Toda pessoa tem direito ao trabalho, à livre escolha de emprego, a condições justas e favoráveis de trabalho e à proteção contra o desemprego.

2. Toda pessoa, sem qualquer distinção, tem direito a igual remuneração por igual trabalho.

3. Toda pessoa que trabalha tem direito a uma remuneração justa e satisfatória, que lhe assegure, assim como à sua família, uma existência compatível com a dignidade humana, e a que se acrescentarão, se necessário, outros meios de proteção social.

4. Toda pessoa tem direito a organizar sindicatos e a neles ingressar para a proteção de seus interesses.

Artigo XXIV — Toda pessoa tem direito a repouso e lazer, inclusive a limitação razoável das horas de trabalho e a férias remuneradas periódicas.

Artigo XXV — 1. Toda pessoa tem direito a um padrão de vida capaz de assegurar a si e a sua família saúde e bem-estar, inclusive alimentação, vestuário, habitação, cuidados médicos e os serviços sociais indispensáveis, o direito à segurança, em caso de desemprego, doença, invalidez, viuvez, velhice ou outros casos de perda dos meios de subsistência em circunstâncias fora de seu controle.

2. A maternidade e a infância têm direito a cuidados e assistência especiais. Todas as crianças, nascidas dentro ou fora do matrimônio, gozarão da mesma proteção social.

Artigo XXVI — 1. Toda pessoa tem direito à instrução. A instrução será gratuita, pelo menos nos graus elementares e fundamentais. A instrução elementar será obrigatória. A instrução técnico-profissional será acessível a todos, bem como a instrução superior, esta baseada no mérito.

2. A instrução será orientada no sentido do pleno desenvolvimento da personalidade humana e do fortalecimento e do respeito pelos direitos humanos e pelas liberdades fundamentais. A instrução promoverá a compreensão, a tolerância e a amizade entre todas as nações e grupos raciais ou religiosos, e coadjuvará as atividades das Nações Unidas em prol da manutenção da paz.

3. Os pais têm prioridade de direito na escolha do gênero de instrução que será ministrada a seus filhos.

Artigo XXVII — 1. Toda pessoa tem o direito de participar livremente da vida cultural da comunidade, de fruir as artes e de participar do progresso científico e de seus benefícios.

2. Toda pessoa tem direito à proteção dos interesses morais e materiais decorrentes de qualquer produção científica, literária ou artística da qual seja autor.

Artigo XXVIII — Toda pessoa tem direito a uma ordem social e internacional em que os direitos e liberdades estabelecidos na presente Declaração possam ser plenamente realizados.

Artigo XXIX — 1. Toda pessoa tem deveres para com a comunidade, na qual o livre e pleno desenvolvimento de sua personalidade é possível.

2. No exercício de seus direitos e liberdades, toda pessoa estará sujeita apenas às limitações determinadas pela lei, exclusivamente com o fim de assegurar o devido reconhecimento e respeito dos direitos e liberdades de outrem, e de satisfazer às justas exigências da moral, da ordem pública e do bem-estar de uma sociedade democrática.

3. Esses direitos e liberdades não podem, em hipótese alguma, ser exercidos contrariamente aos propósitos e princípios das Nações Unidas.

Artigo XXX — Nenhuma disposição da presente Declaração pode ser interpretada como o reconhecimento a qualquer Estado, grupo ou pessoa, do direito de exercer qualquer atividade ou praticar qualquer ato destinado à destruição de quaisquer dos direitos e liberdades aqui estabelecidos.

PACTO INTERNACIONAL DOS DIREITOS CIVIS E POLÍTICOS*

PREÂMBULO

Os Estados partes no presente Pacto,

Considerando que, em conformidade com os princípios proclamados na Carta das Nações Unidas, o reconhecimento da dignidade inerente a todos os membros da família humana e dos seus direitos iguais e inalienáveis constitui o fundamento da liberdade, da justiça e da paz no mundo,

Reconhecendo que esses direitos decorrem da dignidade inerente à pessoa humana,

Reconhecendo que, em conformidade com a Declaração Universal dos Direitos Humanos, o ideal do ser humano livre, no gozo das liberdades civis e políticas e liberto do temor e da miséria, não pode ser realizado, a menos que se criem as condições que permitam a cada um gozar de seus direitos civis e políticos, assim como de seus direitos econômicos, sociais e culturais,

Considerando que a Carta das Nações Unidas impõe aos Estados a obrigação de promover o respeito universal e efetivo dos direitos e das liberdades da pessoa humana,

Compreendendo que o indivíduo, por ter deveres para com seus semelhantes e para com a coletividade a que pertence, tem a obrigação de lutar pela promoção e observância dos direitos reconhecidos no presente Pacto,

Acordam o seguinte:

PARTE I

Artigo 1º — 1. Todos os povos têm direito à autodeterminação. Em virtude desse direito, determinam livremente seu estatuto político e asseguram livremente seu desenvolvimento econômico, social e cultural.

2. Para a consecução de seus objetivos, todos os povos podem dispor livremente de suas riquezas e de seus recursos naturais, sem prejuízo das obrigações

---

* Adotado pela Resolução n. 2.200-A (XXI) da Assembleia Geral das Nações Unidas, em 16 de dezembro de 1966.

decorrentes da cooperação econômica internacional, baseada no princípio do proveito mútuo e do Direito Internacional. Em caso algum poderá um povo ser privado de seus próprios meios de subsistência.

3. Os Estados partes no presente Pacto, inclusive aqueles que tenham a responsabilidade de administrar territórios não autônomos e territórios sob tutela, deverão promover o exercício do direito à autodeterminação e respeitar esse direito, em conformidade com as disposições da Carta das Nações Unidas.

PARTE II

Artigo 2º — 1. Os Estados partes no presente Pacto comprometem-se a garantir a todos os indivíduos que se encontrem em seu território e que estejam sujeitos à sua jurisdição os direitos reconhecidos no presente Pacto, sem discriminação alguma por motivo de raça, cor, sexo, língua, religião, opinião política ou de qualquer outra natureza, origem nacional ou social, situação econômica, nascimento ou qualquer outra situação.

2. Na ausência de medidas legislativas ou de outra natureza destinadas a tornar efetivos os direitos reconhecidos no presente Pacto, os Estados-partes comprometem-se a tomar as providências necessárias, com vistas a adotá-las, levando em consideração seus respectivos procedimentos constitucionais e as disposições do presente Pacto.

3. Os Estados-partes comprometem-se a:

a) garantir que toda pessoa, cujos direitos e liberdades reconhecidos no presente Pacto hajam sido violados, possa dispor de um recurso efetivo, mesmo que a violência tenha sido perpetrada por pessoas que agiam no exercício de funções oficiais;

b) garantir que toda pessoa que interpuser tal recurso terá seu direito determinado pela competente autoridade judicial, administrativa ou legislativa ou por qualquer outra autoridade competente prevista no ordenamento jurídico do Estado em questão e a desenvolver as possibilidades de recurso judicial;

c) garantir o cumprimento, pelas autoridades competentes, de qualquer decisão que julgar procedente tal recurso.

Artigo 3º — Os Estados partes no presente Pacto comprometem-se a assegurar a homens e mulheres igualdade no gozo de todos os direitos civis e políticos enunciados no presente Pacto.

Artigo 4º — 1. Quando situações excepcionais ameacem a existência da nação e sejam proclamadas oficialmente, os Estados partes no presente Pacto podem adotar, na estrita medida em que a situação o exigir, medidas que derroguem as obrigações decorrentes do presente Pacto, desde que tais medidas não sejam incompatíveis com as demais obrigações que lhes sejam impostas pelo Direito Internacional e não acarretem discriminação alguma apenas por motivo de raça, cor, sexo, língua, religião ou origem social.

2. A disposição precedente não autoriza qualquer derrogação dos artigos 6º, 7º, 8º (§§ 1º e 2º), 11, 15, 16 e 18.

3. Os Estados partes no presente Pacto que fizerem uso do direito de derrogação devem comunicar imediatamente aos outros Estados partes no presente Pacto, por intermédio do Secretário-Geral da Organização das Nações Unidas, as disposições que tenham derrogado, bem como os motivos de tal derrogação. Os Estados-partes deverão fazer uma nova comunicação, igualmente por intermédio do Secretário-Geral das Nações Unidas, na data em que terminar tal suspensão.

Artigo 5º — 1. Nenhuma disposição do presente Pacto poderá ser interpretada no sentido de reconhecer a um Estado, grupo ou indivíduo qualquer direito de dedicar-se a quaisquer atividades ou de praticar quaisquer atos que tenham por objetivo destruir os direitos ou liberdades reconhecidos no presente Pacto ou impor-lhes limitações mais amplas do que aquelas nele previstas.

2. Não se admitirá qualquer restrição ou suspensão dos direitos humanos fundamentais reconhecidos ou vigentes em qualquer Estado-parte no presente Pacto em virtude de leis, convenções, regulamentos ou costumes, sob pretexto de que o presente Pacto não os reconheça ou os reconheça em menor grau.

PARTE III

Artigo 6º — 1. O direito à vida é inerente à pessoa humana. Este direito deverá ser protegido pela lei. Ninguém poderá ser arbitrariamente privado de sua vida.

2. Nos países em que a pena de morte não tenha sido abolida, esta poderá ser imposta apenas nos casos de crimes mais graves, em conformidade com a legislação vigente na época em que o crime foi cometido e que não esteja em conflito com as disposições do presente Pacto, nem com a Convenção sobre a Prevenção e a Repressão do Crime de Genocídio. Poder-se-á aplicar essa pena apenas em decorrência de uma sentença transitada em julgado e proferida por tribunal competente.

3. Quando a privação da vida constituir crime de genocídio, entende-se que nenhuma disposição do presente artigo autorizará qualquer Estado-parte no presente Pacto a eximir-se, de modo algum, do cumprimento de qualquer das obrigações que tenha assumido, em virtude das disposições da Convenção sobre a Prevenção e Repressão do Crime de Genocídio.

4. Qualquer condenado à morte terá o direito de pedir indulto ou comutação da pena. A anistia, o indulto ou a comutação da pena poderão ser concedidos em todos os casos.

5. Uma pena de morte não poderá ser imposta em casos de crimes cometidos por pessoas menores de 18 anos, nem aplicada a mulheres em caso de gravidez.

6. Não se poderá invocar disposição alguma do presente artigo para retardar ou impedir a abolição da pena de morte por um Estado parte no presente Pacto.

Artigo 7º — Ninguém poderá ser submetido a tortura, nem a penas ou tratamentos cruéis, desumanos ou degradantes. Será proibido, sobretudo, submeter uma pessoa, sem seu livre consentimento, a experiências médicas ou científicas.

Artigo 8º — 1. Ninguém poderá ser submetido à escravidão; a escravidão e o tráfico de escravos, em todas as suas formas, ficam proibidos.

2. Ninguém poderá ser submetido à servidão.

3. a) ninguém poderá ser obrigado a executar trabalhos forçados ou obrigatórios;

b) a alínea *a* do presente parágrafo não poderá ser interpretada no sentido de proibir, nos países em que certos crimes sejam punidos com prisão e trabalho forçados, o cumprimento de uma pena de trabalhos forçados, imposta por um tribunal competente;

c) para os efeitos do presente parágrafo, não serão considerados "trabalhos forçados ou obrigatórios":

i) qualquer trabalho ou serviço, não previsto na alínea *b*, normalmente exigido de um indivíduo que tenha sido encarcerado em cumprimento de decisão judicial ou que, tendo sido objeto de tal decisão, ache-se em liberdade condicional;

ii) qualquer serviço de caráter militar e, nos países em que se admite a isenção por motivo de consciência, qualquer serviço nacional que a lei venha a exigir daqueles que se oponham ao serviço militar por motivo de consciência;

iii) qualquer serviço exigido em casos de emergência ou de calamidade que ameacem o bem-estar da comunidade;

iv) qualquer trabalho ou serviço que faça parte das obrigações cívicas normais.

Artigo 9º — 1. Toda pessoa tem direito à liberdade e à segurança pessoais. Ninguém poderá ser preso ou encarcerado arbitrariamente. Ninguém poderá ser privado de sua liberdade, salvo pelos motivos previstos em lei e em conformidade com os procedimentos nela estabelecidos.

2. Qualquer pessoa, ao ser presa, deverá ser informada das razões da prisão e notificada, sem demora, das acusações formuladas contra ela.

3. Qualquer pessoa presa ou encarcerada em virtude de infração penal deverá ser conduzida, sem demora, à presença do juiz ou de outra autoridade habilitada por lei a exercer funções judiciais e terá o direito de ser julgada em prazo razoável ou de ser posta em liberdade. A prisão preventiva de pessoas que aguardam julgamento não deverá constituir a regra geral, mas a soltura poderá estar condicionada a garantias que assegurem o comparecimento da pessoa em questão à audiência e a todos os atos do processo, se necessário for, para a execução da sentença.

4. Qualquer pessoa que seja privada de sua liberdade, por prisão ou encarceramento, terá o direito de recorrer a um tribunal para que este decida sobre a legalidade de seu encarceramento e ordene a soltura, caso a prisão tenha sido ilegal.

5. Qualquer pessoa vítima de prisão ou encarceramento ilegal terá direito à reparação.

Artigo 10 — 1. Toda pessoa privada de sua liberdade deverá ser tratada com humanidade e respeito à dignidade inerente à pessoa humana.

2.a) As pessoas processadas deverão ser separadas, salvo em circunstâncias excepcionais, das pessoas condenadas e receber tratamento distinto, condizente com sua condição de pessoas não condenadas.

b) As pessoas jovens processadas deverão ser separadas das adultas e julgadas o mais rápido possível.

3. O regime penitenciário consistirá em um tratamento cujo objetivo principal seja a reforma e reabilitação moral dos prisioneiros. Os delinquentes juvenis deverão ser separados dos adultos e receber tratamento condizente com sua idade e condição jurídica.

Artigo 11 — Ninguém poderá ser preso apenas por não poder cumprir com uma obrigação contratual.

Artigo 12 — 1. Toda pessoa que se encontre legalmente no território de um Estado terá o direito de nele livremente circular e escolher sua residência.

2. Toda pessoa terá o direito de sair livremente de qualquer país, inclusive de seu próprio país.

3. Os direitos supracitados não poderão constituir objeto de restrições, a menos que estejam previstas em lei e no intuito de proteger a segurança nacional e a ordem, saúde ou moral públicas, bem como os direitos e liberdades das demais pessoas, e que sejam compatíveis com os outros direitos reconhecidos no presente Pacto.

4. Ninguém poderá ser privado arbitrariamente do direito de entrar em seu próprio país.

Artigo 13 — Um estrangeiro que se encontre legalmente no território de um Estado parte no presente Pacto só poderá dele ser expulso em decorrência de decisão adotada em conformidade com a lei e, a menos que razões imperativas de segurança nacional a isso se oponham, terá a possibilidade de expor as razões que militem contra a sua expulsão e de ter seu caso reexaminado pelas autoridades competentes, ou por uma ou várias pessoas especialmente designadas pelas referidas autoridades, e de fazer-se representar com este objetivo.

Artigo 14 — 1. Todas as pessoas são iguais perante os Tribunais e as Cortes de Justiça. Toda pessoa terá o direito de ser ouvida publicamente e com as devidas garantias por um Tribunal competente, independente e imparcial, estabelecido por lei, na apuração de qualquer acusação de caráter penal formulada contra ela ou na determinação de seus direitos e obrigações de caráter civil. A imprensa e o público poderão ser excluídos de parte ou da totalidade de um julgamento, quer por motivo de moral pública, ordem pública ou de segurança nacional em uma sociedade democrática, quer quando o interesse da vida privada das partes o exija, quer na medida em que isto seja estritamente necessário na opinião da justiça, em circunstâncias específicas, nas quais a publicidade venha a prejudicar os interesses da justiça; entretanto, qualquer sentença proferida em matéria penal ou civil deverá tornar-se pública, a menos que o interesse de menores exija procedimento oposto, ou o processo diga respeito a controvérsias matrimoniais ou à tutela de menores.

2. Toda pessoa acusada de um delito terá direito a que se presuma sua inocência enquanto não for legalmente comprovada sua culpa.

3. Toda pessoa acusada de um delito terá direito, em plena igualdade, às seguintes garantias mínimas:

a) a ser informada, sem demora, em uma língua que compreenda e de forma minuciosa, da natureza e dos motivos da acusação contra ela formulada;

b) a dispor do tempo e dos meios necessários à preparação de sua defesa e a comunicar-se com defensor de sua escolha;

c) a ser julgada sem dilações indevidas;

d) a estar presente no julgamento e a defender-se pessoalmente ou por intermédio de defensor de sua escolha; a ser informada, caso não tenha defensor, do direito que lhe assiste de tê-lo, e sempre que o interesse da justiça assim exija, a ter um defensor designado *ex officio* gratuitamente, se não tiver meios para remunerá-lo;

e) a interrogar ou fazer interrogar as testemunhas de acusação e a obter comparecimento e o interrogatório das testemunhas de defesa nas mesmas condições de que dispõem as de acusação;

f) a ser assistida gratuitamente por um intérprete, caso não compreenda ou não fale a língua empregada durante o julgamento;

g) a não ser obrigada a depor contra si mesma, nem a confessar-se culpada.

4. O processo aplicável aos jovens que não sejam maiores nos termos da legislação penal levará em conta a idade dos mesmos e a importância de promover sua reintegração social.

5. Toda pessoa declarada culpada por um delito terá o direito de recorrer da sentença condenatória e da pena a uma instância superior, em conformidade com a lei.

6. Se uma sentença condenatória passada em julgado for posteriormente anulada ou quando um indulto for concedido, pela ocorrência ou descoberta de fatos novos que provem cabalmente a existência de erro judicial, a pessoa que sofreu a pena decorrente dessa condenação deverá ser indenizada, de acordo com a lei, a

menos que fique provado que se lhe pode imputar, total ou parcialmente, a não revelação do fato desconhecido em tempo útil.

7. Ninguém poderá ser processado ou punido por um delito pelo qual já foi absolvido ou condenado por sentença passada em julgado, em conformidade com a lei e com os procedimentos penais de cada país.

Artigo 15 — 1. Ninguém poderá ser condenado por atos ou omissões que não constituam delito de acordo com o direito nacional ou internacional, no momento em que foram cometidos. Tampouco se poderá impor pena mais grave do que a aplicável no momento da ocorrência do delito. Se, depois de perpetrado o delito, a lei estipular a imposição de pena mais leve, o delinquente deverá dela beneficiar-se.

2. Nenhuma disposição do presente Pacto impedirá o julgamento ou a condenação de qualquer indivíduo por atos ou omissões que, no momento em que foram cometidos, eram considerados delituosos de acordo com os princípios gerais de direito reconhecidos pela comunidade das nações.

Artigo 16 — Toda pessoa terá o direito, em qualquer lugar, ao reconhecimento de sua personalidade jurídica.

Artigo 17 — 1. Ninguém poderá ser objeto de ingerências arbitrárias ou ilegais em sua vida privada, em sua família, em seu domicílio ou em sua correspondência, nem de ofensas ilegais à sua honra e reputação.

2. Toda pessoa terá direito à proteção da lei contra essas ingerências ou ofensas.

Artigo 18 — 1. Toda pessoa terá direito à liberdade de pensamento, de consciência e de religião. Esse direito implicará a liberdade de ter ou adotar uma religião ou crença de sua escolha e a liberdade de professar sua religião ou crença, individual ou coletivamente, tanto pública como privadamente, por meio do culto, da celebração de ritos, de práticas e do ensino.

2. Ninguém poderá ser submetido a medidas coercitivas que possam restringir sua liberdade de ter ou de adotar uma religião ou crença de sua escolha.

3. A liberdade de manifestar a própria religião ou crença estará sujeita apenas às limitações previstas em lei e que se façam necessárias para proteger a segurança, a ordem, a saúde ou a moral públicas ou os direitos e as liberdades das demais pessoas.

4. Os Estados partes no presente Pacto comprometem-se a respeitar a liberdade dos pais — e, quando for o caso, dos tutores legais — de assegurar aos filhos a educação religiosa e moral que esteja de acordo com suas próprias convicções.

Artigo 19 — 1. Ninguém poderá ser molestado por suas opiniões.

2. Toda pessoa terá o direito à liberdade de expressão; esse direito incluirá a liberdade de procurar, receber e difundir informações e ideias de qualquer natureza, independentemente de considerações de fronteiras, verbalmente ou por escrito, de forma impressa ou artística, ou por qualquer meio de sua escolha.

3. O exercício de direito previsto no § 2º do presente artigo implicará deveres e responsabilidades especiais. Consequentemente, poderá estar sujeito a certas restrições, que devem, entretanto, ser expressamente previstas em lei e que se façam necessárias para:

a) assegurar o respeito dos direitos e da reputação das demais pessoas;

b) proteger a segurança nacional, a ordem, a saúde ou a moral públicas.

Artigo 20 — 1. Será proibida por lei qualquer propaganda em favor da guerra.

2. Será proibida por lei qualquer apologia ao ódio nacional, racial ou religioso, que constitua incitamento à discriminação, à hostilidade ou à violência.

Artigo 21 — O direito de reunião pacífica será reconhecido. O exercício desse direito estará sujeito apenas às restrições previstas em lei e que se façam necessárias, em uma sociedade democrática, ao interesse da segurança nacional, da segurança ou ordem públicas, ou para proteger a saúde ou a moral públicas ou os direitos e as liberdades das demais pessoas.

Artigo 22 — 1. Toda pessoa terá o direito de associar-se livremente a outras, inclusive o direito de constituir sindicatos e de a eles filiar-se, para proteção de seus interesses.

2. O exercício desse direito estará sujeito apenas às restrições previstas em lei e que se façam necessárias, em uma sociedade democrática, ao interesse da segurança nacional, da segurança e da ordem públicas, ou para proteger a saúde ou a moral públicas ou os direitos e as liberdades das demais pessoas. O presente artigo não impedirá que se submeta a restrições legais o exercício desses direitos por membros das forças armadas e da polícia.

3. Nenhuma das disposições do presente artigo permitirá que os Estados--partes na Convenção de 1948 da Organização Internacional do Trabalho, relativa à liberdade sindical e à proteção do direito sindical, venham a adotar medidas legislativas que restrinjam — ou a aplicar a lei de maneira a restringir — as garantias previstas na referida Convenção.

Artigo 23 — 1. A família é o núcleo natural e fundamental da sociedade e terá o direito de ser protegida pela sociedade e pelo Estado.

2. Será reconhecido o direito do homem e da mulher de, em idade núbil, contrair casamento e constituir família.

3. Casamento algum será celebrado sem o consentimento livre e pleno dos futuros esposos.

4. Os Estados partes no presente Pacto deverão adotar as medidas apropriadas para assegurar a igualdade de direitos e responsabilidades dos esposos quanto ao casamento, durante o mesmo e por ocasião de sua dissolução. Em caso de dissolução, deverão adotar-se as disposições que assegurem a proteção necessária para os filhos.

Artigo 24 — 1. Toda criança terá direito, sem discriminação alguma por motivo de cor, sexo, língua, religião, origem nacional ou social, situação econômica ou nascimento, às medidas de proteção que a sua condição de menor requer por parte de sua família, da sociedade e do Estado.

2. Toda criança deverá ser registrada imediatamente após seu nascimento e deverá receber um nome.

3. Toda criança terá o direito de adquirir uma nacionalidade.

Artigo 25 — Todo cidadão terá o direito e a possibilidade, sem qualquer das formas de discriminação mencionadas no artigo 2º e sem restrições infundadas:

a) de participar da condução dos assuntos públicos, diretamente ou por meio de representantes livremente escolhidos;

b) de votar e ser eleito em eleições periódicas, autênticas, realizadas por sufrágio universal e igualitário e por voto secreto, que garantam a manifestação da vontade dos eleitores;

c) de ter acesso, em condições gerais de igualdade, às funções públicas de seu país.

Artigo 26 — Todas as pessoas são iguais perante a lei e têm direito, sem discriminação alguma, a igual proteção da lei. A este respeito, a lei deverá proibir qualquer forma de discriminação e garantir a todas as pessoas proteção igual e eficaz contra qualquer discriminação por motivo de raça, cor, sexo, língua, religião, opinião política ou de outra natureza, origem nacional ou social, situação econômica, nascimento ou qualquer outra situação.

Artigo 27 — Nos Estados em que haja minorias étnicas, religiosas ou linguísticas, as pessoas pertencentes a essas minorias não poderão ser privadas do direito de ter, conjuntamente com outros membros de seu grupo, sua própria vida cultural, de professar e praticar sua própria religião e usar sua própria língua.

PARTE IV

Artigo 28 — 1. Constituir-se-á um Comitê de Direitos Humanos (doravante denominado "Comitê" no presente Pacto). O Comitê será composto de dezoito membros e desempenhará as funções descritas adiante.

2. O Comitê será integrado por nacionais dos Estados partes no presente Pacto, os quais deverão ser pessoas de elevada reputação moral e reconhecida competência em matéria de direitos humanos, levando-se em consideração a utilidade da participação de algumas pessoas com experiência jurídica.

3. Os membros do Comitê serão eleitos e exercerão suas funções a título pessoal.

Artigo 29 — 1. Os membros do Comitê serão eleitos em votação secreta dentre uma lista de pessoas que preencham os requisitos previstos no artigo 28 e indicadas, com esse objetivo, pelos Estados partes no presente Pacto.

2. Cada Estado parte no presente Pacto poderá indicar duas pessoas. Essas pessoas deverão ser nacionais do Estado que as indicou.

3. A mesma pessoa poderá ser indicada mais de uma vez.

Artigo 30 — 1. A primeira eleição realizar-se-á no máximo seis meses após a data da entrada em vigor do presente Pacto.

2. Ao menos quatro meses antes da data de cada eleição do Comitê, e desde que não seja uma eleição para preencher uma vaga declarada nos termos do artigo 34, o Secretário-Geral da Organização das Nações Unidas convidará, por escrito, os Estados partes no presente Pacto a indicar, no prazo de três meses, os candidatos a membro do Comitê.

3. O Secretário-Geral da Organização das Nações Unidas organizará uma lista por ordem alfabética de todos os candidatos assim designados, mencionando os Estados-partes que os tiverem indicado, e a comunicará aos Estados partes no presente Pacto, no máximo um mês antes da data de cada eleição.

4. Os membros do Comitê serão eleitos em reuniões dos Estados partes convocadas pelo Secretário-Geral da Organização das Nações Unidas na sede da Organização. Nessas reuniões, em que o *quorum* será estabelecido por dois terços dos Estados partes no presente Pacto, serão eleitos membros do Comitê os candidatos que obtiverem o maior número de votos e a maioria absoluta dos votos dos representantes dos Estados-partes presentes e votantes.

Artigo 31 — 1. O Comitê não poderá ter mais de um nacional de um mesmo Estado.

2. Nas eleições do Comitê, levar-se-ão em consideração uma distribuição geográfica equitativa e uma representação das diversas formas da civilização, bem como dos principais sistemas jurídicos.

Artigo 32 — 1. Os membros do Comitê serão eleitos para um mandato de quatro anos. Poderão, caso suas candidaturas sejam apresentadas novamente, ser reeleitos. Entretanto, o mandato de nove dos membros eleitos na primeira eleição expirará ao final de dois anos; imediatamente após a primeira eleição, o presidente da reunião a que se refere o § 4º do artigo 30 indicará, por sorteio, os nomes desses nove membros.

2. Ao expirar o mandato dos membros, as eleições se realizarão de acordo com o disposto nos artigos precedentes desta parte do presente Pacto.

Artigo 33 — 1. Se, na opinião dos demais membros, um membro do Comitê deixar de desempenhar suas funções por motivos distintos de uma ausência temporária, o Presidente comunicará tal fato ao Secretário-Geral da Organização das Nações Unidas, que declarará vago o lugar, desde a data da morte ou daquela em que a renúncia passe a produzir efeitos.

Artigo 34 — 1. Quando um cargo for declarado vago nos termos do artigo 33 e o mandato do membro a ser substituído não expirar no prazo de seis meses a contar da data em que tenha sido declarada a vaga, o Secretário-Geral das Nações Unidas comunicará tal fato aos Estados partes no presente Pacto, que poderão, no prazo de dois meses, indicar candidatos, em conformidade com o artigo 29, para preencher a vaga.

2. O Secretário-Geral da Organização das Nações Unidas organizará uma lista por ordem alfabética dos candidatos assim designados e a comunicará aos Estados partes no presente Pacto. A eleição destinada a preencher tal vaga será realizada nos termos das disposições pertinentes desta parte do presente Pacto.

3. Qualquer membro do Comitê eleito para preencher a vaga em conformidade com o artigo 33 fará parte do Comitê durante o restante do mandato do membro que deixar vago o lugar do Comitê, nos termos do referido artigo.

Artigo 35 — Os membros do Comitê receberão, com a aprovação da Assembleia Geral das Nações Unidas, honorários provenientes de recursos da Organização das Nações Unidas, nas condições fixadas, considerando-se a importância das funções do Comitê, pela Assembleia Geral.

Artigo 36 — O Secretário-Geral da Organização das Nações Unidas colocará à disposição do Comitê o pessoal e os serviços necessários ao desempenho eficaz das funções que lhe são atribuídas em virtude do presente Pacto.

Artigo 37 — 1. O Secretário-Geral da Organização das Nações Unidas convocará os Membros do Comitê para a primeira reunião, a realizar-se na sede da Organização.

2. Após a primeira reunião, o Comitê deverá reunir-se em todas as ocasiões previstas em suas regras de procedimento.

3. As reuniões do Comitê serão realizadas normalmente na sede da Organização das Nações Unidas ou no Escritório das Nações Unidas em Genebra.

Artigo 38 — Todo membro do Comitê deverá, antes de iniciar suas funções, assumir, em sessão pública, o compromisso solene de que desempenhará suas funções imparcial e conscientemente.

Artigo 39 — 1. O Comitê elegerá sua Mesa para um período de dois anos. Os membros da Mesa poderão ser reeleitos.

2. O próprio Comitê estabelecerá suas regras de procedimento; estas, contudo, deverão conter, entre outras, as seguintes disposições:

a) o *quorum* será de doze membros;

b) as decisões do Comitê serão tomadas por maioria dos votos dos membros presentes.

Artigo 40 — 1. Os Estados partes no presente Pacto comprometem-se a submeter relatórios sobre as medidas por eles adotadas para tornar efetivos os direitos reconhecidos no presente Pacto e sobre o progresso alcançado no gozo desses direitos:

a) dentro do prazo de um ano, a contar do início da vigência do presente Pacto nos Estados-partes interessados;

b) a partir de então, sempre que o Comitê vier a solicitar.

2. Todos os relatórios serão submetidos ao Secretário-Geral da Organização das Nações Unidas, que os encaminhará, para exame, ao Comitê. Os relatórios deverão sublinhar, caso existam, os fatores e as dificuldades que prejudiquem a implementação do presente Pacto.

3. O Secretário-Geral da Organização das Nações Unidas poderá, após consulta ao Comitê, encaminhar às agências especializadas cópias das partes dos relatórios que digam respeito à sua esfera de competência.

4. O Comitê estudará os relatórios apresentados pelos Estados-partes no presente Pacto e transmitirá aos Estados-partes seu próprio relatório, bem como os comentários gerais que julgar oportunos. O Comitê poderá igualmente transmitir ao Conselho Econômico e Social os referidos comentários, bem como cópias dos relatórios que houver recebido dos Estados partes no presente Pacto.

5. Os Estados partes no presente Pacto poderão submeter ao Comitê as observações que desejarem formular relativamente aos comentários feitos nos termos do § 4º do presente artigo.

Artigo 41 — 1. Com base no presente artigo, todo Estado parte no presente Pacto poderá declarar, a qualquer momento, que reconhece a competência do Comitê para receber e examinar as comunicações em que um Estado-parte alegue que outro Estado-parte não vem cumprindo as obrigações que lhe impõe o presente Pacto. As referidas comunicações só serão recebidas e examinadas nos termos do presente artigo no caso de serem apresentadas por um Estado-parte que houver feito uma declaração em que reconheça, com relação a si próprio, a competência do Comitê. O Comitê não receberá comunicação alguma relativa a um Estado--parte que não houver feito uma declaração dessa natureza. As comunicações recebidas em virtude do presente artigo estarão sujeitas ao procedimento que segue:

a) Se um Estado parte no presente Pacto considerar que outro Estado-parte não vem cumprindo as disposições do presente Pacto poderá, mediante comunicação escrita, levar a questão ao conhecimento desse Estado-parte. Dentro do prazo de três meses, a contar da data do recebimento da comunicação, o Estado destinatário fornecerá ao Estado que enviou a comunicação explicações e quaisquer outras declarações por escrito que esclareçam a questão, as quais deverão fazer referência, até onde seja possível e pertinente, aos procedimentos nacionais e aos recursos jurídicos adotados, em trâmite ou disponíveis sobre a questão;

b) Se dentro do prazo de seis meses, a contar da data do recebimento da comunicação original pelo Estado destinatário, a questão não estiver dirimida satisfatoriamente para ambos os Estados-partes interessados, tanto um como o outro terão o direito de submetê-la ao Comitê, mediante notificação endereçada ao Comitê ou ao outro Estado interessado;

c) O Comitê tratará de todas as questões que se lhe submetam em virtude do presente artigo, somente após ter-se assegurado de que todos os recursos internos disponíveis tenham sido utilizados e esgotados, em conformidade com os princípios do Direito Internacional geralmente reconhecidos. Não se aplicará essa regra quando a aplicação dos mencionados recursos prolongar-se injustificadamente;

d) O Comitê realizará reuniões confidenciais quando estiver examinando as comunicações previstas no presente artigo;

e) Sem prejuízo das disposições da alínea *c*, o Comitê colocará seus bons ofícios à disposição dos Estados-partes interessados, no intuito de alcançar uma solução amistosa para a questão, baseada no respeito aos direitos humanos e liberdades fundamentais reconhecidos no presente Pacto;

f) Em todas as questões que se lhe submetam em virtude do presente artigo, o Comitê poderá solicitar aos Estados-partes interessados, a que se faz referência na alínea *b*, que lhe forneçam quaisquer informações pertinentes;

g) Os Estados-partes interessados, a que se faz referência na alínea *b*, terão o direito de fazer-se representar, quando as questões forem examinadas no Comitê, e de apresentar suas observações verbalmente e/ou por escrito;

h) O Comitê, dentro dos doze meses seguintes à data do recebimento da notificação mencionada na alínea *b*, apresentará relatório em que:

i) se houver sido alcançada uma solução nos termos da alínea *e*, o Comitê restringir-se-á, em seu relatório, a uma breve exposição dos fatos e da solução alcançada;

ii) se não houver sido alcançada solução alguma nos termos da alínea *e*, o Comitê restringir-se-á, em seu relatório, a uma breve exposição dos fatos; serão anexados ao relatório o texto das observações escritas e das atas das observações orais apresentadas pelos Estados-partes interessados. Para cada questão, o relatório será encaminhado aos Estados-partes interessados.

2. As disposições do presente artigo entrarão em vigor a partir do momento em que dez Estados partes no presente Pacto houverem feito as declarações mencionadas no § 1º deste artigo. As referidas declarações serão depositadas pelos Estados-partes junto ao Secretário-Geral da Organização das Nações Unidas, que enviará cópia das mesmas aos demais Estados-partes. Toda declaração poderá ser retirada, a qualquer momento, mediante notificação endereçada ao Secretário-Geral. Far-se-á essa retirada sem prejuízo do exame de quaisquer questões que constituam objeto de uma comunicação já transmitida nos termos deste artigo; em virtude do presente artigo, não se receberá qualquer nova comunicação de um Estado-parte, quando o Secretário-Geral houver recebido a notificação sobre a retirada da declaração, a menos que o Estado-parte interessado haja feito uma nova declaração.

Artigo 42 — 1. a) Se uma questão submetida ao Comitê, nos termos do artigo 41, não estiver dirimida satisfatoriamente para os Estados-partes interessados, o Comitê poderá, com o consentimento prévio dos Estados-partes interessados, constituir uma Comissão de Conciliação *ad hoc* (doravante denominada "a Comissão"). A Comissão colocará seus bons ofícios à disposição dos Estados-partes interessados, no intuito de se alcançar uma solução amistosa para a questão baseada no respeito ao presente Pacto.

b) A Comissão será composta por cinco membros designados com o consentimento dos Estados-partes interessados. Se os Estados-partes interessados não chegarem a um acordo a respeito da totalidade ou de parte da composição da Comissão dentro do prazo de três meses, os membros da Comissão em relação aos quais não se chegou a um acordo serão eleitos pelo Comitê, entre os seus próprios membros, em votação secreta e por maioria de dois terços dos membros do Comitê.

2. Os membros da Comissão exercerão suas funções a título pessoal. Não poderão ser nacionais dos Estados interessados, nem do Estado que não seja Parte no presente Pacto, nem de um Estado-parte que não tenha feito a declaração prevista pelo artigo 41.

3. A própria Comissão elegerá seu Presidente e estabelecerá suas regras de procedimento.

4. As reuniões da Comissão serão realizadas normalmente na sede da Organização das Nações Unidas ou no Escritório das Nações Unidas em Genebra. Entretanto, poderão realizar-se em qualquer outro lugar apropriado que a Comissão determinar, após a consulta ao Secretário-Geral da Organização das Nações Unidas e aos Estados-partes interessados.

5. O Secretariado referido no artigo 36 também prestará serviços às comissões designadas em virtude do presente artigo.

6. As informações obtidas e coligadas pelo Comitê serão colocadas à disposição da Comissão, a qual poderá solicitar aos Estados-partes interessados que lhe forneçam qualquer outra informação pertinente.

7. Após haver estudado a questão sob todos os seus aspectos, mas, em qualquer caso, no prazo de não mais que doze meses após dela ter tomado conhecimento, a Comissão apresentará um relatório ao Presidente do Comitê, que o encaminhará aos Estados-partes interessados:

a) se a Comissão não puder terminar o exame da questão, restringir-se-á, em seu relatório, a uma breve exposição sobre o estágio em que se encontra o exame da questão;

b) se houver sido alcançada uma solução amistosa para a questão, baseada no respeito dos direitos humanos reconhecidos no presente Pacto, a Comissão restringir-se-á, em seu relatório, a uma breve exposição dos fatos e da solução alcançada;

c) se não houver sido alcançada solução nos termos da alínea *b*, a Comissão incluirá no relatório suas conclusões sobre os fatos relativos à questão debatida entre os Estados-partes interessados, assim como sua opinião sobre a possibilidade de solução amistosa para a questão; o relatório incluirá as observações escritas e as atas das observações orais feitas pelos Estados-partes interessados;

d) se o relatório da Comissão for apresentado nos termos da alínea *c*, os Estados-partes interessados comunicarão, no prazo de três meses a contar da data do recebimento do relatório, ao Presidente do Comitê, se aceitam ou não os termos do relatório da Comissão.

8. As disposições do presente artigo não prejudicarão as atribuições do Comitê previstas no artigo 41.

9. Todas as despesas dos membros da Comissão serão repartidas equitativamente entre os Estados-partes interessados, com base em estimativas a serem estabelecidas pelo Secretário-Geral da Organização das Nações Unidas.

10. O Secretário-Geral da Organização das Nações Unidas poderá, caso seja necessário, pagar as despesas dos membros da Comissão antes que sejam reembolsadas pelos Estados-partes interessados, em conformidade com o § 9º do presente artigo.

Artigo 43 — Os membros do Comitê e os membros da Comissão de Conciliação *ad hoc* que forem designados nos termos do artigo 42, terão direito às facilidades, privilégios e imunidades que se concedem aos peritos no desempenho de missões para a Organização das Nações Unidas, em conformidade com as seções pertinentes da Convenção sobre Privilégios e Imunidades das Nações Unidas.

Artigo 44 — As disposições relativas à implementação do presente Pacto aplicar-se-ão sem prejuízo dos procedimentos instituídos em matéria de direitos humanos pelos — ou em virtude dos mesmos — instrumentos constitutivos e pelas Convenções da Organização das Nações Unidas e das agências especializadas, e não impedirão que os Estados-partes venham a recorrer a outros procedimentos para a solução das controvérsias, em conformidade com os acordos internacionais gerais ou especiais vigentes entre eles.

Artigo 45 — O Comitê submeterá à Assembleia Geral, por intermédio do Conselho Econômico e Social, um relatório sobre suas atividades.

PARTE V

Artigo 46 — Nenhuma disposição do presente Pacto poderá ser interpretada em detrimento das disposições da Carta das Nações Unidas ou das constituições das agências especializadas, as quais definem as responsabilidades respectivas dos diversos órgãos da Organização das Nações Unidas e das agências especializadas relativamente às matérias tratadas no presente Pacto.

Artigo 47 — Nenhuma disposição do presente Pacto poderá ser interpretada em detrimento do direito inerente a todos os povos de desfrutar e utilizar plena e livremente suas riquezas e seus recursos naturais.

PARTE VI

Artigo 48 — 1. O presente Pacto está aberto à assinatura de todos os Estados membros da Organização das Nações Unidas ou membros de qualquer de suas agências especializadas, de todo Estado parte no Estatuto da Corte Internacional de Justiça, bem como de qualquer outro Estado convidado pela Assembleia Geral das Nações Unidas a tornar-se Parte no presente Pacto.

2. O presente Pacto está sujeito a ratificação. Os instrumentos de ratificação serão depositados junto ao Secretário-Geral da Organização das Nações Unidas.

3. O presente Pacto está aberto à adesão de qualquer dos Estados mencionados no § 1º do presente artigo.

4. Far-se-á a adesão mediante depósito do instrumento de adesão junto ao Secretário-Geral das Nações Unidas.

5. O Secretário-Geral da Organização das Nações Unidas informará todos os Estados que hajam assinado o presente Pacto, ou a ele aderido, do depósito de cada instrumento de ratificação ou adesão.

Artigo 49 — 1. O presente Pacto entrará em vigor três meses após a data do depósito, junto ao Secretário-Geral da Organização das Nações Unidas, do trigésimo quinto instrumento de ratificação ou adesão.

2. Para os Estados que vierem a ratificar o presente Pacto ou a ele aderir após o depósito do trigésimo quinto instrumento de ratificação ou adesão, o presente Pacto entrará em vigor três meses após a data do depósito, pelo Estado em questão, de seu instrumento de ratificação ou adesão.

Artigo 50 — Aplicar-se-ão as disposições do presente Pacto, sem qualquer limitação ou exceção, a todas as unidades constitutivas dos Estados federativos.

Artigo 51 — 1. Qualquer Estado parte no presente Pacto poderá propor emendas e depositá-las junto ao Secretário-Geral da Organização das Nações Unidas. O Secretário-Geral comunicará todas as propostas de emendas aos Estados-partes no presente Pacto, pedindo-lhes que o notifiquem se desejam que se convoque uma conferência dos Estados-partes destinada a examinar as propostas e submetê-las a votação. Se pelo menos um terço dos Estados-partes se manifestar a favor da referida convocação, o Secretário-Geral convocará a conferência sob os auspícios da Organização das Nações Unidas. Qualquer emenda adotada pela maioria dos Estados-partes presentes e votantes na conferência será submetida à aprovação da Assembleia Geral das Nações Unidas.

2. Tais emendas entrarão em vigor quando aprovadas pela Assembleia Geral das Nações Unidas e aceitas, em conformidade com seus respectivos procedimentos constitucionais, por uma maioria de dois terços dos Estados partes no presente Pacto.

3. Ao entrarem em vigor, tais emendas serão obrigatórias para os Estados--partes que as aceitaram, ao passo que os demais Estados-partes permanecem

obrigados pelas disposições do presente Pacto e pelas emendas anteriores por eles aceitas.

Artigo 52 — Independentemente das notificações previstas no § 5º do artigo 48, o Secretário-Geral da Organização das Nações Unidas comunicará a todos os Estados mencionados no § 1º do referido artigo:

a) As assinaturas, ratificações e adesões recebidas em conformidade com o artigo 48;

b) A data da entrada em vigor do Pacto, nos termos do artigo 49, e a data de entrada em vigor de quaisquer emendas, nos termos do artigo 51.

Artigo 53 — 1. O presente Pacto, cujos textos em chinês, espanhol, francês, inglês e russo são igualmente autênticos, será depositado nos arquivos da Organização das Nações Unidas.

2. O Secretário-Geral da Organização das Nações Unidas encaminhará cópias autenticadas do presente Pacto a todos os Estados mencionados no artigo 48.

PACTO INTERNACIONAL DOS DIREITOS ECONÔMICOS, SOCIAIS E CULTURAIS*

PREÂMBULO

Os Estados partes no presente Pacto,

Considerando que, em conformidade com os princípios proclamados na Carta das Nações Unidas, o reconhecimento da dignidade inerente a todos os membros da família humana e dos seus direitos iguais e inalienáveis constitui o fundamento da liberdade, da justiça e da paz no mundo,

Reconhecendo que esses direitos decorrem da dignidade inerente à pessoa humana,

Reconhecendo que, em conformidade com a Declaração Universal dos Direitos Humanos, o ideal do ser humano livre, liberto do temor e da miséria, não pode ser realizado a menos que se criem condições que permitam a cada um gozar de seus direitos econômicos, sociais e culturais, assim como de seus direitos civis e políticos,

Considerando que a Carta das Nações Unidas impõe aos Estados a obrigação de promover o respeito universal e efetivo dos direitos e das liberdades da pessoa humana,

Compreendendo que o indivíduo, por ter deveres para com seus semelhantes e para com a coletividade a que pertence, tem a obrigação de lutar pela promoção e observância dos direitos reconhecidos no presente Pacto,

Acordam o seguinte:

PARTE I

Artigo 1º — 1. Todos os povos têm direito à autodeterminação. Em virtude desse direito, determinam livremente seu estatuto político e asseguram livremente seu desenvolvimento econômico, social e cultural.

2. Para a consecução de seus objetivos, todos os povos podem dispor livremente de suas riquezas e de seus recursos naturais, sem prejuízo das obrigações

---

* Adotado pela Resolução n. 2.200-A (XXI) da Assembleia Geral das Nações Unidas, em 16 de setembro de 1966.

decorrentes da cooperação econômica internacional, baseada no princípio do proveito mútuo e do Direito Internacional. Em caso algum poderá um povo ser privado de seus próprios meios de subsistência.

3. Os Estados partes no presente Pacto, inclusive aqueles que tenham a responsabilidade de administrar territórios não autônomos e territórios sob tutela, deverão promover o exercício do direito à autodeterminação e respeitar esse direito, em conformidade com as disposições da Carta das Nações Unidas.

PARTE II

Artigo 2º — 1. Cada Estado parte no presente Pacto compromete-se a adotar medidas, tanto por esforço próprio como pela assistência e cooperação internacionais, principalmente nos planos econômico e técnico, até o máximo de seus recursos disponíveis, que visem a assegurar, progressivamente, por todos os meios apropriados, o pleno exercício dos direitos reconhecidos no presente Pacto, incluindo, em particular, a adoção de medidas legislativas.

2. Os Estados partes no presente Pacto comprometem-se a garantir que os direitos nele enunciados se exercerão sem discriminação alguma por motivo de raça, cor, sexo, língua, religião, opinião política ou de qualquer outra natureza, origem nacional ou social, situação econômica, nascimento ou qualquer outra situação.

3. Os países em desenvolvimento, levando devidamente em consideração os direitos humanos e a situação econômica nacional, poderão determinar em que medida garantirão os direitos econômicos reconhecidos no presente Pacto àqueles que não sejam seus nacionais.

Artigo 3º — Os Estados partes no presente Pacto comprometem-se a assegurar a homens e mulheres igualdade no gozo dos direitos econômicos, sociais e culturais enumerados no presente Pacto.

Artigo 4º — Os Estados partes no presente Pacto reconhecem que, no exercício dos direitos assegurados em conformidade com o presente Pacto pelo Estado, este poderá submeter tais direitos unicamente às limitações estabelecidas em lei, somente na medida compatível com a natureza desses direitos e exclusivamente com o objetivo de favorecer o bem-estar geral em uma sociedade democrática.

Artigo 5º — 1. Nenhuma das disposições do presente Pacto poderá ser interpretada no sentido de reconhecer a um Estado, grupo ou indivíduo qualquer direito de dedicar-se a quaisquer atividades ou de praticar quaisquer atos que tenham por objetivo destruir os direitos ou liberdades reconhecidos no presente Pacto ou impor-lhes limitações mais amplas do que aquelas nele previstas.

2. Não se admitirá qualquer restrição ou suspensão dos direitos humanos fundamentais reconhecidos ou vigentes em qualquer país em virtude de leis, convenções, regulamentos ou costumes, sob o pretexto de que o presente Pacto não os reconheça ou os reconheça em menor grau.

PARTE III

Artigo 6º — 1. Os Estados partes no presente Pacto reconhecem o direito de toda pessoa de ter a possibilidade de ganhar a vida mediante um trabalho livremente escolhido ou aceito e tomarão medidas apropriadas para salvaguardar esse direito. 2. As medidas que cada Estado parte no presente Pacto tomará, a fim de assegurar o pleno exercício desse direito, deverão incluir a orientação e a formação técnica e profissional, a elaboração de programas, normas técnicas apropriadas para assegurar um desenvolvimento econômico, social e cultural constante e o pleno emprego produtivo em condições que salvaguardem aos indivíduos o gozo das liberdades políticas e econômicas fundamentais.

Artigo 7º — Os Estados partes no presente Pacto reconhecem o direito de toda pessoa de gozar de condições de trabalho justas e favoráveis, que assegurem especialmente:

a) Uma remuneração que proporcione, no mínimo, a todos os trabalhadores:

i) um salário equitativo e uma remuneração igual por um trabalho de igual valor, sem qualquer distinção; em particular, as mulheres deverão ter a garantia de condições de trabalho não inferiores às dos homens e perceber a mesma remuneração que eles, por trabalho igual;

ii) uma existência decente para eles e suas famílias, em conformidade com as disposições do presente Pacto;

b) Condições de trabalho seguras e higiênicas;

c) Igual oportunidade para todos de serem promovidos, em seu trabalho, à categoria superior que lhes corresponda, sem outras considerações que as de tempo, de trabalho e de capacidade;

d) O descanso, o lazer, a limitação razoável das horas de trabalho e férias periódicas remuneradas, assim como a remuneração dos feriados.

Artigo 8º — 1. Os Estados partes no presente Pacto comprometem-se a garantir:

a) O direito de toda pessoa de fundar com outras sindicatos e de filiar-se ao sindicato de sua escolha, sujeitando-se unicamente aos estatutos da organização interessada, com o objetivo de promover e de proteger seus interesses econômicos e sociais. O exercício desse direito só poderá ser objeto das restrições previstas em lei e que sejam necessárias, em uma sociedade democrática, ao interesse da segurança nacional ou da ordem pública, ou para proteger os direitos e as liberdades alheias;

b) O direito dos sindicatos de formar federações ou confederações nacionais e o direito destas de formar organizações sindicais internacionais ou de filiar-se às mesmas;

c) O direito dos sindicatos de exercer livremente suas atividades, sem quaisquer limitações além daquelas previstas em lei e que sejam necessárias, em uma sociedade democrática, ao interesse da segurança nacional ou da ordem pública, ou para proteger os direitos e as liberdades das demais pessoas;

d) O direito de greve, exercido em conformidade com as leis de cada país.

2. O presente artigo não impedirá que se submeta a restrições legais o exercício desses direitos pelos membros das forças armadas, da polícia ou da administração pública.

3. Nenhuma das disposições do presente artigo permitirá que os Estados-partes na Convenção de 1948 da Organização Internacional do Trabalho, relativa à liberdade sindical e à proteção do direito sindical, venham a adotar medidas legislativas que restrinjam — ou a aplicar a lei de maneira a restringir — as garantias previstas na referida Convenção.

Artigo 9º — Os Estados partes no presente Pacto reconhecem o direito de toda pessoa à previdência social, inclusive ao seguro social.

Artigo 10 — Os Estados partes no presente Pacto reconhecem que:

1. Deve-se conceder à família, que é o núcleo natural e fundamental da sociedade, a mais ampla proteção e assistência possíveis, especialmente para a sua constituição e enquanto ela for responsável pela criação e educação dos filhos. O matrimônio deve ser contraído com o livre consentimento dos futuros cônjuges.

2. Deve-se conceder proteção especial às mães por um período de tempo razoável antes e depois do parto. Durante esse período, deve-se conceder às mães que trabalham licença remunerada ou licença acompanhada de benefícios previdenciários adequados.

3. Deve-se adotar medidas especiais de proteção e assistência em prol de todas as crianças e adolescentes, sem distinção alguma por motivo de filiação ou qualquer outra condição. Deve-se proteger as crianças e adolescentes contra a exploração econômica e social. O emprego de crianças e adolescentes, em trabalho que lhes seja nocivo à moral e à saúde, ou que lhes faça correr perigo de vida, ou ainda que lhes venha prejudicar o desenvolvimento normal, será punido por lei. Os Estados devem também estabelecer limites de idade, sob os quais fique proibido e punido por lei o emprego assalariado da mão de obra infantil.

Artigo 11 — 1. Os Estados partes no presente Pacto reconhecem o direito de toda pessoa a um nível de vida adequado para si próprio e para sua família, inclusive à alimentação, vestimenta e moradia adequadas, assim como uma melhoria contínua de suas condições de vida. Os Estados-partes tomarão medidas apropriadas para assegurar a consecução desse direito, reconhecendo, nesse sentido, a importância essencial da cooperação internacional fundada no livre consentimento.

2. Os Estados partes no presente Pacto, reconhecendo o direito fundamental de toda pessoa de estar protegida contra a fome, adotarão, individualmente e me-

diante cooperação internacional, as medidas, inclusive programas concretos, que se façam necessários para:

a) Melhorar os métodos de produção, conservação e distribuição de gêneros alimentícios pela plena utilização dos conhecimentos técnicos e científicos, pela difusão de princípios de educação nutricional e pelo aperfeiçoamento ou reforma dos regimes agrários, de maneira que se assegurem a exploração e a utilização mais eficazes dos recursos naturais;

b) Assegurar uma repartição equitativa dos recursos alimentícios mundiais em relação às necessidades, levando-se em conta os problemas tanto dos países importadores quanto dos exportadores de gêneros alimentícios.

Artigo 12 — 1. Os Estados partes no presente Pacto reconhecem o direito de toda pessoa de desfrutar o mais elevado nível de saúde física e mental.

2. As medidas que os Estados partes no presente Pacto deverão adotar, com o fim de assegurar o pleno exercício desse direito, incluirão as medidas que se façam necessárias para assegurar:

a) A diminuição da mortinatalidade e da mortalidade infantil, bem como o desenvolvimento são das crianças;

b) A melhoria de todos os aspectos de higiene do trabalho e do meio ambiente;

c) A prevenção e o tratamento das doenças epidêmicas, endêmicas, profissionais e outras, bem como a luta contra essas doenças;

d) A criação de condições que assegurem a todos assistência médica e serviços médicos em caso de enfermidade.

Artigo 13 — 1. Os Estados partes no presente Pacto reconhecem o direito de toda pessoa à educação. Concordam em que a educação deverá visar ao pleno desenvolvimento da personalidade humana e do sentido de sua dignidade e a fortalecer o respeito pelos direitos humanos e liberdades fundamentais. Concordam ainda que a educação deverá capacitar todas as pessoas a participar efetivamente de uma sociedade livre, favorecer a compreensão, a tolerância e a amizade entre todas as nações e entre todos os grupos raciais, étnicos ou religiosos e promover as atividades das Nações Unidas em prol da manutenção da paz.

2. Os Estados partes no presente Pacto reconhecem que, com o objetivo de assegurar o pleno exercício desse direito:

a) A educação primária deverá ser obrigatória e acessível gratuitamente a todos;

b) A educação secundária em suas diferentes formas, inclusive a educação secundária técnica e profissional, deverá ser generalizada e tornar-se acessível a todos, por todos os meios apropriados e, principalmente, pela implementação progressiva do ensino gratuito;

c) A educação de nível superior deverá igualmente tornar-se acessível a todos, com base na capacidade de cada um, por todos os meios apropriados e, principalmente, pela implementação progressiva do ensino gratuito;

d) Dever-se-á fomentar e intensificar, na medida do possível, a educação de base para aquelas pessoas que não receberam educação primária ou não concluíram o ciclo completo de educação primária;

e) Será preciso prosseguir ativamente o desenvolvimento de uma rede escolar em todos os níveis de ensino, implementar-se um sistema adequado de bolsas de estudo e melhorar continuamente as condições materiais do corpo docente.

3. Os Estados partes no presente Pacto comprometem-se a respeitar a liberdade dos pais e, quando for o caso, dos tutores legais, de escolher para seus filhos escolas distintas daquelas criadas pelas autoridades públicas, sempre que atendam aos padrões mínimos de ensino prescritos ou aprovados pelo Estado, e de fazer com que seus filhos venham a receber educação religiosa ou moral que esteja de acordo com suas próprias convicções.

4. Nenhuma das disposições do presente artigo poderá ser interpretada no sentido de restringir a liberdade de indivíduos e de entidades de criar e dirigir instituições de ensino, desde que respeitados os princípios enunciados no parágrafo 1 do presente artigo e que essas instituições observem os padrões mínimos prescritos pelo Estado.

Artigo 14 — Todo Estado parte no presente Pacto que, no momento em que se tornar Parte, ainda não tenha garantido em seu próprio território ou território sob a sua jurisdição a obrigatoriedade ou a gratuidade da educação primária, se compromete a elaborar e a adotar, dentro de um prazo de dois anos, um plano de ação detalhado destinado à implementação progressiva, dentro de um número razoável de anos estabelecido no próprio plano, do princípio da educação primária obrigatória e gratuita para todos.

Artigo 15 — 1. Os Estados partes no presente Pacto reconhecem a cada indivíduo o direito de:

a) Participar da vida cultural;

b) Desfrutar o progresso científico e suas aplicações;

c) Beneficiar-se da proteção dos interesses morais e materiais decorrentes de toda a produção científica, literária ou artística de que seja autor.

2. As medidas que os Estados-partes no presente Pacto deverão adotar com a finalidade de assegurar o pleno exercício desse direito incluirão aquelas necessárias à conservação, ao desenvolvimento e à difusão da ciência e da cultura.

3. Os Estados partes no presente Pacto comprometem-se a respeitar a liberdade indispensável à pesquisa científica e à atividade criadora.

4. Os Estados partes no presente Pacto reconhecem os benefícios que derivam do fomento e do desenvolvimento da cooperação e das relações internacionais no domínio da ciência e da cultura.

PARTE IV

Artigo 16 — 1. Os Estados partes no presente Pacto comprometem-se a apresentar, de acordo com as disposições da presente parte do Pacto, relatórios sobre as medidas que tenham adotado e sobre o progresso realizado, com o objetivo de assegurar a observância dos direitos reconhecidos no Pacto.

2. a) Todos os relatórios deverão ser encaminhados ao Secretário-Geral da Organização das Nações Unidas, o qual enviará cópias dos mesmos ao Conselho Econômico e Social, para exame de acordo com as disposições do presente Pacto.

b) O Secretário-Geral da Organização das Nações Unidas encaminhará também às agências especializadas cópias dos relatórios — ou de todas as partes pertinentes dos mesmos — enviados pelos Estados partes no presente Pacto que sejam igualmente membros das referidas agências especializadas, na medida em que os relatórios, ou parte deles, guardem relação com questões que sejam da competência de tais agências, nos termos de seus respectivos instrumentos constitutivos.

Artigo 17 — 1. Os Estados partes no presente Pacto apresentarão seus relatórios por etapas, segundo um programa a ser estabelecido pelo Conselho Econômico e Social, no prazo de um ano a contar da data da entrada em vigor do presente Pacto, após consulta aos Estados-partes e às agências especializadas interessadas.

2. Os relatórios poderão indicar os fatores e as dificuldades que prejudiquem o pleno cumprimento das obrigações previstas no presente Pacto.

3. Caso as informações pertinentes já tenham sido encaminhadas à Organização das Nações Unidas ou a uma agência especializada por um Estado-parte, não será necessário reproduzir as referidas informações, sendo suficiente uma referência precisa às mesmas.

Artigo 18 — Em virtude das responsabilidades que lhes são conferidas pela Carta das Nações Unidas no domínio dos direitos humanos e das liberdades fundamentais, o Conselho Econômico e Social poderá concluir acordos com as agências especializadas sobre a apresentação, por estas, de relatórios relativos aos progressos realizados quanto ao cumprimento das disposições do presente Pacto que correspondam ao seu campo de atividades. Os relatórios poderão incluir dados sobre as decisões e recomendações, referentes ao cumprimento das disposições do presente Pacto, adotadas pelos órgãos competentes das agências especializadas.

Artigo 19 — O Conselho Econômico e Social poderá encaminhar à Comissão de Direitos Humanos, para fins de estudo e de recomendação de ordem geral, ou para informação, caso julgue apropriado, os relatórios concernentes aos direitos humanos que apresentarem os Estados, nos termos dos artigos 16 e 17, e aqueles concernentes aos direitos humanos que apresentarem as agências especializadas, nos termos do artigo 18.

Artigo 20 — Os Estados partes no presente Pacto e as agências especializadas interessadas poderão encaminhar ao Conselho Econômico e Social comentários sobre qualquer recomendação de ordem geral, feita em virtude do artigo 19, ou sobre qualquer referência a uma recomendação de ordem geral que venha a constar de relatório da Comissão de Direitos Humanos ou de qualquer documento mencionado no referido relatório.

Artigo 21 — O Conselho Econômico e Social poderá apresentar ocasionalmente à Assembleia Geral relatórios que contenham recomendações de caráter geral, bem como resumo das informações recebidas dos Estados partes no presente Pacto e das agências especializadas, sobre as medidas adotadas e o progresso realizado com a finalidade de assegurar a observância geral dos direitos reconhecidos no presente Pacto.

Artigo 22 — O Conselho Econômico e Social poderá levar ao conhecimento de outros órgãos da Organização das Nações Unidas, de seus órgãos subsidiários e das agências especializadas interessadas, às quais incumba a prestação de assistência técnica, quaisquer questões suscitadas nos relatórios mencionados nesta parte do presente Pacto, que possam ajudar essas entidades a pronunciar-se, cada uma dentro de sua esfera de competência, sobre a conveniência de medidas internacionais que possam contribuir para a implementação efetiva e progressiva do presente Pacto.

Artigo 23 — Os Estados partes no presente Pacto concordam em que as medidas de ordem internacional, destinadas a tornar efetivos os direitos reconhecidos no referido Pacto, incluem, sobretudo, a conclusão de convenções, a adoção de recomendações, a prestação de assistência técnica e a organização, em conjunto com os governos interessados, e no intuito de efetuar consultas e realizar estudos, de reuniões regionais e de reuniões técnicas.

Artigo 24 — Nenhuma das disposições do presente Pacto poderá ser interpretada em detrimento das disposições da Carta das Nações Unidas ou das constituições das agências especializadas, as quais definem as responsabilidades respectivas dos diversos órgãos da Organização das Nações Unidas e agências especializadas, relativamente às matérias tratadas no presente Pacto.

Artigo 25 — Nenhuma das disposições do presente Pacto poderá ser interpretada em detrimento do direito inerente a todos os povos de desfrutar e utilizar plena e livremente suas riquezas e seus recursos naturais.

PARTE V

Artigo 26 — 1. O presente Pacto está aberto à assinatura de todos os Estados membros da Organização das Nações Unidas ou membros de qualquer de suas agências especializadas, de todo Estado parte no Estatuto da Corte Internacional de Justiça, bem como de qualquer outro Estado convidado pela Assembleia Geral das Nações Unidas a tornar-se Parte no presente Pacto.

2. O presente Pacto está sujeito à ratificação. Os instrumentos de ratificação serão depositados junto ao Secretário-Geral da Organização das Nações Unidas.

3. O presente Pacto está aberto à adesão de qualquer dos Estados mencionados no parágrafo 1º do presente artigo.

4. Far-se-á a adesão mediante depósito do instrumento de adesão junto ao Secretário-Geral das Nações Unidas.

5. O Secretário-Geral da Organização das Nações Unidas informará a todos os Estados que hajam assinado o presente Pacto, ou a ele aderido, do depósito de cada instrumento de ratificação ou adesão.

Artigo 27 — 1. O presente Pacto entrará em vigor três meses após a data do depósito, junto ao Secretário-Geral da Organização das Nações Unidas, do trigésimo quinto instrumento de ratificação ou adesão.

2. Para os Estados que vierem a ratificar o presente Pacto ou a ele aderir após o depósito do trigésimo quinto instrumento de ratificação ou adesão, o presente Pacto entrará em vigor três meses após a data do depósito, pelo Estado em questão, de seu instrumento de ratificação ou adesão.

Artigo 28 — Aplicar-se-ão as disposições do presente Pacto, sem qualquer limitação ou exceção, a todas as unidades constitutivas dos Estados federativos.

Artigo 29 — 1. Qualquer Estado parte no presente Pacto poderá propor emendas e depositá-las junto ao Secretário-Geral da Organização das Nações Unidas. O Secretário-Geral comunicará todas as propostas de emendas aos Estados--partes no presente Pacto, pedindo-lhes que o notifiquem se desejarem que se convoque uma conferência dos Estados-partes, destinada a examinar as propostas e submetê-las a votação. Se pelo menos um terço dos Estados-partes se manifestar a favor da referida convocação, o Secretário-Geral convocará a conferência sob os auspícios da Organização das Nações Unidas. Qualquer emenda adotada pela maioria dos Estados-partes presentes e votantes na conferência será submetida à aprovação da Assembleia Geral das Nações Unidas.

2. Tais emendas entrarão em vigor quando aprovadas pela Assembleia Geral das Nações Unidas e aceitas, em conformidade com seus respectivos procedimentos constitucionais, por uma maioria de dois terços dos Estados partes no presente Pacto.

3. Ao entrarem em vigor, tais emendas serão obrigatórias para os Estados--partes que as aceitaram, ao passo que os demais Estados-partes permanecem obrigados pelas disposições do presente Pacto e pelas emendas anteriores por eles aceitas.

Artigo 30 — Independentemente das notificações previstas no parágrafo 5º do artigo 26, o Secretário-Geral da Organização das Nações Unidas comunicará a todos os Estados mencionados no § 1º do referido artigo:

a) As assinaturas, ratificações e adesões recebidas em conformidade com o artigo 26;

b) A data da entrada em vigor do Pacto, nos termos do artigo 27, e a data de entrada em vigor de quaisquer emendas, nos termos do artigo 29.

Artigo 31 — 1. O presente Pacto, cujos textos em chinês, espanhol, francês, inglês e russo são igualmente autênticos, será depositado nos arquivos da Organização das Nações Unidas.

2. O Secretário-Geral da Organização das Nações Unidas encaminhará cópias autenticadas do presente Pacto a todos os Estados mencionados no artigo 26.

CONVENÇÃO EUROPEIA DE DIREITOS HUMANOS*

Os Governos signatários, Membros do Conselho da Europa,

Considerando a Declaração Universal dos Direitos Humanos proclamada pela Assembleia Geral das Nações Unidas em 10 de dezembro de 1948,

Considerando que esta Declaração se destina a assegurar o reconhecimento e aplicação universal e efetiva dos direitos nela enunciados,

Considerando que a finalidade do Conselho da Europa é realizar uma união mais estreita entre os seus Membros e que um dos meios de alcançar esta finalidade é a proteção e o desenvolvimento dos direitos humanos e das liberdades fundamentais,

Reafirmando o seu profundo apego a estas liberdades fundamentais, que constituem as verdadeiras bases da justiça e da paz no mundo e cuja preservação repousa essencialmente, por um lado, num regime político verdadeiramente democrático e, por outro, numa concepção comum e no comum respeito dos direitos humanos,

Decididos, enquanto Governos de Estados Europeus animados no mesmo espírito, possuindo um patrimônio comum de ideais e tradições políticas, de respeito pela liberdade e pelo primado do direito, a tomar as primeiras providências apropriadas para assegurar a garantia coletiva de certo número de direitos enunciados na Declaração Universal,

Convencionaram o seguinte:

Artigo 1º

Obrigação de respeitar os direitos humanos

As Altas Partes Contratantes reconhecem a qualquer pessoa sob sua jurisdição os direitos e liberdades definidos no título I da presente Convenção.

Título I

DIREITOS E LIBERDADES

Artigo 2º

Direito à vida

1. O direito de qualquer pessoa à vida é protegido pela lei. Ninguém poderá ser intencionalmente privado da vida, salvo em execução de uma sentença capital pronunciada por um tribunal, no caso de o crime ser punido com esta pena pela lei.

---

* Adotada em Roma, em 4 de novembro de 1950, pelo Conselho da Europa, entrando em vigor em 3 de setembro de 1953. O texto que segue é da Convenção Europeia com as inovações introduzidas pelo Protocolo n. 11, que entrou em vigor em 1º de novembro de 1998.

2. Não haverá violação do presente artigo quando a morte resulte de recurso à força, tornado absolutamente necessário:

a) Para assegurar a defesa de qualquer pessoa contra uma violência ilegal;

b) Para efetuar uma detenção legal ou para impedir a evasão de uma pessoa detida legalmente;

c) Para reprimir, em conformidade com a lei, uma revolta ou uma insurreição.

Artigo 3º
Proibição da tortura

Ninguém pode ser submetido a torturas, nem a penas ou tratamentos desumanos ou degradantes.

Artigo 4º
Proibição da escravidão e do trabalho forçado

1. Ninguém pode ser mantido em escravidão ou servidão.

2. Ninguém pode ser constrangido a realizar um trabalho forçado ou obrigatório.

3. Não será considerado "trabalho forçado ou obrigatório" no sentido do presente artigo:

a) Qualquer trabalho exigido normalmente a uma pessoa submetida a detenção nas condições previstas pelo artigo 5º da presente Convenção, ou enquanto estiver em liberdade condicional;

b) Qualquer serviço de caráter militar ou, no caso de objetores de consciência, nos países em que a objeção de consciência for reconhecida como legítima, qualquer outro serviço que substitua o serviço militar obrigatório;

c) Qualquer serviço exigido no caso de crise ou de calamidade que ameacem a vida ou o bem-estar da comunidade;

d) Qualquer trabalho ou serviço que fizer parte das obrigações cívicas normais.

Artigo 5º
Direito à liberdade e à segurança

1. Toda pessoa tem direito à liberdade e segurança. Ninguém pode ser privado da sua liberdade, salvo nos casos seguintes e de acordo com o procedimento legal:

a) Se for preso em consequência de condenação por tribunal competente;

b) Se for preso ou detido legalmente, por desobediência a uma decisão tomada, em conformidade com a lei, por um tribunal, ou para garantir o cumprimento de uma obrigação prescrita pela lei;

c) Se for preso e detido a fim de comparecer perante a autoridade judicial competente, quando houver suspeita razoável de ter cometido uma infração, ou quando houver motivos razoáveis para crer que é necessário impedi-lo de cometer uma infração ou de se pôr em fuga depois de a ter cometido;

d) Se se tratar da detenção legal de um menor, feita com o propósito de o educar sob vigilância, ou da sua detenção legal com o fim de o fazer comparecer perante a autoridade competente;

e) Se se tratar da detenção legal de uma pessoa susceptível de propagar uma doença contagiosa, de um alienado mental, de um alcoólico, de um toxicômano ou de um vagabundo;

f) Se se tratar de prisão ou detenção legal de uma pessoa para lhe impedir a entrada ilegal no território ou contra a qual está em curso um processo de expulsão ou de extradição.

2. Qualquer pessoa presa deve ser informada, no mais breve prazo e em língua que compreenda, das razões da sua prisão e de qualquer acusação formulada contra ela.

3. Qualquer pessoa presa ou detida nas condições previstas no § 1º, alínea *c*, do presente artigo deve ser apresentada imediatamente a um juiz ou outro magistrado habilitado pela lei para exercer funções judiciais e tem direito a ser julgada num prazo razoável, ou posta em liberdade durante o processo. A colocação em liberdade pode estar condicionada a uma garantia que assegure a comparência do interessado em juízo.

4. Qualquer pessoa privada da sua liberdade por prisão ou detenção tem direito a recorrer a um tribunal, a fim de que este se pronuncie, em curto prazo de tempo, sobre a legalidade da sua detenção e ordene a sua libertação, se a detenção for ilegal.

5. Qualquer pessoa vítima de prisão ou detenção em condições contrárias às disposições deste artigo tem direito a indenização.

Artigo 6º

Direito a um processo equitativo

1. Qualquer pessoa tem direito a que a sua causa seja examinada, equitativa e publicamente, num prazo razoável por um tribunal independente e imparcial, estabelecido pela lei, o qual decidirá, quer sobre a determinação dos seus direitos e obrigações de caráter civil, quer sobre o fundamento de qualquer acusação em matéria penal dirigida contra ela. O julgamento deve ser público, mas o acesso à sala de audiências pode ser proibido à imprensa ou ao público durante a totalidade ou parte do processo, quando a bem da moralidade, da ordem pública ou da segurança nacional numa sociedade democrática, quando os interesses de menores ou

a proteção da vida privada das partes no processo o exigirem, ou, na medida julgada estritamente necessária pelo tribunal, quando, em circunstâncias especiais, a publicidade pudesse ser prejudicial para os interesses da justiça.

2. Qualquer pessoa acusada de uma infração presume-se inocente enquanto a sua culpabilidade não tiver sido legalmente provada.

3. O acusado tem, como mínimo, os seguintes direitos:

a) Ser informado no mais curto prazo, em língua que entenda e de forma minuciosa, da natureza e da causa da acusação contra ele formulada;

b) Dispor do tempo e dos meios necessários para a preparação da sua defesa;

c) Defender-se a si próprio ou ter a assistência de um defensor da sua escolha e, se não tiver meios para remunerar um defensor, poder ser assistido gratuitamente por um defensor oficioso, quando os interesses da justiça o exigirem;

d) Interrogar ou fazer interrogar as testemunhas de acusação e obter a convocação e o interrogatório das testemunhas de defesa nas mesmas condições que as testemunhas de acusação;

e) Fazer-se assistir gratuitamente por intérprete, se não compreender ou não falar a língua usada no processo.

Artigo 7º
Princípio da legalidade

1. Ninguém pode ser condenado por uma ação ou uma omissão que, no momento em que foi cometida, não constituía infração, segundo o direito nacional ou internacional. Igualmente não pode ser imposta uma pena mais grave do que a aplicável no momento em que a infração foi cometida.

2. O presente artigo não invalidará a sentença ou a pena de uma pessoa culpada de uma ação ou de uma omissão que, no momento em que foi cometida, constituía crime segundo os princípios gerais de direito reconhecidos pelas nações civilizadas.

Artigo 8º
Direito ao respeito pela vida privada e familiar

1. Qualquer pessoa tem direito ao respeito da sua vida privada e familiar, do seu domicílio e da sua correspondência.

2. Não pode haver ingerência da autoridade pública no exercício deste direito senão quando esta ingerência estiver prevista na lei e constituir uma providência que, numa sociedade democrática, seja necessária para a segurança nacional, para a segurança pública, para o bem-estar econômico do país, a defesa da ordem e a prevenção das infrações penais, a proteção da saúde ou da moral, ou a proteção dos direitos e das liberdades de terceiros.

Artigo 9º
Liberdade de pensamento, de consciência e de religião

1. Qualquer pessoa tem direito à liberdade de pensamento, de consciência e de religião; este direito implica a liberdade de mudar de religião ou de crença, assim como a liberdade de manifestar a sua religião ou a sua crença, individual ou coletivamente, em público e em privado, por meio do culto, do ensino, de práticas e da celebração de ritos.

2. A liberdade de manifestar a sua religião ou convicções, individual ou coletivamente, não pode ser objeto de outras restrições senão as que, previstas na lei, constituírem disposições necessárias, numa sociedade democrática, à segurança pública, à proteção da ordem, da saúde e moral públicas, ou à protecção dos direitos e liberdades de outrem.

Artigo 10
Liberdade de expressão

1. Qualquer pessoa tem direito à liberdade de expressão. Este direito compreende a liberdade de opinião e a liberdade de receber ou de transmitir informações ou ideias sem que possa haver ingerência de quaisquer autoridades públicas e sem considerações de fronteiras. O presente artigo não impede que os Estados submetam as empresas de radiodifusão, de cinematografia ou de televisão a um regime de autorização prévia.

2. O exercício desta liberdade, porquanto implica deveres e responsabilidades, pode ser submetido a certas formalidades, condições, restrições ou sanções, previstas pela lei, que constituam providências necessárias, numa sociedade democrática, para a segurança nacional, a integridade territorial ou a segurança pública, a defesa da ordem e a prevenção do crime, a proteção da saúde ou da moral, a proteção da honra ou dos direitos de outrem, para impedir a divulgação de informações confidenciais, ou para garantir a autoridade e a imparcialidade do poder judicial.

Artigo 11
Liberdade de reunião e de associação

1. Qualquer pessoa tem direito à liberdade de reunião pacífica e à liberdade de associação, incluindo o direito de, com outrem, fundar e filiar-se em sindicatos para a defesa dos seus interesses.

2. O exercício deste direito só pode ser objeto de restrições que, sendo previstas na lei, constituírem disposições necessárias, numa sociedade democrática, para a segurança nacional, a segurança pública, a defesa da ordem e a prevenção do crime, a proteção da saúde ou da moral, ou a proteção dos direitos e das liberdades de terceiros. O presente artigo não proíbe que sejam impostas restrições legítimas ao exercício destes direitos aos membros das forças armadas, da polícia ou da administração do Estado.

Artigo 12
Direito ao casamento

A partir da idade núbil, o homem e a mulher têm o direito de se casar e de constituir família, segundo as leis nacionais que regem o exercício deste direito.

Artigo 13
Direito a um recurso efetivo

Qualquer pessoa cujos direitos e liberdades reconhecidos na presente Convenção tiverem sido violados tem direito a recurso perante uma instância nacional, mesmo quando a violação tiver sido cometida por pessoas que atuem no exercício das suas funções oficiais.

Artigo 14
Proibição de discriminação

O gozo dos direitos e liberdades reconhecidos na presente Convenção deve ser assegurado sem quaisquer distinções, tais como as fundadas no sexo, raça, cor, língua, religião, opiniões políticas ou outras, a origem nacional ou social, a pertença a uma minoria nacional, a riqueza, o nascimento ou qualquer outra situação.

Artigo 15
Derrogação em caso de estado de necessidade

1. Em caso de guerra ou de outro perigo público que ameace a vida da nação, qualquer Alta Parte Contratante pode tomar providências que derroguem as obrigações previstas na presente Convenção, na estrita medida em que o exigir a situação, e em que tais providências não estejam em contradição com as outras obrigações decorrentes do direito internacional.

2. A disposição precedente não autoriza nenhuma derrogação ao artigo 2º, salvo quanto ao caso de morte resultante de atos lícitos de guerra, nem aos artigos 3º, 4º (§ 1º) e 7º.

3. Qualquer Alta Parte Contratante que exercer este direito de derrogação manterá completamente informado o Secretário-Geral do Conselho da Europa das providências tomadas e dos motivos que as provocaram. Deverá igualmente informar o Secretário-Geral do Conselho da Europa da data em que essas disposições tiverem deixado de estar em vigor e da data em que as da Convenção voltarem a ter plena aplicação.

Artigo 16
Restrições à atividade política dos estrangeiros

Nenhuma das disposições dos artigos 10º, 11º e 14º pode ser considerada como proibição às Altas Partes Contratantes de imporem restrições à atividade política dos estrangeiros.

Artigo 17

Proibição do abuso de direito

Nenhuma das disposições da presente Convenção pode ser interpretada no sentido de implicar para um Estado, grupo ou indivíduo qualquer direito de se dedicar a atividade ou praticar atos que levem à destruição dos direitos ou liberdades reconhecidos na presente Convenção ou a maiores limitações de tais direitos e liberdades do que as previstas na Convenção.

Artigo 18

Limitação da aplicação de restrições aos direitos

As restrições feitas nos termos da presente Convenção aos referidos direitos e liberdades só podem ser aplicadas para os fins que foram previstas.

Título II

CORTE EUROPEIA DE DIREITOS HUMANOS

Artigo 19

Criação da Corte

A fim de assegurar o respeito dos compromissos que resultam, para as Altas Partes Contratantes, da presente Convenção e dos seus protocolos, é criada uma Corte Europeia de Direitos Humanos, a seguir designada "Corte", a qual funcionará a título permanente.

Artigo 20

Número de juízes

A Corte compõe-se de um número de juízes igual ao número de Altas Partes Contratantes.

Artigo 21

Condições para o exercício de funções

1. Os juízes deverão gozar da mais alta reputação moral e reunir as condições requeridas para o exercício de altas funções judiciais ou ser jurisconsultos de reconhecida competência.

2. Os juízes exercem as suas funções a título individual.

3. Durante o respectivo mandato, os juízes não poderão exercer qualquer atividade incompatível com as exigências de independência, imparcialidade ou disponibilidade exigidas por uma atividade exercida a tempo inteiro. Qualquer questão relativa à aplicação do disposto no presente número é decidida pelo Tribunal.

Artigo 22

Eleição dos juízes

1. Os juízes são eleitos pela Assembleia Parlamentar relativamente a cada Alta Parte Contratante, por maioria dos votos expressos, a partir de numa lista de três candidatos apresentados pela Alta Parte Contratante.

2. Observa-se o mesmo processo para completar a Corte no caso de adesão de novas Altas Partes Contratantes e para prover os lugares que vagarem.

Artigo 23

Duração do mandato

1. Os juízes são eleitos por um período de seis anos. São reelegíveis. Contudo, as funções de metade dos juízes designados na primeira eleição cessarão ao fim de três anos.

2. Os juízes cujas funções devam cessar decorrido o período inicial de três anos serão designados por sorteio, efetuado pelo Secretário-Geral do Conselho da Europa, imediatamente após a sua eleição.

3. Com o fim de assegurar, na medida do possível, a renovação dos mandatos de metade dos juízes de três em três anos, a Assembleia Parlamentar pode decidir, antes de proceder a qualquer eleição ulterior, que o mandato de um ou vários juízes a eleger terá uma duração diversa de seis anos, sem que esta duração possa, no entanto, exceder nove anos ou ser inferior a três.

4. No caso de se terem conferido mandatos variados e de a Assembleia Parlamentar ter aplicado o disposto no número precedente, a distribuição dos mandatos será feita por sorteio pelo Secretário-Geral do Conselho da Europa imediatamente após a eleição.

5. O juiz eleito para substituir outro cujo mandato não tenha expirado completará o mandato do seu predecessor.

6. O mandato dos juízes cessará logo que estes atinjam a idade de 70 anos.

7. Os juízes permanecerão em funções até serem substituídos. Depois da sua substituição continuarão a ocupar-se dos assuntos que já lhes tinham sido cometidos.

Artigo 24

Destituição

Nenhum juiz poderá ser afastado das suas funções, salvo se os restantes juízes decidirem, por maioria de dois terços, que o juiz em causa deixou de corresponder aos requisitos exigidos.

Artigo 25

Secretaria e oficiais de justiça

O Tribunal dispõe de uma secretaria, cujas tarefas e organização serão definidas no regulamento do Tribunal. O Tribunal será assistido por oficiais de justiça.

Artigo 26

Assembleia plenária do Tribunal

O Tribunal, reunido em Assembleia plenária:

a) Elegerá o seu presidente e um ou dois vice-presidentes por um período de três anos. Todos eles são reelegíveis;

b) Criará seções, que funcionarão por período determinado;

c) Elegerá os presidentes das secções do Tribunal, os quais são reelegíveis;

d) Adoptará o regulamento do Tribunal;

e) Elegerá o secretário e um ou vários secretários adjuntos.

Artigo 27

Comitês, Seções e Tribunal pleno

1. Para o exame dos assuntos que lhe sejam submetidos, a Corte funcionará em comitês compostos por três juízes, em seções compostas por sete juízes e em tribunal pleno composto por dezessete juízes. As seções do Tribunal constituem os comitês por período determinado.

2. O juiz eleito por um Estado-parte será membro de direito da seção e do tribunal pleno; em caso de ausência deste juiz ou se ele não estiver em condições de intervir, tal Estado-parte designará a pessoa que intervirá na qualidade de juiz.

3. Integram igualmente o tribunal pleno o presidente do Tribunal, os vice--presidentes, os presidentes das seções e outros juízes designados em conformidade com o regulamento do Tribunal. Se o assunto tiver sido deferido ao tribunal pleno nos termos do artigo 43, nenhum juiz da seção que haja proferido a decisão poderá naquele intervir, salvo no que respeita ao presidente da secção e ao juiz que decidiu em nome do Estado que seja parte interessada.

Artigo 28

Declarações de inadmissibilidade por parte dos Comitês

Qualquer Comitê pode, por voto unânime, declarar a inadmissibilidade ou mandar arquivar qualquer petição individual formulada nos termos do artigo 34, se essa decisão puder ser tomada sem posterior apreciação. Esta decisão é definitiva.

Artigo 29

Decisões das seções quanto à admissibilidade e ao mérito

1. Se nenhuma decisão tiver sido tomada nos termos do artigo 28, uma das seções pronunciar-se-á quanto à admissibilidade e ao mérito das petições individuais formuladas nos termos do artigo 34.

2. Uma das seções pronunciar-se-á quanto à admissibilidade e ao mérito das petições estaduais formuladas nos termos do artigo 33.

3. A decisão quanto à admissibilidade é tomada em separado, salvo deliberação em contrário do Tribunal relativamente a casos excepcionais.

Artigo 30
Devolução da decisão a favor do tribunal pleno

Se um assunto pendente numa seção levantar uma questão grave quanto à interpretação da Convenção ou dos seus protocolos, ou se a solução de um litígio puder conduzir a uma contradição com uma sentença já proferida pelo Tribunal, a seção pode, antes de proferir a sua sentença, devolver a decisão do litígio ao tribunal pleno, salvo se qualquer das partes do mesmo a tal se opuser.

Artigo 31
Atribuições do Tribunal pleno

O Tribunal pleno:

a) Pronunciar-se-á sobre as petições formuladas nos termos do artigo 33 ou do artigo 34, se a seção tiver cessado de conhecer de um assunto nos termos do artigo 30 ou se o assunto lhe tiver sido cometido nos termos do artigo 43;

b) Apreciará os pedidos de parecer formulados nos termos do artigo 47.

Artigo 32
Competência do Tribunal

1. A competência do Tribunal abrange todas as questões relativas à interpretação e à aplicação da Convenção e dos respectivos protocolos que lhe sejam submetidas nas condições previstas pelos artigos 33, 34 e 47.

Artigo 33
Casos interestatais

Qualquer Alta Parte Contratante pode submeter à Corte qualquer violação das disposições da Convenção e dos seus protocolos que creia poder ser imputada a outra Alta Parte Contratante.

Artigo 34
Petições individuais

A Corte pode receber petições de qualquer pessoa, organização não governamental ou grupo de indivíduos que se considere vítima de violação por qualquer Alta Parte Contratante dos direitos reconhecidos na Convenção ou nos seus protocolos. As Altas Partes Contratantes comprometem-se a não criar qualquer entrave ao exercício efectivo desse direito.

Artigo 35
Condições de admissibilidade

1. O Tribunal só pode ser solicitado a conhecer de um assunto depois de esgotadas todas as vias de recurso internas, em conformidade com os princípios de

direito internacional geralmente reconhecidos e num prazo de seis meses a contar da data da decisão interna definitiva.

2. O Tribunal não conhecerá de qualquer petição individual formulada em aplicação do disposto no artigo 34 se tal petição:

a) For anônima;

b) For, no essencial, idêntica a uma petição anteriormente examinada pelo Tribunal ou já submetida a outra instância internacional de inquérito ou de decisão e não contiver fatos novos.

3. O Tribunal declarará a inadmissibilidade de qualquer petição individual formulada nos termos do artigo 34 sempre que considerar que tal petição é incompatível com o disposto na Convenção ou nos seus protocolos, manifestamente mal fundada ou tem caráter abusivo.

4. O Tribunal rejeitará qualquer petição que considere inadmissível nos termos do presente artigo. O Tribunal poderá decidir nestes termos em qualquer momento do processo.

Artigo 36

Intervenção de terceiros

1. Em qualquer assunto pendente numa secção ou no tribunal pleno, a Alta Parte Contratante da qual o autor da petição seja nacional terá o direito de formular observações por escrito ou de participar nas audiências.

2. No interesse da boa administração da justiça, o presidente do Tribunal pode convidar qualquer Alta Parte Contratante que não seja parte no processo ou qualquer outra pessoa interessada que não o autor da petição a apresentar observações escritas ou a participar nas audiências.

Artigo 37

Arquivamento

1. O Tribunal pode decidir, em qualquer momento do processo, arquivar uma petição se as circunstâncias permitirem concluir que:

a) O requerente não pretende mais manter tal petição;

b) O litígio foi resolvido;

c) Por qualquer outro motivo constatado pelo Tribunal, não se justifica prosseguir a apreciação da petição.

Contudo, o Tribunal dará seguimento à apreciação da petição se o respeito pelos direitos humanos garantidos na Convenção assim o exigir.

2. O Tribunal poderá decidir-se pelo desarquivamento de uma petição se considerar que as circunstâncias assim o justificam.

Artigo 38

Apreciação do caso e procedimento de resolução amigável

1. Se declarar admissível uma petição, o Tribunal:

a) Procederá ao exame da petição em conjunto com os representantes das partes e, se for caso disso, realizará um inquérito para cuja eficaz condução os Estados interessados fornecerão todas as facilidades necessárias;

b) Colocar-se-á à disposição dos interessados com o objetivo de se alcançar uma resolução amigável do assunto, inspirada no respeito pelos direitos humanos como tais reconhecidos pela Convenção e pelos seus protocolos.

2. O processo descrito no n. 1, alínea *b*, do presente artigo é confidencial.

Artigo 39

Conclusão de uma resolução amigável

Em caso de resolução amigável, o Tribunal arquivará o assunto, proferindo, para o efeito, uma decisão que conterá uma breve exposição dos fatos e da solução adotada.

Artigo 40

Audiência pública e acesso aos documentos

1. A audiência é pública, salvo se o Tribunal decidir em contrário por força de circunstâncias excepcionais.

2. Os documentos depositados na secretaria ficarão acessíveis ao público, salvo decisão em contrário do presidente do Tribunal.

Artigo 41

Justa reparação

Se a Corte declarar que houve violação da Convenção ou dos seus protocolos e se o direito interno da Alta Parte Contratante apenas permitir a que a reparação seja feita parcialmente, a Corte atribuirá à parte lesada uma justa reparação, se necessário.

Artigo 42

Decisões das seções

As decisões tomadas pelas seções tornam-se definitivas em conformidade com o disposto no n. 2 do artigo 44.

Artigo 43

Devolução ao Tribunal pleno

1. Num prazo de três meses a contar da data da sentença proferida por uma seção, qualquer parte no assunto poderá, em casos excepcionais, solicitar a devolução do assunto ao tribunal pleno.

2. Um painel composto por cinco juízes do tribunal pleno aceitará a petição, se o assunto levantar uma questão grave quanto à interpretação ou à aplicação da Convenção ou dos seus protocolos ou ainda se levantar uma questão grave de caráter geral.

3. Se o painel aceitar a petição, o tribunal pleno pronunciar-se-á sobre o assunto por meio de sentença.

Artigo 44
Sentenças definitivas

1. A sentença do Tribunal pleno é definitiva.

2. A sentença de uma seção tornar-se-á definitiva:

a) Se as partes declararem que não solicitarão a devolução do assunto ao tribunal pleno;

b) Três meses após a data da sentença, se a devolução do assunto ao tribunal pleno não for solicitada;

c) Se o painel do tribunal pleno rejeitar a petição de devolução formulada nos termos do artigo 43.

3. A sentença definitiva será publicada.

Artigo 45
Fundamentação das sentenças e das decisões

1. As sentenças, bem como as decisões que declarem a admissibilidade ou a inadmissibilidade das petições, serão fundamentadas.

2. Se a sentença não expressar, no todo ou em parte, a opinião unânime dos juízes, qualquer juiz terá o direito de lhe juntar uma exposição da sua opinião divergente.

Artigo 46
Força vinculante e execução das sentenças

1. As Altas Partes Contratantes obrigam-se a respeitar as sentenças definitivas da Corte nos casos em que forem partes.

2. A sentença definitiva da Corte será transmitida ao Comitê de Ministros, o qual deve supervisionar sua execução.

Artigo 47
Opiniões consultivas

1. A pedido do Comitê de Ministros, a Corte pode emitir opiniões consultivas sobre questões jurídicas relativas à interpretação da Convenção e dos seus protocolos.

2. Tais opiniões não podem incidir sobre questões relativas ao conteúdo ou à extensão dos direitos e liberdades definidos no título I da Convenção e nos proto-

colos, nem sobre outras questões que, em virtude do recurso previsto pela Convenção, possam ser submetidas à Corte ou ao Comitê de Ministros.

3. A decisão do Comitê de Ministros de solicitar um parecer ao Tribunal será tomada por voto majoritário dos seus membros titulares.

Artigo 48
Competência consultiva da Corte

A Corte decidirá se o pedido de opinião consultiva apresentado pelo Comitê de Ministros está no âmbito de sua competência consultiva, tal como a define o artigo 47.

Artigo 49
Fundamentação das opiniões consultivas

1. As opiniões consultivas da Corte devem ser fundamentadas.

2. Se a opinião não expressar, no seu todo ou em parte, a opinião unânime dos juízes, qualquer juiz tem o direito de elaborar sua opinião divergente.

3. A opinião da Corte será comunicada ao Comitê de Ministros.

Artigo 50
Despesas de funcionamento da Corte

As despesas de funcionamento da Corte serão suportadas pelo Conselho da Europa.

Artigo 51
Privilégios e imunidades dos juízes

Os juízes gozam, enquanto no exercício das suas funções, dos privilégios e imunidades previstos no artigo 40 do Estatuto do Conselho da Europa e nos acordos concluídos em virtude desse artigo.

Título III
DISPOSIÇÕES DIVERSAS

Artigo 52
Requisições do Secretário-Geral

Qualquer Alta Parte Contratante deverá fornecer, a requerimento do Secretário-Geral do Conselho da Europa, os esclarecimentos pertinentes sobre a forma como o seu direito interno assegura a aplicação efetiva de quaisquer disposições desta Convenção.

Artigo 53
Salvaguarda dos direitos humanos reconhecidos por outros instrumentos

Nenhuma das disposições da presente Convenção será interpretada no sentido de limitar ou prejudicar os direitos humanos e as liberdades fundamentais que tiverem sido reconhecidos de acordo com as leis de qualquer Alta Parte Contratante ou de qualquer outra Convenção em que aquela seja parte.

Artigo 54

Poderes do Comitê de Ministros

Nenhuma das disposições da presente Convenção pode afetar os poderes conferidos ao Comitê de Ministros pelo Estatuto do Conselho da Europa.

Artigo 55

Renúncia a outras formas de resolução de litígios

As Altas Partes Contratantes renunciam, salvo acordo especial, a aproveitar-se dos tratados, convênios ou declarações que entre si existirem, com o fim de resolver, por via contenciosa, uma divergência de interpretação ou aplicação da presente Convenção por processo de solução diferente dos previstos na presente Convenção.

Artigo 56

Aplicação territorial

1. Qualquer Estado pode, no momento da ratificação ou em qualquer outro momento ulterior, declarar, em notificação dirigida ao Secretário-Geral do Conselho da Europa, que a presente Convenção se aplicará, sob reserva do n. 4 do presente artigo, a todos os territórios ou a quaisquer dos territórios cujas relações internacionais assegura.

2. A Convenção será aplicada ao território ou territórios designados na notificação, a partir do trigésimo dia seguinte à data em que o Secretário-Geral do Conselho da Europa a tiver recebido.

3. Nos territórios em causa, as disposições da presente Convenção serão aplicáveis tendo em conta as necessidades locais.

4. Qualquer Estado que tiver feito uma declaração de conformidade com o primeiro parágrafo deste artigo pode, em qualquer momento ulterior, declarar que aceita, a respeito de um ou vários territórios em questão, a competência do Tribunal para aceitar petições de pessoas singulares, de organizações não governamentais ou de grupos de particulares, conforme previsto pelo artigo 34 da Convenção.

Artigo 57

Reservas

1. Qualquer Estado pode, no momento da assinatura desta Convenção ou do depósito do seu instrumento de ratificação, formular uma reserva a propósito de qualquer disposição da Convenção, na medida em que uma lei então em vigor no seu território estiver em discordância com aquela disposição. Este artigo não autoriza reservas de caráter geral.

2. Toda a reserva feita em conformidade com o presente artigo será acompanhada de uma breve descrição da lei em questão.

Artigo 58
Denúncia

1. Uma Alta Parte Contratante só pode denunciar a presente Convenção ao fim do prazo de cinco anos a contar da data da entrada em vigor da Convenção para a dita Parte, e mediante um pré-aviso de seis meses, feito em notificação dirigida ao Secretário-Geral do Conselho da Europa, o qual informará as outras Partes Contratantes.

2. Esta denúncia não pode ter por efeito desvincular a Alta Parte Contratante em causa das obrigações contidas na presente Convenção no que se refere a qualquer fato que, podendo constituir violação daquelas obrigações, tiver sido praticado pela dita Parte anteriormente à data em que a denúncia produz efeito.

3. Sob a mesma reserva, deixará de ser parte na presente Convenção qualquer Alta Parte Contratante que deixar de ser membro do Conselho da Europa.

4. A Convenção poderá ser denunciada, nos termos dos parágrafos precedentes, em relação a qualquer território a que tiver sido declarada aplicável nos termos do artigo 56.

Artigo 59
Assinatura e ratificação

1. A presente Convenção está aberta à assinatura dos membros do Conselho da Europa. Deve ser ratificada. As ratificações serão depositadas junto do Secretário-Geral do Conselho da Europa.

2. A presente Convenção entrará em vigor depois do depósito de dez instrumentos de ratificação.

3. Para todo o signatário que a ratifique ulteriormente, a Convenção entrará em vigor no momento em que se realizar o depósito do instrumento de ratificação.

4. O Secretário-Geral do Conselho da Europa notificará todos os membros do Conselho da Europa da entrada em vigor da Convenção, dos nomes das Altas Partes Contratantes que a tiverem ratificado, assim como do depósito de todo o instrumento de ratificação que ulteriormente venha a ser feito.

Feito em Roma, aos 4 de novembro de 1950, em francês e em inglês, os dois textos fazendo igualmente fé, num só exemplar, que será depositado nos arquivos do Conselho da Europa. O Secretário-Geral enviará cópias conformes a todos os signatários.

CONVENÇÃO AMERICANA DE DIREITOS HUMANOS* (PACTO DE SAN JOSÉ DA COSTA RICA)

PREÂMBULO

Os Estados Americanos signatários da presente Convenção,

Reafirmando seu propósito de consolidar neste Continente, dentro do quadro das instituições democráticas, um regime de liberdade pessoal e de justiça social, fundado no respeito dos direitos humanos essenciais;

Reconhecendo que os direitos essenciais da pessoa humana não derivam do fato de ser ela nacional de determinado Estado, mas sim do fato de ter como fundamento os atributos da pessoa humana, razão por que justificam uma proteção internacional, de natureza convencional, coadjuvante ou complementar da que oferece o direito interno dos Estados americanos;

Considerando que esses princípios foram consagrados na Carta da Organização dos Estados Americanos, na Declaração Americana dos Direitos e Deveres do Homem e na Declaração Universal dos Direitos do Homem, e que foram reafirmados e desenvolvidos em outros instrumentos internacionais, tanto de âmbito mundial como regional;

Reiterando que, de acordo com a Declaração Universal dos Direitos Humanos, só pode ser realizado o ideal do ser humano livre, isento do temor e da miséria, se forem criadas condições que permitam a cada pessoa gozar dos seus direitos econômicos, sociais e culturais, bem como dos seus direitos civis e políticos; e

Considerando que a Terceira Conferência Interamericana Extraordinária (Buenos Aires, 1967) aprovou a incorporação à própria Carta da Organização de normas mais amplas sobre os direitos econômicos, sociais e educacionais e resolveu que uma Convenção Interamericana sobre Direitos Humanos determinasse a estrutura, competência e processo dos órgãos encarregados dessa matéria;

Convieram no seguinte:

---

* Adotada e aberta à assinatura na Conferência Especializada Interamericana sobre Direitos Humanos, em San José de Costa Rica, em 22 de novembro de 1969, entrando em vigor em 18 de julho de 1978.

PARTE I — DEVERES DOS ESTADOS E DIREITOS PROTEGIDOS

Capítulo I — ENUMERAÇÃO DOS DEVERES

Artigo 1º — Obrigação de respeitar os direitos

1. Os Estados partes nesta Convenção comprometem-se a respeitar os direitos e liberdades nela reconhecidos e a garantir seu livre e pleno exercício a toda pessoa que esteja sujeita à sua jurisdição, sem discriminação alguma, por motivo de raça, cor, sexo, idioma, religião, opiniões políticas ou de qualquer outra natureza, origem nacional ou social, posição econômica, nascimento ou qualquer outra condição social.

2. Para efeitos desta Convenção, pessoa é todo ser humano.

Artigo 2º — Dever de adotar disposições de direito interno

Se o exercício dos direitos e liberdades mencionados no artigo 1º ainda não estiver garantido por disposições legislativas ou de outra natureza, os Estados--partes comprometem-se a adotar, de acordo com as suas normas constitucionais e com as disposições desta Convenção, as medidas legislativas ou de outra natureza que forem necessárias para tornar efetivos tais direitos e liberdades.

Capítulo II — DIREITOS CIVIS E POLÍTICOS

Artigo 3º — Direito ao reconhecimento da personalidade jurídica

Toda pessoa tem direito ao reconhecimento de sua personalidade jurídica.

Artigo 4º — Direito à vida

1. Toda pessoa tem o direito de que se respeite sua vida. Esse direito deve ser protegido pela lei e, em geral, desde o momento da concepção. Ninguém pode ser privado da vida arbitrariamente.

2. Nos países que não houverem abolido a pena de morte, esta só poderá ser imposta pelos delitos mais graves, em cumprimento de sentença final de tribunal competente e em conformidade com a lei que estabeleça tal pena, promulgada antes de haver o delito sido cometido. Tampouco se estenderá sua aplicação a delitos aos quais não se aplique atualmente.

3. Não se pode restabelecer a pena de morte nos Estados que a hajam abolido.

4. Em nenhum caso pode a pena de morte ser aplicada a delitos políticos, nem a delitos comuns conexos com delitos políticos.

5. Não se deve impor a pena de morte a pessoa que, no momento da perpetração do delito, for menor de dezoito anos, ou maior de setenta, nem aplicá-la a mulher em estado de gravidez.

6. Toda pessoa condenada à morte tem direito a solicitar anistia, indulto ou comutação da pena, os quais podem ser concedidos em todos os casos. Não se pode executar a pena de morte enquanto o pedido estiver pendente de decisão ante a autoridade competente.

310

Artigo 5º — Direito à integridade pessoal

1. Toda pessoa tem direito a que se respeite sua integridade física, psíquica e moral.

2. Ninguém deve ser submetido a torturas, nem a penas ou tratos cruéis, desumanos ou degradantes. Toda pessoa privada de liberdade deve ser tratada com o respeito devido à dignidade inerente ao ser humano.

3. A pena não pode passar da pessoa do delinquente.

4. Os processados devem ficar separados dos condenados, salvo em circunstâncias excepcionais, e devem ser submetidos a tratamento adequado à sua condição de pessoas não condenadas.

5. Os menores, quando puderem ser processados, devem ser separados dos adultos e conduzidos a tribunal especializado, com a maior rapidez possível, para seu tratamento.

6. As penas privativas de liberdade devem ter por finalidade essencial a reforma e a readaptação social dos condenados.

Artigo 6º — Proibição da escravidão e da servidão

1. Ninguém poderá ser submetido a escravidão ou servidão, e tanto estas como o tráfico de escravos e o tráfico de mulheres são proibidos em todas as suas formas.

2. Ninguém deve ser constrangido a executar trabalho forçado ou obrigatório. Nos países em que se prescreve, para certos delitos, pena privativa de liberdade acompanhada de trabalhos forçados, esta disposição não pode ser interpretada no sentido de proibir o cumprimento da dita pena, imposta por um juiz ou tribunal competente. O trabalho forçado não deve afetar a dignidade, nem a capacidade física e intelectual do recluso.

3. Não constituem trabalhos forçados ou obrigatórios para os efeitos deste artigo:

a) os trabalhos ou serviços normalmente exigidos de pessoa reclusa em cumprimento de sentença ou resolução formal expedida pela autoridade judiciária competente. Tais trabalhos ou serviços devem ser executados sob a vigilância e controle das autoridades públicas, e os indivíduos que os executarem não devem ser postos à disposição de particulares, companhias ou pessoas jurídicas de caráter privado;

b) serviço militar e, nos países em que se admite a isenção por motivo de consciência, qualquer serviço nacional que a lei estabelecer em lugar daquele;

c) o serviço exigido em casos de perigo ou de calamidade que ameacem a existência ou o bem-estar da comunidade;

d) o trabalho ou serviço que faça parte das obrigações cívicas normais.

Artigo 7º — Direito à liberdade pessoal

1. Toda pessoa tem direito à liberdade e à segurança pessoais.

2. Ninguém pode ser privado de sua liberdade física, salvo pelas causas e nas condições previamente fixadas pelas Constituições políticas dos Estados-partes ou pelas leis de acordo com elas promulgadas.

3. Ninguém pode ser submetido a detenção ou encarceramento arbitrários.

4. Toda pessoa detida ou retida deve ser informada das razões da detenção e notificada, sem demora, da acusação ou das acusações formuladas contra ela.

5. Toda pessoa presa, detida ou retida deve ser conduzida, sem demora, à presença de um juiz ou outra autoridade autorizada por lei a exercer funções judiciais e tem o direito de ser julgada em prazo razoável ou de ser posta em liberdade, sem prejuízo de que prossiga o processo. Sua liberdade pode ser condicionada a garantias que assegurem o seu comparecimento em juízo.

6. Toda pessoa privada da liberdade tem direito a recorrer a um juiz ou tribunal competente, a fim de que este decida, sem demora, sobre a legalidade de sua prisão ou detenção e ordene sua soltura, se a prisão ou a detenção forem ilegais. Nos Estados-partes cujas leis preveem que toda pessoa que se vir ameaçada de ser privada de sua liberdade tem direito a recorrer a um juiz ou tribunal competente, a fim de que este decida sobre a legalidade de tal ameaça, tal recurso não pode ser restringido nem abolido. O recurso pode ser interposto pela própria pessoa ou por outra pessoa.

7. Ninguém deve ser detido por dívidas. Este princípio não limita os mandados de autoridade judiciária competente expedidos em virtude de inadimplemento de obrigação alimentar.

Artigo 8º — Garantias judiciais

1. Toda pessoa terá o direito de ser ouvida, com as devidas garantias e dentro de um prazo razoável, por um juiz ou Tribunal competente, independente e imparcial, estabelecido anteriormente por lei, na apuração de qualquer acusação penal formulada contra ela, ou na determinação de seus direitos e obrigações de caráter civil, trabalhista, fiscal ou de qualquer outra natureza.

2. Toda pessoa acusada de um delito tem direito a que se presuma sua inocência, enquanto não for legalmente comprovada sua culpa. Durante o processo, toda pessoa tem direito, em plena igualdade, às seguintes garantias mínimas:

a) direito do acusado de ser assistido gratuitamente por um tradutor ou intérprete, caso não compreenda ou não fale a língua do juízo ou tribunal;

b) comunicação prévia e pormenorizada ao acusado da acusação formulada;

c) concessão ao acusado do tempo e dos meios necessários à preparação de sua defesa;

d) direito do acusado de defender-se pessoalmente ou de ser assistido por um defensor de sua escolha e de comunicar-se, livremente e em particular, com seu defensor;

e) direito irrenunciável de ser assistido por um defensor proporcionado pelo Estado, remunerado ou não, segundo a legislação interna, se o acusado não se defender ele próprio, nem nomear defensor dentro do prazo estabelecido pela lei;

f) direito da defesa de inquirir as testemunhas presentes no Tribunal e de obter o comparecimento, como testemunhas ou peritos, de outras pessoas que possam lançar luz sobre os fatos;

g) direito de não ser obrigada a depor contra si mesma, nem a confessar-se culpada; e

h) direito de recorrer da sentença a juiz ou tribunal superior.

3. A confissão do acusado só é válida se feita sem coação de nenhuma natureza.

4. O acusado absolvido por sentença transitada em julgado não poderá ser submetido a novo processo pelos mesmos fatos.

5. O processo penal deve ser público, salvo no que for necessário para preservar os interesses da justiça.

Artigo 9º — Princípio da legalidade e da retroatividade

Ninguém poderá ser condenado por atos ou omissões que, no momento em que foram cometidos, não constituam delito, de acordo com o direito aplicável. Tampouco se poderá impor pena mais grave do que a aplicável no momento da ocorrência do delito. Se, depois de perpetrado o delito, a lei estipular a imposição de pena mais leve, o delinquente deverá dela beneficiar-se.

Artigo 10 — Direito à indenização

Toda pessoa tem direito de ser indenizada conforme a lei, no caso de haver sido condenada em sentença transitada em julgado, por erro judiciário.

Artigo 11 — Proteção da honra e da dignidade

1. Toda pessoa tem direito ao respeito da sua honra e ao reconhecimento de sua dignidade.

2. Ninguém pode ser objeto de ingerências arbitrárias ou abusivas em sua vida privada, em sua família, em seu domicílio ou em sua correspondência, nem de ofensas ilegais à sua honra ou reputação.

3. Toda pessoa tem direito à proteção da lei contra tais ingerências ou tais ofensas.

Artigo 12 — Liberdade de consciência e de religião

1. Toda pessoa tem direito à liberdade de consciência e de religião. Esse direito implica a liberdade de conservar sua religião ou suas crenças, ou de mudar de religião ou de crenças, bem como a liberdade de professar e divulgar sua religião ou suas crenças, individual ou coletivamente, tanto em público como em privado.

2. Ninguém pode ser submetido a medidas restritivas que possam limitar sua liberdade de conservar sua religião ou suas crenças, ou de mudar de religião ou de crenças.

3. A liberdade de manifestar a própria religião e as próprias crenças está sujeita apenas às limitações previstas em lei e que se façam necessárias para proteger a segurança, a ordem, a saúde ou a moral públicas ou os direitos e as liberdades das demais pessoas.

4. Os pais e, quando for o caso, os tutores, têm direito a que seus filhos e pupilos recebam a educação religiosa e moral que esteja de acordo com suas próprias convicções.

Artigo 13 — Liberdade de pensamento e de expressão

1. Toda pessoa tem o direito à liberdade de pensamento e de expressão. Esse direito inclui a liberdade de procurar, receber e difundir informações e ideias de qualquer natureza, sem considerações de fronteiras, verbalmente ou por escrito, ou em forma impressa ou artística, ou por qualquer meio de sua escolha.

2. O exercício do direito previsto no inciso precedente não pode estar sujeito à censura prévia, mas a responsabilidades ulteriores, que devem ser expressamente previstas em lei e que se façam necessárias para assegurar:

a) o respeito dos direitos e da reputação das demais pessoas;

b) a proteção da segurança nacional, da ordem pública, ou da saúde ou da moral públicas.

3. Não se pode restringir o direito de expressão por vias e meios indiretos, tais como o abuso de controles oficiais ou particulares de papel de imprensa, de frequências radioelétricas ou de equipamentos e aparelhos usados na difusão de informação, nem por quaisquer outros meios destinados a obstar a comunicação e a circulação de ideias e opiniões.

4. A lei pode submeter os espetáculos públicos a censura prévia, com o objetivo exclusivo de regular o acesso a eles, para proteção moral da infância e da adolescência, sem prejuízo do disposto no inciso 2.

5. A lei deve proibir toda propaganda a favor da guerra, bem como toda apologia ao ódio nacional, racial ou religioso que constitua incitamento à discriminação, à hostilidade, ao crime ou à violência.

Artigo 14 — Direito de retificação ou resposta

1. Toda pessoa, atingida por informações inexatas ou ofensivas emitidas em seu prejuízo por meios de difusão legalmente regulamentados e que se dirijam ao público em geral, tem direito a fazer, pelo mesmo órgão de difusão, sua retificação ou resposta, nas condições que estabeleça a lei.

2. Em nenhum caso a retificação ou a resposta eximirão das outras responsabilidades legais em que se houver incorrido.

3. Para a efetiva proteção da honra e da reputação, toda publicação ou empresa jornalística, cinematográfica, de rádio ou televisão, deve ter uma pessoa responsável, que não seja protegida por imunidades, nem goze de foro especial.

Artigo 15 — Direito de reunião

É reconhecido o direito de reunião pacífica e sem armas. O exercício desse direito só pode estar sujeito às restrições previstas em lei e que se façam necessárias, em uma sociedade democrática, ao interesse da segurança nacional, da segurança ou ordem públicas, ou para proteger a saúde ou a moral públicas ou os direitos e as liberdades das demais pessoas.

Artigo 16 — Liberdade de associação

1. Todas as pessoas têm o direito de associar-se livremente com fins ideológicos, religiosos, políticos, econômicos, trabalhistas, sociais, culturais, desportivos ou de qualquer outra natureza.

2. O exercício desse direito só pode estar sujeito às restrições previstas em lei e que se façam necessárias, em uma sociedade democrática, ao interesse da segurança nacional, da segurança e da ordem públicas, ou para proteger a saúde ou a moral públicas ou os direitos e as liberdades das demais pessoas.

3. O presente artigo não impede a imposição de restrições legais, e mesmo a privação do exercício do direito de associação, aos membros das forças armadas e da polícia.

Artigo 17 — Proteção da família

1. A família é o núcleo natural e fundamental da sociedade e deve ser protegida pela sociedade e pelo Estado.

2. É reconhecido o direito do homem e da mulher de contraírem casamento e de constituírem uma família, se tiverem a idade e as condições para isso exigidas pelas leis internas, na medida em que não afetem estas o princípio da não discriminação estabelecido nesta Convenção.

3. O casamento não pode ser celebrado sem o consentimento livre e pleno dos contraentes.

4. Os Estados-partes devem adotar as medidas apropriadas para assegurar a igualdade de direitos e a adequada equivalência de responsabilidades dos cônjuges quanto ao casamento, durante o mesmo e por ocasião de sua dissolução. Em caso de dissolução, serão adotadas as disposições que assegurem a proteção necessária aos filhos, com base unicamente no interesse e conveniência dos mesmos.

5. A lei deve reconhecer iguais direitos tanto aos filhos nascidos fora do casamento, como aos nascidos dentro do casamento.

Artigo 18 — Direito ao nome

Toda pessoa tem direito a um prenome e aos nomes de seus pais ou ao de um destes. A lei deve regular a forma de assegurar a todos esse direito, mediante nomes fictícios, se for necessário.

Artigo 19 — Direitos da criança

Toda criança terá direito às medidas de proteção que a sua condição de menor requer, por parte da sua família, da sociedade e do Estado.

Artigo 20 — Direito à nacionalidade

1. Toda pessoa tem direito a uma nacionalidade.

2. Toda pessoa tem direito à nacionalidade do Estado em cujo território houver nascido, se não tiver direito a outra.

3. A ninguém se deve privar arbitrariamente de sua nacionalidade, nem do direito de mudá-la.

Artigo 21 — Direito à propriedade privada

1. Toda pessoa tem direito ao uso e gozo de seus bens. A lei pode subordinar esse uso e gozo ao interesse social.

2. Nenhuma pessoa pode ser privada de seus bens, salvo mediante o pagamento de indenização justa, por motivo de utilidade pública ou de interesse social e nos casos e na forma estabelecidos pela lei.

3. Tanto a usura como qualquer outra forma de exploração do homem pelo homem devem ser reprimidas pela lei.

Artigo 22 — Direito de circulação e de residência

1. Toda pessoa que se encontre legalmente no território de um Estado tem o direito de nele livremente circular e de nele residir, em conformidade com as disposições legais.

2. Toda pessoa terá o direito de sair livremente de qualquer país, inclusive de seu próprio país.

3. O exercício dos direitos supracitados não pode ser restringido, senão em virtude de lei, na medida indispensável, em uma sociedade democrática, para prevenir infrações penais ou para proteger a segurança nacional, a segurança ou a ordem públicas, a moral ou a saúde públicas, ou os direitos e liberdades das demais pessoas.

4. O exercício dos direitos reconhecidos no inciso 1 pode também ser restringido pela lei, em zonas determinadas, por motivo de interesse público.

5. Ninguém pode ser expulso do território do Estado do qual for nacional e nem ser privado do direito de nele entrar.

6. O estrangeiro que se encontre legalmente no território de um Estado parte na presente Convenção só poderá dele ser expulso em decorrência de decisão adotada em conformidade com a lei.

7. Toda pessoa tem o direito de buscar e receber asilo em território estrangeiro, em caso de perseguição por delitos políticos ou comuns conexos com delitos políticos, de acordo com a legislação de cada Estado e com as Convenções internacionais.

8. Em nenhum caso o estrangeiro pode ser expulso ou entregue a outro país, seja ou não de origem, onde seu direito à vida ou à liberdade pessoal esteja em risco de violação em virtude de sua raça, nacionalidade, religião, condição social ou de suas opiniões políticas.

9. É proibida a expulsão coletiva de estrangeiros.

Artigo 23 — Direitos políticos

1. Todos os cidadãos devem gozar dos seguintes direitos e oportunidades:

a) de participar da condução dos assuntos públicos, diretamente ou por meio de representantes livremente eleitos;

b) de votar e ser eleito em eleições periódicas, autênticas, realizadas por sufrágio universal e igualitário e por voto secreto, que garantam a livre expressão da vontade dos eleitores; e

c) de ter acesso, em condições gerais de igualdade, às funções públicas de seu país.

2. A lei pode regular o exercício dos direitos e oportunidades, a que se refere o inciso anterior, exclusivamente por motivo de idade, nacionalidade, residência, idioma, instrução, capacidade civil ou mental, ou condenação, por juiz competente, em processo penal.

Artigo 24 — Igualdade perante a lei

Todas as pessoas são iguais perante a lei. Por conseguinte, têm direito, sem discriminação alguma, à igual proteção da lei.

Artigo 25 — Proteção judicial

1. Toda pessoa tem direito a um recurso simples e rápido ou a qualquer outro recurso efetivo, perante os juízes ou tribunais competentes, que a proteja contra atos que violem seus direitos fundamentais reconhecidos pela Constituição, pela lei ou pela presente Convenção, mesmo quando tal violação seja cometida por pessoas que estejam atuando no exercício de suas funções oficiais.

2. Os Estados-partes comprometem-se:

a) a assegurar que a autoridade competente prevista pelo sistema legal do Estado decida sobre os direitos de toda pessoa que interpuser tal recurso;

b) a desenvolver as possibilidades de recurso judicial; e

c) a assegurar o cumprimento, pelas autoridades competentes, de toda decisão em que se tenha considerado procedente o recurso.

Capítulo III — DIREITOS ECONÔMICOS, SOCIAIS E CULTURAIS

Artigo 26 — Desenvolvimento progressivo

Os Estados-partes comprometem-se a adotar as providências, tanto no âmbito interno, como mediante cooperação internacional, especialmente econômica e técnica, a fim de conseguir progressivamente a plena efetividade dos direitos que decorrem das normas econômicas, sociais e sobre educação, ciência e cultura, constantes da Carta da Organização dos Estados Americanos, reformada pelo Protocolo de Buenos Aires, na medida dos recursos disponíveis, por via legislativa ou por outros meios apropriados.

Capítulo IV — SUSPENSÃO DE GARANTIAS, INTERPRETAÇÃO E APLICAÇÃO

Artigo 27 — Suspensão de garantias

1. Em caso de guerra, de perigo público, ou de outra emergência que ameace a independência ou segurança do Estado-parte, este poderá adotar as disposições que, na medida e pelo tempo estritamente limitados às exigências da situação, suspendam as obrigações contraídas em virtude desta Convenção, desde que tais disposições não sejam incompatíveis com as demais obrigações que lhe impõe o Direito Internacional e não encerrem discriminação alguma fundada em motivos de raça, cor, sexo, idioma, religião ou origem social.

2. A disposição precedente não autoriza a suspensão dos direitos determinados nos seguintes artigos: 3 (direito ao reconhecimento da personalidade jurídica), 4 (direito à vida), 5 (direito à integridade pessoal), 6 (proibição da escravidão e da servidão), 9 (princípio da legalidade e da retroatividade), 12 (liberdade de consciência e religião), 17 (proteção da família), 18 (direito ao nome), 19 (direitos da criança), 20 (direito à nacionalidade) e 23 (direitos políticos), nem das garantias indispensáveis para a proteção de tais direitos.

3. Todo Estado parte no presente Pacto que fizer uso do direito de suspensão deverá comunicar imediatamente aos outros Estados partes na presente Convenção, por intermédio do Secretário-Geral da Organização dos Estados Americanos, as disposições cuja aplicação haja suspendido, os motivos determinantes da suspensão e a data em que haja dado por terminada tal suspensão.

Artigo 28 — Cláusula federal

1. Quando se tratar de um Estado-parte constituído como Estado federal, o governo nacional do aludido Estado-parte cumprirá todas as disposições da presente Convenção, relacionadas com as matérias sobre as quais exerce competência legislativa e judicial.

2. No tocante às disposições relativas às matérias que correspondem à competência das entidades componentes da federação, o governo nacional deve tomar imediatamente as medidas pertinentes, em conformidade com sua Constituição e com suas leis, a fim de que as autoridades competentes das referidas entidades possam adotar as disposições cabíveis para o cumprimento desta Convenção.

3. Quando dois ou mais Estados-partes decidirem constituir entre eles uma federação ou outro tipo de associação, diligenciarão no sentido de que o pacto co-

munitário respectivo contenha as disposições necessárias para que continuem sendo efetivas no novo Estado, assim organizado, as normas da presente Convenção.

Artigo 29 — Normas de interpretação

Nenhuma disposição da presente Convenção pode ser interpretada no sentido de:

a) permitir a qualquer dos Estados-partes, grupo ou indivíduo, suprimir o gozo e o exercício dos direitos e liberdades reconhecidos na Convenção ou limitá-los em maior medida do que a nela prevista;

b) limitar o gozo e exercício de qualquer direito ou liberdade que possam ser reconhecidos em virtude de leis de qualquer dos Estados-partes ou em virtude de Convenções em que seja parte um dos referidos Estados;

c) excluir outros direitos e garantias que são inerentes ao ser humano ou que decorrem da forma democrática representativa de governo;

d) excluir ou limitar o efeito que possam produzir a Declaração Americana dos Direitos e Deveres do Homem e outros atos internacionais da mesma natureza.

Artigo 30 — Alcance das restrições

As restrições permitidas, de acordo com esta Convenção, ao gozo e exercício dos direitos e liberdades nela reconhecidos, não podem ser aplicadas senão de acordo com leis que forem promulgadas por motivo de interesse geral e com o propósito para o qual houverem sido estabelecidas.

Artigo 31 — Reconhecimento de outros direitos

Poderão ser incluídos, no regime de proteção desta Convenção, outros direitos e liberdades que forem reconhecidos de acordo com os processos estabelecidos nos artigos 69 e 70.

Capítulo V — DEVERES DAS PESSOAS

Artigo 32 — Correlação entre deveres e direitos

1. Toda pessoa tem deveres para com a família, a comunidade e a humanidade.

2. Os direitos de cada pessoa são limitados pelos direitos dos demais, pela segurança de todos e pelas justas exigências do bem comum, em uma sociedade democrática.

PARTE II — MEIOS DE PROTEÇÃO

Capítulo VI — ÓRGÃOS COMPETENTES

Artigo 33 — São competentes para conhecer de assuntos relacionados com o cumprimento dos compromissos assumidos pelos Estados partes nesta Convenção:

a) a Comissão Interamericana de Direitos Humanos, doravante denominada a Comissão; e

b) a Corte Interamericana de Direitos Humanos, doravante denominada a Corte.

Capítulo VII — COMISSÃO INTERAMERICANA DE DIREITOS HUMANOS

Seção 1 — Organização

Artigo 34 — A Comissão Interamericana de Direitos Humanos compor-se-á de sete membros, que deverão ser pessoas de alta autoridade moral e de reconhecido saber em matéria de direitos humanos.

Artigo 35 — A Comissão representa todos os Membros da Organização dos Estados Americanos.

Artigo 36 — 1. Os membros da Comissão serão eleitos a título pessoal, pela Assembleia Geral da Organização, a partir de uma lista de candidatos propostos pelos governos dos Estados-membros.

2. Cada um dos referidos governos pode propor até três candidatos, nacionais do Estado que os propuser ou de qualquer outro Estado membro da Organização dos Estados Americanos. Quando for proposta uma lista de três candidatos, pelo menos um deles deverá ser nacional de Estado diferente do proponente.

Artigo 37 — 1. Os membros da Comissão serão eleitos por quatro anos e só poderão ser reeleitos uma vez, porém o mandato de três dos membros designados na primeira eleição expirará ao cabo de dois anos. Logo depois da referida eleição, serão determinados por sorteio, na Assembleia Geral, os nomes desses três membros.

2. Não pode fazer parte da Comissão mais de um nacional de um mesmo país.

Artigo 38 — As vagas que ocorrerem na Comissão, que não se devam à expiração normal do mandato, serão preenchidas pelo Conselho Permanente da Organização, de acordo com o que dispuser o Estatuto da Comissão.

Artigo 39 — A Comissão elaborará seu estatuto e submetê-lo-á à aprovação da Assembleia Geral e expedirá seu próprio Regulamento.

Artigo 40 — Os serviços da Secretaria da Comissão devem ser desempenhados pela unidade funcional especializada que faz parte da Secretaria Geral da Organização e deve dispor dos recursos necessários para cumprir as tarefas que lhe forem confiadas pela Comissão.

Seção 2 — Funções

Artigo 41 — A Comissão tem a função principal de promover a observância e a defesa dos direitos humanos e, no exercício de seu mandato, tem as seguintes funções e atribuições:

a) estimular a consciência dos direitos humanos nos povos da América;

320

b) formular recomendações aos governos dos Estados-membros, quando considerar conveniente, no sentido de que adotem medidas progressivas em prol dos direitos humanos no âmbito de suas leis internas e seus preceitos constitucionais, bem como disposições apropriadas para promover o devido respeito a esses direitos;

c) preparar estudos ou relatórios que considerar convenientes para o desempenho de suas funções;

d) solicitar aos governos dos Estados-membros que lhe proporcionem informações sobre as medidas que adotarem em matéria de direitos humanos;

e) atender às consultas que, por meio da Secretaria-Geral da Organização dos Estados Americanos, lhe formularem os Estados-membros sobre questões relacionadas com os direitos humanos e, dentro de suas possibilidades, prestar-lhes o assessoramento que lhes solicitarem;

f) atuar com respeito às petições e outras comunicações, no exercício de sua autoridade, de conformidade com o disposto nos artigos 44 a 51 desta Convenção; e

g) apresentar um relatório anual à Assembleia Geral da Organização dos Estados Americanos.

Artigo 42 — Os Estados-partes devem submeter à Comissão cópia dos relatórios e estudos que, em seus respectivos campos, submetem anualmente às Comissões Executivas do Conselho Interamericano Econômico e Social e do Conselho Interamericano de Educação, Ciência e Cultura, a fim de que aquela zele para que se promovam os direitos decorrentes das normas econômicas, sociais e sobre educação, ciência e cultura, constantes da Carta da Organização dos Estados Americanos, reformada pelo Protocolo de Buenos Aires.

Artigo 43 — Os Estados-partes obrigam-se a proporcionar à Comissão as informações que esta lhes solicitar sobre a maneira pela qual seu direito interno assegura a aplicação efetiva de quaisquer disposições desta Convenção.

Seção 3 — Competência

Artigo 44 — Qualquer pessoa ou grupo de pessoas, ou entidade não governamental legalmente reconhecida em um ou mais Estados membros da Organização, pode apresentar à Comissão petições que contenham denúncias ou queixas de violação desta Convenção por um Estado-parte.

Artigo 45 — 1. Todo Estado-parte pode, no momento do depósito do seu instrumento de ratificação desta Convenção, ou de adesão a ela, ou em qualquer momento posterior, declarar que reconhece a competência da Comissão para receber e examinar as comunicações em que um Estado-parte alegue haver outro Estado-parte incorrido em violações dos direitos humanos estabelecidos nesta Convenção.

2. As comunicações feitas em virtude deste artigo só podem ser admitidas e examinadas se forem apresentadas por um Estado-parte que haja feito uma decla-

ração pela qual reconheça a referida competência da Comissão. A Comissão não admitirá nenhuma comunicação contra um Estado-parte que não haja feito tal declaração.

3. As declarações sobre reconhecimento de competência podem ser feitas para que esta vigore por tempo indefinido, por período determinado ou para casos específicos.

4. As declarações serão depositadas na Secretaria-Geral da Organização dos Estados Americanos, a qual encaminhará cópia das mesmas aos Estados membros da referida Organização.

Artigo 46 — 1. Para que uma petição ou comunicação apresentada de acordo com os artigos 44 ou 45 seja admitida pela Comissão, será necessário:

a) que hajam sido interpostos e esgotados os recursos da jurisdição interna, de acordo com os princípios de Direito Internacional geralmente reconhecidos;

b) que seja apresentada dentro do prazo de seis meses, a partir da data em que o presumido prejudicado em seus direitos tenha sido notificado da decisão definitiva;

c) que a matéria da petição ou comunicação não esteja pendente de outro processo de solução internacional; e

d) que, no caso do artigo 44, a petição contenha o nome, a nacionalidade, a profissão, o domicílio e a assinatura da pessoa ou pessoas ou do representante legal da entidade que submeter a petição.

2. As disposições das alíneas *a* e *b* do inciso 1 deste artigo não se aplicarão quando:

a) não existir, na legislação interna do Estado de que se tratar, o devido processo legal para a proteção do direito ou direitos que se alegue tenham sido violados;

b) não se houver permitido ao presumido prejudicado em seus direitos o acesso aos recursos da jurisdição interna, ou houver sido ele impedido de esgotá--los; e

c) houver demora injustificada na decisão sobre os mencionados recursos.

Artigo 47 — A Comissão declarará inadmissível toda petição ou comunicação apresentada de acordo com os artigos 44 ou 45 quando:

a) não preencher algum dos requisitos estabelecidos no artigo 46;

b) não expuser fatos que caracterizem violação dos direitos garantidos por esta Convenção;

c) pela exposição do próprio peticionário ou do Estado, for manifestamente infundada a petição ou comunicação ou for evidente sua total improcedência; ou

d) for substancialmente reprodução de petição ou comunicação anterior, já examinada pela Comissão ou por outro organismo internacional.

322

Seção 4 — Processo

Artigo 48 — 1. A Comissão, ao receber uma petição ou comunicação na qual se alegue a violação de qualquer dos direitos consagrados nesta Convenção, procederá da seguinte maneira:

a) se reconhecer a admissibilidade da petição ou comunicação, solicitará informações ao Governo do Estado ao qual pertença a autoridade apontada como responsável pela violação alegada e transcreverá as partes pertinentes da petição ou comunicação. As referidas informações devem ser enviadas dentro de um prazo razoável, fixado pela Comissão ao considerar as circunstâncias de cada caso;

b) recebidas as informações, ou transcorrido o prazo fixado sem que sejam elas recebidas, verificará se existem ou subsistem os motivos da petição ou comunicação. No caso de não existirem ou não subsistirem, mandará arquivar o expediente;

c) poderá também declarar a inadmissibilidade ou a improcedência da petição ou comunicação, com base em informação ou prova supervenientes;

d) se o expediente não houver sido arquivado, e com o fim de comprovar os fatos, a Comissão procederá, com conhecimento das partes, a um exame do assunto exposto na petição ou comunicação. Se for necessário e conveniente, a Comissão procederá a uma investigação para cuja eficaz realização solicitará, e os Estados interessados lhe proporcionarão, todas as facilidades necessárias;

e) poderá pedir aos Estados interessados qualquer informação pertinente e receberá, se isso for solicitado, as exposições verbais ou escritas que apresentarem os interessados; e

f) pôr-se-á à disposição das partes interessadas, a fim de chegar a uma solução amistosa do assunto, fundada no respeito aos direitos reconhecidos nesta Convenção.

2. Entretanto, em casos graves e urgentes, pode ser realizada uma investigação, mediante prévio consentimento do Estado em cujo território se alegue houver sido cometida a violação, tão somente com a apresentação de uma petição ou comunicação que reúna todos os requisitos formais de admissibilidade.

Artigo 49 — Se se houver chegado a uma solução amistosa de acordo com as disposições do inciso 1, *f*, do artigo 48, a Comissão redigirá um relatório que será encaminhado ao peticionário e aos Estados partes nesta Convenção e posteriormente transmitido, para sua publicação, ao Secretário-Geral da Organização dos Estados Americanos. O referido relatório conterá uma breve exposição dos fatos e da solução alcançada. Se qualquer das partes no caso o solicitar, ser-lhe-á proporcionada a mais ampla informação possível.

Artigo 50 — 1. Se não se chegar a uma solução, e dentro do prazo que for fixado pelo Estatuto da Comissão, esta redigirá um relatório no qual exporá os fatos e suas conclusões. Se o relatório não representar, no todo ou em parte, o acordo unânime dos membros da Comissão, qualquer deles poderá agregar ao referido relatório seu voto em separado. Também se agregarão ao relatório as exposições verbais ou escritas que houverem sido feitas pelos interessados em virtude do inciso 1, *e*, do artigo 48.

2. O relatório será encaminhado aos Estados interessados, aos quais não será facultado publicá-lo.

3. Ao encaminhar o relatório, a Comissão pode formular as proposições e recomendações que julgar adequadas.

Artigo 51 — 1. Se no prazo de três meses, a partir da remessa aos Estados interessados do relatório da Comissão, o assunto não houver sido solucionado ou submetido à decisão da Corte pela Comissão ou pelo Estado interessado, aceitando sua competência, a Comissão poderá emitir, pelo voto da maioria absoluta dos seus membros, sua opinião e conclusões sobre a questão submetida à sua consideração.

2. A Comissão fará as recomendações pertinentes e fixará um prazo dentro do qual o Estado deve tomar as medidas que lhe competir para remediar a situação examinada.

3. Transcorrido o prazo fixado, a Comissão decidirá, pelo voto da maioria absoluta dos seus membros, se o Estado tomou ou não as medidas adequadas e se publica ou não seu relatório.

Capítulo VIII — CORTE INTERAMERICANA DE DIREITOS HUMANOS

Seção 1 — Organização

Artigo 52 — 1. A Corte compor-se-á de sete juízes, nacionais dos Estados--membros da Organização, eleitos a título pessoal dentre juristas da mais alta autoridade moral, de reconhecida competência em matéria de direitos humanos, que reúnam as condições requeridas para o exercício das mais elevadas funções judiciais, de acordo com a lei do Estado do qual sejam nacionais, ou do Estado que os propuser como candidatos.

2. Não deve haver dois juízes da mesma nacionalidade.

Artigo 53 — 1. Os juízes da Corte serão eleitos, em votação secreta e pelo voto da maioria absoluta dos Estados partes na Convenção, na Assembleia Geral da Organização, a partir de uma lista de candidatos propostos pelos mesmos Estados.

2. Cada um dos Estados-partes pode propor até três candidatos, nacionais do Estado que os propuser ou de qualquer outro Estado membro da Organização dos Estados Americanos. Quando se propuser uma lista de três candidatos, pelo menos um deles deverá ser nacional do Estado diferente do proponente.

Artigo 54 — 1. Os juízes da Corte serão eleitos por um período de seis anos e só poderão ser reeleitos uma vez. O mandato de três dos juízes designados na primeira eleição expirará ao cabo de três anos. Imediatamente depois da referida eleição, determinar-se-ão por sorteio, na Assembleia Geral, os nomes desses três juízes.

2. O juiz eleito para substituir outro, cujo mandato não haja expirado, completará o período deste.

3. Os juízes permanecerão em suas funções até o término dos seus mandatos. Entretanto, continuarão funcionando nos casos de que já houverem tomado conhecimento e que se encontrem em fase de sentença e, para tais efeitos, não serão substituídos pelos novos juízes eleitos.

Artigo 55 — 1. O juiz, que for nacional de algum dos Estados-partes em caso submetido à Corte, conservará o seu direito de conhecer do mesmo.

2. Se um dos juízes chamados a conhecer do caso for de nacionalidade de um dos Estados-partes, outro Estado-parte no caso poderá designar uma pessoa de sua escolha para integrar a Corte, na qualidade de juiz *ad hoc*.

3. Se, dentre os juízes chamados a conhecer do caso, nenhum for da nacionalidade dos Estados-partes, cada um destes poderá designar um juiz *ad hoc*.

4. O juiz *ad hoc* deve reunir os requisitos indicados no artigo 52.

5. Se vários Estados-partes na Convenção tiverem o mesmo interesse no caso, serão considerados como uma só parte, para os fins das disposições anteriores. Em caso de dúvida, a Corte decidirá.

Artigo 56 — O *quorum* para as deliberações da Corte é constituído por cinco juízes.

Artigo 57 — A Comissão comparecerá em todos os casos perante a Corte.

Artigo 58 — 1. A Corte terá sua sede no lugar que for determinado, na Assembleia Geral da Organização, pelos Estados partes na Convenção, mas poderá realizar reuniões no território de qualquer Estado membro da Organização dos Estados Americanos em que considerar conveniente, pela maioria dos seus membros e mediante prévia aquiescência do Estado respectivo. Os Estados partes na Convenção podem, na Assembleia Geral, por dois terços dos seus votos, mudar a sede da Corte.

2. A Corte designará seu Secretário.

3. O Secretário residirá na sede da Corte e deverá assistir às reuniões que ela realizar fora da mesma.

Artigo 59 — A Secretaria da Corte será por esta estabelecida e funcionará sob a direção do Secretário-Geral da Organização em tudo o que não for incompatível com a independência da Corte. Seus funcionários serão nomeados pelo Secretário-Geral da Organização, em consulta com o Secretário da Corte.

Artigo 60 — A Corte elaborará seu Estatuto e submetê-lo-á à aprovação da Assembleia Geral e expedirá seu Regimento.

Seção 2 — Competência e funções

Artigo 61 — 1. Somente os Estados-partes e a Comissão têm direito de submeter um caso à decisão da Corte.

2. Para que a Corte possa conhecer de qualquer caso, é necessário que sejam esgotados os processos previstos nos artigos 48 a 50.

Artigo 62 — 1. Todo Estado-parte pode, no momento do depósito do seu instrumento de ratificação desta Convenção ou de adesão a ela, ou em qualquer momento posterior, declarar que reconhece como obrigatória, de pleno direito e sem convenção especial, a competência da Corte em todos os casos relativos à interpretação ou aplicação desta Convenção.

2. A declaração pode ser feita incondicionalmente, ou sob condição de reciprocidade, por prazo determinado ou para casos específicos. Deverá ser apresentada ao Secretário-Geral da Organização, que encaminhará cópias da mesma a outros Estados membros da Organização e ao Secretário da Corte.

3. A Corte tem competência para conhecer de qualquer caso, relativo à interpretação e aplicação das disposições desta Convenção, que lhe seja submetido, desde que os Estados-partes no caso tenham reconhecido ou reconheçam a referida competência, seja por declaração especial, como preveem os incisos anteriores, seja por convenção especial.

Artigo 63 — 1. Quando decidir que houve violação de um direito ou liberdade protegidos nesta Convenção, a Corte determinará que se assegure ao prejudicado o gozo do seu direito ou liberdade violados. Determinará também, se isso for procedente, que sejam reparadas as consequências da medida ou situação que haja configurado a violação desses direitos, bem como o pagamento de indenização justa à parte lesada.

2. Em casos de extrema gravidade e urgência, e quando se fizer necessário evitar danos irreparáveis às pessoas, a Corte, nos assuntos de que estiver conhecendo, poderá tomar as medidas provisórias que considerar pertinentes. Se se tratar de assuntos que ainda não estiverem submetidos ao seu conhecimento, poderá atuar a pedido da Comissão.

Artigo 64 — 1. Os Estados membros da Organização poderão consultar a Corte sobre a interpretação desta Convenção ou de outros tratados concernentes à proteção dos direitos humanos nos Estados americanos. Também poderão consultá-la, no que lhes compete, os órgãos enumerados no capítulo X da Carta da Organização dos Estados Americanos, reformada pelo Protocolo de Buenos Aires.

2. A Corte, a pedido de um Estado membro da Organização, poderá emitir pareceres sobre a compatibilidade entre qualquer de suas leis internas e os mencionados instrumentos internacionais.

Artigo 65 — A Corte submeterá à consideração da Assembleia Geral da Organização, em cada período ordinário de sessões, um relatório sobre as suas atividades no ano anterior. De maneira especial, e com as recomendações pertinentes, indicará os casos em que um Estado não tenha dado cumprimento a suas sentenças.

Seção 3 — Processo

Artigo 66 — 1. A sentença da Corte deve ser fundamentada.

2. Se a sentença não expressar no todo ou em parte a opinião unânime dos juízes, qualquer deles terá direito a que se agregue à sentença o seu voto dissidente ou individual.

Artigo 67 — A sentença da Corte será definitiva e inapelável. Em caso de divergência sobre o sentido ou alcance da sentença, a Corte interpretá-la-á, a pedido de qualquer das partes, desde que o pedido seja apresentado dentro de noventa dias a partir da data da notificação da sentença.

Artigo 68 — 1. Os Estados partes na Convenção comprometem-se a cumprir a decisão da Corte em todo caso em que forem partes.

2. A parte da sentença que determinar indenização compensatória poderá ser executada no país respectivo pelo processo interno vigente para a execução de sentenças contra o Estado.

Artigo 69 — A sentença da Corte deve ser notificada às partes no caso e transmitida aos Estados partes na Convenção.

Capítulo IX — DISPOSIÇÕES COMUNS

Artigo 70 — 1. Os juízes da Corte e os membros da Comissão gozam, desde o momento da eleição e enquanto durar o seu mandato, das imunidades reconhecidas aos agentes diplomáticos pelo Direito Internacional. Durante o exercício dos seus cargos gozam, além disso, dos privilégios diplomáticos necessários para o desempenho de suas funções.

2. Não se poderá exigir responsabilidade em tempo algum dos juízes da Corte, nem dos membros da Comissão, por votos e opiniões emitidos no exercício de suas funções.

Artigo 71 — Os cargos de juiz da Corte ou de membro da Comissão são incompatíveis com outras atividades que possam afetar sua independência ou imparcialidade, conforme o que for determinado nos respectivos Estatutos.

Artigo 72 — Os juízes da Corte e os membros da Comissão perceberão honorários e despesas de viagem na forma e nas condições que determinarem os seus Estatutos, levando em conta a importância e independência de suas funções. Tais honorários e despesas de viagem serão fixados no orçamento-programa da Organização dos Estados Americanos, no qual devem ser incluídas, além disso, as despesas da Corte e da sua Secretaria. Para tais efeitos, a Corte elaborará o seu próprio projeto de orçamento e submetê-lo-á à aprovação da Assembleia Geral, por intermédio da Secretaria-Geral. Esta última não poderá nele introduzir modificações.

Artigo 73 — Somente por solicitação da Comissão ou da Corte, conforme o caso, cabe à Assembleia Geral da Organização resolver sobre as sanções aplicáveis aos membros da Comissão ou aos juízes da Corte que incorrerem nos casos previstos nos respectivos Estatutos. Para expedir uma resolução, será necessária maioria de dois terços dos votos dos Estados membros da Organização, no caso dos membros da Comissão; e, além disso, de dois terços dos votos dos Estados partes na Convenção, se se tratar dos juízes da Corte.

PARTE III — DISPOSIÇÕES GERAIS E TRANSITÓRIAS

Capítulo X — ASSINATURA, RATIFICAÇÃO, RESERVA, EMENDA, PROTOCOLO E DENÚNCIA

Artigo 74 — 1. Esta Convenção está aberta à assinatura e à ratificação de todos os Estados membros da Organização dos Estados Americanos.

2. A ratificação desta Convenção ou a adesão a ela efetuar-se-á mediante depósito de um instrumento de ratificação ou adesão na Secretaria-Geral da Organização dos Estados Americanos. Esta Convenção entrará em vigor logo que onze Estados houverem depositado os seus respectivos instrumentos de ratificação ou de adesão. Com referência a qualquer outro Estado que a ratificar ou que a ela aderir ulteriormente, a Convenção entrará em vigor na data do depósito do seu instrumento de ratificação ou adesão.

3. O Secretário-Geral comunicará todos os Estados membros da Organização sobre a entrada em vigor da Convenção.

Artigo 75 — Esta Convenção só pode ser objeto de reservas em conformidade com as disposições da Convenção de Viena sobre o Direito dos Tratados, assinada em 23 de maio de 1969.

Artigo 76 — 1. Qualquer Estado-parte, diretamente, e a Comissão e a Corte, por intermédio do Secretário-Geral, podem submeter à Assembleia Geral, para o que julgarem conveniente, proposta de emendas a esta Convenção.

2. Tais emendas entrarão em vigor para os Estados que as ratificarem, na data em que houver sido depositado o respectivo instrumento de ratificação, por dois terços dos Estados partes nesta Convenção. Quanto aos outros Estados-partes, entrarão em vigor na data em que eles depositarem os seus respectivos instrumentos de ratificação.

Artigo 77 — 1. De acordo com a faculdade estabelecida no artigo 31, qualquer Estado-parte e a Comissão podem submeter à consideração dos Estados-partes reunidos por ocasião da Assembleia Geral projetos de Protocolos adicionais a esta Convenção, com a finalidade de incluir progressivamente, no regime de proteção da mesma, outros direitos e liberdades.

2. Cada Protocolo deve estabelecer as modalidades de sua entrada em vigor e será aplicado somente entre os Estados partes no mesmo.

Artigo 78 — 1. Os Estados-partes poderão denunciar esta Convenção depois de expirado o prazo de cinco anos, a partir da data em vigor da mesma e mediante aviso-prévio de um ano, notificando o Secretário-Geral da Organização, o qual deve informar as outras partes.

2. Tal denúncia não terá o efeito de desligar o Estado-parte interessado das obrigações contidas nesta Convenção, no que diz respeito a qualquer ato que, podendo constituir violação dessas obrigações, houver sido cometido por ele anteriormente à data na qual a denúncia produzir efeito.

Capítulo XI — DISPOSIÇÕES TRANSITÓRIAS

Seção 1 — Comissão Interamericana de Direitos Humanos

Artigo 79 — Ao entrar em vigor esta Convenção, o Secretário-Geral pedirá por escrito a cada Estado membro da Organização que apresente, dentro de um prazo de noventa dias, seus candidatos a membro da Comissão Interamericana de Direitos Humanos. O Secretário-Geral preparará uma lista por ordem alfabética dos candidatos apresentados e a encaminhará aos Estados membros da Organização, pelo menos trinta dias antes da Assembleia Geral seguinte.

Artigo 80 — A eleição dos membros da Comissão far-se-á dentre os candidatos que figurem na lista a que se refere o artigo 79, por votação secreta da Assembleia Geral, e serão declarados eleitos os candidatos que obtiverem maior número de votos e a maioria absoluta dos votos dos representantes dos Estados-membros. Se, para eleger todos os membros da Comissão, for necessário realizar várias votações, serão eliminados sucessivamente, na forma que for determinada pela Assembleia Geral, os candidatos que receberem menor número de votos.

Seção 2 — Corte Interamericana de Direitos Humanos

Artigo 81 — Ao entrar em vigor esta Convenção, o Secretário-Geral pedirá a cada Estado-parte que apresente, dentro de um prazo de noventa dias, seus candidatos a juiz da Corte Interamericana de Direitos Humanos. O Secretário-Geral preparará uma lista por ordem alfabética dos candidatos apresentados e a encaminhará aos Estados-partes pelo menos trinta dias antes da Assembleia Geral seguinte.

Artigo 82 — A eleição dos juízes da Corte far-se-á dentre os candidatos que figurem na lista a que se refere o artigo 81, por votação secreta dos Estados-partes, na Assembleia Geral, e serão declarados eleitos os candidatos que obtiverem o maior número de votos e a maioria absoluta dos votos dos representantes dos Estados-partes. Se, para eleger todos os juízes da Corte, for necessário realizar várias votações, serão eliminados sucessivamente, na forma que for determinada pelos Estados-partes, os candidatos que receberem menor número de votos.

PROTOCOLO ADICIONAL À CONVENÇÃO AMERICANA DE DIREITOS HUMANOS EM MATÉRIA DE DIREITOS ECONÔMICOS, SOCIAIS E CULTURAIS* (PROTOCOLO DE SAN SALVADOR)

PREÂMBULO

Os Estados partes na Convenção Americana sobre Direitos Humanos, "Pacto de San José da Costa Rica",

Reafirmando seu propósito de consolidar neste Continente, dentro do quadro das instituições democráticas, um regime de liberdade pessoal e de justiça social, fundado no respeito aos direitos essenciais do homem;

Reconhecendo que os direitos essenciais do homem não derivam do fato de ser ele nacional de determinado Estado, mas sim do fato de ter como fundamento os atributos de pessoa humana, razão por que justificam uma proteção internacional, de natureza convencional, coadjuvante ou complementar à que oferece o direito interno dos Estados americanos;

Considerando a estreita relação que existe entre a vigência dos direitos econômicos, sociais e culturais e a dos direitos civis e políticos, porquanto as diferentes categorias de direito constituem um todo indissolúvel que encontra sua base no reconhecimento da dignidade da pessoa humana, pelo qual exigem tutela e promoção permanente, com o objetivo de conseguir sua vigência plena, sem que jamais possa justificar-se a violação de uns a pretexto da realização de outros;

Reconhecendo os benefícios decorrentes do fomento e desenvolvimento da cooperação entre os Estados e das relações internacionais;

Recordando que, de acordo com a Declaração Universal dos Direitos do Homem e a Convenção Americana sobre os Direitos Humanos, só pode ser realizado o ideal do ser humano livre, isento de temor e da miséria, se forem criadas condições que permitam a cada pessoa gozar de seus direitos econômicos, sociais e culturais, bem como de seus direitos civis e políticos;

---

* Adotado e aberto a assinatura pela Assembleia Geral da OEA em 17 de novembro de 1988, entrando em vigor em 16 de novembro de 1999.

Levando em conta que, embora os direitos econômicos, sociais e culturais fundamentais tenham sido reconhecidos em instrumentos internacionais anteriores, tanto de âmbito universal como no regional, é muito importante que esses direitos sejam reafirmados, desenvolvidos, aperfeiçoados e protegidos, a fim de consolidar na América, com base no respeito pleno nos direitos da pessoa, o regime democrático representativo de governo, bem como os direitos de seus povos ao desenvolvimento, à livre determinação e a dispor livremente de suas riquezas e recursos naturais; e

Considerando que a Convenção Americana sobre os Direitos Humanos estabelece que podem ser submetidos à consideração dos Estados-Partes, reunidos por ocasiões da Assembleia Geral da organização dos Estados Americanos, projeto de protocolos adicionais a essa convenção, com a finalidade de incluir progressivamente no regime de proteção da mesma outros direitos e liberdades,

Convieram no seguinte Protocolo Adicional à Convenção Americana sobre os Direitos Humanos, "Protocolo de San Salvador":

Artigo 1º
Obrigação de adotar medidas

Os Estados Partes neste Protocolo Adicional à Convenção Americana sobre Direitos Humanos comprometem-se a adotar as medidas necessárias, tanto de ordem interna como por meio da cooperação entre os Estados, especialmente econômica e técnica, até o máximo dos recursos disponíveis e levando em conta seu grau de desenvolvimento, a fim de conseguir, progressivamente e de acordo com a legislação interna, a plena efetividade dos direitos reconhecidos neste Protocolo.

Artigo 2º
Obrigação de adotar disposições de direito interno

Se o exercício dos direitos estabelecidos neste Protocolo ainda não estiver garantido por disposições legislativas ou outra natureza, os Estados Partes comprometem-se a adotar, de acordo com suas normas constitucionais e com as disposições deste Protocolo, as medidas legislativas ou de outra natureza que forem necessárias para tornar efetivos esses direitos.

Artigo 3º
Obrigação de não discriminação

Os Estados Partes neste Protocolo comprometem-se a garantir o exercício do compromisso dos direitos nele enunciados, sem discriminação alguma por motivo de raça, cor, sexo, idioma, religião, opiniões políticas ou de qualquer outra natureza, origem nacional ou social, posição econômica, nascimento ou qualquer outra condição social.

Artigo 4º
Não admissão de restrições

Não se poderá restringir ou limitar qualquer dos direitos reconhecidos ou vigentes num Estado em virtude de sua legislação interna ou de convenções internacionais sob pretexto de que esse Protocolo não os reconhece ou os reconhece em menor grau.

Artigo 5º
Alcance das restrições e limitações

Os Estados-Partes só poderão estabelecer restrições e limitações ao gozo e exercício dos direitos estabelecidos neste Protocolo mediante leis promulgadas com o objetivo de preservar o bem-estar geral dentro de uma sociedade democrática, na medida em que não contrariem o propósito da razão dos mesmos.

Artigo 6º
Direito ao trabalho

1. Toda pessoa tem direito ao trabalho, o que inclui a oportunidade de obter os meios para levar uma vida digna e decorosa por meio do desempenho de uma atividade lícita, livremente escolhida ou aceita.

2. Os Estados-Partes comprometem-se a adotar medidas que garantam plena efetividade do direito ao trabalho, especialmente as referentes à consecução do pleno emprego, à orientação vocacional e ao desenvolvimento de projetos de treinamento técnico-profissional, particularmente os destinados aos deficientes. Os Estados-Partes comprometem-se também a executar e a fortalecer programas que coadjuvem um adequado atendimento da família, a fim de que a mulher tenha possibilidade de exercer o direito ao trabalho.

Artigo 7º
Condições justas, equitativas e satisfatórias de trabalho

Os Estados Partes neste Protocolo reconhecem que o direito ao trabalho, a que se refere o artigo anterior, pressupõe que toda pessoa goze do mesmo em condições justas, equitativas e satisfatórias, para o que esses Estados garantirão em suas legislações, de maneira particular:

a) Remuneração que assegure, no mínimo, a todos os trabalhadores condições de subsistência digna e decorosa para eles e para suas famílias e salário equitativo e igual, sem nenhuma distinção;

b) O direito de todo trabalhador de seguir sua vocação e de dedicar-se à atividade que melhor atenda a suas expetativas e a trocar de emprego de acordo com a respectiva regulamentação nacional;

c) O direito do trabalhador à promoção ou avanço no trabalho, para o qual serão levadas em conta suas qualificações, competência, probidade e tempo de serviço;

d) Estabilidade dos trabalhadores em seus empregos, de acordo com as características das indústrias e profissões e com as causas de justa separação. Nos casos de demissão injustificada, o trabalhador terá direito a uma indenização ou a readmissão no emprego ou a quaisquer outras prestações previstas pela legislação nacional;

e) Segurança e higiene no trabalho;

f) Proibição de trabalho noturno ou em atividades insalubres ou perigosas para os menores de 18 anos e, em geral, de todo trabalho que possa pôr em perigo sua saúde, segurança ou moral. Quando se tratar de menores de 16 anos, a jornada de trabalho deverá subordinar-se às disposições sobre ensino obrigatório e, em nenhum caso, poderá constituir impedimento à assistência escolar ou limitação para beneficiar-se da instrução recebida;

g) Limitação razoável das horas de trabalho, tanto diárias quanto semanais. As jornadas serão de menor duração quando se tratar de trabalhos perigosos, insalubres ou noturnos;

h) Repouso, gozo do tempo livre, férias remuneradas, bem como remuneração nos feriados nacionais.

Artigo 8º
Direitos sindicais

1. Os Estados-Partes garantirão:

a) O direito dos trabalhadores de organizar sindicatos e filiar-se ao de sua escolha, para proteger e promover seus interesses. Como projeção desse direito, os Estados-Partes permitirão aos sindicatos formar federações e confederações nacionais e associar-se às existentes, bem como formar organizações sindicais internacionais e associar-se à de sua escolha. Os Estados-Partes também permitirão que os sindicatos, federações e confederações funcionem livremente;

b) O direito de greve.

2. O exercício dos direitos enunciados acima só pode estar sujeito às limitações e restrições previstas pela lei que sejam próprias a uma sociedade democrática e necessárias para salvaguardar a ordem pública e proteger a saúde ou a moral pública, e os direitos ou liberdades dos demais. Os membros das forças armadas e da polícia, bem como de outros serviços públicos essenciais, estarão sujeitos às limitações e restrições impostas pela lei.

3. Ninguém poderá ser obrigado a pertencer a um sindicato.

Artigo 9º
Direito à previdência social

1. Toda pessoa tem direito à previdência social que a proteja das consequências da velhice e da incapacitação que a impossibilite, física ou mentalmente, de

obter os meios de vida digna e decorosa. No caso de morte do beneficiário, as prestações da previdência social beneficiarão seus dependentes.

2. Quando se tratar de pessoa em atividade, o direito à previdência social abrangerá pelo menos o atendimento médico e o subsídio ou pensão em caso de acidente de trabalho de doença profissional e, quando se tratar da mulher, licença remunerada para a gestante, antes e depois do parto.

Artigo 10
Direito à saúde

1. Toda pessoa tem direito à saúde, entendida como o gozo do mais alto nível de bem-estar físico, mental e social.

2. A fim de tornar efetivo o direito à saúde, os Estados-Partes comprometem-se a reconhecer a saúde como bem público e, especialmente, a adotar as seguintes medidas para garantir este direito:

a) Atendimento primário de saúde, entendendo-se como tal a assistência médica essencial colocada ao alcance de todas as pessoas e famílias da comunidade;

b) Extensão dos benefícios dos serviços de saúde a todas as pessoas sujeitas à jurisdição de Estado;

c) Total imunização contra as principais doenças infecciosas;

d) Prevenção e tratamento das doenças endêmicas, profissionais e de outra natureza;

e) Educação da população sobre prevenção e tratamento dos problemas da saúde; e

f) Satisfação das necessidades de saúde dos grupos de mais alto risco e que, por sua situação de pobreza, sejam mais vulneráveis.

Artigo 11
Direito a um meio ambiente sadio

1. Toda pessoa tem direito de viver em meio ambiente sadio e a contar com os serviços públicos básicos.

2. Os Estados-Partes promoverão a proteção, preservação e melhoramento do meio ambiente.

Artigo 12
Direito à alimentação

1. Toda pessoa tem direito a uma nutrição adequada que assegure a possibilidade de gozar do mais alto nível de desenvolvimento físico, emocional e intelectual.

2. A fim de tornar efetivo esse direito e de eliminar a desnutrição, os Estados-Partes comprometem-se a aperfeiçoar os métodos de produção, abastecimento e

334

distribuição de alimentos, para o que se comprometem a promover maior cooperação internacional com vistas a apoiar as políticas nacionais sobre o tema.

Artigo 13

Direito à educação

1. Toda pessoa tem direito à educação.

2. Os Estados Partes neste Protocolo convêm em que a educação deverá orientar-se para o pleno desenvolvimento da personalidade humana e do sentido de sua dignidade e deverá fortalecer o respeito pelos direitos humanos, pelo pluralismo ideológico, pelas liberdades fundamentais, pela justiça e pela paz. Convêm, também, em que a educação deve capacitar todas as pessoas para participar efetivamente de uma sociedade democrática e pluralista, conseguir uma subsistência digna, favorecer a compreensão, a tolerância e a amizade entre todas as nações e todos os grupos raciais, étnicos ou religiosos e promover as atividades da manutenção da paz.

3. Os Estados Partes neste Protocolo reconhecem que, a fim de conseguir o pleno exercício do direito à educação:

a) O ensino de primeiro grau deve ser obrigado e acessível a todos gratuitamente;

b) O ensino de segundo grau, em suas diferentes formas, inclusive o ensino técnico e profissional de segundo grau, deve ser generalizado e tornar-se acessível a todos, pelos meios apropriados e, especialmente, pela implantação progressiva do ensino gratuito;

c) O ensino superior deve tornar-se igualmente acessível a todos, de acordo com a capacidade de cada um, pelos meios que forem apropriados e, especialmente, pela implantação progressiva do ensino gratuito;

d) Deve-se promover ou intensificar, na medida do possível, o ensino básico para as pessoas que não tiverem recebido ou terminado o ciclo completo de instruções do primeiro grau;

e) Deverão ser estabelecidos programas de ensino diferenciado para os deficientes, a fim de proporcionar instrução especial e formação a pessoas com impedimentos físicos ou deficiência mental.

4. De acordo com a legislação interna dos Estados-Partes, os pais terão direito a escolher o tipo de educação a ser dada aos seus filhos, desde que seja de acordo com os princípios enunciados acima.

5. Nada do disposto neste protocolo poderá ser interpretado como restrição da liberdade dos particulares e entidades de estabelecer e dirigir instituições de ensino, de acordo com a legislação interna dos Estados-Partes.

Artigo 14
Direito aos benefícios da cultura

1. Os Estados Partes neste Protocolo reconhecem o direito de toda pessoa a:

a) Participar na vida cultural e artística da comunidade;

b) Gozar dos benefícios do progresso científico e tecnológico;

c) Beneficiar-se da proteção dos interesses morais e materiais que lhe caibam em virtude das produções científicas, literárias ou de que for autora.

2. Entre as medidas que os Estados Partes neste Protocolo deverão adotar para assegurar o pleno exercício deste direito, figurarão as necessárias para a conservação, desenvolvimento e divulgação da ciência, da cultura e da arte.

3. Os Estados Partes neste Protocolo comprometem-se a respeitar a liberdade indispensável para a pesquisa científica e a atividade criadora.

4. Os Estados Partes neste Protocolo reconhecem os benefícios que decorrem da promoção e desenvolvimento da cooperação e das relações internacionais em assuntos científicos, artísticos e culturais e, nesse sentido, comprometem-se a propiciar maior cooperação internacional nesse campo.

Artigo 15
Direito à constituição e proteção da família

1. A família é o elemento natural e fundamental da sociedade e deve ser protegida pelo Estado, que deverá velar pelo melhoramento de sua situação moral e material.

2. Toda pessoa tem direito a constituir família, o qual exercerá de acordo com as disposições da legislação interna correspondente.

3. Os Estados-Partes comprometem-se, mediante este Protocolo, a proporcionar adequada proteção ao grupo familiar e, especialmente a:

a) Dispensar atenção e assistência especiais à mãe, por um período razoável, antes e depois do parto;

b) Garantir às crianças alimentação adequada, tanto no período de lactação quanto durante a idade escolar;

c) Adotar medidas especiais de proteção dos adolescentes, a fim de assegurar o pleno amadurecimento de suas capacitações físicas, intelectuais e morais;

d) Executar programas especiais de formação familiar, a fim de contribuir para a criação de ambiente estável e positivo no qual as crianças recebam e desenvolvam os valores de compreensão, solidariedade, respeito e responsabilidade.

Artigo 16
Direito da criança

Toda criança, seja qual for sua filiação, tem direito às medidas de proteção que sua condição de menor requer por parte de sua família, da sociedade e do Estado. Toda criança tem direito de crescer ao amparo e sob a responsabilidade de seus pais; salvo em circunstâncias excepcionais, reconhecidas judicialmente, a criança de tenra idade não deve ser separada de sua mãe. Toda criança tem direito à educação gratuita e obrigatória, pelo menos no nível básico, e a continuar sua formação em níveis mais elevados do sistema educacional.

Artigo 17
Proteção de pessoas idosas

Toda pessoa tem direito à proteção especial na velhice. Nesse sentido, os Estados-Partes comprometem-se a adotar de maneira progressiva as medidas necessárias a fim de pôr em prática este direito e, especialmente, a:

a) Proporcionar instalações adequadas, bem como alimentação e assistência médica especializada, às pessoas de idade avançada que careçam delas e não estejam em condições de provê-las por seus próprios meios;

b) Executar programas trabalhistas específicos destinados a dar a pessoas idosas a possibilidade de realizar atividade produtiva adequada às suas capacidades, respeitando sua vocação ou desejos;

c) Promover a formação de organizações sociais destinadas a melhorar a qualidade de vida das pessoas idosas.

Artigo 18
Proteção de deficientes

Toda pessoa afetada por diminuição de suas capacidades físicas e mentais tem direito a receber atenção especial, a fim de alcançar o máximo desenvolvimento de sua personalidade. Os Estados-Partes comprometem-se a adotar as medidas para esse fim e, especialmente, a:

a) Executar programas específicos destinados a proporcionar aos deficientes os recursos e o ambiente necessário para alcançar esse objetivo, inclusive programas trabalhistas adequados a suas possibilidades e que deverão ser livremente aceitos por eles ou, se for o caso, por representantes legais;

b) Proporcionar formação especial às famílias de deficientes, a fim de ajudá-los a resolver os problemas de convivência e convertê-los em elementos atuantes no desenvolvimento físico, mental e emocional destes;

c) Incluir, de maneira prioritária, em seus planos de desenvolvimento urbano, a consideração de soluções para os requisitos decorrentes das necessidades deste grupo;

d) Promover a formação de organizações sociais nas quais os deficientes possam desenvolver uma vida plena.

Artigo 19
Meios de proteção

1. Os Estados Partes neste Protocolo comprometem-se a apresentar, de acordo com o disposto por este artigo e pelas normas pertinentes que a propósito deve-

rão ser elaboradas pela Assembleia Geral da Organização dos Estados Americanos, relatórios periódicos sobre as medidas progressivas que tiverem adotado para assegurar o devido respeito aos direitos consagrados no mesmo Protocolo.

2. Todos os relatórios serão apresentados ao Secretário-Geral da OEA, que os transmitirá ao Conselho Interamericano Econômico e Social e ao Conselho Interamericano da Educação, Ciência e Cultura, a fim de que os examinem de acordo com o disposto neste artigo. O Secretário-Geral enviará cópia desses relatórios à Comissão Interamericana de Direitos Humanos.

3. O Secretário-Geral da Organização dos Estados Americanos transmitirá também aos organismos especializados do Sistema Interamericano, dos quais sejam membros os Estados Partes neste Protocolo, cópias dos relatórios enviados ou das partes pertinentes deles, na medida em que tenham relação com matérias que sejam da competência dos referidos organismos, de acordo com seus instrumentos constitutivos.

4. Os organismos especializados do Sistema Interamericano poderão apresentar ao Conselho Interamericano Econômico e Social e ao Conselho Interamericano de Educação, Ciência e Cultura relatórios sobre o cumprimento das disposições deste Protocolo, no campo de suas atividades.

5. Os relatórios anuais que o Conselho Interamericano Econômico e Social e o Conselho Interamericano de Educação, Ciência e Cultura apresentarem à Assembleia Geral conterão um resumo da informação recebida dos Estados Partes neste Protocolo e dos organismos especializados sobre as medidas progressivas adotadas a fim de assegurar o respeito dos direitos reconhecidos no Protocolo e das recomendações de caráter geral que a respeito considerarem pertinentes.

6. Caso os direitos estabelecidos na alínea *a* do artigo 8, e no artigo 13, forem violados por ação imputável diretamente a um Estado Parte deste Protocolo, essa situação poderá dar lugar, mediante participação da Comissão Interamericana de Direitos Humanos e, quando cabível, da Corte Interamericana de Direitos Humanos, à aplicação do sistema de petições individuais regulado pelos artigos 44 a 51 e 61 a 69 da Convenção Americana sobre Direitos Humanos.

7. Sem prejuízo do disposto no parágrafo anterior, a Comissão Interamericana de Direitos Humanos poderá formular as observações e recomendações que considerar pertinentes sobre a situação dos direitos econômicos, sociais e culturais estabelecidos neste Protocolo em todos ou em alguns dos Estados-Partes, as quais poderá incluir no Relatório Anual à Assembleia Geral ou num relatório especial, conforme considerar mais apropriado.

8. No exercício das funções que lhes confere este artigo, os Conselhos e a Comissão Interamericana de Direitos Humanos deverão levar em conta a natureza progressiva da vigência dos direitos objeto da proteção deste Protocolo.

Artigo 20

Reservas

Os Estados-Partes poderão formular reservas sobre uma ou mais disposições específicas deste Protocolo no momento de aprová-lo, assiná-lo, ratificá-lo ou a ele aderir, desde que não sejam incompatíveis com o objetivo e o fim do Protocolo.

Artigo 21

Assinatura, ratificação ou adesão. Entrada em vigor

1. Este Protocolo fica aberto à assinatura e à ratificação ou adesão de todo Estado Parte na Convenção Americana sobre Direitos Humanos.

2. A ratificação deste Protocolo ou a adesão ao mesmo será efetuada mediante depósito de um instrumento de ratificação ou de adesão na Secretaria-Geral da Organização dos Estados Americanos.

3. O Protocolo entrará em vigor tão logo onze Estados tiverem depositado seus respectivos instrumentos de ratificação ou de adesão.

4. O Secretário-Geral informará a todos os Estados membros da Organização a entrada em vigor do Protocolo.

Artigo 22

Incorporação de outros direitos e ampliação dos reconhecidos

1. Qualquer Estado-Parte e a Comissão Interamericana de Direitos Humanos poderão submeter à consideração dos Estados-Partes, reunidos por ocasião da Assembleia Geral, propostas de emendas com o fim de incluir o reconhecimento de outros direitos e liberdades, ou outras destinadas a estender ou ampliar os direitos e liberdades reconhecidos neste Protocolo.

2. As emendas entrarão em vigor para os Estados ratificantes das mesmas na data em que tiverem depositado o respectivo instrumento de ratificação que corresponda a dois terços do número de Estados Partes neste Protocolo. Quanto aos demais Estados-Partes, entrarão em vigor na data em que depositarem seus respectivos instrumentos de ratificação.

CARTA AFRICANA DOS DIREITOS HUMANOS E DOS POVOS*
(CARTA DE BANJUL)

PREÂMBULO

Os Estados africanos membros da Organização da Unidade Africana, partes na presente Carta que tem o título de "Carta Africana dos Direitos Humanos e dos Povos",

Lembrando a decisão 115 (XVI) da Conferência dos Chefes de Estado e de Governo, na sua XVI sessão ordinária realizada em Monróvia (Libéria) de 17 a 20 de julho de 1979, relativa à elaboração de "um anteprojeto de Carta Africana dos Direitos Humanos e dos Povos, prevendo nomeadamente a instituição de órgãos de promoção e de proteção dos Direitos Humanos e dos Povos";

Considerando a Carta da Organização da Unidade Africana, nos termos da qual "a liberdade, a igualdade, a justiça e a dignidade são objetivos essenciais para a realização das legítimas aspirações dos povos africanos";

Reafirmando o compromisso que eles solenemente assumiram, no artigo 2º da dita Carta, de eliminar sob todas as suas formas o colonialismo da África, de coordenar e de intensificar a sua cooperação e seus esforços para oferecer melhores condições de existência aos povos da África, de favorecer a cooperação internacional tendo na devida atenção a Carta das Nações Unidas e a Declaração Universal dos Direitos Humanos;

Tendo em conta as virtudes das suas tradições históricas e os valores da civilização africana que devem inspirar e caracterizar as suas reflexões sobre a concepção dos direitos humanos e dos povos;

Reconhecendo que, por um lado, os direitos fundamentais do ser humano se baseiam nos atributos da pessoa humana, o que justifica a sua proteção internacional, e que, por outro lado, a realidade e o respeito dos direitos dos povos devem necessariamente garantir os direitos humanos;

---

* Aprovada pela Conferência Ministerial da Organização da Unidade Africana (OUA) em Banjul, Gâmbia, em janeiro de 1981, e adotada pela XVIII Assembleia dos Chefes de Estado e Governo da Organização da Unidade Africana (OUA) em Nairóbi, Quênia, em 27 de julho de 1981, entrando em vigor em 1986.

Considerando que o gozo dos direitos e liberdades implica o cumprimento dos deveres de cada um;

Convencidos de que, para o futuro, é essencial dedicar uma particular atenção ao direito ao desenvolvimento; que os direitos civis e políticos são indissociáveis dos direitos econômicos, sociais e culturais, tanto na sua concepção como na sua universalidade, e que a satisfação dos direitos econômicos, sociais e culturais garante o gozo dos direitos civis e políticos;

Conscientes do seu dever de libertar totalmente a África cujos povos continuam a lutar pela sua verdadeira independência e pela sua dignidade, e comprometendo-se a eliminar o colonialismo, o neocolonialismo, o *apartheid*, o sionismo, as bases militares estrangeiras de agressão e quaisquer formas de discriminação, nomeadamente as que se baseiam na raça, etnia, cor, sexo, língua, religião ou opinião política;

Reafirmando a sua adesão às liberdades e aos direitos humanos e dos povos contidos nas declarações, convenções e outros instrumentos adotados no quadro da Organização da Unidade Africana, do Movimento dos Países Não Alinhados e da Organização das Nações Unidas;

Firmemente convencidos do seu dever de assegurar a promoção e a proteção dos direitos e liberdades do homem e dos povos, tendo na devida conta a primordial importância tradicionalmente reconhecida na África a esses direitos e liberdades,

Convencionaram o que se segue:

PARTE I

DOS DIREITOS E DOS DEVERES

Capítulo I
DOS DIREITOS HUMANOS E DOS POVOS

Artigo 1º

Os Estados membros da Organização da Unidade Africana, Partes na presente Carta, reconhecem os direitos, deveres e liberdades enunciados nesta Carta e comprometem-se a adotar medidas legislativas ou outras para os aplicar.

Artigo 2º

Toda pessoa tem direito ao gozo dos direitos e liberdades reconhecidos e garantidos na presente Carta, sem nenhuma distinção, nomeadamente de raça, de etnia, de cor, de sexo, de língua, de religião, de opinião política ou de qualquer outra opinião, de origem nacional ou social, de fortuna, de nascimento ou de qualquer outra situação.

Artigo 3º

1. Todas as pessoas beneficiam-se de uma total igualdade perante a lei.

2. Todas as pessoas têm direito a uma igual proteção da lei.

Artigo 4º

A pessoa humana é inviolável. Todo ser humano tem direito ao respeito da sua vida e à integridade física e moral da sua pessoa. Ninguém pode ser arbitrariamente privado desse direito.

Artigo 5º

Todo indivíduo tem direito ao respeito da dignidade inerente à pessoa humana e ao reconhecimento da sua personalidade jurídica. Todas as formas de exploração e de aviltamento do homem, nomeadamente a escravatura, o tráfico de pessoas, a tortura física ou moral e as penas ou tratamentos cruéis, desumanos ou degradantes são proibidos.

Artigo 6º

Todo indivíduo tem direito à liberdade e à segurança da sua pessoa. Ninguém pode ser privado da sua liberdade salvo por motivos e nas condições previamente determinados pela lei. Em particular, ninguém pode ser preso ou detido arbitrariamente.

Artigo 7º

1. Toda pessoa tem o direito a que sua causa seja apreciada. Esse direito compreende:

a) o direito de recorrer aos tribunais nacionais competentes contra qualquer ato que viole os direitos fundamentais que lhe são reconhecidos e garantidos pelas convenções, leis, regulamentos e costumes em vigor;

b) o direito de presunção de inocência até que a sua culpabilidade seja reconhecida por um tribunal competente;

c) o direito de defesa, incluindo o de ser assistido por um defensor de sua livre escolha;

d) o direito de ser julgado em um prazo razoável por um tribunal imparcial.

2. Ninguém pode ser condenado por uma ação ou omissão que não constituía, no momento em que foi cometida, uma infração legalmente punível. Nenhuma pena pode ser prescrita se não estiver prevista no momento em que a infração foi cometida. A pena é pessoal e pode atingir apenas o delinquente.

Artigo 8º

A liberdade de consciência, a profissão e a prática livre da religião são garantidas. Sob reserva da ordem pública, ninguém pode ser objeto de medidas de constrangimento que visem restringir a manifestação dessas liberdades.

Artigo 9º

1. Toda pessoa tem direito à informação.

2. Toda pessoa tem direito de exprimir e de difundir as suas opiniões no quadro das leis e dos regulamentos.

Artigo 10

1. Toda pessoa tem direito de constituir, livremente, com outras pessoas, associações, sob reserva de se conformar às regras prescritas na lei.

2. Ninguém pode ser obrigado a fazer parte de uma associação sob reserva da obrigação de solidariedade prevista no artigo 29.

Artigo 11

Toda pessoa tem direito de se reunir livremente com outras pessoas. Este direito exerce-se sob a única reserva das restrições necessárias estabelecidas pelas leis e regulamentos, nomeadamente no interesse da segurança nacional, da segurança de outrem, da saúde, da moral ou dos direitos e liberdades das pessoas.

Artigo 12

1. Toda pessoa tem o direito de circular livremente e de escolher a sua residência no interior de um Estado, sob reserva de se conformar às regras prescritas na lei.

2. Toda pessoa tem o direito de sair de qualquer país, incluindo o seu, e de regressar ao seu país. Este direito só pode ser objeto de restrições previstas na lei, necessárias à proteção da segurança nacional, da ordem, da saúde ou da moralidade públicas.

3. Toda pessoa tem o direito, em caso de perseguição, de buscar e de obter asilo em território estrangeiro, em conformidade com a lei de cada país e as convenções internacionais.

4. O estrangeiro legalmente admitido no território de um Estado Parte na presente Carta só poderá ser expulso em virtude de uma decisão legal.

5. A expulsão coletiva de estrangeiros é proibida. A expulsão coletiva é aquela que visa globalmente grupos nacionais, raciais, étnicos ou religiosos.

Artigo 13

1. Todos os cidadãos têm direito de participar livremente na direção dos assuntos públicos do seu país, quer diretamente, quer por intermédio de representantes livremente escolhidos, isso em conformidade com as regras prescritas na lei.

2. Todos os cidadãos têm, igualmente, direito de acesso às funções públicas do seu país.

3. Toda pessoa tem o direito de usar os bens e serviços públicos em estrita igualdade de todos perante a lei.

Artigo 14

O direito de propriedade é garantido, só podendo ser afetado por necessidade pública ou no interesse geral da coletividade, em conformidade com as disposições de normas legais apropriadas.

Artigo 15

Toda pessoa tem direito de trabalhar em condições equitativas e satisfatórias e de perceber um salário igual por um trabalho igual.

Artigo 16

1. Toda pessoa tem direito ao gozo do melhor estado de saúde física e mental que for capaz de atingir.

2. Os Estados Partes na presente Carta comprometem-se a tomar as medidas necessárias para proteger a saúde das suas populações e para assegurar-lhes assistência médica em caso de doença.

Artigo 17

1. Toda pessoa tem direito à educação.

2. Toda pessoa pode tomar parte livremente na vida cultural da comunidade.

3. A promoção e a proteção da moral e dos valores tradicionais reconhecidos pela comunidade constituem um dever do Estado no quadro da salvaguarda dos direitos humanos.

Artigo 18

1. A família é o elemento natural e a base da sociedade. Ela tem que ser protegida pelo Estado, que deve zelar pela sua saúde física e moral.

2. O Estado tem a obrigação de assistir a família na sua missão de guardiã da moral e dos valores tradicionais reconhecidos pela comunidade.

3. O Estado tem o dever de zelar pela eliminação de toda a discriminação contra a mulher e de assegurar a proteção dos direitos da mulher e da criança tais como estipulados nas declarações e convenções internacionais.

4. As pessoas idosas ou incapacitadas têm igualmente direito a medidas específicas de proteção que correspondem às suas necessidades físicas ou morais.

Artigo 19

Todos os povos são iguais, gozam da mesma dignidade e têm os mesmos direitos. Nada pode justificar a dominação de um povo por outro.

Artigo 20

1. Todo povo tem direito à existência. Todo povo tem um direito imprescritível e inalienável à autodeterminação. Ele determina livremente o seu estatuto po-

344

lítico e assegura o seu desenvolvimento econômico e social segundo a via que livremente escolheu.

2. Os povos colonizados ou oprimidos têm o direito de se libertar do seu estado de dominação recorrendo a todos os meios reconhecidos pela comunidade internacional.

3. Todos os povos têm direito à assistência dos Estados Partes na presente Carta, na sua luta de libertação contra a dominação estrangeira, quer seja esta de ordem política, econômica ou cultural.

Artigo 21

1. Os povos têm a livre disposição das suas riquezas e dos seus recursos naturais. Este direito exerce-se no interesse exclusivo das populações. Em nenhum caso o povo pode ser privado deste direito.

2. Em caso de espoliação, o povo espoliado tem direito à legítima recuperação dos seus bens, assim como a uma indenização adequada.

3. A livre disposição das riquezas e dos recursos naturais exerce-se sem prejuízo da obrigação de promover uma cooperação econômica internacional baseada no respeito mútuo, na troca equitativa e nos princípios do direito internacional.

4. Os Estados Partes na presente Carta comprometem-se, tanto individual como coletivamente, a exercer o direito de livre disposição das suas riquezas e dos seus recursos naturais com vistas a reforçar a unidade e a solidariedade africanas.

5. Os Estados Partes na presente Carta comprometem-se a eliminar todas as formas de exploração econômica e estrangeira, nomeadamente a que é praticada por monopólios internacionais, a fim de permitir que a população de cada país se beneficie plenamente das vantagens provenientes dos seus recursos nacionais.

Artigo 22

1. Todos os povos têm direito ao seu desenvolvimento econômico, social e cultural, no estrito respeito da sua liberdade e da sua identidade, e ao gozo igual do patrimônio comum da humanidade.

2. Os Estados têm o dever, separadamente ou em cooperação, de assegurar o exercício do direito ao desenvolvimento.

Artigo 23

1. Os povos têm direito à paz e à segurança, tanto no plano nacional como no plano internacional. O princípio da solidariedade e das relações amistosas implicitamente afirmado na Carta da Organização das Nações Unidas e reafirmado na Carta da Organização da Unidade Africana deve dirigir as relações entre os Estados.

2. Com o fim de reforçar a paz, a solidariedade e as relações amistosas, os Estados Partes na presente Carta comprometem-se a proibir:

a) que uma pessoa gozando do direito de asilo nos termos do artigo 12 da presente Carta empreenda uma atividade subversiva contra o seu país de origem ou contra qualquer outro Estado Parte na presente Carta;

b) que os seus territórios sejam utilizados como base de partida de atividades subversivas ou terroristas dirigidas contra o povo de qualquer outro Estado Parte na presente Carta.

Artigo 24

Todos os povos têm direito a um meio ambiente geral satisfatório, propício ao seu desenvolvimento.

Artigo 25

Os Estados Partes na presente Carta têm o dever de promover e assegurar, pelo ensino, a educação e a difusão, o respeito dos direitos e das liberdades contidos na presente Carta, e de tomar medidas para que essas liberdades e esses direitos sejam compreendidos, assim como as obrigações e deveres correspondentes.

Artigo 26

Os Estados Partes na presente Carta têm o dever de garantir a independência dos tribunais e de permitir o estabelecimento e o aperfeiçoamento de instituições nacionais apropriadas encarregadas da promoção e da proteção dos direitos e liberdades garantidos pela presente Carta.

Capítulo II
DOS DEVERES

Artigo 27

1. Cada indivíduo tem deveres para com a família e a sociedade, para com o Estado e outras coletividades legalmente reconhecidas, e para com a comunidade internacional.

2. Os direitos e as liberdades de cada pessoa exercem-se no respeito dos direitos de outrem, da segurança coletiva, da moral e do interesse comum.

Artigo 28

Cada indivíduo tem o dever de respeitar e de considerar os seus semelhantes sem nenhuma discriminação e de manter com eles relações que permitam promover, salvaguardar e reforçar o respeito e a tolerância recíprocos.

Artigo 29

O indivíduo tem ainda o dever:

1. De preservar o desenvolvimento harmonioso da família e de atuar em favor da sua coesão e respeito; de respeitar a todo momento os seus pais, de os alimentar e de os assistir em caso de necessidade.

2. De servir a sua comunidade nacional pondo as suas capacidades físicas e intelectuais a seu serviço.

3. De não comprometer a segurança do Estado de que é nacional ou residente.

4. De preservar e reforçar a solidariedade social e nacional, particularmente quando esta é ameaçada.

5. De preservar e reforçar a independência nacional e a integridade territorial da pátria e, de uma maneira geral, de contribuir para a defesa do seu país, nas condições fixadas pela lei.

6. De trabalhar, na medida das suas capacidades e possibilidades, e de desobrigar-se das contribuições fixadas pela lei para a salvaguarda dos interesses fundamentais da sociedade.

7. De zelar, nas suas relações com a sociedade, pela preservação e reforço dos valores culturais africanos positivos, em um espírito de tolerância, de diálogo e de concertação e, de uma maneira geral, de contribuir para a promoção da saúde moral da sociedade.

8. De contribuir com as suas melhores capacidades, a todo momento e em todos os níveis, para a promoção e realização da Unidade Africana.

PARTE II

DAS MEDIDAS DE SALVAGUARDA

Capítulo I
DA COMPOSIÇÃO E DA ORGANIZAÇÃO DA COMISSÃO AFRICANA DOS DIREITOS HUMANOS E DOS POVOS

Artigo 30

É criada junto à Organização da Unidade Africana uma Comissão Africana dos Direitos Humanos e dos Povos, doravante denominada "a Comissão", encarregada de promover os direitos humanos e dos povos e de assegurar a respectiva proteção na África.

Artigo 31

1. A Comissão é composta por onze membros que devem ser escolhidos entre personalidades africanas que gozem da mais alta consideração, conhecidas pela sua alta moralidade, sua integridade e sua imparcialidade, e que possuam competência em matéria dos direitos humanos e dos povos, devendo ser reconhecido um interesse particular na participação de pessoas possuidoras de experiência em matéria de direito.

2. Os membros da Comissão exercem funções a título pessoal.

Artigo 32

A Comissão não pode ter mais de um natural de cada Estado.

Artigo 33

Os membros da Comissão são eleitos por escrutínio secreto pela Conferência dos Chefes de Estado e de Governo, de uma lista de pessoas apresentadas para esse efeito pelos Estados Partes na presente Carta.

Artigo 34

Cada Estado Parte na presente Carta pode apresentar, no máximo, dois candidatos. Os candidatos devem ter a nacionalidade de um dos Estados Partes na presente Carta. Quando um Estado apresenta dois candidatos, um deles não pode ser nacional desse mesmo Estado.

Artigo 35

1. O Secretário-Geral da Organização da Unidade Africana convida os Estados Partes na presente Carta a proceder, em um prazo de pelo menos quatro meses antes das eleições, à apresentação dos candidatos à Comissão.

2. O Secretário-Geral da Organização da Unidade Africana estabelece a lista alfabética das pessoas assim apresentadas e comunica-a, pelo menos um mês antes das eleições, aos Chefes de Estado e de Governo.

Artigo 36

Os membros da Comissão são eleitos para um período de seis anos, renovável. Todavia, o mandato de quatro dos membros eleitos quando da primeira eleição cessa ao cabo de dois anos, e o mandato de três outros ao cabo de quatro anos.

Artigo 37

Imediatamente após a primeira eleição, os nomes dos membros referidos no artigo 36 são sorteados pelo Presidente da Conferência dos Chefes de Estado e de Governo da OUA.

Artigo 38

Após a sua eleição, os membros da Comissão fazem a declaração solene de bem e fielmente exercerem as suas funções, com toda a imparcialidade.

Artigo 39

1. Em caso de morte ou de demissão de um membro da Comissão, o Presidente da Comissão informa imediatamente o Secretário-Geral da OUA, que declara o lugar vago a partir da data da morte ou da data em que a demissão produz efeito.

2. Se, por opinião unânime dos outros membros da Comissão, um membro cessou de exercer as suas funções em razão de alguma causa que não seja uma

ausência de caráter temporário, ou se se acha incapacitado de continuar a exercê-las, o Presidente da Comissão informa o Secretário-Geral da Organização da Unidade Africana que declara então o lugar vago.

3. Em cada um dos casos acima previstos a Conferência dos Chefes de Estado e de Governo procede à substituição do membro cujo lugar se acha vago para a parte do mandato que falta perfazer, salvo se essa parte é inferior a seis meses.

Artigo 40

Todo membro da Comissão conserva o seu mandato até a data de entrada em funções do seu sucessor.

Artigo 41

O Secretário-Geral da OUA designa um secretário da Comissão e fornece ainda o pessoal e os meios e serviços necessários ao exercício efetivo das funções atribuídas à Comissão. A OUA cobre os custos desse pessoal e desses meios e serviços.

Artigo 42

1. A Comissão elege o seu Presidente e o seu Vice-Presidente por um período de dois anos, renovável.

2. A Comissão estabelece o seu regimento interno.

3. O *quorum* é constituído por sete membros.

4. Em caso de empate de votos no decurso das votações, o voto do presidente é preponderante.

5. O Secretário-Geral da OUA pode assistir as reuniões da Comissão, mas não participa nas deliberações e nas votações, podendo todavia ser convidado pelo Presidente da Comissão a usar da palavra.

Artigo 43

Os membros da Comissão, no exercício das suas funções, gozam dos privilégios e imunidades diplomáticos previstos pela Convenção sobre privilégios e imunidades da Organização da Unidade Africana.

Artigo 44

Os emolumentos e prestações dos membros da Comissão estão previstos no orçamento ordinário da Organização da Unidade Africana.

Capítulo II
DAS COMPETÊNCIAS DA COMISSÃO

Artigo 45

A Comissão tem por missão:

1. Promover os direitos humanos e dos povos e nomeadamente:

a) Reunir documentação, fazer estudos e pesquisas sobre problemas africanos no domínio dos direitos humanos e dos povos, organizar informações, encorajar os organismos nacionais e locais que se ocupam dos direitos humanos e, se necessário, dar pareceres ou fazer recomendações aos governos;

b) Formular e elaborar, com vistas a servir de base à adoção de textos legislativos pelos governos africanos, princípios e regras que permitam resolver os problemas jurídicos relativos ao gozo dos direitos humanos e dos povos e das liberdades fundamentais;

c) Cooperar com as outras instituições africanas ou internacionais que se dedicam à promoção e à proteção dos direitos humanos e dos povos.

2. Assegurar a proteção dos direitos humanos e dos povos nas condições fixadas pela presente Carta.

3. Interpretar qualquer disposição da presente Carta a pedido de um Estado-Parte, de uma instituição da Organização da Unidade Africana ou de uma organização africana reconhecida pela Organização da Unidade Africana.

4. Executar quaisquer outras tarefas que lhe sejam eventualmente confiadas pela Conferência dos Chefes de Estado e de Governo.

Capítulo III
DO PROCESSO DA COMISSÃO

Artigo 46

A Comissão pode recorrer a qualquer método de investigação apropriado; pode, nomeadamente, ouvir o Secretário-Geral da OUA e qualquer pessoa que possa esclarecê-la.

I — Das comunicações provenientes dos Estados Partes na presente Carta

Artigo 47

Se um Estado Parte na presente Carta tem fundadas razões para crer que um outro Estado-Parte violou disposições desta mesma Carta, pode, mediante comunicação escrita, chamar a atenção desse Estado sobre a questão. Esta comunicação será igualmente endereçada ao Secretário-Geral da OUA e ao Presidente da Comissão. Em um prazo de três meses, a contar da recepção da comunicação, o Estado destinatário facultará ao Estado que endereçou a comunicação explicações ou declarações escritas que elucidem a questão, as quais, na medida do possível, deverão compreender indicações sobre as leis e os regulamentos processuais aplicados ou aplicáveis e sobre a reparação já concedida ou o curso de ação disponível.

350

Artigo 48

Se em um prazo de três meses, contados da data da recepção pelo Estado destinatário da comunicação inicial, a questão não estiver solucionada de modo satisfatório para os dois Estados interessados, por via de negociação bilateral ou por qualquer outro processo pacífico, qualquer desses Estados tem o direito de submeter a referida questão à Comissão mediante notificação endereçada ao seu Presidente, ao outro Estado interessado e ao Secretário-Geral da OUA.

Artigo 49

Não obstante as disposições do artigo 47, se um Estado Parte na presente Carta entende que outro Estado-Parte violou as disposições desta mesma Carta, pode recorrer diretamente à Comissão mediante comunicação endereçada ao seu Presidente, ao Secretário-Geral da OUA e ao Estado interessado.

Artigo 50

A Comissão só pode deliberar sobre uma questão que lhe foi submetida depois de se ter assegurado de que todos os recursos internos, acaso existam, foram esgotados, salvo se for manifesto para a Comissão que o processo relativo a esses recursos se prolonga de modo anormal.

Artigo 51

1. A Comissão pode pedir aos Estados-Partes interessados que lhe forneçam toda a informação pertinente.

2. No momento do exame da questão, os Estados-Partes interessados podem fazer-se representar perante a Comissão e apresentar observações escritas ou orais.

Artigo 52

Depois de ter obtido, tanto dos Estados-Partes interessados como de outras fontes, todas as informações que entender necessárias e depois de ter procurado alcançar, por todos os meios apropriados, uma solução amistosa baseada no respeito dos direitos humanos e dos povos, a Comissão estabelece, em um prazo razoável, a partir da notificação referida no artigo 48, um relatório descrevendo os fatos e as conclusões a que chegou. Esse relatório é enviado aos Estados interessados e comunicado à Conferência dos Chefes de Estado e de Governo.

Artigo 53

Quando da transmissão do seu relatório, a Comissão pode enviar à Conferência dos Chefes de Estado e de Governo a recomendação que julgar útil.

Artigo 54

A Comissão submete a cada uma das sessões ordinárias da Conferência dos Chefes de Estado e de Governo um relatório sobre as suas atividades.

II — Das outras comunicações

Artigo 55

1. Antes de cada sessão, o secretário da Comissão estabelece a lista das comunicações que não emanam dos Estados Partes na presente Carta e comunica-a aos membros da Comissão, os quais podem querer tomar conhecimento das correspondentes comunicações e submetê-las à Comissão.

2. A Comissão apreciará essas comunicações a pedido da maioria absoluta dos seus membros.

Artigo 56

As comunicações referidas no artigo 55, recebidas na Comissão e relativas aos direitos humanos e dos povos, devem necessariamente, para ser examinadas, preencher as condições seguintes:

1. Indicar a identidade do seu autor, mesmo que este solicite à Comissão manutenção de anonimato.

2. Ser compatíveis com a Carta da Organização da Unidade Africana ou com a presente Carta.

3. Não conter termos ultrajantes ou insultuosos para com o Estado impugnado, as suas instituições ou a Organização da Unidade Africana.

4. Não se limitar exclusivamente a reunir notícias difundidas por meios de comunicação de massa.

5. Ser posteriores ao esgotamento dos recursos internos, se existirem, a menos que seja manifesto para a Comissão que o processo relativo a esses recursos se prolonga de modo anormal.

6. Ser introduzidas num prazo razoável, a partir do esgotamento dos recursos internos ou da data marcada pela Comissão para abertura do prazo da admissibilidade perante a própria Comissão.

7. Não dizer respeito a casos que tenham sido resolvidos em conformidade com os princípios da Carta das Nações Unidas, da Carta da Organização da Unidade Africana ou com as disposições da presente Carta.

Artigo 57

Antes de qualquer exame quanto ao mérito, qualquer comunicação deve ser levada ao conhecimento do Estado interessado por intermédio do Presidente da Comissão.

Artigo 58

1. Quando, no seguimento de uma deliberação da Comissão, resulta que uma ou várias comunicações relatam situações particulares que parecem revelar a existência de um conjunto de violações graves ou maciças dos direitos humanos e dos

povos, a Comissão chama a atenção da Conferência dos Chefes de Estado e de Governo sobre essas situações.

2. A Conferência dos Chefes de Estado e de Governo pode então solicitar à Comissão que proceda, quanto a essas situações, a um estudo aprofundado e que a informe através de um relatório pormenorizado, contendo as suas conclusões e recomendações.

3. Em caso de urgência devidamente constatada, a Comissão informa o Presidente da Conferência dos Chefes de Estado e de Governo que poderá solicitar um estudo aprofundado.

Artigo 59

1. Todas as medidas tomadas no quadro do presente capítulo manter-se-ão confidenciais até que a Conferência dos Chefes de Estado e de Governo decida diferentemente.

2. Todavia, o relatório é publicado pelo Presidente da Comissão após decisão da Conferência dos Chefes de Estado e de Governo.

3. O relatório de atividades da Comissão é publicado pelo seu Presidente após exame da Conferência dos Chefes de Estado e de Governo.

Capítulo IV
DOS PRINCÍPIOS APLICÁVEIS

Artigo 60

A Comissão inspira-se no direito internacional relativo aos direitos humanos e dos povos, nomeadamente nas disposições dos diversos instrumentos africanos relativos aos direitos humanos e dos povos, nas disposições da Carta das Nações Unidas, da Carta da Organização da Unidade Africana, da Declaração Universal dos Direitos Humanos, nas disposições dos outros instrumentos adotados pelas Nações Unidas e pelos países africanos no domínio dos direitos humanos e dos povos, assim como nas disposições de diversos instrumentos adotados no seio das agências especializadas das Nações Unidas de que são membros as Partes na presente Carta.

Artigo 61

A Comissão toma também em consideração, como meios auxiliares de determinação das regras de direito, as outras convenções internacionais, quer gerais, quer especiais, que estabeleçam regras expressamente reconhecidas pelos Estados membros da Organização da Unidade Africana, as práticas africanas conformes às normas internacionais relativas aos direitos humanos e dos povos, os costumes geralmente aceitos como constituindo o direito, os princípios gerais de direito reconhecidos pelas nações africanas, assim como a jurisprudência e a doutrina.

Artigo 62

Cada Estado compromete-se a apresentar, de dois em dois anos, contados da data da entrada em vigor da presente Carta, um relatório sobre as medidas, de ordem legislativa ou outra, tomadas com vistas a efetivar os direitos e as liberdades reconhecidos e garantidos pela presente Carta.

Artigo 63

1. A presente Carta ficará aberta à assinatura, ratificação ou adesão dos Estados membros da Organização da Unidade Africana.

2. A presente Carta entrará em vigor três meses depois da recepção pelo Secretário-Geral dos instrumentos de ratificação ou de adesão da maioria absoluta dos Estados membros da Organização da Unidade Africana.

PARTE III

DISPOSIÇÕES DIVERSAS

Artigo 64

1. Quando da entrada em vigor da presente Carta, proceder-se-á à eleição dos membros da Comissão nas condições fixadas pelas disposições dos artigos pertinentes da presente Carta.

2. O Secretário-Geral da Organização da Unidade Africana convocará a primeira reunião da Comissão na sede da Organização. Depois, a Comissão será convocada pelo seu Presidente sempre que necessário e pelo menos uma vez por ano.

Artigo 65

Para cada um dos Estados que ratificar a presente Carta ou que a ela aderir depois da sua entrada em vigor, esta mesma Carta produzirá efeito três meses depois da data do depósito por esse Estado do seu instrumento de ratificação ou de adesão.

Artigo 66

Protocolos ou acordos particulares poderão completar, em caso de necessidade, as disposições da presente Carta.

Artigo 67

O Secretário-Geral da Organização da Unidade Africana informará os Estados membros da Organização da Unidade Africana do depósito de cada instrumento de ratificação ou de adesão.

Artigo 68

A presente Carta pode ser emendada ou revista se um Estado-Parte enviar, para esse efeito, um pedido escrito ao Secretário-Geral da Organização da Unidade

Africana. A Conferência dos Chefes de Estado e de Governo só aprecia o projeto de emenda depois de todos os Estados-Partes terem sido devidamente informados e da Comissão ter dado o seu parecer a pedido do Estado proponente. A emenda deve ser aprovada pela maioria absoluta dos Estados-Partes. Ela entra em vigor para cada Estado que a tenha aceito em conformidade com as suas regras constitucionais três meses depois da notificação dessa aceitação ao Secretário-Geral da Organização da Unidade Africana.

PROTOCOLO À CARTA AFRICANA DOS DIREITOS HUMANOS E DOS POVOS SOBRE O ESTABELECIMENTO DE UMA CORTE AFRICANA DOS DIREITOS HUMANOS E DOS POVOS*

PREÂMBULO

Os Estados membros da Organização da Unidade Africana aqui designada como OUA, Estados partes da Carta Africana dos Direitos Humanos e dos Povos,

Considerando que a Carta da Unidade Africana reconhece que a liberdade, a igualdade, a justiça, a paz e a dignidade são objetivos essenciais para o alcance das aspirações legítimas dos povos africanos;

Reconhecendo que a Carta Africana dos Direitos Humanos e dos Povos reafirma sua adesão aos princípios dos direitos humanos e dos direitos dos povos, liberdades e deveres enunciados nas declarações, convenções e outros instrumentos adotados pela Organização da Unidade Africana e outras organizações internacionais;

Reconhecendo que o duplo objetivo da Carta Africana dos Direitos Humanos e dos Povos é o de assegurar, de um lado, a promoção, e por outro, a proteção dos direitos humanos e dos povos, liberdades e deveres;

Reconhecendo os esforços da Comissão dos Direitos Humanos e dos Povos na promoção e proteção dos direitos humanos desde sua criação em 1987;

Recordando a resolução AHG/Res. 230 (XXX), adotada pela Assembleia dos Chefes de Estado e de Governo, em junho de 1994, na Tunísia, solicitando ao Secretário-Geral que organizasse uma reunião de especialistas para avaliar, em conjunto com a Comissão Africana, meios para fortalecer a efetividade da Comissão Africana, considerando em particular o estabelecimento de uma Corte Africana dos Direitos Humanos e dos Povos;

Recordando que a primeira e a segunda reuniões governamentais dos especialistas legais ocorreram, respectivamente, em Cape Town, África do Sul (setembro de 1995) e Nouakchott, Mauritânia (abril de 1997) e que a terceira reunião

---

* Adotado em 1998 pela Organização da Unidade Africana, entrando em vigor em 25 de janeiro de 2004.

governamental dos especialistas legais ocorreu em Addis Abeba, na Etiópia (dezembro de 1997), tendo sido alargada para incluir diplomatas;

Convencidos fortemente de que o alcance dos objetivos da Carta Africana dos Direitos Humanos e dos Povos requer o estabelecimento de uma Corte Africana dos Direitos Humanos e dos Povos para complementar e fortalecer as funções da Comissão Africana dos Direitos Humanos e dos Povos;

Concordam no seguinte:

Artigo 1º

Estabelecimento da Corte

Deve ser estabelecida no âmbito da Organização da Unidade Africana uma Corte Africana dos Direitos Humanos e dos Povos (aqui denominada "a Corte"), sendo sua organização, jurisdição e funcionamento disciplinados pelo presente Protocolo.

Artigo 2º

Relação entre a Corte e a Comissão

A Corte deve, levando em consideração as previsões do presente Protocolo, complementar o mandato protetivo da Comissão Africana dos Direitos Humanos e dos Povos (aqui denominada "a Comissão"), conferido pela Carta Africana dos Direitos Humanos e dos Povos (aqui denominada "a Carta").

Artigo 3º

Jurisdição

1. A jurisdição da Corte deve alcançar todos os casos e disputas que lhe forem submetidas, relativamente à interpretação e à aplicação da Carta, do Protocolo e de qualquer outro relevante instrumento de direitos humanos ratificado pelo Estado referido.

2. Na hipótese de disputa a respeito da jurisdição da Corte, cabe à Corte decidir.

Artigo 4º

Opiniões consultivas

1. Por solicitação de Estado membro da OUA, a OUA, qualquer de seus órgãos, ou qualquer outra organização africana reconhecida pela OUA, a Corte pode elaborar uma opinião sobre qualquer questão jurídica relacionada à Carta ou a qualquer outro relevante instrumento de direitos humanos, assegurando que o objeto da opinião não se refere à questão pendente de exame pela Comissão.

2. A Corte deve fundamentar suas opiniões consultivas, permitindo a cada juiz elaborar um voto dissidente ou em separado.

Artigo 5º

Acesso à Corte

1. Podem submeter casos à Corte:

a) a Comissão;

b) o Estado-parte que submeteu o caso perante à Comissão;

c) o Estado-parte contra o qual o caso na Comissão foi submetido;

d) o Estado-parte cujo cidadão é vítima de violação de direitos humanos;

e) as organizações africanas intergovernamentais.

2. Quando um Estado-parte tiver interesse em um caso, poderá submeter uma solicitação à Corte no sentido de que dele participe.

3. A Corte poderá conferir a relevantes organizações não governamentais com *status* de observadora perante a Comissão e a indivíduos a prerrogativa de submeter-lhe casos diretamente, de acordo com o artigo 34 (60) do Protocolo.

Artigo 6º

Admissibilidade dos casos

1. A Corte, ao decidir sobre a admissibilidade do caso, em conformidade com o artigo 5 (3) do Protocolo, poderá solicitar a opinião da Comissão, que deve dá-la tão rápido quanto possível.

2. A Corte deve decidir sobre a admissibilidade do caso, levando em consideração o disposto no artigo 56 da Carta.

3. A Corte pode examinar o caso ou transferir a sua apreciação à Comissão.

Artigo 7º

Fontes do Direito

A Corte deve aplicar as previsões da Carta e qualquer outro relevante instrumento de direitos humanos, ratificado pelo Estado.

Artigo 8º

Exame dos casos

As Regras de Procedimento da Corte devem conter detalhadas condições sob as quais a Corte deve apreciar os casos que lhe forem submetidos, considerando a complementariedade entre a Comissão e a Corte.

Artigo 9º

Solução amistosa

A Corte deve buscar alcançar uma solução amistosa nos casos que lhe forem submetidos, de acordo com as previsões da Carta.

Artigo 10

Audiência e representação

1. A Corte deve conduzir seus procedimentos em público. A Corte pode, no entanto, conduzir seus procedimentos sob sigilo, quando previsto pelas Regras de Procedimento.

2. Qualquer parte de um caso deve ter o direito de ser representada por um representante legal de sua escolha. A representação legal gratuita pode ser assegurada quando os interesses da justiça assim requererem.

3. Qualquer pessoa, testemunha ou representante das partes perante a Corte deve ter assegurada proteção e todas as facilidades necessárias para liberar de suas funções, tarefas e deveres perante a Corte, de acordo com o Direito Internacional.

Artigo 11

Composição

1. A Corte deve ser composta de 11 juízes, nacionais de Estados membros da OUA, eleitos em sua capacidade individual, dentre juristas de elevada reputação moral e reconhecida competência prática, judicial e acadêmica e experiência no campo dos direitos humanos e dos povos.

2. Não pode haver dois juízes nacionais do mesmo Estado.

Artigo 12

Nomeação

1. Os Estados partes no Protocolo podem propor até 3 candidatos, sendo que ao menos dois devem ser nacionais do referido Estado.

2. Deve ser dada a devida consideração à adequada representação de gênero no processo de nomeação.

Artigo 13

Lista de candidatos

1. Quando da entrada em vigor deste Protocolo, o Secretário-Geral da OUA deve solicitar a cada Estado parte do Protocolo que apresente, no período de 90 dias da solicitação, suas indicações para o cargo de juiz da Corte.

2. O Secretário-Geral da OUA deve preparar a lista dos candidatos indicados em ordem alfabética e transmiti-la aos Estados membros da OUA, ao menos 30 dias antes da próxima sessão da Assembleia dos Chefes de Estado e de Governo da OUA, aqui denominada "Assembleia".

Artigo 14

Eleições

1. Os juízes da Corte devem ser eleitos por votação secreta pela Assembleia, a partir da lista referida no artigo 13 (2) do presente Protocolo.

2. A Assembleia deve assegurar que na Corte estejam representadas as principais regiões da África e as suas principais tradições legais.

3. Na eleição dos juízes, a Assembleia deve assegurar a adequada representação de gênero.

Artigo 15

Termos do mandato

1. Os juízes da Corte devem ser eleitos por um período de 6 anos e podem ser reeleitos uma única vez. O mandato de quatro juízes eleitos na primeira eleição deve expirar ao final de dois anos e o mandado de outros quatro juízes deve expirar ao final de quatro anos.

2. Os juízes cujos mandatos devem expirar até o final do período inicial de 2 e 4 anos devem ser escolhidos por sorteio pelo Secretário-Geral da OUA, imediatamente após a primeira eleição ter sido finalizada.

3. O juiz eleito para substituir o juiz cujo mandato não tiver sido expirado deve permanecer no cargo para o mandato remanescente de seu predecessor.

4. Todos os juízes, exceto o Presidente, devem desenvolver suas funções em período parcial. Entretanto, a Assembleia poderá alterar esta regra quando parecer apropriado.

Artigo 16

Compromisso do cargo

Após a eleição, os juízes da Corte farão uma declaração solene de desempenhar seus deveres com imparcialidade e responsabilidade.

Artigo 17

Independência

1. A independência dos juízes deve ser plenamente assegurada em conformidade com o Direito Internacional.

2. Nenhum juiz pode participar de qualquer caso do qual tenha sido previamente parte, consultor ou advogado de uma das partes ou membro de Corte nacional ou internacional, comissão de investigação ou atuado de qualquer outra forma. Qualquer dúvida sobre esta temática deve ser resolvida pela Corte.

3. Os juízes da Corte devem ter, do momento da eleição até a duração de seu mandato, as imunidades estendidas aos agentes diplomáticos, de acordo com o Direito Internacional.

4. Em momento algum os juízes da Corte poderão ser responsabilizados por qualquer decisão ou opinião proferida no exercício do mandato.

Artigo 18

Incompatibilidade

O cargo de juiz da Corte é incompatível com qualquer outra atividade que possa interferir na independência ou imparcialidade judicial ou nos deveres do mandato, conforme determinado pelas Regras de Procedimento da Corte.

Artigo 19

Cessação do mandato

1. O juiz não pode ser suspenso ou removido de seu cargo, salvo por decisão unânime dos demais juízes da Corte, de que o juiz em questão não mais satisfaz as condições requeridas para ser juiz da Corte.

2. Esta decisão da Corte deve ser definitiva, salvo se for submetida à Assembleia em sua próxima sessão.

Artigo 20

Vacância

1. Em caso de morte ou renúncia de juiz da Corte, o Presidente da Corte deve imediatamente informar o Secretário-Geral da Organização da Unidade Africana, que deve declarar a vacância do cargo da data da morte ou da data em que a renúncia tiver efeito.

2. A Assembleia deve substituir o juiz do qual o cargo ficou vago, salvo se o período remanescente do mandato for menor que 180 dias.

3. O mesmo procedimento e exigências previstas nos artigos 12, 13 e 14 deverão ser observados para o preenchimento do cargo.

Artigo 21

Presidência da Corte

1. A Corte deve eleger seu Presidente e um Vice-Presidente para o período de dois anos. Eles poderão ser reeleitos uma única vez.

2. O Presidente deve desenvolver suas funções judiciais em período integral e deve residir na sede da Corte.

3. As funções de Presidente e de Vice-Presidente devem ser estabelecidas nas Regras de Procedimentos da Corte.

Artigo 22

Exclusão

Se um juiz for nacional de qualquer Estado-parte de um caso submetido à Corte, dele não poderá participar.

Artigo 23

Quorum

A Corte deverá examinar os casos que lhe forem submetidos, se houver um *quorum* mínimo de 7 juízes.

Artigo 24

Protocolo da Corte

1. A Corte deve indicar o seu próprio chefe de Protocolo e seus integrantes dentre os nacionais dos Estados membros da OUA, de acordo com as Regras de Procedimentos.

2. A sede e a residência do chefe do Protocolo devem ser no local onde a Corte for sediada.

Artigo 25

Sede da Corte

1. A Corte deve ter sua sede em local determinado pela Assembleia, dentre os Estados partes do Protocolo. Entretanto, poderá reunir-se no território de qualquer Estado membro da OUA, quando a maioria da Corte considerar desejável, com o prévio consentimento do Estado em questão.

2. A sede da Corte poderá ser alterada pela Assembleia, após consulta com a Corte.

Artigo 26

Provas

1. A Corte deve colher os depoimentos das partes e quando for necessário poderá efetuar requisições. O Estado referido deve conferir suporte à Corte, dispondo de todas as facilidades para o eficiente julgamento do caso.

2. A Corte pode receber provas orais ou escritas, incluindo a oitiva de testemunhas e deve tomar decisão com base nas provas colhidas.

Artigo 27

Medidas

1. Se a Corte decidir ter ocorrido uma violação aos direitos humanos e dos povos, poderá adotar as medidas apropriadas no sentido de remediar a violação, incluindo o pagamento de uma justa reparação ou compensação.

2. Em casos de extrema gravidade e urgência, e quando necessário para prevenir danos irreparáveis à pessoa, a Corte poderá adotar as medidas provisórias que entender necessárias.

Artigo 28

Julgamento

1. A Corte deve proferir sua decisão no prazo de 90 dias após finalizadas suas deliberações.

2. A decisão da Corte tomada por maioria de votos é definitiva e não será objeto de apelação.

3. Sem prejuízo do disposto no § 2º acima, a Corte poderá revisar suas decisões à luz de novas provas, de acordo com as condições previstas nas Regras de Procedimentos.

4. A Corte pode interpretar suas próprias decisões.

5. A decisão da Corte deve ser lida em uma sessão pública, com a notificação prévia das partes.

6. A decisão da Corte deve ser fundamentada.

7. Se a decisão da Corte não representar, no todo ou em parte, a decisão unânime dos juízes, qualquer juiz poderá elaborar uma opinião em separado ou dissidente.

Artigo 29

Notificação do julgamento

1. As partes do caso devem ser notificadas do julgamento da Corte, que deve ser transmitido a todos os Estados Membros da OUA e à Comissão.

2. O Conselho de Ministros deve ser também notificado do julgamento e deve monitorar sua execução em nome da Assembleia.

Artigo 30

Execução do julgamento

Os Estados partes do presente Protocolo comprometem-se a cumprir as decisões da Corte em todos os casos em que forem partes, no prazo previsto pela Corte e garantir sua execução.

Artigo 31

Relatório

A Corte deve submeter a cada sessão regular da Assembleia um relatório de seu trabalho durante o ano anterior. O relatório deve especificar, em particular, os casos em que o Estado não conferiu cumprimento ao julgamento da Corte.

Artigo 32

Orçamento

As despesas da Corte, emolumentos e diárias dos juízes e o orçamento do Protocolo devem ser determinados e suportados pela OUA, em conformidade com os critérios definidos pela OUA em consulta com a Corte.

Artigo 33

Regras de procedimento

A Corte deve elaborar suas Regras e disciplinar seus próprios procedimentos. A Corte deve consultar a Comissão, quando apropriado.

Artigo 34

Ratificação

1. Este Protocolo será aberto à assinatura e ratificação ou adesão a qualquer Estado parte da Carta.

2. O instrumento de ratificação ou de adesão ao presente Protocolo deve ser depositado junto ao Secretário-Geral da OUA.

3. O Protocolo entrará em vigor 30 dias após o $15^{\underline{o}}$ instrumento de ratificação ou adesão ter sido depositado.

4. Para qualquer Estado-parte que o ratificar ou a ele aderir posteriormente, o presente Protocolo entrará em vigor com respeito àquele Estado na data do depósito do instrumento de ratificação ou adesão.

5. O Secretário-Geral da OUA deve informar todos os Estados-membros da entrada em vigor do presente Protocolo.

6. No momento de ratificação deste Protocolo ou em qualquer outro momento, o Estado poderá fazer uma declaração aceitando a competência da Corte para receber casos nos termos do artigo $5^{\underline{o}}$ (3) deste Protocolo. A Corte não poderá receber qualquer petição nos termos do artigo $5^{\underline{o}}$ (3) envolvendo Estado que não tiver elaborado tal declaração.

7. As declarações feitas nos termos do § $6^{\underline{o}}$ acima devem ser depositadas junto ao Secretário-Geral, que deve transmitir cópias aos Estados-partes.

Artigo 35

Emendas

1. O presente Protocolo poderá ser emendado se um Estado parte do Protocolo fizer um requerimento por escrito para este fim ao Secretário-Geral da OUA. A Assembleia poderá adotar, por maioria simples, a proposta de emenda após todos os Estados partes do presente Protocolo tiverem sido devidamente informados a respeito e a Corte ter proferido sua opinião sobre a emenda.

2. A Corte terá também a legitimidade de propor emendas ao presente Protocolo quando necessário, por meio do Secretário-Geral da OUA.

3. A emenda entrará em vigor, para cada Estado-parte que a tiver aceito, 30 dias após o Secretário-Geral da OUA ter recebido a notificação do aceite.

QUADRO COMPARATIVO*

SISTEMAS REGIONAIS EUROPEU, INTERAMERICANO E AFRICANO DE PROTEÇÃO DOS DIREITOS HUMANOS

	SISTEMA EUROPEU	SISTEMA INTERAMERICANO	SISTEMA AFRICANO
Principal instrumento de proteção	Convenção Europeia de Direitos Humanos de 1950 (entrou em vigor em 1953)	Convenção Americana de Direitos Humanos de 1969 (entrou em vigor em 1978)	Carta Africana dos Direitos Humanos e dos Povos de 1981 (entrou em vigor em 1986)
Direitos protegidos	Direitos civis e políticos (direitos econômicos, sociais e culturais posteriormente protegidos pela Carta Social Europeia de 1961, que entrou em vigor em 1965)	Direitos civis e políticos (direitos econômicos, sociais e culturais posteriormente protegidos pelo Protocolo de San Salvador de 1988, que entrou em vigor em 1999)	Direitos civis, políticos, econômicos, sociais, culturais, ambientais e direitos dos povos
Meio de proteção dos direitos	Corte Europeia de Direitos Humanos	Comissão e Corte Interamericana de Direitos Humanos	Comissão e Corte Africana dos Direitos Humanos e dos Povos
Composição dos órgãos de proteção	A Corte Europeia é integrada por tantos juízes quantos forem os Estados-partes, eleitos a título pessoal pela Assembleia dos Estados partes da Convenção Europeia, para mandato de 6 anos, em tempo integral, permitida uma recondução (artigos 19 a 23 da Convenção Europeia)	A Corte Interamericana é integrada por 7 juízes, eleitos a título pessoal pelos Estados partes da Convenção Americana, para mandato de 6 anos, em tempo parcial, permitida uma recondução, não podendo haver 2 juízes da mesma nacionalidade (artigos 52 a 54 da Convenção Americana)	A Corte Africana é integrada por 11 juízes, eleitos a título pessoal pela Assembleia da OUA, em tempo parcial (com exceção da Presidência da Corte, que atuará em período integral), para mandato de 6 anos, permitida uma recondução, não podendo haver 2 juízes da mesma nacionalidade e devendo ser

---

* Este quadro comparativo enfoca os três sistemas regionais, destacando especialmente a temática de sua jurisdição — o principal propósito desta obra, dedicada à análise dos direitos humanos e da justiça internacional. Para um quadro comparativo completo e detalhado sobre os sistemas regionais, consultar Christof Heyns, David Padilla e Leo Zwaak, *A schematic comparison of regional human rights systems.*

		A Comissão Interamericana é integrada por 7 membros, eleitos a título pessoal pela Assembleia Geral da OEA, para mandato de 4 anos, em tempo parcial, permitida uma recondução, não podendo haver 2 membros da mesma nacionalidade (artigos 34 a 37 da Convenção Americana)	observadas a representação das diversas regiões e tradições legais africanas, bem como a adequada representação de gênero (artigos 11 a 15 do Protocolo à Carta Africana). A Comissão Africana é integrada por 11 membros, eleitos a título pessoal pela Assembleia da OUA, para mandato de 6 anos, renovável, em tempo parcial, não podendo haver 2 membros da mesma nacionalidade (artigos 31 a 36 da Carta Africana)
Acesso à jurisdição das Cortes regionais	Indivíduos, grupos de indivíduos e ONGs têm acesso direto à Corte Europeia (artigo 34 da Convenção Europeia, emendada pelo Protocolo n. 11, que entrou em vigor em 1998)	Somente a Comissão Interamericana e os Estados-partes têm acesso direto à Corte Interamericana (artigo 61 da Convenção Americana); os indivíduos, grupos de indivíduos e ONGs têm acesso à Comissão Interamericana (artigo 44 da Convenção Americana)	Somente a Comissão Africana, os Estados-partes e organizações intergovernamentais africanas têm acesso direto à Corte Africana (artigo 5º do Protocolo à Carta Africana relativo à criação da Corte Africana dos Direitos Humanos e dos Povos); o acesso direto das ONGs e dos indivíduos à Corte Africana dependerá de declaração expressa do Estado-parte para esse fim (artigos 5º, § 3º, e 34, § 6º, do Protocolo)

Alcance da jurisdição das Cortes regionais	A Corte Europeia possui competência contenciosa e restrita competência consultiva (artigos 32 e 47 da Convenção Europeia); a jurisdição é prevista por cláusula obrigatória	A Corte Interamericana possui competência contenciosa e ampla competência consultiva (artigos 63 e 64 da Convenção Americana); a jurisdição é prevista por cláusula facultativa (artigo 62 da Convenção Americana de Direitos Humanos)	A Corte Africana possui competência contenciosa e ampla competência consultiva (artigos do Protocolo à Carta Africana dos Direitos Humanos e dos Povos); a jurisdição é prevista pelo Protocolo à Carta Africana dos Direitos Humanos e dos Povos
Implementação das decisões das Cortes regionais	O Comitê de Ministros é o órgão competente para supervisionar a execução das decisões da Corte Europeia (artigo 46 da Convenção Europeia)	A Assembleia Geral da OEA é o órgão competente para supervisionar a execução das decisões da Corte Interamericana (artigo 65 da Convenção Americana)	O Conselho de Ministros é o órgão competente para supervisionar a execução das decisões da Corte Africana (artigo 29 do Protocolo à Carta Africana)